KB088552

로마 황제 열전

제국을 이끈 10인의 카이사르

배리 스트라우스

최파일 옮김

까치

TEN CAESARS : Roman Emperors from Augustus to Constantine
by Barry Strauss

Interior design by Ruth Lee-Mui
Maps by Paul J. Pugliese

This Korean edition was published by Kachi Publishing Co., Ltd in 2021 by arrangement with the original publisher, Simon & Schuster, Inc through KCC(Korea Copyright Center Inc.), Seoul.

이 책은 (주)한국저작권센터(KCC)를 통한 저작권자와의 독점계약으로 (주)까치글방에서 출간되었습니다. 저작권법에 의해 한국 내에서 보호를 받는 저작물이므로 무단 전재와 복제를 금합니다.

역자 최파일
서울대학교에서 언론정보학과 서양사학을 전공했다. 역사책 읽기 모임 '헤로도토스 클럽'에서 활동하고 있으며, 역사 분야를 중심으로 해외의 좋은 책들을 기획, 번역하고 있다. 축구와 셜록 홈스의 열렬한 팬이며, 제1차 세계대전 문학에도 큰 관심을 가지고 있다. 옮긴 책으로 『글이 만든 세계』, 『백년전쟁 1337-1453』, 『마오의 대기근』, 『내추럴 히스토리』, 『제1차세계대전』, 『인류의 대항해』, 『시계와 문명』, 『왜 서양이 지배하는가』, 『근대 전쟁의 탄생』, 『스파르타쿠스 전쟁』, 『트로이 전쟁』, 『대포 범선 제국』, 『십자가 초승달 동맹』, 버트런드 러셀의 『자유와 조직』 등이 있다.

로마 황제 열전 : 제국을 이끈 10인의 카이사르

저자 / 배리 스트라우스
역자 / 최파일
발행처 / 까치글방
발행인 / 박후영
주소 / 서울시 용산구 서빙고로 67, 파크타워 103동 1003호
전화 / 02·735·8998, 736·7768
팩시밀리 / 02·723·4591
홈페이지 / www.kachibooks.co.kr
전자우편 / kachibooks@gmail.com
등록번호 / 1-528
등록일 / 1977. 8. 5

초판 1쇄 발행일 / 2021. 1. 25
     2쇄 발행일 / 2021. 9. 15

값 / 뒤표지에 쓰여 있음
ISBN 978-89-7291-729-8   03920

나의 학생들에게

차례

저자 일러두기

* 고대 인명과 지명들은 일반적으로 표준적인 참고서인 『옥스퍼드 고전 사전(*The Oxford Classical Dictionary*)』(제4판, 옥스퍼드 : 옥스퍼드 대학 출판부, 2012)의 표기 방식을 따른다.
* 그리스어나 라틴어 번역문은 달리 설명이 없는 한, 모두 나의 번역이다.
* 모든 연대는 달리 설명이 없는 한, 서력 기원후(AD)이다.

역자 일러두기

* 대부분의 지명은 가급적 라틴식으로 표기했으나(예 : 골 → 갈리아, 유대 → 유다이아), 독자들에게 생소한 일부 지명은 통상적으로 사용되는 지명으로 표기했다(예 : 아이깁투스 → 이집트, 티베리스 강 → 테베레 강).

황제들의 치세 연표

아우구스투스	BC 27–AD 14
티베리우스	14–37
네로	54–68
베스파시아누스	69–79
트라야누스	98–117
하드리아누스	117–138
마르쿠스 아우렐리우스	161–180
셉티미우스 세베루스	193–211
디오클레티아누스	284–305
콘스탄티누스	306–337

모든 연대는 달리 설명이 없는 한, 기원후이다.

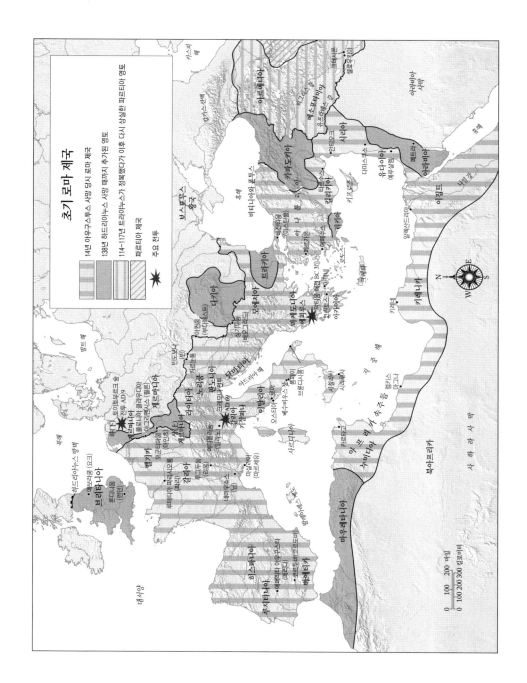

초기 로마 제국

- 14년 아우구스투스 사망 당시 로마 제국
- 138년 하드리아누스 사망 때까지 추가된 영토
- 114~117년 트라야누스가 정복했으나 이후 다시 상실한 파르티아 영토
- 파르티아 제국
- 주요 전투

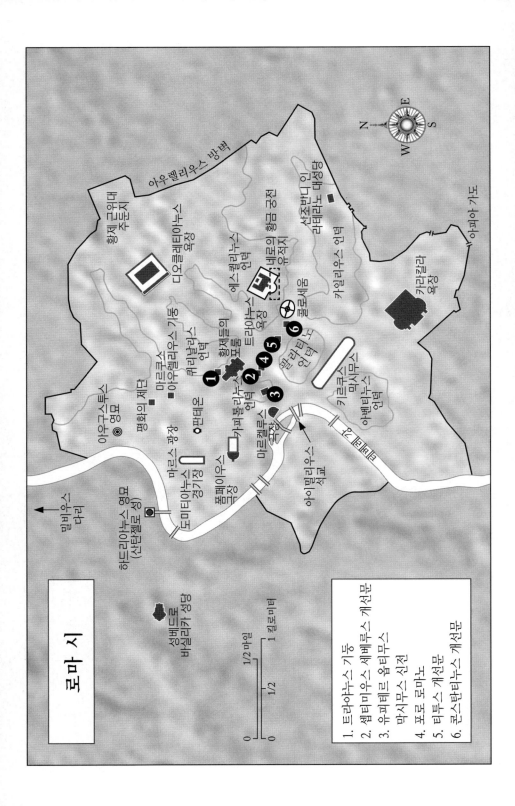

로마 시

아우렐리우스 방벽

황제 근위대 주둔지

디오클레티아누스 욕장

하드리아누스 영묘

마르쿠스 아우렐리우스 기둥

카피톨리누스 언덕

황제들의 포룸

에스퀼리누스 언덕

선조반니 인 라테라노 대성당

카일리우스 언덕

카라칼라 욕장

아피아 가도

네로의 황금 궁전 유적지

N
E
S
W

트라야누스 욕장

아우구스투스 영묘

평화의 제단

판테온

마르쿠스 마르스 광장

마르켈루스 극장

마르스 광장

콜로세움

팔라티노 언덕

키르쿠스 막시무스

아벤티누스 언덕

티베리스 강

도미티아누스 경기장

폼페이우스 극장

아이밀리우스 석교

밀비우스 다리

하드리아누스 영묘 (산탄젤로 성)

성베드로 바실리카 성당

1 2 4 5 6 3

0   1/2   1 마일
0   1/2   1 킬로미터

1. 트라야누스 기둥
2. 셉티미우스 세베루스 개선문
3. 유피테르 옵티무스 막시무스 신전
4. 포로 로마노
5. 티투스 개선문
6. 콘스탄티누스 개선문

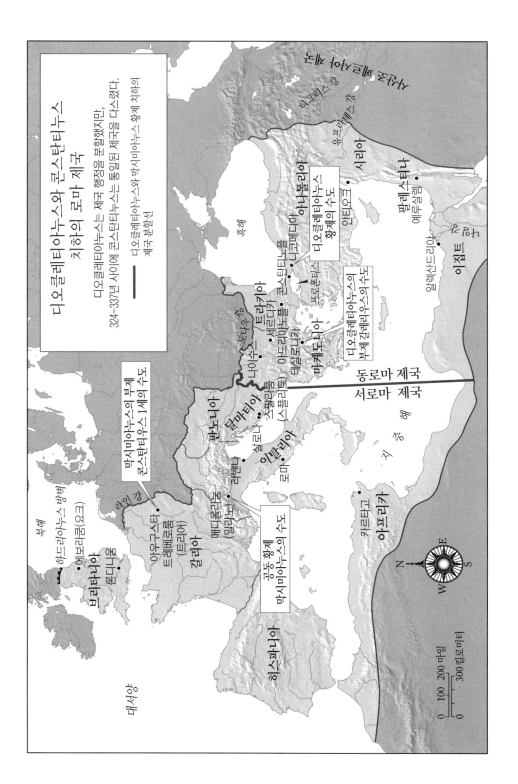

디오클레티아누스와 콘스탄티누스
치하의 로마 제국

디오클레티아누스는 제국 행정을 분할했지만,
324-337년 사이에 콘스탄티누스는 통일된 제국을 다스렸다.

—— 디오클레티아누스와 막시미아누스 황제 치하의
제국 분할선

사산 왕조 페르시아 제국

티그리스 강

유프라테스 강

시리아

안티오크

팔레스타인
예루살렘

이집트

알렉산드리아

흑해

아나톨리아

니코메디아

콘스탄티노플

디오클레티아누스
황제의 수도

프로폰티스

디오클레티아누스
부제 갈레리우스의 수도

마케도니아

도나우 강

트라키아

세르디카

아드리아노플

테살로니카

나이수스

달마티아

스팔라툼
(스플리트)

판노니아

시르미움

동로마 제국

서로마 제국

지 중 해

막시미아누스의 부제
콘스탄티우스 1세의 수도

라인 강

갈리아

아우구스타
트레베로룸
(트리어)

메디올라눔
(밀라노)

라벤나

로마

이탈리아

공동 황제
막시미아누스의 수도

북해

하드리아누스 방벽

에보라쿰(요크)

브리타니아

론디니움

대서양

카르타고

아프리카

히스파니아

N
E
S
W

0   100   200 마일
0   300 킬로미터

프롤로그

팔라티노 언덕에서의 하룻밤

지금은 밤, 로마의 심장부에 자리한 역사적인 장소 팔라티노 언덕 위이다. 관광객들이 집으로 돌아가고 경비원들이 출입문을 잠근 뒤에 여러분 홀로 이곳에 있다고 상상해보라. 이곳은 낮에도 아래쪽의 북적거리는 유적지들과 비교하면 조용하다. 밤에 혼자 남아 이 으스스한 분위기에 젖어 들면, 제국의 유령들을 불러낼 수 있을까?

언뜻 생각해보면, 대답은 아니요일 수도 있다. 무성한 나뭇잎 사이로 산들바람이 부는 언덕의 꼭대기에는 인근 포로 로마노의 원기둥과 개선문들의 웅장함이나, 콜로세움과 그곳의 피로 물든 회랑들에서 느껴지는 스펙터클이 없다. 팔라티노 언덕에 있는 유적은 콘크리트와 벽돌 무더기, 부적절한 지명들로 이루어진 잡동사니처럼 보인다. 타원형 경기장이라는 뜻의 이른바 히포드롬은 실제로는 움푹 가라앉은 정원이며, "리비아의 집"이라고 불리는 곳은 사실 그 위대한 귀부인의 것이 아니다.

그러나 좀더 자세히 살펴보자. 여러분의 상상력을 마음껏 발휘해보면, 팔라티노 언덕이 왜 우리에게 **궁전(palace[팰리스])**이라는 단어를 주었는지 알게 될 것이다. 바로 여기 팔라티노에서 로마의 초대 황제는 권력의 깃발을 꽂았고, 바로 이곳에서 수세기 동안 그의 대부분의 계승자들은 저마다 5,000만 명에서 6,000만 명의 백성을 다스렸다. 그곳은 통치자와 그의 가족을 위한 소박한 복합 건물과 그의 수호신에게 바쳐진 신전에서 출발했다. 그러다가 갈수록 규모가 커져서 도무스(domus), 즉 "공동주택"으로 변신했다. 그곳은 주택으로 이용되었을 뿐만 아니라 알현과 각종 협의회, 외국 사절의 접견, 조간 문안인사, 저녁 연회, 연애, 새로운 종교적 제의를 위해서 쓰였고, 모의와 암살이 벌어지던 으리으리한 궁전이었다.

그 시절에 이 주택들은 웅장하고 화려했다. 담장에는 제국 전역에서 가져온 색색의 대리석상들이 늘어서 있었다. 누미디아의 노란 대리석과 프리기아의 자주색 대리석, 이집트의 화강암, 그리스의 회색 대리석과 이탈리아의 흰색 대리석으로 제작된 원기둥들은 밝게 빛났다. 난방이 되는 바닥과 커다란 창문 위로는 도금된 천장이 높이 자리하고 있었다. 한 연회장은 수천 석 규모였던 반면, 또다른 연회장은 회전식이었다. 분수대와 연못에서는 팔라티노에 설치된 자체 수로에서 공급되는 물이 흘렀다. 어떤 방들에서는 일종의 스카이박스석처럼 남쪽의 언덕 골짜기에 위치한 키르쿠스 막시무스[1] 전차 경기장들이 내려다보였다.

어쩌면 야간에 팔라티노를 찾은 방문객이라면, 어느 한 손님이 마치 하늘에서 유피테르와 식사를 하고 있는 기분이라고 말했었던,[2] 황제의 어느 유명한 만찬회를 상상해볼 수도 있을 것이다. 아니면 황제가 벽을 검게 칠하고 식사용 긴 침대의자를 묘석처럼 배치하여, 겁에 질린 내빈들이 오늘밤 자기 목이 달아나지는 않을까 벌벌 떨었던 덜 유쾌한 연회를 상상할 수도 있으리라[3]—그때 그들의 목숨은 무사했다. 아니면 우리는 또다른 황제가 궁전을 매음굴로 바꾸었다는 풍문을 기억할 수도 있을 것이다.[4] 음란하지만 그다지 신빙성은 없는 이야기이다. 또한 우리는 궁전 계단[5]을 떠올려볼 수도 있는데, 그곳에서 어느 황제는 처음으로 황제로 추대를 받기도 했으며, 또다른 황제는 자신의 퇴위를 선언하기도 했다. 갓 즉위한 어느 황제의 아내가 자신은 결코 타락하지 않을 것이라는 결의를 천명하던 웅장한 입구[6]나 아니면 또다른 황제가 포룸(광장/옮긴이)에서 일어난 식량 폭동 현장에서 구사일생으로 빠져나와 슬그머니 숨어들어간 집의 뒷문[7]을 생각해볼 수도 있다. 아니면 모후가 커튼 사이로 염탐하는 가운데 넓은 홀에서 열린 원로원 모임이나, 공모자들 무리가 젊은 폭군을 살해했던 회랑을 상상해볼 수도 있다. 그 모든 일들이 여기에서 일어났다.

팔라티노 언덕에서 황제들은 그들이 전 세계라고 부른, 절정기에는 브리튼 섬에서부터 이라크에까지 뻗어 있었던 광대한 영역을 다스렸다. 아니 적어도 다스리려고 애썼다. 그 녹초가 되는 일에 뛰어났던 황제는 거의 없었다. 제국의 행정은 일상적인 업무를 다루었지만 터져나오는 위기들은 시험대가 되었다. 많은 황제들이 자기 앞의 과제를 감당할 역량이 부족한 것으로 드러났다. 몇몇 황제들은 대단히 잘 해냈다. 그들 역시 야심과 교활함, 잔인성을 똑같이 동원했다.

그들은 가문도 동원했다. 로마 황제들은 역사상 가장 성공적인 동시에 가장 역설적인 가족 사업을 경영했다. 믿음직한 사람들의 수중에 권력을 집중하기 위해서 황실은 여성을 비롯한 가문의 일원들을 십분 활용했다. 그 결과 황제의 어머니, 아내, 딸, 누이, 애인들은 놀라울 정도로 매우 큰 권력을 누렸다. 하지만 때때로 황실은 불행한 가족이기도 했다. 정략결혼이 횡행하고 내분과 살인은 드문 것이 아니었다. 더욱이 그들은 정의가 느슨하고 유연한 가족이었다. 아버지로부터 제위를 물려받기보다는 입양을 통해서 즉위한 황제들이 더 많았고 적지 않은 이들이 내전으로 집권했다. 황위 승계가 종종 분쟁에 휩싸인 것은 제국의 영광이자 저주였다. 그것은 재능과 폭력 모두에 문을 열었다.

초대 황제 아우구스투스가 기조를 확립했다. 가운(家運)을 일으킨 시조, 다시 말해서 자신의 종조부이자 로마 최후의 독재관 율리우스 카이사르에게 입양된 아우구스투스는 권력을 장악하기 위해서 내전을 치러야 했다. 그의 아내 리비아는 종국적으로는 로마 역사상 가장 막강한 여인이었을 테지만, 한때는 전쟁 난민이었고 끝내 자신이 결혼하게 되는 남자를 피해 도망가기도 했다.

이 책은 로마 제국을 다스렸던 10명의 이야기를 들려준다. 그들은 가장 유능하고 성공적이었던 로마 황제들이었다. 아니, 네로는 성공적이라기보다는 적어도 가장 자극적으로 흥미를 돋우는 황제였으며, 그조차도 위대한 건설자였다. 상황과 재능에 따라서 성공은 다양하게 정의되었지만 모든 황제들은 대내적으로는 정치적 통제력을 발휘하고, 대외적으로는 군사력을 행사하며, 번창시키고, 로마 시를 증축하고 신과 좋은 관계를 누리기를 바랐다. 그리고 모든 황제들은 자기가 고른 후계자에게 권력을 넘기고 침대에서 편안히 죽기를 바랐다.

이 책은 창건자이자 초대 황제 아우구스투스로부터 시작해서 대략 350년 뒤에, 기독교로 개종하고 제국 동부 콘스탄티노플(오늘날의 터키 이스탄불)에 새로운 수도를 개창한 제2의 창건자 콘스탄티누스로 마무리된다. 그 두 사람 사이의 중간쯤에 하드리아누스가 있다. 제2의 아우구스투스를 자처한 그는 제국을 평화롭게 하고 엘리트 계층을 외부자들에게 개방하는 데에 대다수의 황제들보다 더 크게 공헌한 황제였다. 그러나 안타깝게도 하드리아누스는 살인을 일삼는 폭군이기도 했다. 그 점에서 그는 특이할 것이 없었다.

처음부터 끝까지 로마 황제들은 힘에 의존했다. 그들은 경쟁자와 반대자들을 살해하는 데에 주저하지 않았다. 그들은 군대에 의존했고, 군대는 제국을 정복하고 방어했으며, 잔혹하게 반란을 진압했다. 심지어 철인(哲人) 황제인 마르쿠스 아우렐리우스도 평화의 기술을 선호하고 아무런 군사적 경험 없이 제위에 올랐지만, 치세의 대부분을 변경지대에서 싸우면서 보냈다.

그에 못지않게 중요한 점은 군대가 황제의 운명을 좌우했다는 것이다. 병사들의 동의 없이는 어느 황제도 통치할 수 없었다. 그들은 로마 원로원, 즉 적어도 로마 제국 초기에는 지도층을 공급했던 엘리트 계층보다 훨씬 더 중요했다. 황제들은 갈수록 원로원 의원이 아닌 자들 심지어는 이전 노예들한테까지 행정을 의지했다. 로마 민중 또한 황제들에게 중요했지만 그들은 식량과 오락을 제공함으로써 매수할 수 있었다. 그렇다고 제국의 방대한 인구 다수를 구성하는 빈민층의 삶이 편했다는 소리는 아니다. 마지막으로 신들도 중요했다. 모든 황제들은 신들과 평화로운 관계를 수립했고, 적잖은 황제들이 옛 신들을 거부하지 않으면서 동시에 새로운 신들을 도입했다. 콘스탄티누스는 새로운 신을 섬겨서가 아니라 대대로 전해져 내려오는 로마의 오랜 신들에게 등을 돌린 점에서 다른 황제들과 달랐다.

그러나 종교는 문화 안에 박혀 있었고, 로마 문화의 성격은 군주제의 도래와 함께 크게 변화하게 된다. 아우구스투스로부터 그의 후계자 티베리우스로 제위가 넘어가는 과정에서 두 황제는 엄청나게 힘든 위업을 달성했다. 로마 제국의 성격을 정복에서 행정으로 변모시킨 것이다. 그들은 거만하고 군사주의적이며, 툭하면 다투는 귀족계급으로부터 권력을 빼앗아 그들보다 명망이 덜한 사회계급 출신의 관료들에게 이전하기 시작했다. 그들은 처음에는 이탈리아에, 나중에는 제국의 속주들에 유리하도록 로마 시에 쏠린 권력을 분산시켰다.

아우구스투스의 후임자들은 무력으로 새로운 속주 두 곳을 제국에 추가했다. 그러나 그것은 로마가 지중해 전역과 북서 유럽을 정복했던 이전의 두 세기와 비교하면, 사소한 국경 조정에 불과했다. 정복 사업에 몰두하던 엘리트 계층은 언제나 스스로를 소진하여 팽창보다는 돈과 쾌락에 더 관심을 가지게 된다. 모든 제국은 예외 없이 쇠락한다. 하지만 로마인들은 자신들이 따낸 과실을 오랫동안 붙들고 있는 데에 탁월했다.

요란하고 화려한 수사(修辭)의 표면 뒤로 본심에는 실용주의자가 자리하고 있었다. 그것이 진짜 로마였다. 진짜 로마는 키케로의 도미문(掉尾文 : 주절이나 핵심 서술부를 끝에 배치한 긴 문장. 독자의 관심을 유지하면서 문장 끝에 이르러서야 요지가 드러나는 수사학의 한 기법/옮긴이)이나 푸블리우스 코르넬리우스 타키투스의 세련된 산문보다는 주저 없이 게르마니아 땅을 포기한 티베리우스나 "돈에서는 냄새가 나지 않는다"[8]는 말로 공중 화장실에 대한 과세를 정당화한 베스파시아누스 황제에게서 발견된다. 새로운 혈통과 새로운 신들, 힘든 결정과 전략적 후퇴들, 제국으로서 생존하기 위해서 로마인들은 무엇이든 기꺼이 할 태세였다.

결국 로마는 수도로서의 역할을 상실했다. 서로마 황제는 북부 이탈리아나 게르마니아를 다스렸고 결국에는 서로마 황제뿐만 아니라 동로마 황제도 생겼다. 콘스탄티누스의 전임자 디오클레티아누스는 한 사람이 경영하기에는 제국이 너무 거대하고 제국이 안고 있는 문제들도 너무 크다는 것을 인식했다. 제국 운영의 부담을 온전히 짊어진 콘스탄티누스는 예외였다.

로마는 이전의 모습은 온데간데없이 거대해졌지만 그것이야말로 로마가 성공한 이유 중의 하나였다. 변화는 시스템의 직조 자체에 짜여 있었다. 그렇다고 그 변화가 쉽게 이루어졌다거나 유혈을 동반하지 않았다는 뜻은 아니다. 신인(新人)들이 정상에 올랐다. 이 책의 중간에 위치한 트라야누스와 하드리아누스 황제는 둘 다 히스파니아, 즉 오늘날의 에스파냐에서 태어났다. 두 세대 뒤에 재위한 셉티미우스 세베루스 황제는 북아프리카 출신이다. 그는 이탈리아 이민자의 후손으로 아마 아프리카와 중동 조상의 피도 섞여 있었을 것이다. 디오클레티아누스나 콘스탄티누스는 발칸 출신이었고, 이들에게는 이탈리아인의 피가 전혀 흐르지 않았다. 신여성들도 부상했다. 세베루스의 아내는 시리아 출신이었고 콘스탄티누스의 어머니는 오늘날 터키인 소아시아 출신이었다.

세월이 흐르면서, 팔라티노에서 제국을 호령하던 남녀 귀족들은 제국의 창건자는 도저히 상상할 수 없었을 만큼 다채로워졌다. 그들의 목소리는 오래 전에 잠잠해졌고, 그들의 이름 중 다수는 잊혔다. 어떤 이들의 조각상은 소실되었다. 아니면 고대인들이 혁명을 겪은 뒤에 조각상을 끌어내리거나 회화나 석재 부조에서 그들의 모습을 지워버렸다. 그러나 문헌과 비문으로부터, 미술과 고고학 발굴로부터, 그리고 난파선에서부터 하수도에 이르기까지 갖가지 대상에 대한 과학적 연구를 통해서 우리는 그들의 유령을 불러낼 수 있다.

로마인들은 살아 있으며, 팔라티노 언덕에서의 하룻밤 상상 속에서만 살고 있지 않다.

아우구스투스, 프리마 포르타 석상 세부

I

아우구스투스
창건자

아우구스투스는 하나의 아이콘이며, 그럴 만한 사람이다. 모든 일에서 이기기 위해서 필요한 것이 무엇인지 그보다 더 잘 보여주는 역사적 인물은 거의 없다. 그는 한 세기에 걸친 혁명을 종식시켰고 로마 공화정을 무너뜨렸으며, 공화정을 자신이 초대 황제가 된 제국으로 대체했다. 그러나 아우구스투스는 수수께끼 같은 사람이기도 하다. 네 살에 아버지를 여읜 그는 열아홉 살에 로마 최고의 정치 행위자 중의 한 명이 되었다. 그는 어떻게 그런 일을, 그리고 이보다 더 많은 일을 해냈을까?

그는 어떻게 역사상 가장 화려한 매력이 넘치는 한 쌍인 안토니우스와 클레오파트라의 반대를 극복했을까? 어떻게 유약한 소년은 성공적인 군벌이 되고, 그 다음 어떻게 역사상 가장 유명한 평화의 증진자 중의 한 명으로 변신했을까? 어떻게 그는 완벽한 2인자, 즉 우두머리의 권력을 위협하지 않으면서도 그의 장군이자 행정가로서 복무하는 파트너를 찾아냈을까? 어떻게 뛰어나고 재능이 넘치며, 술수에 능한 리비아를 상대로 역사상 가장 생산적이지만 만만찮은 결혼을 유지했을까? 어떻게 한 세기 동안 이어지는 왕조와 그보다 더 긴 세기 동안에 지속된 제국을 창건했을까?

긴 인생의 말년에 아우구스투스는 이런 몇몇 질문들에 대답했다. 로마에 있는 그의 영묘 앞에 세워진 청동 원기둥에 그는 다음의 문장을 포함하는 상세한 내용의 비문을 새기게 했다. "국사를 관장할 절대적 권한을 만장일치로 부여받아 내전의 불꽃을 꺼뜨렸을 때, 나는 공화정을 나의 수중에서 원로원과 로마 민중의 뜻에 다시 맡겼다. 이런 봉사 덕분에 나는 원로원의 칙령으로 아우구스투스(존엄자라는 뜻)라는 칭호를 받았다."[1]

그것이 공식적인 설명이었다. 진짜 내막은 무엇일까? 어린 소년시절로부터 출발하여 그의 경력을 따라가보자.

아티아의 아들

그는 기원전 63년 9월 23일에 태어났다. 우리는 그를 아우구스투스라는 이름으로 알고 있지만, 그의 인생 전반부 35년을 가리킬 때에는 옥타비아누스라고 부르는 것이 관례이다. 태어나서 35년이 흐른 뒤에야 그는 아우구스투스라는 이름을 취하게 된다.

그의 아버지 가이우스 옥타비우스는 출세를 노리는, 로마 남쪽의 소도시 가문의 출신이었다. 옥타비우스는 부유했고 정치적 출세를 꿈꾸었지만, 부유층이든 빈곤층이든 로마인이라면 흔히 지도자에게서 기대하는 귀족 족보가 부족했다. "귀족계급(nobility)"[2]이라는 말은 로마에서 극소수의 집단을 의미했는데, 매년 두 명씩 선출되는 로마 최고위 정무관인 집정관(consul)의 후손이라는 뜻이었다. 옥타비우스는 율리우스 카이사르의 조카딸, 즉 장래 독재관(dictator)의 누이의 딸과 혼인하여 귀족계급 안으로 들어갔다. 그녀는 남편과 어린 아들에게 권력으로 향하는 문을 열어주었다.

그녀의 이름은 아티아였다.[3]

남편이 로마로 거처를 옮기고 정치적 신분이 상승하면서 그녀의 결혼 생활은 순조롭게 출발했다. 가이우스 옥타비우스는 집정관에 오를 것이 유력했지만, 속주 총독으로서 성공적인 임기를 마치고 기원전 58년에 해외에서 귀국하던 길에 급사하고 말았다. 아티아는 이제 자식 둘이 딸린 과부가 되었다. 옥타비아누스와 그의 누나인 옥타비아였다.

어린 나이에 아버지를 여읜 곤경 속에서 설상가상으로 옥타비아누스의 후견인들 중의 최소한 한 명이 그의 유산을 잘못 관리하거나 심지어는 훔치기까지 했다. 그러나 소년은 살아남았을 뿐만 아니라 잘 자라기까지 했다. 그에게는 유리한 세 가지 강점이 있었다. 어머니와 어머니의 가문, 그리고 불행을 금방 떨치고 일어서는 그가 가진 회복력이었다.

아티아는 역사에서 찬양 받지 못하는 여주인공 가운데 한 명이다. 우리가 그녀를 이모저모 살펴볼 수 없다는 것은 사실이다. 그녀의 외양을 묘사한 주화에 새겨진 이미지나 조각상이 남아 있지 않으므로, 우리는 그녀가 어떻게 생겼는지도 모른다. 지금은 소실된 아우구스투스의 『회상록』에는 아마도 모친에 대한 초상이 담겨 있었을 것이다. 아들을 엄격하게 훈육하고 양육을 세심히 감독하는 정숙한 구식 어머니 상으로 묘사된 모습이 후대의 로마 문헌에 남아 있다.[4] 문헌들은 빈틈없고 실리적이고 신중하며, 아들의 출세를 줄기차게 도모하는 여성을 보여준다.

로마의 어머니들은 출세를 도모하는 사람이 되어야 했다. 남편들은 보통 아내보다 먼저 세상을 떠났기 때문에 자식들을 건사하는 일은 어머니의 몫이었다. 로마 역사는 아들의 출세를 열심히 밀어붙이는 드센 어머니들로 넘쳐난다. 라틴어 문학은 로마 창건이라는 신이 정한 운명으로 아들 아이네이스를 이끈 베누스 여신의 사례를 제공한다.[5] 로마 남성이 흔히들 자신의 모친을 숭상하는 것은 놀랄 일이 아니다.

남편을 여읜 직후에 아티아는 재혼했는데 이번에도 또다른 저명한 공인이었다.[6] 두 번째 남편은 내전기(기원전 49-45년)에 용케 어느 편에도 확실하게 가담하지 않았지만, 내전이 끝났을 때에는 여전히 대다수의 사람보다 계속 잘나가는 약삭빠른 인물이었다. 어린 옥타비아누스가 계부로부터 기만술을 적잖이 배웠을지도 모를 일이다. 그러나 아티아는 그를 외할머니 율리아에게 맡겼고 외할머니가 성장기 동안 옥타비아누스를 키웠다. 율리아의 형제 율리우스 카이사르는 오늘날 프랑스와 벨기에가 차지하고 있는 지역인 고대 갈리아 지방을 정복하는 중이었고 로마의 제1인자가 되어가는 중이었다. 분명 율리아는 그에게 똑똑하고 야심만만한 어린 아이에 관해서 편지에 썼을 것이며, 그 아이가 집안을 얼마나 자랑스럽게 하고 있는지 말했을 것이다.

기원전 51년경에 율리아가 죽자, 옥타비아누스는 어머니와 계부의 집으로 갔지만, 자신의 유명한 종조부에 대한 생각을 멈추지 않았다. 기원전 46년에 옥타비아누스는 전선에 있던 카이사르에게 가서 그와 합류하고 싶어했지만, 아티아가 아들의 건강을 걱정하여 이를 거절했다고 한다.[7]

옥타비아누스가 자라는 동안 카이사르는 로마에 혁명을 일으키고 있었고, 로마는 자부심이 강한 자치 공화정으로 진화한 상태였다. 로마 민중과 엘리트 계층은 민회와 법정, 선출 공직자, 원로원 같은 제도들을 통해서 권력을 공유했다. 이론상으로는 그러했다. 그러나 실제로 공화정은 카이사르 같은 정복자 장군과 그를 따르는 수만 명의 충성스러운 병사들 앞에서 버틸 수가 없었다.

기원전 49년 카이사르가 루비콘 강을 건너 갈리아에서 이탈리아로 진군했을 때, 그는 이미 50년에 걸쳐 간헐적인 내란을 겪어온 나라에 내전을 촉발시켰다. 이 내전은 다시금 두 세대를 거슬러올라가는 위기에 그 뿌리를 두고 있었다. 로마는 정치적, 군사적, 사회적, 경제적, 문화적, 그리고 행정적으로 속수무책인 미로에 갇혀 있는 듯했다.

로마 시와 그 제국을 길들일 수 있는 누군가만이 평화와 질서, 안정을 가져올 수 있었다. 카이사르는 그 사람이 아니었다. 그는 정복자이지 건설자가 아니었다. 그러나 카이사르가 할 수 없다면 과연 누가 해낼 수 있을까?

카이사르에게는 적법한 아들이 없었다. 혼외 관계에서 얻은 외국 왕자, 즉 클레오파트라와의 사이에서 낳은 카이사리온이 있기는 했을 테지만 말이다. 혼외 친자식 대신에 카이사르는 다른 친족을 자신의 상속자로 선택하게 된다. 그에게는 로마인 혈통을 타고난 여러 명의 적법한 조카와 종조카가 있었지만 옥타비아누스가 제1의 후계자로 부상했다.

야망에 불타오르는 옥타비아누스는 타고난 정치인이었다.[8] 영리하고, 매력적이며, 의사소통에 뛰어났으며 잘생겼다. 의지도 굳건했다. 그리고 그에게는 아티아가 있었으니, 그녀는 분명히 기회가 날 때마다 카이사르에게 자기 아들에 대한 칭찬을 실컷 늘어놓았을 것이다. 아들의 아버지가 사실은 가이우스 옥타비우스가 아니라 아폴론 신이라고 항간에 떠도는 이야기마저[9] 카이사르에게 들려주었을지도 모를 일이다. 아폴론 신이 뱀으로 변신하여 신전에 있던 그녀를 찾아와 임신시켜서 그녀의 몸에 영구적인 흔적을 남겼다는 것이다. 쉽게 속는 어수룩한 자들이나 이런 이야기를 믿겠지만, 카이사르는 대중이 쉽게 속는다는 것을 알고 있었으며 따라서 이런 뜬소문에 깊은 인상을 받았을지도 모른다.

카이사르는 줄곧 종조카의 앞길을 후원했다. 기원전 51년 무렵에 열한 살의 나이로 옥타비아누스는 포로 로마노의 연단에서 할머니 율리아를 기리는 추도 연설을 했다. 열네 살이 된 직후에는 카이사르의 요청에 따라 중요한 종교 관직에 임명되었다. 열일곱 살에 갈리아 정복과 내전에서 카이사르의 승리를 기리는 행렬—개선 행진—에 참가하여 로마 시내를 행진했다. 때는 기원전 46년이었고 카이사르는 일반적으로 개선장군이 오직 자신의 아들에게 영예를 하사할 때와 같은 방식으로 이 젊은이에게 영예를 하사했다.

옥타비아누스와 같이 눈에 잘 띄는 소년에게는 친구들이 많았고, 그 가운데 한 명이 그의 평생 심복이 되었다. 마르쿠스 빕사니우스 아그리파였다. 비록 로마 귀족 가문과의 연줄은 없었지만, 옥타비아누스처럼 그도 잘나가는 이탈리아 가문의 출신이었다. 아그리파에게 차고 넘쳤던 것은 실용적인 천재성이었다. 그는 용감하고 자기주장이 분명했고, 무엇보다도 충성스러웠다. 물론 옥타비아누스는 사람들이 자신을 따르게 만드는 재주가 있었다. 아그리파의 경우를 보면, 옥타비아누스는 아그리파의 형제가 카이사르 반대편에 가담하여 싸웠음에도 불구하고 외종조부에게 가서 그를 풀어주게 했다. 이에 아그리파는 고마워했다.

기원전 45년 옥타비아누스는 병이 났고 카이사르는 히스파니아의 반란을 진압하러 로마를 떠나기 전에 종조카의 병상을 방문했다고 한다.[10] 옥타비아누스는 고질적인 건강 문제에 직면했고, 평생 동안 여러 차례 크게 병치레를 했지만 말년까지 언제나 묵묵히 버텨나갔다. 젊은이는 곧 기운을 회복했고 전선으로 떠났다. 그를 대동한 자그마한 무리에는 아그리파가 끼어 있었겠지만 아티아는 없었다. 아티아도 동행하기를 원했지만 옥타비아누스가 거절했다.

옥타비아누스는 싸움에 참가하기에는 히스파니아에 너무 늦게 도착했지만 적진을 통과하는 어려운 여정 끝에 카이사르 앞에 도착했다. 이 일로 그는 외종조부의 찬사를 얻었다. 무엇도 서슴지 않는 그 재능 있는 젊은이와 보내는 여러 달 동안 카이사르의 찬사는 커져만 갔다. 그때는 옥타비아누스가 빛을 발할 기회였고, 그는 기회를 놓치지 않았다. 얼마 지나지 않아 이탈리아로 돌아왔을 때, 카이사르는 옥타비아누스를 자신의 주요 상속자로 삼았고 그에게 자기 아들로서의 사후 입양을 제의했다.

옥타비아누스를 자신의 후계자로 골랐을 때에 카이사르는 위대함의 씨앗을 보았던 것이 분명하다. 그러나 카이사르의 선택이 밖으로 알려지자, 일부 사람들은 열일곱 살짜리가 부정한 술수도 없이 세계 최고의 권력자로 하여금 자신을 후계자로 지목하도록 설득했다는 사실을 믿기 힘들어했다. 여기서 부정한 술수란 섹스였다. 옥타비아누스의 라이벌 마르쿠스 안토니우스는 나중에 그 소년이 히스파니아에 있을 당시 카이사르와 관계를 맺었다고 손가락질했다.[11] 한편으로 이런 이야기는 로마 정치가들이 자신들의 정적에게 수시로 꺼내는 중상이었다. 다른 한편으로 옥타비아누스는 야심만만한 만큼 잘생기기도 했고, 풍문에 따르면 카이사르도 본인이 십대였을 때에 어느 막강한 연장자와 잠자리를 가졌다고 한다.[12] 하지만 카이사르와 아우구스투스 둘 다 여자들과 염문을 뿌리는 사람이었으므로 아무래도 이 이야기는 사실이 아닐 것이다.

로마로 돌아온 옥타비아누스는 마침내 거처를 옮겼지만 계속해서 어머니와 계부 근처에서 살았고 그들과 대부분의 시간을 보낸 것으로 짐작된다. 그는 또한 웅변과 철학, 라틴어와 그리스어 문학—이것들은 로마 엘리트 계층에게 인기 있는 교과 과정이다—을 배웠다. 비록 전쟁과 혁명이 옥타비아누스의 학업을 방해했지만 그는 계속해서 매일 글을 읽고 연설 연습을 게을리 하지 않았다. 열여덟 살에 그는 금욕적 생활이 단단한 목소리를 유지해줄 것이라는 생각에 1년간 성생활을 포기했다고 한다.[13] 어쩌면 이런 처방이 정말로 통했을지도 모르는데 훗날 옥타비아누스는 카이사르의 째진 목소리와는 달리 듣기 좋고 특색 있는 목소리를 자랑했기 때문이다.

이제 카이사르는 3년간의 동방 정복 전쟁을 계획했다. 그는 열여덟 살인 옥타비아누스를 자신의 사마관(司馬官), 즉 부사령관으로 지명함으로써 그에게 큰 역할을 부여했다. 어떤 측면에서는 다소 의례적인 직책이었지만, 그에게는 존재감을 드러내고 인맥을 넓힐 기회였다. 원정은 기원전 44년 3월에 시작될 예정이었다. 기원전 45년 12월 무렵에 옥타비아누스는 카이사르의 명에 따라 로마를 떠나서 아그리파와 함께 아드리아 해를 건너 오늘날의 알바니아에 있는 카이사르의 군 본부로 갔다. 그곳에서 옥타비아누스는 군단 지휘관들과의 귀중한 교류를 쌓았다.

그러나 3월 중순의 사건(Ides of March)이 모든 것을 바꿔놓았다. 바로 그날, 기원전 44년 3월 15일의 원로원 모임에서 카이사르가 마르쿠스 브루투스, 가이우스 카시우스 롱기누스, 그리고 데키무스 브루투스가 주도하고 60명이 넘는 로마의 명사들이 가담한 모의로 암살되었다.

카이사르와 가깝다는 점 때문에 옥타비아누스는 갑자기 표적이 되었다. 공개된 유언장에 의하여 아티아가 카이사르의 장례를 준비할 사람으로 지목되었을 때, 그녀는 로마에 있었다. 그러나 아티아의 첫 번째 관심사는 옥타비아누스였고, 그녀는 즉시 전령을 보내서 아들에게 아드리아 해를 건너오라고 했다. 옥타비아누스는 아드리아 해 본부에서 무장 반란을 일으킬 궁리를 하고 있었다. 아티아는 강하게 반대했다. 그녀는 로마 시가 핵심이라는 것을 알았기 때문에 이곳으로 돌아오라고 재촉했다. 어머니는 "이제 사내답게 굴어야 하며 자신이 해야 할 일을 신중하게 고려한 다음 포르투나(행운의 여신 또는 행운의 의인화/옮긴이)와 기회에 따라서 행동해야 한다"고 썼다.[14] 친구와 조언자들과 상의한 다음 옥타비아누스는 어머니의 뜻에 동의하여 배를 타고 이탈리아로 귀환했다.

카이사르의 죽음은 옥타비아누스에게 진정 크나큰 손실이었다. 옥타비아누스의 인생으로 들어와서 아버지 역할을 하고, 그에게 위대해질 잠재성이 있다는 의식을 심어주는 데에 각별히 신경써준 사람이 살해된 것이다. 추모를 나타내는 전통적인 로마식 제스처로서 옥타비아누스는 수염을 길렀다. 그러나 슬픔만이 그의 유일한 감정은 아니었다. 그는 공포와 분노,

그리고 복수에 대한 욕망을 느꼈다. 하지만 카이사르의 죽음은 타격이자 기회이기도 했다. 옥타비아누스는 로마 독재관의 상속인이자 이제 가문의 수장이 되었다. 하지만 그는 자신의 유산을 상속받기 위해서 싸워야 했다.

내 이름은 카이사르

기원전 44년 11월
포로 로마노, 로마 시민 생활의 중심지인 광장

옥타비아누스는 나중에 자랑스레 배포할 연설을 했다.[15] 그 연설은 결정적인 순간이었다. 그는 율리우스 카이사르의 조각상으로 오른손을 뻗으며 양부의 영예들을 획득하겠다고 맹세했다.[16] 그는 막 열아홉 살이 되었지만 이미 이전 로마 종신 독재관의 권력과 영광이 모두 자신의 것이라고 천명했다. 역사를 살펴보면, 이보다 덜한 주장으로도 정신병자 취급을 받은 사람들이 많다.

그것은 과대망상이었을지도 모르지만 6개월간 분주히 움직인 끝에 옥타비아누스는 진전을 보이고 있었다. 아티아가 조언한 대로 그는 이탈리아로 서둘러 귀환했다. 그는 어머니와 계부하고 상의할 정도로 조심스럽고 순종적이었지만 그들의 조언을 받아들여 서서히 움직이기에는 너무 야심만만했다 ─심지어 계부는 카이사르의 유산을 거부하고 이제 막 발을 디딘 공직 생활에서 물러나라고 말했다고 한다.

로마는 적들로 넘쳐났다. 집정관 마르쿠스 안토니우스는 로마 시를 장악하고 있었고, 카이사르의 암살자들은 일시적인 후퇴를 한 뒤에 다시 힘을 규합하고 있었다. 그들은 옥타비아누스가 전혀 달갑지 않았다. 안토니우스도 옥타비아누스가 싫기는 마찬가지였다. 서른아홉 살의 안토니우스는 한창의 나이였다. 로마 귀족 가문의 자식인 그는 훌륭한 장군이자 속내를 잘 드러내지 않는 정치가, 그리고 탁월한 웅변가였다. 힘세고 잘생긴 안토니우스는 헤라클레스를 자신의 수호신으로 삼았다. 헤라클레스는 책임감, 정의와 더불어 용맹의 상징이다. 안토니우스는 옥타비아누스를 얕잡아보았다. 카이사르의 먼 친척이자 오랜 지인으로서 안토니우스는 자신이 피살된 독재자의 마땅한 계승자라고 생각했다.

그러나 옥타비아누스는 결연했다. 그는 명예와 영광을 원했고 그것을 위해서 어떤 대가를 치르든 개의치 않았다. 그는 싸울 준비가 되어 있었다. 그는 카이사르의 죽음에 애통해할 생각이 없었다. 그는 그를 위해서 복수를 할 작정이었다. 아니, 아예 그가 될 작정이었다. 그는 카이사르가 유언장에서 제시한 입양을 최종적으로 정식화하는 절차에 착수했다. 비록 우리는 그를 계속해서 옥타비아누스라고 부를 것이지만 이제 그는 자신을 카이사르라고 불렀다. 마치 처음부터 그 이름을 가지고 태어난 듯이 그는 카이사르를 쉽사리 자기 이름으로 삼았다. 뿐만 아니라 그 이름을 권력의 부적처럼, 그 이름이 이미 수세기에 걸친 무게감을 가지고 있기라도 한 듯이 다루었다. 그의 어머니는 그에게 카이사르라는 호칭을 처음 쓴 사람이지만,[17] 그런 사람이 그녀가 마지막은 아닐 운명이었다.

옥타비아누스는 대담했지만 충동적이지 않았고 폭력적이었지만 난폭하지 않았다. 아티아는 처음에는 의구심을 품으며 주저했고 또한 남편의 입장을 존중하는 태도를 보였지만 결국 마음을 바꾸었다. 그녀는 옥타비아누스의 야망을 전적으로 지원하기로 결심했다. 하지만 그녀는 영악함과 인내심을 충고했고,[18] 이제 옥타비아누스도 어머니의 뜻에 동의했다. 그는 전략적으로 행동하여 자신이 보이고 싶은 모습만을 사람들에게 보여주었다. 그는 미스터리한 분위기를 풍겼고, 그래서 한동안 자신의 문서를 스핑크스 이미지로 봉인한 것은[19] 적절한 것 같다. 나중에 그는 인장을 자신의 이미지로 대체했다. (후대의 한 황제는 아우구스투스를 "카멜레온"[20]

이라고 불렀다.) 문헌들은 옥타비아누스가 그 스핑크스 인장을 아티아로부터 받았다고 말하는데,[21] 로마인들은 스핑크스를 아폴론 신과 연관시키므로 이 이야기는 다시금 우리를 그의 신성한 아버지라는 아폴론 신에게로 데려간다.

나폴리 만에 위치한 시골의 빌라(로마 시대의 빌라[villa]는 휴양지에 위치한 별장의 의미뿐만 아니라 대영지가 딸린 시골 저택을 일컫는다/옮긴이)에서, "스핑크스"는 양부의 이웃을 비롯하여 사람들을 어떻게 유혹해야 하는지 알았다. 양부의 이웃이란 당시 생존한 정치가들 중에서 가장 위대한 마르쿠스 툴리우스 키케로였다. 고대의 모든 정치가들 가운데 키케로보다 더 강렬하게 우리에게 말을 거는 사람은 없다. 그의 혀는 유려하게 설득력이 넘쳤다. 그의 손은 쉴 새 없이 글을 써댔다. 그의 심장은 로마 공화정을 위해서 뛰었고, 그의 경력은 로마 공화정의 마지막 몇십 년을 주름잡았다. 그의 웅변은 여전히 불꽃을 일으키고, 그의 서한은 당대의 권모술수를 가감 없이 드러내며, 그의 철학적 저작들은 사실상 고대 로마의 정치사상을 발명했다.

정치인으로서 키케로의 경력은 희비가 엇갈렸다. 그는 집정관으로 재직할 당시 반란을 진압했지만 그 와중에 5명의 로마 시민을 재판 없이 처형하는 바람에 나중에 일시적으로 해외로 도피해야 했다. 내전 시기에는 이리저리 오락가락하다가 카이사르에게 사면과 더불어 자신의 저작에 대한 찬사도 받았지만, 권력으로 향하는 문이 닫혔음을 깨달았다. 칩거하던 키케로는 카이사르가 암살되자 정계에 복귀하여 암살자들을 지지했다. 이제 옥타비아누스는 키케로에게 자신이 바로 카이사르가 억누른 자유를 회복할 자라는 것을 설득시켰다.

표면상으로 이것은 물정을 모르는 것처럼 보인다. 키케로는 카이사르 같은 또다른 군사 독재자로부터 공화정을 구해내고 싶어했다. 반면 옥타비아누스는 그런 독재자가 되고 싶어했다. 노인네가 많이 물러진 것일까? 아니다. 그는 옥타비아누스라는 패가 위험천만한 도박이라는 것을 알고 있었지만 해볼 만하다고 생각했다. 키케로는 옥타비아누스의 연장자인 안토니우스가 더 노련하고 위험하다고 생각했다. 반면에 옥타비아누스는 아무도 두려워하지 않았다. 그래서 키케로와 옥타비아누스는 전략적으로 동맹을 맺었고, 그 다음 진짜 문제는 누가 먼저 누구를 버리고 최후의 승자가 될 것인가였다.

옥타비아누스의 젊음은 장점으로 드러났다. 그는 구체제에 딱히 기득권이 없었기 때문에 그것을 뒤집는 데에 별 거리낌이 없었다.

옥타비아누스는 안토니우스와 그 문제를 밀어붙여보기로 마음먹었다. 어머니에게서 자신의 진짜 계획을 감춘 채 옥타비아누스는 이탈리아 남부로 가서 율리우스 카이사르의 이전 병사들을 구슬렸다. 그는 3,000명의 퇴역병을 설득하여 군대로 복귀해서 자신을 지지하게 했다. 이 사병(私兵)들은 법에 위배되었지만 훗날 그는 자신의 행동을 자랑하면서 공화정을 구하기 위한 길이었다고 재포장했다. "열아홉 살의 나이에 나는 사비를 들여 스스로 주도하여 군대를 일으켰고 이로써 한 파벌의 압제에 시달리고 있던 공화국을 해방시켰다."[22]

그 군대의 핵심적인 부분은 옥타비아누스의 대리인들이 더 많은 돈과 덜 엄혹한 규율을 제시하여 안토니우스 휘하에서 꾀어온 베테랑들로 구성된 군단 2개였다. 두 군단은 순식간에 옥타비아누스에게 피비린내 나는 정략 게임에서 경쟁할 수 있는 권력을 부여했다. 그리고 그들은 원로원의 주목을 끌었다.

안토니우스와의 무장 대결이 임박한 가운데 원로원은 옥타비아누스와 그의 군단들로 눈길을 돌렸다. 공화국에 충성한다는 그 젊은이의 공언은 공허하게 들렸지만 나이가 어린 까닭에 원로원 의원들에게 안토니우스보다 덜 위협적으로 비쳤다. 기원전 43년 4월, 양측은 북부 이탈리아에서 두 차례 격돌했다. 산전수전 다 겪은 전사인 안토니우스는 여태껏 전투를 구경해본 적 없는 옥타비아누스에게 겁쟁이라는 비난을 던졌다.[23] 비록 타고난 전사는 아니었지만 옥타비아누스에게는 용맹한 자질이 있었다. 예를 들면, 기원전 43년 두 번째 전투에서 휘하 군단의 기수가 심한 부상을 입자 의연하게 자신이 그 독수리 군기를 들었다. 다른 모든 일에서와 마찬가지로 전장에서도 옥타비아누스는 자제력을 과시했다. 일례로, 그는 병사들과 함께 있었음에도 식사 때에 포도주를 3잔—약 270밀리리터—이상 마시지 않았다.[24]

원로원의 군대가 승리하여 안토니우스는 후퇴할 수밖에 없었다. 그는 알프스 산맥을 넘어 갈리아로 철수했지만, 옥타비아누스는 원로원이 원한 것과는 달리 그를 추격하지 않았다. 그는 의원들을 믿을 만큼 바보가 아니었다. 키케로가 자신을 두고 "그 젊은이는 영예를 하사받고 추켜올려진 다음 퇴장해야 한다"[25]고 말했다는 것을 들었을 때에 옥타비아누스는 화가 났지만 놀라지는 않았을 것이다. 안토니우스는 갈리아 주둔 군대를 자기편으로 끌어들여 다시금 세력을 규합했다. 그 사이 옥타비아누스는 노선을 변경하여 안토니우스를 지지하기로 했다.

원로원은 일시적인 우군일 뿐이었다. 옥타비아누스에게 합법성을 부여하는 데에는 유용했지만 카이사르의 위상을 획득하려는 그의 목표에는 적대적이었다. 안토니우스가 더 좋은 파트너였는데, 그에게는 공화정이라는 로마의 헌정체제에 대한 원로원과 같은 애착이 없었기 때문이다. 게다가 안토니우스가 새로 규합한 군대는 옥타비아누스가 격퇴하기에는 세력이 너무 강했다. 그래서 옥타비아누스는 안토니우스에게 손을 내밀었다.

기원전 43년 여름 옥타비아누스는 원로원에 백인대장을 보내서 자신을 집정관으로 임명해달라고 요구했는데, 그 관직은 로마 최고위직이자 관례적으로 40세 이전에는 오를 수 없는 것이었다. 그는 관례에 전혀 신경을 쓰지 않았다. 의원들은 내키지 않았지만 요청을 수락했다가 해외에서 새로운 병력이 오리라는 헛된 희망을 품고서는 결정을 취소했다. 그들은 로마 시내에 있던 아티아와 옥타비아를 인질로 삼으려고 했지만, 두 사람은 베스타 처녀들(Vestal Virgins) 사이로 피신했다. 여섯 명의 베스타 처녀들은 중요한 국가 신앙을 담당하는 여사제로서 포로 로마노 옆의 공식 거처에서 살았다. 항상 가족에게 헌신적인 옥타비아누스는 어느 정도는 그들을 보호하고자 군단을 이끌고 황급히 로마로 돌아왔다. 그는 기원전 43년 8월 19일 로마의 주인이 되었다. 이제 자유로워진 아티아와 옥타비아는 그를 품에 안았다.

안타깝게도 가족 상봉은 오래가지 못했으니 어머니가 8월에서 11월 사이의 어느 때인가 세상을 떠났다. 아티아의 남편도 그즈음에 죽은 듯하다. 옥타비아누스는 원로원을 설득하여 아티아의 장례를 국장으로 치렀다. 물론 군사력을 통해서 관직을 얻은 사람에게 **설득**이라는 표현이 적절하다면 말이다. 국장은 드문 영예였다. 사실 우리가 아는 한, 아티아는 로마 역사상 국장의 영예를 얻은 최초의 여성이다. 한 시인은 다음과 같은 그녀의 묘비명을 썼다.

"나그네여, 여기에 카이사르의 어머니 아티아의 재가 있노라. 로마의 국부들, 즉 원로원이 그리하도록 정하였도다."[26]

아티아는 옥타비아누스의 어머니이자 지지자, 그리고 그가 초기에 위기를 겪을 때마다 정치 조언자로서 없어서는 안 될 인물이었다. 죽은 뒤에도 그녀는 문학을 통해서 기억되었다. 심지어 기억되는 하나의 대상으로서 그녀는 자신이 고귀하다는 아들의 주장을 상기시키는 역할을 했다.

그리고 로마에서 복수는 귀족적 미덕이었으니, 로마인들은 복수가 가져올 결과를 두려워하면서도 복수를 추구하는 것을 칭송했다. 카이사르의 암살 직후, 원로원은 살인자들에게 사면이라는 복안을 짜냈었다. 이제 옥타비아누스는 그 사면장을 갈기갈기 찢어버렸다. 그는 특별 재판부를 설치하는 법안을 통과시켰고, 재판부는 그들에게 사형을 선고했다. 나무랄데 없는 아들로서 그는 카이사르의 피살을 자신의 사적인 문제로 받아들였다.

옥타비아누스는 안토니우스에게 이탈리아로 돌아오도록 청하고 그와 화평을 맺었다. 10월에 두 사람은 과거 율리우스 카이사르의 편이었던 마르쿠스 아이밀리우스 레피두스와 만나서 5년간 독재 권력을 행사하는 3인 위원회를 수립하고, 나중에 이 협정을 갱신했다. 그들은 40개가 넘는 군단을 보유했다. 율리우스 카이사르를 암살한 뒤에 로마에서 도망친 브루투스와 카시우스가 동방을 지배하는 동안 세 사람은 자신들끼리 제국의 서부를 나눠 가졌다. 그것은 쿠데타였다.

이탈리아로 귀환하고 2년이 채 지나지 않아, 옥타비아누스는 정치와 전쟁을 통해서 장애물을 교묘히 헤쳐나갔고 경쟁자들을 한 수 앞질렀으며, 로마 제국의 최강자 3인방 중의 한 명이 되었다—이 모든 것을 스무 살의 나이에 달성했다.

로마를 정복했을 때, 율리우스 카이사르는 적들에게 사면을 내리는 자비 정책을 따랐다. 그러나 그의 암살은 자비가 통하지 않았다는 것을 암시했다. 사면 대신에 삼두(三頭)는 법적 보호의 박탈, 즉 숙청을 선택했다. 그들은 2,000명가량의 로마 엘리트와 부자들을 숙청 대상자로 지목하여 그들의 토지를 몰수했다. 대상자 대다수는 달아났다. 대략 300명이 살해되었을 것이다.[27] 키케로는 가장 유명한 희생자였다. 안토니우스는 숙적의 죽음을 원했다. 옥타비아누스는 나중에 키케로를 구하려고 애썼다고 말했지만, 그 말이 사실이라고 해도 그다지 열심히 애쓰지는 않았다.

안토니우스와의 새로운 제휴의 일환으로 옥타비아누스는 안토니우스의 어린 의붓딸 클라우디아와 결혼했다. 클라우디아의 어머니이자 안토니우스의 아내인 풀비아는 남편 두 명을 먼저 떠나보낸 보통내기가 아닌 여인이었다. 두 남편 모두 정치가로서 비명에 죽었다.

기원전 42년 1월 1일, 옥타비아누스는 죽은 아버지를 기리는 효심을 한층 끌어올려 원로원으로 하여금 카이사르를 신으로 선포하게 했으니, 이로써 그는 신의 아들을 자처할 수 있게 되었다. 신전을 짓고 신격화된 율리우스 카이사르를 숭배하는 법률이 통과되었다. 기원전 38년 옥타비아누스는 병사들에 의해서 임페라토르, 즉 승리 장군으로 선언되었다. 그는 이제 "신의 아들 승리 장군 카이사르"[28]로 알려지게 되었다.

스물네 살에 옥타비아누스는 많은 업적을 이루었다. 그의 야심은 끝이 없었고 지성은 예리했으며, 판단에는 자신감이 있었고, 무한한 근면성을 갖추었다. 그의 설득은 사람들을 자기편으로 끌어들였다. 여느 젊은이들처럼 여러 감정을 느꼈지만—무엇보다도 양부의 피살에 대한 분노를 느꼈다—그는 괴로움을 전략으로 전환하는 기술에 통달했다. 그리고 전략의 수립이 옥타비아누스의 특기라는 것이 분명해졌다. 그는 언제나 한참 앞을 내다보았다. 그를 기다리고 있는 시련들에 맞서기 위해서는 그래야 할 것이었다.

안토니우스와 클레오파트라

브루투스와 카시우스와의 대결은 기원전 42년 그리스의 도시 필리피의 바깥으로부터 찾아왔다. 옥타비아누스는 안토니우스와 손을 잡았고, 안토니우스가 두 차례 전투에서 모두 활약하여 승리를 가져왔다. 옥타비아누스는 다시금 겁쟁이라는 비난에 시달려야 했는데 첫 번째 전투에서 적군이 그의 진지를 점령했지만 그는 이미 달아난 뒤였다. 그는 나중에 자신이 몸이 아팠으며, 위험을 경고하는 징조를 보았다고 말했다.[29] 이 변명은 아마도 사실일 것이다. 옥타비아누스는 고질적으로 건강 문제를 겪었기 때문이다. 그러나 그는 병에서 회복했고, 브루투스의 시신을 참수하여 그 머리를 로마로 보내라는 명령을 내렸다.

필리피에서 안토니우스와 옥타비아누스는 대대적인 승리를 거두었지만 그들은 여전히 로마 세계를 자신들의 지배 아래로 들어오게 해야만 했다. 옥타비아누스와 안토니우스는 레피두스를 제쳐두고 자신들끼리 제국을 분할하여 안토니우스가 동방을 차지하고 아테네를 근거지를 삼은 한편, 옥타비아누스는 로마에서 서방을 다스렸다.

이로써 옥타비아누스는 참전병들에게 분배하기 위해서 이탈리아의 민간인 토지를 몰수해야 하는 달갑지 않은 임무를 떠맡게 되었다. 안토니우스의 아내 풀비아와 그의 형제 루키우스 안토니우스가 옥타비아누스를 비난하는 데에 앞장섰다. 그녀는 병사들의 충성심을 유지하고자 안토니우스의 자식들과 그녀의 어머니와 함께 병사들 앞에 모습을 드러냈다. (옥타비아누스는 양측 간의 결합이 결코 이루어진 적이 없었다고 증언하며 근래에 클라우디아와 이혼했다. 당연히 이 일은 그의 장모였던 사람을 분노하게 만들었다.) 옥타비아누스는 이제 풀비아를 제압해야 했다. 그는 풀비아와 루키우스, 그리고 그들의 군대를 이탈리아 중부 도시 페루시아(오늘날의 페루자)에서 포위했다. 옥타비아누스의 병사들은 투석 납탄환에 풀비아의 이름과 특정 신체 부위에 대한 낯 뜨거운 언급을 새겨서 그녀에게 에두른 찬사를 보냈다. 풀비아는 갈리아에 있는 안토니우스의 장군들에게 서둘러 알프스 산맥을 넘어 그녀를 지원하러 와달라고 편지를 썼지만, 만시지탄이었다. 옥타비아누스의 군대가 승리했다. 만약 전하는 이야기가 단순한 정치선전이 아니라 사실이라면 옥타비아누스는 적장 다수를 신격화된 율리우스 카이사르의 제단에서 학살했다. 그것도 암살이 일어났던

3월 15일에. 옥타비아누스는 자비에 대한 간청에 언제나 "이제는 죽을 때"[30]라고 차갑게 응수했던 것 같다. 그러나 그는 풀비아와 루키우스는 풀어주었다.

안토니우스는 그 사이에 브루투스와 카시우스가 혼란에 빠뜨렸던 로마의 동방 지배력을 회복했다. 하지만 안토니우스는 동방에서 체류한 기간 동안 조금 특별한 일로 유명하다. 클레오파트라와의 관계 말이다. 두 사람 간의 관계는 애정 문제이기도 했지만 무력과 재력의 문제이기도 했다.

클레오파트라는 당대에 가장 막강하고 부유하며 매력이 넘치는 여인이었다. 이집트의 여왕인 그녀는 남성의 세계에서 여성 지배자였다. 비록 이집트를 다스리기는 했지만 3세기에 걸친 프톨레마이오스 왕조의 선조들과 마찬가지로 그녀는 그리스계(아니 더 정확히는 마케도니아계)였다. 그녀는 영리하고, 빈틈없고, 교양 있으며 유혹적이었다. 클레오파트라는 신체적 존재감이 대단했다. 키가 작고 활력이 넘쳤다. 말을 타고 사냥을 할 줄 알았다. 또한 자신의 공적인 이미지에 엄청나게 신경을 썼다. 그녀는 그리스-로마의 조각상들에서는 우아하게 묘사된 반면, 주화에 새겨진 이미지에서는 군왕답고 심지어 살짝 남자다워 보인다.

클레오파트라는 카리스마를 내뿜었고, 이집트의 수도 알렉산드리아는 건축학적 경이이자 문화적 자석이었다. 클레오파트라를 가지는 자는 어느 쪽이든 이집트의 전설적인 부와 그녀가 침실에서 제공하는 신비로운 마력에 접근할 수 있는 셈이었다. 옥타비아누스는 카이사르의 이름을 가졌지만 안토니우스는 카이사르의 애인을 가졌다. 기원전 41년 안토니우스와 클레오파트라는 관계를 맺기 시작하여 쌍둥이를 얻었다. 그러나 풀비아가 갑작스레 병사했음에도 불구하고 안토니우스는 새 아내를 얻었다. 옥타비아누스의 누이 옥타비아였다. 그녀는 막 남편을 여읜 터였고 게임이 돌아가는 방식을 잘 이해하고 있었다. 그런 결혼의 목적은 정치이지 사랑이 아니라는 것을 말이다. 하지만 옥타비아는 실제로 안토니우스에게 매력을 느꼈던 것 같다. 두 사람은 딸 둘을 낳았고, 그녀는 그 딸들과 더불어 각자 이전의 결혼에서 얻은 자식 셋을 아테네의 자기 집에서 길렀다. 누구도 안토니우스와 클레오파트라의 끈끈한 관계에 관해서 궁금해하지 않았던 것 같다.

옥타비아누스의 사랑과 전쟁

20대 중반에 옥타비아누스는 인생 최대 위기에 봉착했다. 그는 가장 위험한 군사 원정을 치렀고, 일생일대의 사랑—그를 더 좋은 쪽으로 변화시킨 여성—을 만났다.

옥타비아누스는 아직 서방에서 권력을 공고히 다지지 못했었다. 그는 카이사르의 경쟁자였던 폼페이우스 마그누스의 마지막으로 살아남은 자식 섹스투스 폼페이우스를 무찔러야 했다. 섹스투스 폼페이우스는 시칠리아를 근거지로 하는 함대를 가지고 이탈리아 해안 일대를 지배했다. 섹스투스는 공화정을 옹호하고, 숙청의 피해자들에게 피난처를 제공한 영악하고 매력적인 인물이었다. 곡물 운반선을 차단하여 이탈리아를 기아에 빠뜨렸지만 숙청과 재산 몰수에 지친 로마에서 인기가 많았다. 옥타비아누스와 안토니우스는 섹스투스와 화평을 맺고 그의 지배 영역을 인정할 수밖에 없었다. 옥타비아누스는 또한 섹스투스의 처고모인 스크리보니아와 결혼함으로써 섹스투스의 권력을 인정했다. 그녀는 강인하고 엄한 사람으로 옥타비아누스보다 대략 열 살 연상이었다.

그 다음 기원전 39년에 옥타비아누스는 리비아를 만났다. 하필이면 그보다 더 난처한 시기도 없었을 것이다. 스물네 살의 그는 카이사르를 추모하기 위해서 5년 동안 길렀던 수염을 막 깎은 참이었다. 그녀의 온전한 이름은 리비아 드루실라로, 열아홉 살이던 리비아는 고귀하고 총명하고 아름다웠다. 옥타비아누스는 잘생기고 부유했다. 사실, 3년 전에 리비아는 옥타비아누스의 군대를 피해 간발의 차로 이탈리아에서 도망쳤었다. 페루시아 전쟁에서 옥타비아누스의 정적인 풀비아와 루키우스를 지지했었던 것이다. 하지만 결국 그녀의 무사 귀환이 가능해졌다. 옥타비아누스도 리비아도 배우자가 있는 몸이었다. 사실 리비아는 임신 중이었다—스크리보니아도 마찬가지였다. 사랑에 빠지는 것은 모든 규칙을 깨버렸고 그렇기 때문에 거부할 수 없는 것이었다.

리비아가 열아홉 살에 옥타비아누스의 마음을 사로잡은 것은 옥타비아누스가 열일곱 살에 카이사르의 인정을 얻어낸 것과 다름없는 엄청난 개가였다. 나중에 벌어진 사건들이 보여주듯이 그녀는 지성과 야심에서 옥타비아누스와 맞먹는 영혼의 짝이었다. 그러나 옥타비아누스는 정치인이었고, 그러므로 여기에는 진정한 마음의 결합 이상의 이유가 있었다. 리비아는 로마 최고의 명문가 출신이었기 때문에 그의 지체를 크게 높여줄 수 있었다. 그녀의 선조들은 스크리보니아의 선조들보다 로마 엘리트 계층에서 더 높은 지위를 차지했다. 리비아의 조상들은 로마 최고 관직을 역임했고 정치가, 장군, 웅변가, 개혁가로서 다방면에서 저명한 사람들이었다. 스크리보니아의 조상들은 그보다 위상이 떨어졌다. 한편, 스크리보니아는 옥타비아누스의 간통에 관해서 불평을 하여 남편의 심기를 상하게 했다. 게다가 그녀의 정치적 쓸모도 다해가고 있었으니, 섹스투스 폼페이우스와의 관계가 틀어질 기미가 보였기 때문이다.

기원전 38년 1월 14일 스크리보니아는 딸 율리아를 낳았다. 옥타비아누스는 같은 날 그녀와 이혼했다. 그 무렵에 리비아의 남편도 그녀와 이혼했다. 1월 17일 옥타비아누스와 리비아는 결혼했다.

리비아는 결혼 당시 임신 6개월째였다. 이미 옥타비아누스의 집에서 살고 있던 그녀는 석 달 후에 아들 드루수스를 낳았다. 세 살짜리 아들 티베리우스에게 동생이 생겼다. 사람들은 "행운아는 석 달 만에 여러 자식을 얻는다"[31]고 수군거렸고 이 말은 항간의 격언이 되었다. 이 말은 특히나 잔인한 격언으로 드러나게 되는데, 나중에 리비아는 옥타비아누스에게 딱 한 명의 자식을 낳아주었지만 사산아였기 때문이다. 비록 아내는 남편이 원했던 왕가를 선사해주지는 못했지만 그럼에도 불구하고 두 사람은 이후 52년간 부부로 남게 된다.

옥타비아누스는 리비아와 이혼할 수도 있었겠지만 그렇게 하는 것은 위험한 일이었다. 그녀가 재혼하여 경쟁 세력을 만들어낼 수도 있었기 때문이다. 그는 그녀를 죽일 수도 있었겠지만 그러면 옥타비아누스의 명성에 누가 되었을 것이다. 옥타비아누스가 리비아를 사랑하고 흠모했기 때문에 그녀와 결혼 생활을 유지했을 수도 있다. 어쩌면 그녀는 처음부터 옥타비아누스에게 지지와 현명한 조언의 원천이었을지도 모른다. 훗날 그녀는 로마에서 가장 기민한 정치인 중 한 명이 되었다. "그는 마지막까지 오직 그녀만을 사랑하고 존중했다"고 역사가 수에토니우스는 썼다.[32]

섹스투스 폼페이우스와의 합의는 오래가지 못했다. 옥타비아누스는 공격적이고 노회한 그 적수와 평화롭게 공존하기에는 너무 위험하다고 생각하여 다시금 전쟁 상태로 돌아갔다. 새로운 대형 함대의 건설은 이탈리아 경제에 무리를 가져와서 반감을 샀다. 그는 전투에 나섰다가 다시 한번 운 좋게 목숨을 건질 수 있었다. 하지만 오랜 동료 아그리파가 제독으로서 옥타비아누스를 구하러 왔다. 아그리파는 빈틈없는 전략가이자, 전장에서 용맹했고, 무엇보다도 훌륭한 조직가였다. 아그리파가 지휘를 맡은 가운데 옥타비아누스의 함대는 기원전 36년 해전에서 마침내 섹스투스를 확실하게 격파할 수 있었다. 섹스투스는 달아났지만 곧 붙잡혀서 살해당했다.

안토니우스와 클레오파트라와의 대결

한편 안토니우스는 파르티아, 즉 오늘날의 이란과 이라크에 위치한 로마의 경쟁 제국을 침공할 계획을 세웠다. 그는 옥타비아누스한테서 병사와 돈을 원했지만 옥타비아누스는 여전히 섹스투스 문제로 정신이 없었다. 그래서 기원전 37년 안토니우스는 클레오파트라에게 눈길을 돌렸고, 여왕은 그의 공급업자이자 다시금 연인이 되었다―그녀는 곧 그에게 셋째 아이를 낳아주었다. 아찔한 한순간, 로마 제국은 사랑 때문에 바보가 된 듯했다. 제국이 지중해 양쪽 끝에서 두 쌍의 연인들, 즉 안토니우스와 클레오파트라 그리고 옥타비아누스와 리비아의 지배를 받고 있었던 것이다. 그리고 정략이 들끓는 로마 엘리트 세계에서는 전형적이지만 괴상한 반전으로, 안토니우스는 옥타비아누스의 누이 옥타비아와 여전히 부부 사이였다.

더욱 괴상한 반전으로, 각 커플은 율리우스 카이사르의 유산을 계승할 권리를 두고 서로 경합하는 주장을 대변했다. 옥타비아누스는 로마법에 의거한, 카이사르의 법적 양자였다. 그는 카이사르의 이름을 가졌고, 로마에서 살았다. 안토니우스는 살아남은 율리우스 카이사르의 부관들 가운데 그와 가장 가까웠던 사람이다. 그에게는 카이사르의 이전 애인인 클레오파트라가 있었고, 카이사르가 정복했던 도시인 알렉산드리아에서 살았다. 그리고 클레오파트라는 안토니우스의 자식들만이 아니라 아마도 카이사르의 사생아일 것이고 지금은 이집트의 왕이자 카이사리온이라는 별명이 있는 프톨레마이오스 15세의 어머니이기도 했다. 로마와 알렉산드리아, 카이사르와 카이사리온. 어느 쪽이 이길 것인가?

질문에 대한 답은 사랑이 아니라 전쟁이었다. 기원전 36년에서 32년 사이에 상황은 점점 더 일촉즉발로 흘러갔다. 먼저, 안토니우스의 파르티아 침공은 군사적 참사로 끝났다. 제2차 원정으로 그는 아르메니아를 확보할 수 있었지만 그것은 작은 위안거리에 불과했다. 그 사이 옥타비아누스는 이탈리아와 서방 로마에 대한 지배를 확고히 다졌다. 안토니우스는 동방의 로마 영토 일부를 클레오파트라와 자식들에게 나눠주었다. 그는 또한 카이사리온을 율리우스 카이사르의 아들로 인정했으니, 그것은 옥타비아누스를 대놓고 모욕한 것이었다. 기원전 32년 안토니우스는 옥타비아누스의 누이와 이혼하여 그와 완전히 절연했다. 그가 정식으로 클레오파트라와 결혼했는지는 분명하지 않다.

그러나 정치선전에 관한 한, 옥타비아누스가 로마의 베스타 처녀들로부터 안토니우스의 유언장을 압수하면서 우위를 점하게 되었다. 유언장은 안토니우스가 죽을 경우 알렉산드리아에서 클레오파트라와 나란히 묻히기를 바란다는 의사를 담고 있었다. 옥타비아누스는 안토니우스가 로마 제국의 권좌를 알렉산드리아로 옮길 심산이라고 주장하며 경쟁자가 반역자라고 규탄했다.

권력 중심부의 이전이 정말로 가능했을까? 동방에는 돈과 사람, 도시가 서방보다 더 많았고, 그 너머로는 알렉산드로스 대왕이 한때 다스렸던, 멀리 인도까지 뻗어 있는 땅이 손짓하고 있었다. 율리우스 카이사르도 죽기 전에 수도를 로마에서 트로이(오늘날의 터키에 있다)로 옮길 계획이었다는 소문이 있었다.

그러나 저명한 원로원 의원들 다수는 설득되지 않았다. 여러 흠결들에도 불구하고 안토니우스는 그들 가운데 한 명—로마 귀족계급의 일원—이었던 반면에 옥타비아누스는 아니었다. 많은 의원들이 안토니우스에게로 달아났으나 나머지는 전쟁을 선포했다. 하지만 그것은 안토니우스가 아니라 클레오파트라를 상대로 한 전쟁이었다. 옥타비아누스는 약삭빠르게 이 다툼을 내란이 아닌 외국과의 전쟁으로 포장했다. 그는 사실상 이렇게 말한 셈이었다. "불쌍한 안토니우스, 외국의 여왕이 그의 남자다움을 앗아가버렸네."[33]

그리하여 전쟁이 일어났고, 그리스 지역이 군사 행동의 초점이 되었다. 안토니우스는 방대한 자원과 풍부한 군사적 경험을 갖추었지만 옥타비아누스도 섹스투스와의 대결로 단련되고 리비아의 지지로 기세가 등등했다. 헌신적이고 유능한 아그리파가 지휘하는 옥타비아누스의 해군은 서서히 적의 보급로를 차단해 나갔다. 안토니우스와 클레오파트라의 함대는 그리스 서부 악티움 반도 앞바다에서 마침내 옥타비아누스의 해군과 격돌했을 때에 커다란 압박을 받고 있었다. 결전의 날은 기원전 31년 9월 2일이었다. 악티움은 역사의 전환점이었다. 악티움 해전에 대한 그럴듯한 재구성에 따르면, 안토니우스와 클레오파트라는 회심의 일격에 모든 것을 걸었으나 실패했다. 패색이 짙어지자 두 사람은 휘하 함대의 대부분이 각자도생하도록 두고 전장을 떠났다.

옥타비아누스는 (아니, 사실 아그리파는) 대승을 거두었고 여세를 몰아 이듬해 이집트를 침공했다. 이집트에서 무장 저항은 무너졌다. 안토니우스와 클레오파트라는 기원전 30년 알렉산드리아에서 각자 자결했다.

전쟁의 횃불은 꺼졌다. 세계는 더 따분해졌지만 더 평온해졌다. 옥타비아누스의 수호신 아폴론, 즉 이성의 신이 안토니우스의 수호신 헤라클레스, 완력의 상징을 무찌른 것이다. 옥타비아누스는 이제 로마 제국의 주인으로 홀로 우뚝 서 있었다. 그리고 제국은 정말로 로마다울 것이었다. 악티움 전투는 제국의 무게 중심을 계속 로마에 유지시켰으며, 이런 상황은 다음 3세기 동안에도 계속되었다.

클레오파트라는 전략의 천재였지만 사랑을 통해서 세상을 움직였다. 그녀는 로마 최고 권력자 두 사람을 연달아 유혹하여 그들의 자식을 낳았다. 로마 제국을 무너뜨릴 뻔했지만 옥타비아누스라는 제대로 된 맞수를 만났다.

옥타비아누스는 알렉산드리아에 입성했다. 그는 새로운 지배자였지만, 현지인들을 뭉개버리는 대신에 그들과 거래를 하는 쪽을 선호하며 정복자라기보다는 정치적 우두머리에 좀더 가깝게 처신했다.

승자는 사나운 군단병이 아닌 알렉산드리아 원주민 출신의 개인교사를 대동한 채 마차를 타고 도시로 입성했다. 옥타비아누스는 도시에서 가장 아름다운 공공건물이자 그리스 문화의 상징 그 자체인 김나지움으로 들어갔다. 거기서 그는 연단에 올라가서 라틴어가 아니라 그리스어로 사람들에게 연설했다. 그는 세 가지 이유에서 그들의 목숨을 살려줄 것이라고 말했다.[34] 알렉산드로스 대왕을 기려서, 도시의 거대한 규모와 아름다움 때문에, 그리고 자신의 스승에 대한 은사(恩賜)로서 말이다. 왕의 위엄과 문화, 정실주의의 결합은 전형적으로 옥타비아누스다웠다. 인구가 50만 명이었을 도시에 베푼 자비는 부수적인 사안이었다! 사실 옥타비아누스는 도시는 살려주었지만 그곳의 왕은 살려두지 않았다. 그는 카이사리온을 처형했다. 옥타비아누스의 스승이 설명한 대로 "카이사르가 너무 많으면 좋지 않다."[35]

옥타비아누스는 미라로 만든 알렉산드로스 대왕의 시신을 구경한 뒤에 프톨레마이오스 왕가의 미라들을 구경시켜주고 싶어 안달이 난 현지인들의 제의는 거절했다. "나는 왕을 보고 싶었지 시신을 보고 싶었던 것이 아니다"[36]라고 옥타비아누스는 말했다. 이것도 고전적인 옥타비아누스풍이다. 날카로운 아이러니와 그 자신의 위엄에 대한 의식 말이다.

이제 이집트는 로마의 일개 속주였고, 옥타비아누스는 그곳의 파라오였다. 클레오파트라는 물론 알렉산드로스와 카이사르의 것이었던 도시의 명예는 이제 그의 것이었다. 무력으로 그리고 설득의 힘으로 옥타비아누스는 자신이 카이사르의 아들임을 보여주었다.

아직 또 하나의 처형이 기다리고 있었다. 옥타비아누스의 명령으로, 율리우스 카이사르의 암살자들 가운데 마지막 생존자이자 시인인, 파르마의 카시우스[37]라는 자가 아테네에서 처형되었다. 카이사르의 양자는 마침내 마지막 복수를 완수했다. 하지만 전(全) 로마 세계가 그 대가를 치러야 했다.

내 이름은 아우구스투스

안토니우스와 클레오파트라를 물리친 뒤에 옥타비아누스는 또다른 커다란 도전에 직면했다. 그것은 한 세기에 걸쳐 전쟁과 혁명을 겪어온 로마의 정치 체제를 안정화하는 일이었다. 그리고 그는 카이사르를 쓰러뜨린 단검에 자신을 노출시키지 않으면서도 자신을 제국의 지배자로 놓아둘 수 있는 방식으로 안정화를 달성해야 했다. 그는, 하나의 이름, 아니 그보다는 칭호를 가지고 작업에 착수했다.

아우구스투스라는 칭호는 비록 몇몇 로마 전통들을 상기시키기는 하지만 유례가 없었고,[38] 당시의 상황을 위해서 발명된 것이었다. 기원전 27년 1월 16일, 로마 원로원은 이제부터 옥타비아누스는 아우구스투스라고, 아니 더 정식으로는 카이사르 아우구스투스라고 부르도록 결의했다.

사흘 전인 1월 13일에 아우구스투스는 권력의 자리에서 물러나겠다고 공표했지만, 그것이 연극에 불과하다는 사실은 모두가 알고 있었다. 그는 고작 서른다섯 살이었고, 그가 통치할 세월은 앞으로도 많이 남아 있었다. 그러나 이런 세심한 무대 연출은, 이제 우리가 아우구스투스라고 부를 그 남자가 전쟁과 폭력의 순환 고리를 어떻게 끊었는지를 넌지시 보여준다.

곧 아우구스투스는 어디에나 존재하게 된다. 사람들은 그의 이름을 듣거나 그의 얼굴을 보지 않은 채, 아니면 그의 아름다운 아내나 사랑스러운 자식들의 이름을 듣거나 얼굴을 보지 않은 채, 거리를 건너거나 만찬에 참석하거나 신전에 들어가거나 동전을 만질 수 없게 되었다. 지금까지 그는 한 인간이었다. 이제 아우구스투스는 하나의 브랜드가 되었다.

아우구스투스는 자신의 이미지를 이용하여 안정을 도모했다. 예를 들면, 기원전 27년과 26년에 발행된 주화들에는 친숙한 그의 얼굴 이미지에 더불어 카이사르와 아우구스투스라는 새로운 이름도 새겨져 있었다. 주화는 월계관과 곡식 다발, 풍요의 뿔과 같은 평화와 풍요의 이미지를 부각시킨다.[39] 그것들은 아폴론과 유피테르 신을 환기시키고, 아우구스투스가 시민들의 목숨을 구했다고 칭송했다.

아우구스투스처럼 그의 가문의 여성들도 어디에나 있었다. 그들의 이미지는 조각상과 부조, 보석에 그리고 더 드물지만 주화에 등장했다. 건물들도 그들에게 헌정되었다. 각종 기도와 희생 제의도 그들을 기렸다. 그들의 탄생일을 기념했다.

아우구스투스는 로마가 정치적으로만이 아니라 개인적으로도 안정을 찾아야 한다고 믿었다. 로마 엘리트 계층의 개인적인 타락은 그의 눈에 거슬렸다.[40] (본인도 왕년에 한가락 했던 사람으로서 그는 자신이 무슨 이야기를 하고 있는지 잘 알고 있었다.) 그는 로마의 출생률 저하와 수년에 걸친 내전이 로마 인구에 초래한 피해를 두고 전전긍긍했다.

그래서 아우구스투스는 도덕 개혁 프로그램을 후원했다. 그는 출산을 장려하고, 유산 상속 능력을 제한함으로써 비혼자와 자식이 없는 자들을 처벌하는 야심찬 일련의 법률을 통과시켰다. 로마인들은 사실상 독신생활에 벌금을 내게 된 셈이었다. 아우구스투스가, (자기 아내 이외의) 유부녀나 과부, 미혼 여성과의 성관계를 공적인 범죄로 전환함으로써 그들은 간통에도 대가를 치르게 되었다. 이전에는 이런 문제들이 가족 안에서 처리되었다. 남편이 노예나 해방민 여성(이전 노예) 또는 매춘부와 혼외관계를 가지는 것은 범죄가 아님에 주목해야 한다. 아우구스투스는 진지했고, 법률에 강한 효력을 부여했지만 로마의 상류층은 향락을 즐겼기 때문에 반발도 불러왔다. 결국 이런 규제들은 아우구스투스에게 되돌아와서 심한 상처를 입히게 되었다.

아우구스투스의 평화

로마의 내전들에는 잘 확립된 패턴이 있었다. 먼저 유혈 사태가 일어나고 그 다음에 합의가 이루어졌다. 그러나 전쟁을 치르는 것만큼 화평을 맺는 데에도 유능한 장군들이 별로 없었기 때문에 평화를 이룩하기보다는 전쟁에서 이기는 것이 더 쉬웠다. 아우구스투스는 예외였다. 냉혈한 살인자는 직무와 더불어 성장해갔다. 그는 한 세기에 걸친 내전을 종식시키고 200년간의 평화와 번영—유명한 팍스 로마나(Pax Romana), 로마에 의한 평화—의 토대를 놓았다. 아우구스투스의 평화 안에서 무역이 번창했다. 상품을 수송하는 가장 저렴한 길은 바닷길이었다. 아그리파의 승리들 덕분에 로마는 바다를 지배했고, 해적질이 사실상 사라졌다. 로마는 거대한 곡물 수입 시장을 대변했지만 다른 상품들도 많이 거래되었다. 안정과 로마법의 보장성 덕분에 대금업이 융성하는 한편, 군사력의 축소는 세금 부담을 완화했다. 한마디로 호황의 시대가 무르익었다.

아우구스투스는 열아홉 살에 내세웠던 야심찬 의제를 달성했다. 그는 율리우스 카이사르의 영광과 권력을 모두 거머쥐었다. 하지만 그것을 얻기까지는 15년이 걸렸고, 인명과 재물에서 막대한 비용을 치렀다. 적어도 아우구스투스는 그 과정에서 중요한 것을 배웠다. 지속적이고 안정적인 평화를 구축하는 법, 즉 카이사르는 실패했던 것 말이다. 율리우스 카이사르는 전장을 지배했을지는 몰라도 정치에서는 아들이 아버지를 능가했다.

과연 그는 어떻게 해냈을까? 새로운 칭호 외에 무엇이 그의 성공을 설명해줄까?

아우구스투스는 오랜 기간을 다스렸다. 서른두 살이 채 되기 전인 기원 전 31년에 악티움에서 경쟁자들을 물리친 이후 기원후 14년에 일흔여섯 살로 세상을 떠날 때까지 45년간 제국을 이끌었다. 누구도 로마 제국을 그보다 더 오래 다스리지 않았다. 아우구스투스는 전임자들로부터 교훈을 얻었다는 이점과 더불어 그들의 잘못을 피하는 지혜도 가지고 있었다. 긴 치세 동안 그는 다양한 정부 형태를 실험했고, 무수한 변화와 조정을 가했다. 무엇보다도 그는 대단히 유연한 사람이었다.

그는 카이사르로부터 큰 재산을 상속받았고 정복으로 점철된 경력을 쌓으면서 더 많은 부를 얻었기 때문에 어마어마하게 부유했다. 풍부한 농업과 광물 자원 덕분에 이집트는 지구상에서 가장 부유한 곳 중의 하나였고 아우구스투스는 그곳을 자신의 사적 소유지로서 지배했다.

그는 조언자들을 현명하게 골랐다. 아우구스투스의 비전을 실행하는 데에 죽마고우인 아그리파보다 더 많이 공헌한 사람도 없었다. 대내외적으로 아그리파는 분쟁 조정자, 관리자, 건설자, 그리고 필요할 때면 집행자가 되었다. 그는 원로원 의원들, 왕과 협상했고, 로마와 속주의 주요 기간 시설 구축 계획을 후원했다. 아그리파는 개인적 야심이 없지 않았지만 아우구스투스에 대한 충성이 언제나 먼저였다. 시인 호라티우스는 아그리파를 일러 "고귀한 사자를 흉내 내는 꾀 많은 여우"라고 불렀으니,[41] 그의 노회함과 사회적 신분 상승 모두를 가리키는 말이다. 아우구스투스 본인은 아그리파를 모두가 인정하는 미덕의 소유자라고 칭송하게 된다.[42]

아우구스투스는 니콜로 마키아벨리가 태어나기 수세기 전부터 마키아벨리주의자였다. 마키아벨리는 권력 찬탈자들에게 가장 필요하다고 생각되는 잔혹한 조치를 모조리 실행함으로써, 치세를 시작하고 그 다음 사람들의 마음을 얻기 위해서 그들을 달래고 살찌우는 식으로 다스리라고 충고했다.[43] 그 반대로 하는 것—물렁하게 시작했다가 갈수록 잔인해지는 것—은 치명적일 것이었다.

아우구스투스는 물렁하게 출발하지 않았다.[44] 기원전 43년부터 30년까지 그는 싸우고, 거짓말을 하고, 속이고, 법을 짓밟았다. 그는 100명이 넘는 원로원 의원들을 죽인 것으로 추정된다.[45] 내부의 적을 모조리 물리친 뒤에 아우구스투스는 국내의 평화와 외부의—결코 로마인은 아닌—적을 상대로 한 제한된 군사적 팽창에 몰두했다. 제아무리 그가 온화해졌다고는 해도 그는 자신의 통치가 병사들에게 의존함을 항상 기억했다.

그는 수십만 명의 참전병사들에게 토지나 돈, 또는 그 둘 다를 주고, 이탈리아와 해외의 식민지에 정착시킴으로써 그들을 만족시켰다.[46] 이것은 돈이 매우 많이 드는 정책이었고 처음에 아우구스투스는 전리품으로 비용을 충당했다. 기원후 6년 이후로는 부유층에게 과세했다. 그는 변절한 지휘관들이 있는지 주의 깊게 살폈다. 그들은 말하자면 잠재적인 새로운 카이사르들이었다. 그는 군단 수를 60개 이상에서 28개로 축소하여 (경보병과 기병을 비롯하여) 대략 총 30만 명의 병력을 유지했다. 군비 축소는 세금을 낮추었지만 국경선을 확대할 제국의 능력도 제한하는 것이었다. 아우구스투스가 파르티아와 전쟁을 재개하는 대신에 강화를 협상한 것도 놀랄 일은 아니었다.

그러나 그는 팽창을 중단하지 않았다—전혀 아니었다. 로마인들은 지도자들이 새로운 영토를 정복하고 그리하여 자신들이 신들의 총애를 받고 있음을 보여주기를 기대했다. 아우구스투스는 이런 책무를 열성적으로 수행했다. 그가 총애한 시인 베르길리우스가 쓴 대로 로마는 "끝없는 제국"[47]을 이룩할 의무가 있었다. 그래서 아우구스투스는 히스파니아와 발칸반도 북부, 게르마니아에서 새로운 영토를 획득하고 이집트를 병합했다. 정복으로 얻은 부는 로마에서 새로운 프로젝트 비용 충당에 도움이 되었다.

비록 타고난 지휘관은 아니었지만 아우구스투스는 가능하면 원정에 나서서 싸웠다. 나중에 그는 지휘권을 다른 이들에게, 가급적이면 신뢰하는 가문의 일원에게 맡겼다. 어쩌면 장군들에게 신중을 당부하는 글을 쓰는 습관은 그때에 생겼는지도 모른다. "서서히 서둘러라."[48]

아우구스투스는 동쪽으로 밀고 나가 멀리 엘베 강까지 게르마니아를 정복하기를 원했다. 그러나 9년에 푸블리우스 퀸크틸리우스 바루스가 게르마니아 토이토부르크 숲에서 군단 3개, 그러니까 대략 1만5,000명의 병사를 잃었을 때에 큰 타격을 받았다. 이 참사로 한 세대 동안 군단의 수는 28개에서 25개로 줄어들었다. 장기적으로 보았을 때, 더 중요한 사실은 로마가 게르마니아 대부분의 지역에 대한 지배권을 상실했다는 것이다. 이 소식을 들었을 때에 아우구스투스는 "퀸크틸리우스 바루스, 내 군단을 돌려다오!"[49]라고 외쳤다고 하는데, 그것도 한번이 아니라 그후로 여러 달 동안 때때로 그러했다고 한다. 다시 그는 애도의 수염을 길렀지만 이번에는 몇 달뿐이었다.

공화정의 회복? 아니면 개조?

아우구스투스는 율리우스 카이사르로부터 권력은 검의 날에서 나온다는 사실을 배웠다. 그러나 활짝 펼친 팔과 자발적인 마음의 지지를 받지 못하면 권력은 번뜩이는 단검 앞에서 사라져버릴 것이다. 아우구스투스는 그점 역시 카이사르에게서 배웠다.

시행착오를 통해서 아우구스투스는 전통적인 로마의 헌정 절차를 새로운 상황에 맞게 조정할 방도를 찾았다. 그 과정에서 그가 전통적인 헌정 절차들의 의미를 완전히 바꿔버린 것은 무시해도 좋다. 그 방도는 1인 지배 문제에 대한 실용주의적 해법이었고, 매우 로마인다웠다. 로마인들은 모든 사람들과 마찬가지로 때로는 위기에 직면하여 우왕좌왕했지만, 결국에는 변화 능력을 과시했다. 아우구스투스는 그의 민족의 적응성을 체현했다.

아우구스투스는 민중 호민관 1인의 권한, 즉 법률을 발의하고 거부권을 행사할 권한을 자신에게 부여해줄 것을 원로원에 요청했다. 호민관 10인은 보통 사람들, 평민들의 이해관계를 대변했다. 비록 민중 호민관들은 여전히 존재했지만 자신들의 영향력을 실질적으로 아우구스투스와 후임자들에게 양도했다. 아우구스투스는 로마와 속주들에서 군사력을 관할하는 통수권도 요구했다. 원로원은 당연히 요구를 들어줄 수밖에 없었지만 그래도 원로원의 동의는 아우구스투스의 지배에 법적 토대를 부여했다.

그러나 로마에서 아우구스투스의 위상이 전적으로 그의 법적 권한들에만 의존한 것은 아니었다. 그것은 그의 권위, 즉 로마인들이 아욱토리타스(auctoritas)[50]라고 부른 것의 작용에도 의존했는데, 아욱토리타스는 권위만이 아니라 명망, 존경, 그리고 경외감을 불러일으키는 능력을 의미했다.

아우구스투스는 권력에 대해서 민감한 감각을 지녔는데 그것도 전형적인 로마인다운 것이었다. 그는 성공적인 정권은, 반대파를 그저 탄압하는 것이 아니라 포섭한다는 것을 이해했다. 그래서 원로원 의원들에게 어느 정도의 영향력과 명예를 부여했다.

그렇다고 아우구스투스가 원로원이 본래 모습을 회복하기를 의도한 것은 전혀 아니다. 원로원은 로마 역사가 타키투스가 표현한 대로, 훨씬 축소된 기구이자 "공화정의 허울"[51]일 뿐이었다. 예를 들면, 새로운 원로원은 더 이상 외교 정책이나 재정, 전쟁을 관할하지 않았다. 공화정 치하에서 의원들은 속주를 다스렸고, 계속 그러했지만 이제는 대체로 위상이 떨어지는 속주들만 다스렸다. 아우구스투스는 군대가 집중 배치된 변경의 핵심 속주들과 이집트는 자기 몫으로 남겨두었다. 그곳 속주를 관할하는 현지 당국에는 원로원 의원들이 아니라 로마의 기사계급이 있었다. 기사들은 제국 곳곳에 위치한 한 무리의 갑부들로서, 재산 측면에서는 의원들에 버금갔지만 그 수는 훨씬 많았다. 의원들에게는 대단히 실망스러운 일이었지만, 아우구스투스와 후임자들은 갈수록 더 많은 기사들을 군 장교와 행정가로 등용했다. 내전에서 스러지거나 숙청으로 추방된 자들에 대한 기억이 생생한 원로원은 황제를 지지했지만 많은 이들은 좋았던 시절이 가버린 것을 속으로 슬퍼했다.

아우구스투스는 로마 제국과 로마 시를 혼동하는 잘못을 저지르지는 않았다. 본인은—그의 반대파들이 언제나 똑똑히 상기시켜준 것처럼—구(舊) 로마 귀족계급에 한발만 걸치고 있었을 뿐이고, 어떤 의미에서 그는 자신의 1차적 지지층을 로마의 명문가들이 아니라 이탈리아 엘리트 집단으로 보았다. 그리고 그는 훨씬 더 먼 곳을 바라보았다. 실제로 기원전 28년 내전에서 복귀한 뒤에 아우구스투스는 제국 곳곳으로 일련의 군사적, 정치적 순방을 다니며 10년을 이탈리아 바깥에서 보냈는데,[52] 117년부터 138년까지 하드리아누스가 재위하기 전까지 다른 어느 황제보다 더 많은 시간을 해외에서 보낸 셈이었다.

앞선 율리우스 카이사르처럼 아우구스투스는 로마 시에서부터 속주들로 권력을 이전시켰다. 그는 자신의 후임자들이 국제적인 지배계급이 될 수 있도록 기반을 마련했다. 그것은 로마인들에게 새로웠을지 몰라도 오늘날 우리에게는 친숙한 현상일 것이다. 우리는 그것을 세계화라고 한다.

제국의 끝에서 끝까지, 브리타니아에서 이라크까지 사람들은 공통의 문화를 공유했다. 여기서 **사람들**이란 부유하고 교양 있는 극소수의 엘리트 특권층을 의미한다. 그들은 동일한 교육을 받고, 공통의 가치체계를 누렸으며, 비슷한 야심을 가졌다. 그들은 동일한 의복을 입었고, 동일한 문학 고전들을 인용했으며, 동일한 수사학적 기법을 구사하고 동일한 식사 예절을 뽐내고, 동일한 출세 경로를 노렸다. 오늘날의 "다보스 엘리트"처럼, 그들은 극히 일부에게만 해당되는 세계화된 클럽에 속했다. 오늘날의 캘리포니아 실리콘밸리의 최고경영자는 밸리 저 아래쪽에 위치한 길로이의 어느 마늘 농사꾼보다는 뭄바이의 어느 최고경영자와 흔히 공통점이 더 많을 것이다. 마찬가지로 고대에 갈리아의 어느 로마인 대지주는 길 아래편에 사는 농민보다는 시리아의 로마인 대지주와 공통점이 많았다.

여기서 가장 큰 패자는 로마 시의 시민들이었다. 그들은 정치권력의 독점을 포기해야만 했던 구(舊) 귀족계급과 선거에 참여할 권리를 잃은 평범한 서민들—평민들—이었다. 과거에 공화정에서 존재했던 정치—지저분하고, 활기 넘치며, 편협하고, 괴팍하고 때로는 난폭했지만 언제나 자유로운—는 사라졌다. 그것은 질서, 국제화, 통제로 대체되었다. 한마디로, 황제와 그의 보조자들에 의해서 그렇게 되었다. 한편, 로마 제국 사회는 한줌의 지배 집단과 평범한 일반 대중으로 쪼개졌다.

이론상으로 여전히 로마는 공화정이었다. 아우구스투스는 SPQR, 즉 원로원과 로마 민중(senatus populusque Romanus)의 요청에 따라 증대된 권한을 행사하는 공직자에 불과했다. 실제로는 군주였지만 로마 제국의 창건자는 황제는커녕 왕이라고 자처한 적도 없었다. 적어도 로마 안에서는 말이다. 그는 군주를 자처하기에는 속셈을 너무 잘 감추었다. 그 대신에 그는 다양한 칭호들로 자신을 불렀는데, 가장 중요한 칭호는 카이사르, 아우구스투스, 임페라토르 그리고 프린켑스, 즉 제1시민이었다.

황제를 뜻하는 영어 단어 엠퍼러(emperor)는 "승리 장군"이라는 뜻의 라틴어 임페라토르(imperator)에서 온 것이다. 아우구스투스는 공화주의적 자유의 기상—율리우스 카이사르를 살해했던 원동력—이 여전히 살아 있음을 알고 있었다. 그래서 최고 권력을 얻은 뒤에 그것을 위장했다. 그는 그리스어권 동방에서는 종종 왕이라고 불렸지만 로마에서는 아니었다.

아우구스투스는 로마 팔라티노 언덕의 저택에서 살았다. 그의 후임자들은 그곳에 화려한 궁전들을 지었다. 그들과 대조적으로 그는 비교적 수수한 환경에서 살았지만 그야말로 비교적 그러했다. 그의 대저택 안에 아폴론 신을 모신 사당 같은 건물들도 있었으니 말이다. 과거에 부유한 가문들의 거주 구역이었던 팔라티노는 제국 권력의 권좌가 되어가고 있었다. 그곳은 황제와 그의 궁정인들을 위한 배타적 부지가 되었다. 그래도 아우구스투스가 원로원 모임에 참석하려고 팔라티노에서 포룸으로 내려오면, 그는 자신의 옆에서 이름을 일러주는 사람의 도움 없이도 의원들의 이름을 꼭 하나하나씩 부르며 인사했고,[53] 자신이 회의장에 참석해 있을 때에도 그들을 일어서 있게 하지 않았다. 그는 사람들이 자신을 주인(Dominus)[54]이라고 부르는 것도 허락하지 않았다. 그의 후임자들 중 한 명이 그 칭호를 취하기까지는 300년이 걸렸다.

아우구스투스는 혁명의 언어가 아니라 개혁과 갱신의 언어를 통해서 변화를 관리했다. 기원전 27년에 그는 "나라를 원로원과 민중의 자유로운 처분에 맡긴다"고 선언했다.[55] 그는 자신이 공화정을 회복시켰다고 암시하는 말을 했지만[56] 그 말은 그가 그저 헌정 체제를 회복시켰다는 뜻이거나 아니면 공화정을 쇄신했다는 의미일 수도 있다. 율리우스 카이사르 이전의 체제를 회복했다는 의미가 아니고 말이다.

대리석의 도시

아우구스투스는 로마의 평민을 혈기 넘치는 정치 행위자에서 응석받이 구경꾼으로 탈바꿈시켰다. 그들이 사는 도시 역시 유능하고 실력 있는 싸움꾼에서 제국의 수도라는 스펙터클한 무대 배경으로 변신을 완성시켰다.

율리우스 카이사르는 이미 로마에 새로운 포룸을 선사했다. 아우구스투스는 한 발 더 나아가 실질적으로 로마의 도시 경관을 자신과 자신의 가족의 이름으로 리브랜딩했다. 기원전 30년대 후반, 서른다섯 살이 되기 전에, 아우구스투스는 자신의 능묘를 짓기 시작했다. 그와 그의 대가족을 위한 거창한 왕가의 무덤인 아우구스투스 영묘는 도시에서 가장 높은 건물이었다. 영묘는 하얀 대리석 기반 위에 인공적으로 쌓은 언덕으로, 상록수가 뒤덮고 있었고 아우구스투스의 청동상으로 마무리되었다. 외관은 전투에서 약탈한 전리품으로 장식되어, 영묘는 무덤이자 전몰 추도비와 전승 기념비 역할을 했다. 이 거대한 유적은 오늘날에도 로마의 중앙, 캄포 마르치오 지구에서 여전히 볼 수 있다.

기원전 29년 아우구스투스는 이미 신으로 모셔지고 있는 율리우스 카이사르에게 신전을 봉헌했다. 포로 로마노의 가장자리, 카이사르의 화장터에 위치한 그 신전은 그의 사당이었다. 게다가 아우구스투스는 로마에 새로운 포룸인 아우구스투스 포룸을 선사했다. 복수자—그러니까 율리우스 카이사르의 죽음에 대한 복수자—마르스 신전과 유명 로마인들의 석상이 늘어선 갤러리를 갖춘 광장이었다. 아우구스투스는 전리품으로 포룸 신축 비용을 댔는데,[57] 로마인들의 눈에 이런 자금의 출처는 건설 공사에 위신을 더했다. 그는 또한 개선문과 해시계, 놀랄 정도로 아름다운 평화의 제단도 지었다. 그의 가족들은 신전과 수도교, 욕장, 극장, 공원, 포르티코(portico : 기둥으로 받쳐 만든 지붕 있는 현관. 주랑 현관이라고도 한다/옮긴이)를 짓거나 보수 공사를 했다. 임종 시에 아우구스투스는 "나는 벽돌의 로마를 발견하여 너희에게 대리석의 로마를 남기노라"[58]라고 말했다. 그것은 제국의 견고함에 대한 은유의 의미였지만 그 도시의 많은 부분에 대한, 말 그대로의 사실이기도 했다.

아우구스투스 치하에서 시인과 역사가들은 영원한 도시 로마[59]라는 관념을 만들어냈다. 그것은 아우구스투스가 자신의 새로운 정권이 가지기를 바랐던 영속성에 대한 생생한 은유였다. 비록 제국은 오래 전에 없어졌지만 그 도시를 가리키는 이름은 지금도 살아 있다.

아우구스투스는 로마의 빈민들에게 세심한 주의를 기울였는데, 과거에 그들이 폭동과 혁명의 원천이었기 때문이다. 그는 빈민에 대한 곡물 배급을 더 효율적으로 만들고 공공사업 프로그램에 착수했다. 거리의 질서를 유지하기 위해서 로마 최초의 경찰력을 창설하고 도시 변두리에 자신의 호위대를 주둔시켰다. 로마 장군의 호위대에 붙이는 이름을 따서 프라이토르 근위대라고 불린, 황제 직속의 이 근위대는 장래에 제국 정치에서 결정적 역할을 할 것이었다.

아우구스투스가 채찍만 휘두르고 당근은 쓰지 않은 것은 아니다. 그는 자신의 정권을 테마로 한 성대한 축하행사를 거행했으니 물론 사람들이 행복하다는 듯이 행동하면 정말로 행복할 것이라는 원리를 따른 것이었다. 기원전 29년에 그는 이집트에서 귀환한 후에 내전의 종식을 극적으로 기념하고자 장엄한 개선식을 연출했다. 아우구스투스는 더 크고, 더 훌륭한 경기와 볼거리를 더 자주 제공함으로써 흥행주로서 이전의 모든 로마 지도자들을 능가했다. 기원전 17년에 열린 그의 "세쿨라레스(Seculares[세속제])", 즉 신시대 제전은 각종 스포츠와 연극, 음악, 동물을 바치는 희생제, 먹고 마시는 주연(酒筵)으로 이루어진 2주일짜리의 스펙터클이었다. 경기나 공연에 참석할 때마다 아우구스투스는 유심히 관람하고 있는 모습을 관중이 볼 수 있게 해서,[60] 자신이 훌륭한 쇼를 좋아한다는 것을 사람들이 알게 했다. 또한 공개석상에 모습을 드러낼 때면 그는 지도자답게 보이려고 노력했다. 예를 들면, 그는 로마 남성의 평균 신장인 170센티미터에 불과했기 때문에 더욱 커 보이려고 신발 뒤축에 밑창을 덧대었다.[61]

록 스타와 성자 사이

아우구스투스는 정권을 선전하기 위해서 종교를 활용했다. 사람들의 육체를 정복하는 것만으로는 충분하지 않았다. 그는 그들의 영혼도 원했다. 그래서 클레오파트라와 그녀의 동료 통치자들이 이런저런 형태로 오래 전부터 숭배해온 동방의 위대한 그리스 왕국들에서 기본 아이디어들을 빌려와서 신성한 군주제를 로마에 탄생시켰다. 그러나 영리하게도 그리스 왕권에 로마식 악센트를 부여했다.

아우구스투스는 로마에서는 자신을 신(율리우스 카이사르)의 아들로, 그외 지역들에서는 황제를 신성한 존재로 보는, 황제 숭배 전통을 시작했다. 고대 세계에서 신의 지위를 가진다는 것은, 오늘날 록 스타와 성자의 위상을 합쳐놓은 것 같은 존재가 된다는 의미였다. 그리스인들이나 갈리아인들은 아우구스투스에게 그런 위상을 부여하는 데에 불만이 없었지만, 그것은 공화주의적 평등 관념에 위배되는 것이었기 때문에 그는 로마에서는 신적인 영예들을 실제로 수락하지는 않고 거기에 근접한 일만 했다. 그는 자신의 새 포룸에 아우구스투스 수호신(게니우스 아우구스티)이라는 거대 조각상을 세웠는데, 그 거상은 실제로는 아우구스투스 본인을 가리키지는 않았지만 그를 닮았다. 반면에 동방은 로마와 아우구스투스에 대한 대중적 숭배 관행이 있었고, 갈리아와 게르마니아는 황제 숭배의 중심지였다.

풀뿌리 조직들이 서방 제국의 여러 도시들에서 우후죽순처럼 생겨나서 아우구스투스에 관한 말을 전파하고 그를 기렸다. 이런 조직 구성원들 대다수는 해방민(과거 노예)으로서, 아우구스투스의 메시지가 시민계급을 넘어서 어떻게 널리 퍼져나갔는지를 보여준다. 한편, 아우구스투스가 출세를 후원한 자들은 지위 고하를 막론하고 아우구스투스 미술과 건축 테마를 자신들의 무덤과 묘비에 구사했다.

심지어 로마도 아우구스투스에게 신성한 무엇인가가 있다는 것을 인정했다. 그는 로마 시를 265개 구역으로 재조정한 뒤에 새로운 교차로에 들어선 사당마다 비용을 지원했고, 그 결과 그 사당들에서 다른 신들과 나란히 숭배를 받게 되었다. 로마 시민들은 현지의 자발성을 보여주는 표시로서 다른 곳과 마찬가지로, 사적이거나 공적인 연회든 상관없이 어느 자리에서나 포도주를 따라 황제를 위해서 봉헌하기 시작했다.[62]

로마의 가부장은 가구의 수장일 뿐만 아니라 사제이기도 했다. 그는 가족이 신들과 올바른 관계를 유지하도록 하는 책임이 있었다. 폰티펙스 막시무스(pontifex maximus), 즉 제사장으로서 황제는 로마의 모든 사람들에게 그런 책임을 졌다. 아우구스투스는 하나의 패턴을 확립했다. 종교는 황제의 책임이었으며, 후대의 많은 황제들은 주요 종교 개혁을 실시했다.

아우구스투스의 치세는 세계사에서 하나의 전형을 제시하는 순간이었다. 그 시대는 황제, 군주, 궁전 같은 기본적인 정치 개념들을 낳은, 서양 정치 역사에서 가장 창조적인 불후의 시대였다. 아우구스투스 시대(Augustan age)라는 용어 자체가 계몽되고 정연한 정치 후원자 아래에서 평화와 번영, 문화적 융성을 누리는 시기를 의미한다. 시인인 베르길리우스, 호라티우스, 오비디우스 같은 작가들과 더불어 역사가 리비우스가 활약했다. 아우구스투스는 훌륭한 문학을 알아보는 교양 있는 사람이었다.

가족 사업

아우구스투스는 정권을 가족 사업처럼 운영했다. 그는 가문을 폐쇄적으로 유지했으며 혈연이나 혼인으로 자신과 연결되어 있는 믿을 만한 집단에 의지했다. 패밀리 브랜딩(통일 상표 전략이라는 마케팅적 의미와 실제로

가족을 앞세운 아우구스투스의 통치방식 둘 다를 의미하는 표현/옮긴이)
은 바깥세상과 의사소통하는 과정에 인간적 색채를 부여했다. 모두가 가
족 드라마를 좋아하지만 도로 건설이나 곡물 조달 사업의 세세한 사항들
을 알고 싶어하는 사람은 별로 없다.

로마 정치에서 가족이 큰 역할을 차지하는 것은 새로운 일이 아니었다.
모든 시기마다 몇몇의 위풍당당한 귀족 가문들이 공화정을 지배해왔다.
새로운 것은 이제부터 오직 한 가문만, 즉 율리우스 씨족만이 지배할 것이
라는 점이었다. 그것은 한 가문이 해내기에는 무리한 과업이었기 때문에
아우구스투스가 남녀를 가리지 않고, 가문의 자원을 증대시킨 것은 논리
적인 귀결이었다. 그는 가장 믿음직한 부관 아그리파를 딸 율리아와 결혼
시켜 가족 내부로 끌어들였다. 나중에는 두 사람 사이에서 태어난 두 아들
을 자기 아들로 입양했다. 또한 사실상 아우구스투스의 대리인이자 잠재
적인 후계자가 될 수 있을 정도로 아그리파의 권한을 증대시켰다.

아우구스투스의 가족 사업에서는 여자들의 존재감이 컸다. 고대 역사에
서 힘 있는 여성들 가운데 일부가 공화정 후기에 등장했다. 그러다가 그중
에서 가장 막강한 리비아가 나타났다. 그러나 그녀는 요란스럽게 자신을
내세우지도 음탕하지도 않았다. 적어도 열아홉 살에 임신한 몸으로 남편
을 떠나서 옥타비아누스에게 온 이후로는 그러했다. 여생 동안 그녀는 그
녀가 결혼한 남자와 마찬가지로 정숙함과 수수함의 가면을 쓰고 무대 뒤
편에서 자신의 의지를 관철시켰다.

새로운 리비아는 자신을 이상적인 로마인 아내이자 어머니로 내세우고
자 애썼다. 가정성의 화신으로 말이다. 그녀는 정치나 남편의 공사(公事)
에 결코 드러내놓고 관여하지 않았다. 그녀는 후기 공화정의 방종과 스스
로 거리를 두려는 정권의 지속적인 노력에 자기 몫의 역할을 했다.

그러나 리비아는 엄청난 영향력을 휘둘렀고 아우구스투스의 누이 옥타

비아만이 가까운 경쟁 상대였다. 아우구스투스는 두 여성을 남성의 후견으로부터 벗어나게 허락하고 공공 조각상을 세워서 기림으로써, 민중 호민관과 같이 범접할 수 없는 존재로 만들었다. 하지만 리비아가 아우구스투스와 좀더 가까웠고 또 기원전 11년에 죽은 옥타비아보다 훨씬 더 오래 살았다.

수세기가 지나 중세에 벌어진 한 악명 높은 연애 사건이 리비아의 불후의 명성을 증언하게 된다. 프랑스 신학자 피에르 아벨라르는 자신의 총명한 제자 엘로이즈 다르장퇴유를 유혹했다. 이 관계로 두 사람 모두 큰 대가를 치렀지만 그녀는 결코 후회하지 않았다. 엘로이즈는 한번은 아벨라르에게 보내는 편지에서 자신은 아우구스투스의 황후보다는 오히려 아벨라르의 창녀가 되고 싶다고 썼다.[63] 엘로이즈는 자신과의 비교 대상으로 아내로서 특권을 누린 인물을 잘 고른 셈이다.

리비아의 증손자인 칼리굴라 황제는 그녀를 "스톨라를 걸친 오디세우스"라고 불렀으니,[64] 로마 여성의 전통 복장인 낙낙하고 긴 아마포 옷을 걸친, 그러니까 정숙함의 상징이자 동시에 교활함의 표본이라는 소리였다. 그녀와 토가를 걸친 카를 폰 클라우제비츠(『전쟁론』을 저술한 근대 후기의 군사 이론가, 전략가/옮긴이), 즉 전략의 달인 아우구스투스는 비길 데 없는 한 쌍이었다.

아우구스투스의 성공의 비결 중의 하나는 어떤 양성성(兩性性), 아니 현대인의 눈에는 그렇게 보이는 특성이었다. 그를 묘사한 많은 조각상들은 심지어 용사의 무구를 걸치고 있을 때조차도 고운 얼굴의, 젊고 나이를 먹지 않는 사람을 보여준다.[65] 아우구스투스는 남자들의 남자이자 엘리트 로마 여성들이 여태 사귀어온 친구들 가운데 최고의 친구였다. 때로는 마치 현대 정치에서 유권자들을 상대하듯이 로마 여성들을 상대하고 있는 것처럼 보이기도 한다. 물론 로마 여성들은 투표권이 없었지만 엘리트 여성들은 엄청난 부와 심지어 정치력 권력을 누렸다.

리비아는 아우구스투스의 가장 신임 받는 조언자 중의 한 명이었다. 남편이 직무 때문에 해외에 있는 동안 아내는 집에 머무르던 로마의 관행에도 불구하고 그녀는 아우구스투스가 제국을 순방할 때에 동행했다. 다른 엘리트 여성들도 업무로 해외에 나간 남편들과 동행하기 시작했고 때로는 남편의 의사결정에 참여하기도 했다. 리비아와 중요한 문제를 상의할 때에 아우구스투스는 사안들을 명확하게 설명하기 위해서 미리 메모를 적어놓았다가 그것을 보고 읽었다. 그녀는 그녀대로 남편의 편지들을 버리지 않고 제단 안에 모아두었다가 그의 사후에 필요할 때면 다시 꺼내 보았다.[66]

적대적이고 때로는 찬란한 문학의 전통이 리비아를 마녀로 둔갑시켰다.[67] 그녀는 아우구스투스 혈통의 남자들을 차례차례 독살하고 자기 손자와 마지막으로는 아우구스투스까지 독살했다고 한다—이 모두가 전남편과의 사이에서 얻은 아들 티베리우스에게 제국을 물려주고 자신은 막후의 권력자가 되려고 말이다. 이 이야기는 기가 막히게 재미있는 소설과 TV 드라마의 소재이지만 근거 없는 신화이다. 강한 여성들은 로마 문화의 일부였으며 여성혐오도 마찬가지였다. 여성 권력자들은 종종 음해에 시달렸는데 리비아보다 더한 사람도 없었다.

그녀는 남편에게 종속되어 있었지만 공공의 영역에서 자신만의 자리를 얻어냈다. 그녀의 공적 이미지는 로마 공중의 눈에 아우구스투스에 한참 못 미쳤지만 그녀는 이를 십분 활용했다. 한 미술사가가 묘사한 대로 그녀는 "서양 역사상 최초로 체계적으로 초상들로 묘사된 여성이었다."[68] 리비아는 노두스(nodus)라는 새로운 헤어스타일을 모방하여 대중화시켰는데, 앞머리를 동그랗게 만 이 스타일은 원래 그녀의 시누이인 옥타비아가 처음 선보인 것이었다. 리비아는 이 새 스타일이 클레오파트라의 촘촘하고 단단하게 땋은 헤어스타일을 밀어내고 로마 세계에서 인기를 누리게 하는 데에 큰 역할을 했다. 리비아는 확실히 대외 홍보를 어떻게 이용해야 하는 지를 알고 있었다. 예를 들면, 그녀는 옥타비아누스와 결혼한 지 얼마 지나지 않아서 일어났다는 기이한 사건을 세간에 퍼뜨렸다. 하루는 그녀가 로마 북쪽의 자택으로 돌아오고 있었는데 독수리 한 마리가, 부리에 월계수 잔가지를 물고 있는 하얀 암탉을 그녀의 품에 떨어뜨렸다고 한다. 이를 범상치 않은 징조로 본 리비아는 암탉은 키우고 월계수 잔가지는 땅에 심기로 했다. 암탉이 매우 많은 병아리를 낳아서 그 저택은 "닭장"으로 알려지게 되었다. 월계수는 잘 자라서 아우구스투스는 개선식을 거행할 때면 그 월계수가 있는 수풀에서 나뭇가지를 꺾어오는 관행을 시작했고, 이 관행은 그의 계승자들에 의해서 이어졌다.

리비아는 아마도 여름에 한창 더울 때에 식당으로 사용되곤 했던 "닭장" 저택[69]의 지하실 벽을 장식하고 있는 벽화인, 유명한 그림 정원(painted garden)에 이 사건을 묘사했다. 막강한 여성인 리비아가 자신의 권위를 높이기 위해서 이 사건을 대대적으로 선전한 것도 무리는 아니었을 것이다. 적어도 후대의 역사가 카시우스 디오는 다음과 같이 쓰면서 이렇게 보았다. "리비아는 카이사르의 권력마저도 자기 품 안에 두고 모든 것에서 그를 지배할 운명이었다."[70]

승계를 위한 계획

잘나가는 여느 가족 사업과 마찬가지로 아우구스투스는 장기적으로 사고했고 권력 승계에 대비했다. 율리우스 카이사르의 상속인으로서의 그의 경험은, 그로 하여금 승계 방안의 필요성을 느끼게 했다. 아우구스투스는 승계 방안을 마련했지만, 왕조를 세우는 것이 가장 사나운 전사나 가장 교활한 정적을 물리치는 것보다 더 어려운 일임을 깨닫게 되었다.

리비아는 아우구스투스에게 사산아 한 명만 안겨주었다. 그녀가 첫 번째 결혼에서 얻은 두 아들 티베리우스와 드루수스는 장성하여 뛰어난 군인이 되었고, 아우구스투스는 두 사람을 아낌없이 중용했지만 후계와 관련해서는 다른 복안이 있었다.

만약 가족이 하나의 사업이라면 그 구성원들은 회사를 위해서 개인적 소망이나 바람은 제쳐두어야 한다. 그러자면 자연히 희생이 뒤따를 수밖에 없었고, 결국 몇몇 가족 구성원은 아우구스투스의 왕조적 요구 때문에 큰 상처를 입게 되었다. 그렇지만 그의 유일한 친자식인 율리아보다 더 큰 희생을 치른 사람은 없었다. 율리아는 이혼의 소산이었는데 율리아가 태어나던 날에 아버지가 어머니인 스크리보니아와 이혼했다. 스크리보니아는 두 번 다시 재혼하지 않았고, 율리아는 아버지와 계모 리비아의 집에서 양육되었다.

쉽지 않은 성장 배경에도 불구하고 율리아는 총명하고 재치 넘치는 여성으로 자라났다.[71] 그녀는 대중에게 인기가 많았고 사람들은 그녀에게서 친절하고 다정한 성품을 보았다. 그녀는 도도하고, 아우구스투스의 피를 물려받았다는 자신의 독보적 지위에 자부심이 대단했다. 불행하게도 그녀는 아우구스투스의 씨암말이기도 했다.

아우구스투스는 처음에 율리아를 누이인 옥타비아의 야심만만한 어린 아들 마르켈루스와 결혼시켰다. 그러나 부부 사이에 자식이 태어나기 전에 그가 죽자 이번에는 열여덟 살의 율리아를 그의 조언자인 아그리파와 결혼시켰다. 물론 그렇게 하기 이전에 아그리파는 아내와 이혼을 해야 했다. 그리하여 아그리파와 율리아는 아들 세 명과 딸 둘을 낳았다. 기원전 17년에 행복한 아우구스투스는 그 가운데 나이가 더 많은 두 손자 세 살배기 가이우스와 아기 루키우스를 입양했다. 곧 그는 그들을 후계자로 기르기 시작했다.

약 10년이 지나서 아우구스투스는 아라 파키스 아우구스타이(Ara Pacis Augustae), 즉 아우구스투스 평화 제단에 자신의 가족을 과시했다. 원래는 선명하게 채색되어 있었던 그 흰 대리석 구조물은 고대 세계에서 가장 유명하고 아름다운 기념물 중의 하나이다. 기원전 9년에 봉헌된 제단에는 정교한 부조로 다산(多産)과 희생 제의의 장면들이 조각되어 있다. 이 작품의 백미는 황실 구성원들의 장중한 행렬이다. 그것은 아우구스투스가 보여주고 싶었던 모습대로 로마 제1의 가문을 보여준다. 평화와 번영, 경건(국가와 가문에 대한 공경/옮긴이)의 살아 있는 상징이자 애국적이고 위엄 있고, 하나로 단결된 황실이다. 물론 현실은 꽤 달랐다.

아그리파는 비록 기원전 12년에 쉰한 살에 세상을 떠났지만 가족 구성원으로 묘사되어 있다. 아우구스투스는 장송 연설을 하고 그의 유골을 아우구스투스 영묘에 묻음으로써 아그리파를 기념했다. 한편, 율리아는 다시 과부가 되었다.

아우구스투스는 이제 그녀를 리비아의 아들 티베리우스와 결혼시켰다. 그러나 결혼은 파경을 맞았고, 티베리우스는 자진해 본국을 떠나서 그리스 로도스 섬에 칩거했다. 율리아는 멋쟁이 무리와 어울려 다녔고, 줄줄이 애인을 두었는데 이번이 처음이 아닌 듯했다. 아우구스투스가 젊은이들과 너무 많은 시간을 보낸다고 딸을 나무라자, 율리아는 그들을 곧 늙은이로 만들 테니 걱정하지 말라고 대답했다고 한다.[72] 또 한번은 어떻게 불륜 관계를 유지하면서 남편을 닮은 자식들을 낳느냐는 질문을 받자 배가 만원일 때에만(다시 말해서, 그녀가 이미 임신을 했을 때에만) 승객을 받는다고 대답했다고 한다.[73]

요즘 같으면 그런 행동을 후계자를 얻기 위해서 아버지가 율리아에게 준 엄청난 압박에 대한 반응으로 이해할 수도 있다. 아우구스투스는 그녀의 처신에 곤혹스러워했지만 그보다 더 나쁜 일은 아직 시작되지도 않았다.

조국의[74] 그리고 율리아의 아버지

기원전 2년 원로원과 민중은 아우구스투스에게 조국의 아버지라는 새로운 칭호를 주기로 결의했다. 그는 예순 살이었다. 그것은 큰 영예로서 이전에 율리우스 카이사르 그리고 비공식적으로 키케로에게만 수여된 영예였다. 이 영예는 율리우스 가문을 로마 국가의 중심에 두려는 그의 계획의 정점을 찍었다. 그것은 쓰라린 아이러니였는데, 같은 해 말에 아우구스투스는 딸의 배반의 증거와 직면해야 했기 때문이다.

율리아와 그녀의 젊은이들은 아우구스투스에게 정치적으로 상처를 입혔다. 다양한 문헌들은 그녀가 그들과 공공연하게 추문을 일으키는 행동을 했다고 말하지만, 우리는 그런 여성 혐오적인 쑥덕공론에 의존할 수는 없다. 확실한 것은 그녀의 연인들 중의 한 명이 마르쿠스 안토니우스의 (풀비아와의 사이에서 낳은) 생존 자식인 율루스였다는 것이다. 율리아가 티베리우스와 이혼하고 안토니우스의 아들과 결혼하고 싶어할 수도 있다는 생각은 아우구스투스의 옛 라이벌에게 사후의 승리를 안겨줄 우려가 있었다.

아우구스투스는 가장의 강철 같은 단호함과 군주의 냉혹함으로 대응했다. 그는 율리아의 연인들 대부분을 유배시켰다. 율루스는 스스로 목숨을 끊게 했다. 율리아로 말하면, 아우구스투스는 그녀를 (티베리우스와는 전혀 상의하지 않은 채) 티베리우스의 이름으로 인정사정없이 이혼시키고 이탈리아 해안의 작고 황량한 섬으로 유배시켰다[75] — 아이러니하게도 오늘날 그곳은 휴양지이다. 그녀의 어머니이자 아우구스투스의 전 부인인 스크리보니아는 충실하게 유배지로 율리아를 따라갔다. 율리아가 그의 후계자가 되어줄 아들들을 낳아주었으니, 아우구스투스의 행동은 비정해 보일 수 있다. 이제 그녀는 없어도 되는 존재였다.

5년 뒤인 기원후 3년에 아우구스투스는 율리아가 이탈리아 본토로 귀환하는 것을 허락했지만 남부의 어느 궁벽한 도시에만 머물게 했다. 비극이 그녀를 뒤따랐다. 그녀의 아들 루키우스가 2년에 병사했고, 그로부터 2년 뒤에는 아들 가이우스가 전투에서 입은 상처로 죽었다. 그들의 죽음으로 아우구스투스는 예정했던 후계자들을 잃어버렸다. 율리아로 말하면, 그녀는 명예가 실추된 다른 로마인들과 달리 공식적인 기억 말소를 당하지는 않았지만 제국의 이미지 메이커들은 그녀의 위상에 관한 메시지를 알아차린 것 같았다. 그녀는 기원전 2년에 몰락할 때까지 많은 비문들과 조각상들에 기념되는 영광을 가졌지만, 이후에는 뚝 그쳤다. 철저한 침묵은 로마 여성들에 대한 일종의 비꼬는 칭찬이니, 공화정 종식 전에 여성들은 집밖에서는 개인으로서 거의 주목받지 못했다.

아우구스투스는 인생에서 여러 대단한 여성들을 만났지만 그에게 가장 가까운 세 여자는 그를 기른 어머니 아티아, 그를 격려한 아내 리비아, 그리고 그를 배반한 딸 율리아였다.

마지막

아우구스투스는 다시 기운을 차렸다. 4년에 그는 아들 둘을 더 입양했다. 한 명은 아그리파와 율리아 사이에서 태어난 열여섯 살의 아그리파 포스투무스였다. 아우구스투스는 원래 그 아이가 아그리파 가문의 대를 이을 수 있도록 입양하지 않았지만 이제는 그가 필요했고, 그래서 포스투무스는 카이사르 가문의 사람이 되었다. 다른 한 명은 리비아의 생존 자식으로 로도스 섬에서 로마로 귀환한 티베리우스였다. 리비아의 둘째 아들 드루수스는 게르마니아에서 사고로 먼저 죽었다. 티베리우스는 마흔다섯 살로 장년이었던 반면 포스투무스는 열여섯 살에 불과했다. 알고 보니 포스투무스도 후계자로서 가망이 없었다. 몸은 튼튼했지만 정신이 박약했다. 아우구스투스는 정권의 생존에 관해서는 냉철했다. 그래서 비록 포스투무스가 자신의 친손자이지만 입양을 철회하고 그 애의 어머니에게 그러했던 것처럼 소년도 유배시켰다. 이로써 티베리우스만이 남았다. 그는 아우구스투스와 생물학적으로 아무 관련이 없었지만 능력과 경험이 있었고, 왕조를 지속시킬 수 있었다.

수십 년 전에 율리우스 카이사르가 옥타비아누스를 입양했을 때, 그는 의도하지 않았지만, 선례를 세우고 장래 제국의 성공을 위한 기틀을 닦았던 셈이다. 로마인들은 현대인들보다 입양에 대해서 상대적으로 따지지 않았고 가문의 이름을 이어갈 수단으로 수시로 이용했다. 혈족 입양을 선호하고 어린이보다는 성인을 입양하는 편을 선호했지만, 어느 관행도 강하게 고집하지는 않았다. 황제는 자신의 친자식에게 권력을 반드시 넘겨주기보다는 자유롭게 아들을 입양할 수 있었으므로, 후계자를 고를 때에 융통성을 가질 수 있었다. 결론적으로 재능 있는 자에게 권력 승계의 기회가 열려 있었다.

포스투무스를 유배 보냈을 당시 아우구스투스는 예순여섯이었다. 그는 제국 권력의 이행을 위한 진지한 방안들을 세우기 시작했다. 티베리우스를 입양하면서 아우구스투스는 그에게 얼마간의 법적 권한도 주었다. 더욱이 그는 과거에 아그리파를 이용했던 것처럼 티베리우스를 이용했다. 자신의 군대를 지휘하게 시킨 것이다. 아우구스투스는 티베리우스를 중유럽과 발칸 반도로 파견하여 험악한 변경지대를 지키게 했고, 티베리우스는 그곳에서 일련의 격전과 반란을 상대하며 6년에서 12년 사이 대부분의 기간을 보냈다.

황제는 한 번에 한 곳에밖에 있을 수 없었지만, 곳곳에서 그를 필요로 했다. 원시적인 기술과 통신 수단의 시대에 대제국을 다스리는 것은 커다란 실제적인 난관들을 불러왔다. 통치자의 후계자를 로마에 두는 것이 더 안전했겠지만 아우구스투스가 그를 가만히 놓아둘 리 없었다. 티베리우스는 노련한 장군이자 아우구스투스가 신뢰하는 유일한 사람이었다. 티베리우스는 12년에 마침내 로마로 귀환했다. 개선식을 치른 뒤에 그는 아우구스투스와 공동으로 속주들을 다스릴 권한을 얻었다. 티베리우스는 이제 **프린켑스**와 거의 동일했다.

이 시기에 아우구스투스는 자신의 경력에 마지막 손질을 가했다. 그는 유언장과 장례에 관한 지시 사항과 더불어 자신의 업적에 대한 상세한 기록을 청동 원기둥들에 새김으로써 남기게 했고, 그것을 영묘 앞에 세우게 했다. 원본은 오래 전에 사라졌지만 라틴어와 그리스어 사본을 새긴 비문이 제국 곳곳에 세워졌고, 온전한 판본 하나가 터키 앙카라에 남아 있다.

앙카라 텍스트 서두의 라틴어 제목은 로마 영웅주의 광고 전단에 꼭 들어맞는다. 「레스 게스타이 디비 아우구스티(*Res Gestae Divi Augusti*)」, 즉 "신성한 아우구스투스의 위업." 아우구스투스에게 반(反)영웅적인 것은 전혀 없었다. 앞선 율리우스 카이사르처럼 아우구스투스는 죽은 뒤에 신으로 선언되었다. "온 세상을 로마인의 지배하에 복속시킨 신성화된 아우구스투스의 군사적 위업에 대한 한 사본"[76]이라고 비문은 운을 뗀다.

승리는 그 기록의 핵심 주제이다. 아우구스투스는 자신이 내전의 불꽃을 꺼뜨리고, 바다에서 해적들을 몰아냈으며 속주들에 평화를 가져왔다고 말한다. 아우구스투스가 자신에게 사면을 청한 시민들의 목숨을 살려주었다고 적고 있는 데에서 알 수 있듯이 자비도 관련 주제이다.

그러나 이 기록은 살인과 배신, 부정, 잔인성과 더불어 제국 궁정의 방종과 같은 많은 내용들을 빠뜨렸다. 문서 어디에서도 아우구스투스는 자신이 로마 공화정의 자유로운 제도들을 종식시키고, 그것들을 황제의 자애로운 전제정으로 대체했다고 말하지 않는다. 마지막으로, 군사적 업적을 담은 기록의 남성적 어조를 따라, 아우구스투스는 비록 여러 여신들을 언급하고 있지만 여자는 한 명도 언급하지 않는다. 한마디로 그의 업적에 대한 공식적인 판본은 진실을 비틀고 왜곡하는 정치선전 작품이다. 그러나 「레스 게스타이(업적록)」에 관해서 한 가지는 분명하고 확실하다. 그것은 비단 로마만이 아니라 제국을 위한 텍스트였다.

그에 걸맞게 아우구스투스는 로마 바깥에서 자신의 정치적 경력을 마감했다. 그것은 제국을 위한 임무 수행을 위해서 파견되어 자신의 경력을 시작했을 때와 똑같다. 기원전 44년 율리우스 카이사르 암살 소식을 들었을 때, 그는 아드리아 해 바로 너머에 있는 아피아 가도의 종착지 반대편에 있었다. 아피아 가도는 로마에서 남쪽으로 뻗은 길이다. 그로부터 58년이 흘러 세상을 떠날 때에도 그는 여전히 동쪽을 바라보고 있었다. 전투에 나설 만한 한창 때가 이미 지난 그는 여전히 제국을 무엇보다도 우선시했다. 그는 아들이자 후계자인 티베리우스를 아피아 가도를 따라 아드리아 해까지 배웅했는데, 티베리우스는 지속적인 분쟁 지역에서 가장 최근에 일어난 위기를 처리하기 위해서 아드리아 해를 건널 예정이었다. 여행 중일 때면 흔히 그러했듯이, 아우구스투스는 이번에도 리비아를 함께 데려왔다.

아우구스투스는 자신이 즐겨 찾는 곳에서 휴가와 업무를 결합했다. 바로 카프레아이 섬(오늘날의 카프리 섬)이었다. 그는 이미 몸이 좋지 않음을 느끼기 시작했다. 섬에서 본토로 건너와 나폴리에서 어느 의례에 참석한 뒤에 아우구스투스는 대략 나흘에 걸친 여정에서 티베리우스를 더 남쪽까지 배웅했다. 그 다음 발길을 돌렸지만 몸이 너무 불편하여 놀라 시에서 멈춰서, 자기 가문의 별장에 머물러야 했다. 티베리우스에게는 황급히 돌아오라는 전갈이 전해졌다. 이 이야기의 한 기록에서는 그가 마지막으로 양부와 이야기를 나눌 수 있게 때맞춰 도착했다고 한다.[77]

아우구스투스는 14년 8월 19일, 놀라에서 그의 77세 생일을 한 달 조금 넘게 앞두고 눈을 감았다. 제국의 신화 작가들은 아우구스투스의 마지막 날을 둘러싼 공적인 세부사항들에 분명히 발자취를 남겼다.

진위는 알 수 없지만, 친구들이 그의 임종 자리에 도착했다고 한다. 아우구스투스는 그들에게 자신이 인생이라는 "미메(mime)"[78]를 적절하게 마무리한 것 같으냐고 물었다. 그러니까, 연극의 마지막에 코미디 배우처럼 말한 것이다. 그러고는 이렇게 덧붙였다. "연극이 조금이나마 훌륭하다고 생각한다면 박수를 치고 우리를 즐겁게 보내주시라."[79] 그 다음 그는 친구들을 내보내고 이내 리비아에게 입을 맞추었다. 그의 마지막 말은 "리비아, 우리의 결혼을 생각하며 사시오. 안녕히"였다고 한다.[80]

세상을 뜯어 고쳤던 사람은 요란한 천둥소리와 함께 떠나야 하는 법이다. 그러나 이 이야기들이 사실이라면 아우구스투스는 재치와 겸허로 조용하게 삶을 마감한 셈이다. 공화정의 전쟁들을 종식시켰고, 그 다음 로마 제국과 로마의 평화를 창조했던 사람은 자신이 배우자에게 얼마나 빚을 졌는지를 인정하며 삶을 마감했다. 마지막까지 냉혹했던 아우구스투스는 어쩌면 정말로 겸손의 몸짓으로 자신의 전능함에 작별을 고했을지도 모른다.

사람들은 그의 친부인 가이우스 옥타비우스가 오래 전에 죽었던 바로 그 방에서 아우구스투스가 세상을 떠났다는 아이러니를 주목했다.[81] 그러나 만약 아우구스투스가 마지막에 누군가를 생각했다면 그는 율리우스 카이사르였을 것이다.

카이사르와 아우구스투스는 로마 천재성(Roman genius)이라는 동전의 양면이었다. 카이사르는 재능과 에고(ego)를 두 문학 고전에 쏟아낸 전쟁의 신이었다. 아우구스투스는 무력과 피로 권력을 벼려낸 다음 그가 죽은 뒤에도 200년 동안 이어진 평화와 번영의 구조를 건설해나간 마키아벨리풍 정치가였다. 카이사르는 공작새였다. 아우구스투스는 스핑크스였다. 카이사르는 원로원에서 단검 세례에 스러졌다. 아우구스투스는 아내에게 마지막 입맞춤을 받으며 자기 침상에서 죽었다. 아우구스투스는 젊은 살인자로 시작하여 조국의 아버지로 끝났다. 어머니 아티아와 종조부 카이사르가 그가 첫발을 뗄 수 있게 해주었다면, 원숙기에 아우구스투스의 업적은 친구 아그리파와 아내 리비아 이 두 사람에게 빚을 지고 있다.

아우구스투스는 **프린켑스**라는 개념을 발명했다. 우리가 황제라고 부르는 사람 말이다. 그의 계승자들은 그를 모델로 삼았다. 아우구스투스는 정복자, 입법자, 건설자, 그리고 사제였다. 비록 최고 권력을 휘둘렀지만 기존의 공직과 오도하는 칭호들, 공화정을 들먹이는 발언들, 카리스마적 권위 그리고 원로원에 대한 일정한 존중 뒤로 그 최고 권력을 감추었다.

카이사르의 죽음은 로마에 한 세대에 걸친 내전을 가져왔다. 아우구스투스의 죽음은 평화를 남길 것인가? 근심과 걱정이 쌓여갔다. 만년에 아우구스투스는 권력을 이전하는 세심한 방안을 마련했지만, 누가 죽은 자의 뜻에 복종하겠는가? 그의 양자이자 후계자 티베리우스가 정말로 그 임무를 감당할 만한 사람인가? 아그리파 포스투무스나 율리아가 풀려나서 반대파의 구심점이 되지는 않을 것인가? 공화주의 정서가 원로원의 표면으로 다시 솟구치지는 않을까?

이런 질문들이 분명 로마의 많은 사람들의 마음을 어지럽혔지만, 가장 기민한 정치적 수완가인 리비아보다 더 걱정이 큰 사람도 없었다. 공적으로는 미망인은 애도에 전념했다. 예를 들면, 그녀는 아우구스투스의 유해를 로마에서 화장한 뒤에 가장 기품 있는 기사들로 구성된 의장대와 함께 닷새 동안 그 자리를 지켰다. 그 다음 남편의 재를 모아서 무덤에 안치했다.

그러나 사적으로 리비아는 고인이 된 남편을 애도하는 한 해를 시작하면서[82] 분명 무대 뒤편에서 쉴 새 없이 움직였다. 어떤 모략과 연설, 유혈 참사가 로마의 새로운 통치자, 바로 그녀의 아들을 위한 길을 매끄럽게 닦을 것인가?

티베리우스, 대리석 좌상

II

티베리우스
폭군

14년 9월 17일 로마 원로원, 아우구스투스의 양자이자 후계자인 티베리우스 율리우스 카이사르는 자리에서 일어나서 연설했다. 그의 양부가 죽은 지 한 달이 지났다. 감동적인 국장을 치른 뒤에 원로원은 로마인들이 "신성화(consecration)"라고 불렀던 것에 투표했다. 그들은 아우구스투스를 신으로 선포했다. 천국에서의 아우구스투스의 유산을 처리하는 것은 쉬운 일이었다. 지상의 사정은 훨씬 어려웠다.

우리는 그를 황제라고 부르지만 당대인들에게 아우구스투스는 프린켑스, 즉 제1시민이라는 모호하고 불안정한 위치에 있었다. 그의 체제가 그의 죽음과 동시에 무너지지 말라는 법도 없었다. 결국 로마에는 성문 헌법이라는 것이 없었으니까 말이다. 일부 의원들은 율리우스 카이사르 이전 시절의 옛 영광과 권력을 회복하기를 꿈꾼 반면, 일부는 지도자인 티베리우스를 교체하기를 원했다.

그러나 대다수의 원로원 의원들은 티베리우스에게 아우구스투스의 전권을 떠맡으라고 요청하고자 했다. 그들에게 필요한 묘책은 그러면서도 너무 비굴하게 보이지 않는 것이었다. 티베리우스는 너무 열성적으로 비치지 않으면서 요청을 수락하고 싶었다. 그 일은 아마 그다지 어렵지 않았을 것이다. 리비아가 아들에게 품은 야망에도 불구하고 티베리우스는 최고 정치권력을 꿈꾸지 않았다.

티베리우스는 직업 군인이었고 아마도 덜 골치 아픈 생활과 시원시원하고 솔직한 병영 분위기를 갈망했을지도 모른다. 그 자리에서, 그는 약 10년 전, 오랜 부재 후에 아우구스투스의 명령으로 로마의 북부 전선으로 복귀했던 당시를 돌이켜보았을지도 모른다. 어느 출전(出典)에 따르면, 티베리우스의 고참병들은 그의 복귀에 감격했다고 한다. 어떤 병사들은 티베리우스를 보자 눈가에 눈물이 맺혔고, 어떤 이들은 그를 만져보고 싶어했다. 그들은 여러 군사 활동과 전쟁터에서 그와 함께했던 군 생활을 떠올렸다. 그들은 "사령관님, 정말 당신이 맞습니까?", "우리의 품으로 무사히 돌아오신 겁니까?" 같은 말들을 했다.[1]

아마도 티베리우스는 순전히 군사적 경력만을 원했겠지만 이제 그의 눈앞에는 그가 사는 세상에서 가장 어려운 정치적 임무이자 신의 역할이 기다리고 있었다. 티베리우스는 그 일을 원하지 않았을 수도 있지만 제국은 그의 의무였고, 그는 지나칠 만큼 의무에 헌신했다. 그래서 그는 자리에서 일어나서 원로원에 말했다.[2]

티베리우스는 아우구스투스의 임무는, 누가 감당하더라도 너무 큰일이어서 세 부분, 로마와 이탈리아, 군단, 그리고 속주들로 나눠야 한다고 말했다. 티베리우스는 물론 진심이 아니었지만, 과하게 열성적인 한 의원은 발언의 속뜻을 놓치고 말았다. 의원은 좋은 생각이라고 답하며 티베리우스에게 세 부분 가운데 어느 부분을 맡기를 원하느냐고 물었다. 예상하지 못한 반응에 정말로 놀랐을지라도 겉으로는 침착해 보이는 티베리우스는 우아하게 답변했다. 그는 필요할 때면 자신의 감정을 감추는 데에 능했다.[3] 그는 나누는 사람과 선택하는 사람은 달라야 한다고 대답했다. 그 의원은 한 발 물러섰지만 너무 늦었다. (티베리우스는 자신을 모욕한 그 의원을 기억해두었다가 여러 해가 지난 뒤에 투옥시켜 굶겨 죽이는 것으로 복수했다.[4]) 한편, 대다수의 의원들은 티베리우스에게 전권을 맡아달라고 간청했다.

망설인 끝에 티베리우스는 요청을 수락했다. 그리고 그는 자신이 말한 대로 "여러분께서 노년에 이른 내게 이제는 짐을 덜어줘도 괜찮겠다고 여기는 시점이 올 때까지"[5] 자리에 머무르겠다고 약속하여 빠져나갈 길을 만들었다. 이미 쉰다섯임을 감안할 때에 그는 자신의 노년이 그리 멀지 않았음을 알고 있었다. 티베리우스가 망설인 또다른 이유는 그가 그 임무의 위험성을 알고 있었기 때문이다. 아니, 최소한 그는 그 자리를 "늑대의 귀를 붙들고 있는 것"[6]이라고 묘사하고는 했다. 얼마나 머뭇거렸든지 간에 그래도 티베리우스는 정권을 인수하고 그럭저럭 아우구스투스가 남겨둔 형태대로 로마 정부를 이어나갔다. 그것 자체가 커다란 위업이었다.

티베리우스는 쉽지 않은 역할을 맡았다. 위대한 전임자 뒤로 따라오는 사람들의 기대치를 감당해야 하는 데다가 후계자로서 자신이 아우구스투스의 첫 번째 선택지가 아니었다는 사실을 누구보다 잘 알면서도 그 일을 수행해야만 했다. 게다가 아우구스투스는 그에게 거의 불가능한 임무를 물려주었다. 티베리우스는, 존 애덤스가 조지 워싱턴의 뒤를 이은 것처럼 또는 팀 쿡이 스티브 잡스의 뒤를 이은 것처럼 아우구스투스의 뒤를 이었다. 각각의 경우에 두 번째 사람은 인기가 많거나 카리스마적이기보다는 유능했다.

정복자이자 평화를 가져오는 자, 황제는 건설자이자 파괴자, 시혜자이자 재판관, 가문의 수장이자 조국의 아버지, 민중의 호민관이자 원로원의 제1인자, 로마인들 가운데 가장 권위 있는 자이자 속주들의 대변자, 관리자이자 사람들을 끌어당기는 지도자, 쇼맨이자 엄정함의 상징, 사제이자 사령관, 로마에서는 불가침의 존재, 동방에서는 왕—심지어는 신이었다. 모든 황제는 주요 엘리트들, 군대, 원로원, 제국 법정과 속주의 명사들과 합의를 이루어내야 했다. 로마의 도시 평민들도 중요했지만, 그들의 권력은 공화정에서보다 훨씬 줄어들었다. 아우구스투스는 그 합의를 이끌어내기는 했지만, 오직 내전을 치르고 정치적 시행착오를 겪은 뒤에야, 그리고 오직 길고 긴 치세 덕분에 해냈다. 심지어 아우구스투스와 같은 정치적 비르투오소(Virtuoso : 명인)에게도 그 과업은 쉽지는 않았다.

그의 후임자들은 황제에게 기대되는 다양하고도 상호모순적인 요구들 사이에서 균형을 잡는 데에 애를 먹었다. 그들 가운데 누구도 아우구스투스만큼 오래 다스리지는 않았으니 아우구스투스는 로마 세계에서 무려 45년 동안이나 독보적인 권력을 누렸던 것이다.

아우구스투스가 무력과 협잡을 대단히 즐기고 또한 그 두 가지를 섞어 구사하며 다스렸던 반면, 티베리우스는 일거리를 적당한 크기로 축소하고 일이 굴러가게 하는—심지어 본국에서의 억압과 해외에서의 긴축이라는 대가를 치르더라도—관리자이자 실무가였다.

스핑크스와 동일시된 아우구스투스만큼이나 티베리우스는 진정으로도 수수께끼에 싸인 인물이었다. 좀처럼 본모습을 드러내지 않는 그의 인물됨됨이는 당대인들을 어리둥절하게 만들었고, 때로는 오늘날의 역사가들을 좌절시킨다. 그러나 티베리우스의 치세는 진정으로 중차대한 시기였으며 그는 시대의 전환을 가져온 지도자였음이 드러났다. 그는 아우구스투스의 군주정을 단단히 다졌지만 아우구스투스의 대외 정책은 따르지 않았다. 수세기에 걸친 팽창 후에 티베리우스는 브레이크를 걸었다. 평화시의 어느 황제도 구 로마 귀족계급에게 티베리우스보다 더 큰 해를 입히지 않았다. 원로원의 친구로서 출발했던 자는 그들의 눈에 폭군으로 끝났다.

치세 초기

기원전 42년 11월 16일, 티베리우스는 티베리우스 클라우디우스 네로와 리비아 드루실라 사이에서 태어났다. 부모는 티베리우스에게 로마 공화정에 대한 세습적 애착을 물려주었다. 그러나 원로원과 로마 민중의 공화정은 옥타비아누스와 안토니우스의 막강한 군대에 짓밟혀 죽어가고 있었다. 기원전 42년 어느 사람도 훗날의 아우구스투스인 옥타비아누스가 티베리우스의 삶에서 핵심적인 역할을 하리라고는 짐작하지 못했다. 두 사람은 각기 다른 전통적 유산에서 나왔다.

아우구스투스는 로마 귀족계급에 한 발만 걸치고 있었던 반면에 티베리우스는 명문가 출신이었다. 부모 양쪽 모두, 공화정이 시작되었을 때부터 수세기 동안 로마 최고위직을 차지해왔으며, 로마 최초의 대로(大路)인 아피아 가도를 건설한 유서 깊은 귀족 가문인 클라우디우스 가문의 후손이었다. 클라우디우스 가문은 의무감을 품고 있었지만 자신들은 로마를 다스릴 자격이 있다는 생각과 오만함 역시 가지고 있었다.

티베리우스의 아버지와 할아버지는 여러 차례 각자 옥타비아누스와 맞서 싸웠다. 공화정의 확고한 지지자인 티베리우스의 할아버지는 필리피 전투에서 지는 편에서 싸운 뒤에 자결했다. 티베리우스의 아버지는 더 유연한 원칙을 가지고 있었다. 처음에 그는 내전에서 카이사르 아래에서 복무했지만 시간이 지나면서 왕처럼 구는 카이사르의 방식을 참을 수 없게 되었다. 카이사르가 암살된 이후 그는 원로원이 살인자들을 명예롭게 기리는 데에 찬성표를 던졌다. (원로원은 명예를 하사하는 것을 거부했다.) 그런 다음 옥타비아누스와 싸우다가 차례로 이탈리아와 시칠리아를 떠나서 그리스로 피신했다. 티베리우스는 이제 막 걸음마를 뗀 아기에 불과했지만 그와 어머니 리비아는 피난에 합류했다. 가족은 나중에 이탈리아로 돌아왔고, 리비아는 옥타비아누스와 결혼했다.

옥타비아누스는 세상에서 가장 막강한 권력자 중의 한 명이었다. 티베리우스의 아버지는 옥타비아누스가 자신의 아내를 빼앗아가는 것에 반대했다고 할지라도 그를 막을 수 있는 처지가 아니었다. 그래서 옥타비아누스와 리비아가 기원전 38년 1월에 결혼했을 때 티베리우스의 아버지는 그 자리에 있었고, "마치 아버지가 하는 것처럼"[7] 리비아를 건네주었다. 당시 리비아는 임신 중이었고 곧 티베리우스의 동생 드루수스를 낳았다. 그후 5년 동안 아버지가 티베리우스와 드루수스를 길렀다. 의심할 여지없이, 그는 두 아들에게 클라우디우스 가문의 자랑스러운 전통을 주입했다. 귀족계급의 열렬한 옹호자인 클라우디우스 가문은 로마 민중을 한참 뒤떨어지는 2등으로 취급했다. 티베리우스의 아버지는 기원전 33년에 죽으면서 옥타비아누스를 아들들의 후견인으로 지명했고, 두 소년은 이제 옥타비아누스와 리비아의 손에 자랐다. 고작 아홉 살에 불과했지만 티베리우스는 아버지의 장례식에서 추도사를 낭독했다—아마 다른 사람이 써준 글이었을 것이다.

티베리우스와 드루수스는 계부인 아우구스투스의 집에서, 그의 딸이자 의붓누이인 율리아와 한 지붕 아래 자랐다. 아우구스투스는 세 자식 모두 정권에서 한자리를 차지하도록 길렀지만, 율리아와 그녀의 자식들, 즉 자신의 혈족에게 가장 눈에 띄는 자리를 주었다. 한편, 언제나 막후 실세인 리비아는 자신의 두 아들에게 커다란 기대를 품고 있었다.

정치권력을 추구하는 로마 여성은 남성을 통해서 행동하는 것 말고는 선택지가 없었다. 연인이나 아버지, 형제들처럼 남편들도 주무를 수 있지만, 로마에서 가장 강한 남녀 간의 감정적 유대는 모자지간의 유대였다. 리비아도 그에 따라 행동했다. 그녀는 부지런하고 끈기 있게 두 아들의 앞길을 도모했다. 강인하고 고집 있는 성격의 리비아는 티베리우스와 드루수스를 엄하고 가차 없는 사람으로 길렀고 이 점은 그들이 역경에 처했을 때에는 강점이 되었지만 인기 경쟁에서는 도무지 도움이 되지 못했다.

두 형제는 평생 갈 친밀함을 키웠다. 그러나 율리아와 티베리우스는 더 복잡한 관계였다. 그는 착실한 반면 그녀는 제멋대로였다. 그리고 그는 아우구스투스와 어색한 관계를 유지했지만, 그녀는 (처음에는) 아빠의 사랑스러운 딸이었다. 아버지와 어머니가 다르지만 서로 형제자매로 길러진 그들은 갑자기 성인으로서 완전히 새 출발을 해야만 하는 처지에 놓였다.

율리아와 리비아는 저마다 티베리우스의 삶에 크나큰 영향을 미쳤다. 아이러니하게도 혈연이나 혼인으로 아우구스투스와 맺어진 다른 여자 세 명도 그리할 것이었다. 남자들의 남자이자 긍지 높은 귀족가의 자손인 티베리우스는 자신의 경력의 많은 부분이 계부 가문의 여성들을 중심으로 돌아간다는 것을 깨달았다. 여자의 지위가 너무 높이 올라가게 해서는 안 된다고 생각하는 사람으로서, 그것을 좋아할 리는 없었을 것이다. 그는 "여자의 높은 지위는 자신의 지위가 낮아지는 것으로 간주했다"[8]고 로마의 역사가 타키투스는 썼다.

군인이자 정치가로 길러진 티베리우스는 그리스어와 라틴어 고전 교육도 받았다. 그는 실력 있는 웅변가, 시인, 포도주 감식가였다. 로마법에도 밝았다. 철학에 관심이 있었고 점성술에 열렬한 흥미를 보였다. 한마디로 티베리우스는 군인이었지만 교양 있고 박식했다.

그는 키가 크고 힘이 셌다고 한다. 그의 얼굴이 새겨진 주화와 문헌 모두 그를 잘생긴 사람으로 묘사하지만, 짐작하건대 워낙 뻣뻣하고 매서운 사람이라서 무례하거나 거만해보였을 것이다.[9] 아우구스투스는 임종 자리에서 티베리우스가 억세고 고집 센 턱으로 로마를 부수어버릴 것이라고 빈정거렸다고 한다.[10]

그런 터프함 아래로는 아마도 정신적인 상처가 있었을 것이다. 난민으로 지냈던 어린 시절, 결손 가족, 가정의 교체, 아버지의 죽음, 다른 젊은 이들을 자기보다 더 유망하게 생각했던 계부, 그리고 아들을 좌지우지하려는 어머니[11]—티베리우스는 어린 시절에 많은 것을 겪었다. 평생토록 그는 진실하지 못하다는 평판에 시달렸지만 어쩌면 살아남기 위해서는 자신의 진짜 속내를 감춰야 한다는 사실을 일찍이 깨우쳤을 것이다.

권력 부상

티베리우스는 권력으로 향하는 길고도 찬란한, 하지만 쓰라린 길을 걸었다. 기원전 27년, 열다섯 살에 성인복인 토가를 걸친 순간부터 사실상 그는 공무에 참여했다. 처음으로 군직과 정무직을 맡은 뒤에 아우구스투스의 오른팔이자 사위인 아그리파의 딸 빕사니아와 결혼했다. 빕사니아는 아우구스투스와 긴밀한 연계를 가진, 티베리우스의 삶에서 세 번째로 중요한 여인이었다. 그녀는 오래된 귀족 가문 출신이 아니었지만 티베리우스는 아내를 사랑했고 두 사람은 아들 소(小)드루수스와 행복한 가정생활을 누렸다. 그러니까 티베리우스가 집에 있을 때에는 말이다.

기원전 16년에 프라이토르(praetor)라고 하는 법무관을 역임한 뒤에 티베리우스는 로마의 경계선을 도나우 강과 엘베 강까지 밀어붙이기 위해서 다음 10년을 이탈리아 북부에서 끊임없이 전쟁을 치르며 보냈다. 그는 제국의 영토 가운데 어둡고, 춥고, 가난하고 볼품없는 지역들에서 싸웠다. 오늘날의 스위스와 독일, 오스트리아, 세르비아, 헝가리에 해당하는 지역들이다. 기원전 12년과 9년 사이에 티베리우스는 도나우 강의 남쪽과 서쪽에 위치한 지역인 판노니아를 정복하는 힘든 싸움을 이끌고 있었다. 술을 잘 마시고 위험을 회피하는 유형이었지만 조금씩 로마의 변경지대를 확장한 티베리우스는 인기 있는 지휘관으로 드러났다. 한편, 드루수스는 게르마니아에서 로마 군대를 동쪽의 엘베 강까지 이끌었다.

그런 다음 티베리우스의 개인적 인생이 완전히 뒤집혔다. 기원전 12년 아그리파가 죽자 아우구스투스는 새롭게 행정가로 일할 사람 그리고 아우구스투스의 두 양자인 가이우스와 루키우스 카이사르의 이해관계를 지켜줄 사람이 필요했다. 그는 원숙하고 책임감 있는 사람, 바로 티베리우스에게 눈길을 돌렸다. 더 좋은 경력으로의 전환에 감정이 끼어드는 것을 허락하지 않는 사람인 리비아는 아마도 아우구스투스의 결정을 부추겼을 것이며 확실히 그 일에 호의적이었다. 아우구스투스는 이제 티베리우스로 하여금 빕사니아와 이혼하여 행복한 결혼 생활을 끝내고 의붓누이인 율리아와 결혼하게 강요했다.

처음에 티베리우스와 율리아는 잘 지냈다. 비록 첫 번째 부인을 사랑하기는 했지만 율리아와의 결혼은 황실 내에서 지위 상승을 의미했다. 율리아는 매력적이고 재치 있으며 그에게 기꺼이 도움이 되고자 했고, 그는 그녀가 어떤 사람인지 이미 익히 알고 있었다. 그녀는 알프스 건너편에서 싸우고 있는 티베리우스와 더 가까이 있고자 북부 이탈리아까지 왔다. 또한 그의 아들을 낳았다.

그러나 아기가 죽자 부부의 관심사도 달라졌다. 율리아는 아그리파와의 사이에서 낳은 아들들의 앞길을 도모하고 싶어했던 반면, 티베리우스는 자신의 출세와 자기 아들 소드루수스를 생각했다. 티베리우스는 자신을 귀족들의 옹호자로 여긴 반면 율리아는 아무래도 민중주의 성향을 띠고 있었다. 더욱 중요한 점은 티베리우스가 정치에서 여성을 경시한 반면, 율리아는 집에만 머물 생각이 없었다는 것이다. 게다가 티베리우스는 빕사니아를 그리워했다. 한번은 티베리우스가 로마 거리에서 전부인을 우연히 만나고는 기분이 너무 언짢아져서 두 번 다시 두 사람이 마주치는 일이 없게 했다는 이야기가 있다.[12]

동생이 기원전 9년에 게르마니아에서 말을 타다가 사고가 나서 심각한 부상을 입었을 때, 티베리우스는 동생을 보러 판노니아에서 그곳까지 길고도 험한 길을 떠났다. 그는 드루수스가 죽기 직전에 도착했다. 티베리우스는 동생의 시신을 따라 로마까지 갔다—그 먼 길을 걸어서. 이것이 가족의 가치를 내세우는 아우구스투스의 노선을 따른다는 표시였다면, 한편으로는 자신의 친부와의 마지막 연결고리가 사라진 데에 대한 진정한 슬픔의 표시였을 수도 있다. 드루수스는 사후에 게르마니쿠스라는 이름—게르마니아의 정복자—을 얻었고 그 이름을 후손들에게 남겨주었다.

기원전 6년 아우구스투스는 티베리우스에게 새로운 임무를 주어 동방으로 파견하기로 결정했다. 그러나 티베리우스는 그 대신에 권력의 중심으로부터 멀리 떨어진 아름다운 그리스의 로도스 섬으로 은퇴할 계획을 밝혀 계부를 충격에 빠뜨렸다. 그는 자신이 지쳤고 휴식이 필요하며, 아우구스투스의 손자—이자 율리아의 아들인—가이우스와 루키우스의 앞길을 막고 싶지 않다고 말했다.[13] 두 사람은 곧 성년을 눈앞에 두고 있었고, 아우구스투스의 후계자들로 길러지고 있었다. 다른 이들은 티베리우스가 율리아에게서 벗어나기를 원했다고 말하지만 그녀에 대한 반감은 단순히 개인적인 문제 이상의 것이었다. 티베리우스는 가이우스와 루키우스가 결국에는 자신을 처형할 것이라고 두려워할 만도 했을 것이다. 아니나 다를까 가이우스는 이내 티베리우스에게 적대감을 드러냈고, 티베리우스는 아마 이런 상황이 닥치리라는 것을 알았을 것이다. 항간의 이야기들은 티베리우스의 로도스 섬 칩거에 대한 추가적인 이유를 제시하는데, 티베리우스가 로도스 섬이 무슨 고대의 라스베가스인 양, 그곳에서 로마에서는 불가능한 성생활에 탐닉하기를 원했다는 것이다.

티베리우스는 섬의 절경부터 그리스인 학자 겸 점성술사와의 교류에 이르기까지, 그리고 어쩌면 그곳의 금지된 쾌락 때문에 로도스의 생활을 즐겼다. 이윽고 티베리우스는 로마로 귀환하고 싶었지만, 아우구스투스는 기원후 2년까지 기다리게 했고, 그해에 티베리우스는 로마 시로 돌아와 조용히 거처를 잡았다. 그는 학자 겸 점성술사를 같이 데려와서 그에게 로마 시민권을 부여했다.

로마 복귀

기원전 6년, 로도스 섬으로 떠날 때에 티베리우스의 미래는 어두워 보였다. 10년 후, 그는 아우구스투스의 후계자로 지명되었다. 그 사이에 무슨 일이 일어난 것인가? 율리아는 권력을 기다리는 데에 진저리가 났다. 그녀는 연속적으로 간통을 저지르고 아버지에 맞선 음모를 꾸몄지만 발각되었다. 기원전 2년 그녀는 명예 실추와 유배에 직면했고, 아우구스투스는 티베리우스에게 그녀와 이혼할 것을 요구했다. 그녀의 아들들은 계속해서 총애를 받았지만, 4년에 이르자 둘 다 죽고 없었다. 뒷이야기들은 어김없이 리비아를 탓하여, 티베리우스가 권력에 복귀할 수 있도록 그녀가 가이우스와 루키우스를 독살했다고 말한다. 그러나 두 사람은, 로마에 위치한 리비아의 세력 근거지에서 멀리 떨어진 해외 파견 중에 죽었다. 루키우스는 병으로 쓰러졌다. 가이우스는 전투에서 입은 부상의 여파가 오랫동안 이어지다가 죽었다. 고대의 생활 조건은 흔히 위험이 많고 위태로웠으며, 아우구스투스가 후계자들을 해외로 보내서 기꺼이 위험을 무릅쓰게 놓아 둔 것이 놀라울 뿐이다. 그리고 리비아로서는 자기 아들의 출세에 장애가 되는 이들의 죽음을 보는 것이 괴롭지는 않았을 것이다.

아우구스투스는 티베리우스를 아들로 입양하여 승계 위기를 해소했다. 그는 황제의 첫 번째나 두 번째 심지어 세 번째 선택지도 아니었지만 아우구스투스는 현실주의자였다. 게다가 앞으로 분명해지듯이 아우구스투스는 선물에 가시를 덧붙여놓았다.

두 사람의 과거의 의견 차이에도 불구하고 티베리우스는 로마에서 가장 노련한 장군이었다. 아우구스투스는 티베리우스에게 다른 모든 결정에 우선할 권위(임페리움 마이우스[imperium maius])와 더불어 호민관의 권력도 부여했다. 그는 공화정의 이익을 위하여 티베리우스를 입양한다고 말했는데, 분명히 티베리우스를 모욕하기보다는 그의 입지를 강화해주려는 뜻이 담긴 것이었다. 아우구스투스는 가장 어린 손자 아그리파 포스투무스도 입양했지만 그 소년은 당시 열여섯 살에 불과하여, 마흔여섯의 선임 정치가인 티베리우스에게 위협이 되지 못했다. 아우구스투스에게는 더 이상 다른 손자가 없었다.

곧 아우구스투스는 티베리우스를 북부 변경으로 귀환시켰다. 티베리우스에게 친화적인 문헌들은 티베리우스를 현명하고, 신중하고, 권위 있고, 부하들의 목숨을 걱정하는 온건한 장군으로 칭찬한다.[14] 확실히 티베리우스는 성공을 누렸다. 처음에 그는 게르마니아에서 복무하며, 그곳에서 로마의 군대를 이끌고 엘베 강까지 도달했던 동생의 업적에 필적했다. 그러던 6년에 대규모 반란이 벌어지고 있는 판노니아로 서둘러 돌아왔는데 이번에는 이웃 지역인 달마티아(대략 오늘날의 크로아티아 해안 지역)도 반란에 합세한 형국이었다.

3년간의 힘겨운 싸움 끝에 티베리우스는 로마가 직면해온 더 심각한 반란들 가운데 하나를 잠재웠다. 그는 오늘날이라면 대(對)게릴라전이라고 부를 수 있는 분야의 냉정한 전문가임을 보여주었다. 로마인들은 교전 활동만큼이나 적의 식량과 보급을 차단함으로써 승리를 거두는, 평정(平定) 작업에 능했다.

그 다음 9년에 게르마니아에서 바루스 장군의 참사가 일어나면서 로마는 3개의 로마 군단을 잃었다. 아우구스투스는 티베리우스를 게르마니아로 파견했고, 다음 2년에 걸쳐 그는 잔존한 군단을 재조직하고 라인 강 너머 로마의 적들을 토벌하는, 더디고 끈기를 요구하며 영광스러울 것 없는 작업에 참여했다.

12년에 로마로 돌아온 티베리우스는 오랫동안 연기된, 판노니아 재정복을 기념하는 개선식을 거행했다. 그의 권력은 커졌고, 아우구스투스의 권력과 대등해졌다. 13년에 발행된 주화에는 마치 로마 세계가 불가피한 권력 이전에 대비하고 있기라도 한 듯이 한쪽 면에는 아우구스투스가, 다른 한쪽 면에는 티베리우스가 새겨져 있다.[15]

승계

어떤 측면에서 아우구스투스는 생각할 수 있는 가장 매끄럽고 평화로운 권력 이전을 준비했다. 그가 숨을 거둘 때에 티베리우스는 운 좋게도 그의 임종을 지켰거나 적어도 임종 직후에 나타났기 때문에 사람들은 그가 거기에 있었다고 말할 수 있었다. 새로운 통치자의 잠재적 경쟁 상대를 제거하기 위해서 아우구스투스는 자신이 죽자마자 아그리파 포스투무스를 처형하라는 냉혹한 명령을 내렸을 가능성이 크다. 그는 일찍이 "너무 많은 카이사르는 좋지 않다"[16]는 원칙을 확립하지 않았던가?

그러나 다른 측면에서 아우구스투스는 티베리우스의 손발을 묶어놓았다. 리비아는 이제 일흔 살이었지만 여전히 원기가 넘쳤고 아우구스투스는 그녀에게 강력한 도구를 남겨두었다. 그는 유언장에서 그녀를—자신의 딸로!—입양함으로써 율리우스 가문의 일원으로 만들어 리비아의 지위를 확실히 보장해주었다. 그가 죽은 뒤에 원로원은 입양을 승인했다. 우리가 아는 한, 그 누구도 리비아가, 이미 아우구스투스에게 입양된 자기 아들 티베리우스의 양누이이기도 한지는 묻지 않았다.

그에 못지않게 중요한 사안은 아우구스투스의 유언장이 리비아를 율리아 아우구스타로 개명시켰다는 것이다. 이것은 전례가 없는 영예로서 누구도 그것이 정확히 어떤 의미인지 몰랐다. 리비아, 티베리우스 그리고 원로원은 그 사안을 적당한 선에서 해결해야 했다. 아내가 적지 않은 권위를 유지하기를 아우구스투스가 원했다는 것은 분명하다. 율리아 아우구스타라는 영예로운 칭호는 그녀를 로마 제일의 가문에 위치시켰고, 국가의 최고 지위로부터 고작 두 글자만(a 대 us) 떨어져 있게 했다(Augustus와 Augusta가 다른 점은 끝에 a와 us 두 글자뿐이라는 뜻이다/옮긴이) 그것은 사실상 아우구스투스의 권력을 무덤 너머까지 지속시키고 티베리우스의 권력을 경감시키는 방식이었다.

리비아의 권위는 거기에서 끝나지 않았다. 그녀는 신격화된 아우구스투스 숭배 풍습의 제1사제였다. 베스타 처녀들을 제외하면 로마에서 어느 여성도 주요 사제직을 맡지 않기 때문에 이 일은 결코 사소한 것이 아니었다. 리비아의 새로운 직책과 함께 그녀가 그 새로운 종교적 의무를 수행할 때마다 호위대를 대동할 권리도 따라왔으니, 이는 그녀의 위상의 또다른 표지였다. 극장에서 베스타 처녀들과 함께 앉을 권리에서부터 그녀의 이름을 딴 여러 도시들에 이르기까지 많은 영예들이 뒤따랐다. 동방의 한 속주는 티베리우스와 리비아, 원로원을 기리는 사원을 건립했다. 조각상과 비문들은 리비아를 다산과 풍요의 여신 케레스와 연결하기 시작했는데, 이는 아우구스투스 치하에서는 살짝 암시만 되었던 관계였다.

리비아는 제국 최고의 갑부 중의 한 명이었고, 대다수의 로마 여성들과 달리 자기 재산을 완전히 좌지우지할 수 있는 권리를 얻었다. 아우구스투스는 자기 재산의 3분의 1을 리비아에게, 3분의 2를 티베리우스에게 남겼다. 그녀는 이탈리아, 그리고 동방과 서방의 여러 속주들에서 재산을 소유했다. 리비아는 여성이기 때문에 원로원 의원이 될 수는 없었지만 자택에서 의원들을 맞아들였고, 수많은 가솔들이 그들의 시중을 들었다. 그녀는 모두 합쳐서 1,000명이 넘는 사람을 고용했다.

리비아와 보낸 시간은 때로는 훗날 보상을 가져왔다. 그녀의 가솔 중에는 후대 황제 아래에서 근위대장이 될 사람이 있었다. 그녀가 총애한 궁정인 가운데에는 나중에 황실 집단 외부에서 최초로 로마 황제가 될 사람, 즉 아우구스투스나 리비아의 혈통이 아닌 오지 않은 최초의 황제도 있었다.

리비아는 남편과 아들의 치세 사이에서 연결고리 역할을 했다. 티베리우스는 물론 그 연속성을 환영하면서 동시에 반발했다. 그는 어머니가 영예를 쌓고 특정한 권한들을 행사하는 것을 허락하는 한편으로 한계를 부과했다. 예를 들면, 치세 초기에 원로원은 그녀에게 조국의 어머니라는 전례 없는 칭호를 수여하려고 했지만 티베리우스가 거부권을 행사했다. 자신을 율리아의 아들이라고 공식적으로 부르고, 10월의 이름인 옥토버(October)를 리비우스(Livius)로 바꾸자는 원로원의 다른 제안들에서도 마찬가지였다. 티베리우스는 아우구스투스의 신격화에 의거한, 신의 아들이라는 호칭을 선호했다.

티베리우스를 이해하기 위해서는 우리는 리비아를 이해해야만 한다. 어느 로마 여성도 부와 명예에서 그녀에게 필적할 수 없었다. 그녀는 왕조의 창건자와 살아 있는 연결고리일 뿐만 아니라 티베리우스가 이혼하고, 애인도 없었기 때문에 사실상 영부인이었다. 그녀는 또한 로마에서 식견이 가장 풍부한 베테랑 정치인이었다. 그리고 거만한 티베리우스에게 그가 여성의 올바른 역할이라고 여기는 것을 훌쩍 뛰어넘은 누군가를 매일같이 상기시키는 존재였다. 만약 누군가가 티베리우스를 아우구스타의 아들이라고 부른다면 분명 인상을 찌푸릴 그의 모습은 쉽게 상상할 수 있지만, 반면에 골치 아픈 정치적 문제에 직면할 때면 그는 어머니에게 조언을 구했을 것이다.

이따금 그녀는 로마의 공무에 자신의 존재감을 과시했다. 친구의 앞길을 봐주기도 하고, 자기편 사람에게 특권을 부여하기도 하고, 때로는 자신의 이름과 티베리우스의 이름으로 조각상을 봉헌하기도 하고, 의원들을 자택으로 초대해서 맞아들이기도 했다. 티베리우스는 이 모든 일을 대개는 받아들였고 공동전선을 펴기 위해서 심지어 막후에서 손을 쓰기도 했다. 이는 특히 그의 치세 초기에는 사실이었지만, 시간이 흐르면서 그는 점점 어머니에 대한 인내심을 잃어갔다.

티베리우스가 상의를 하지 않은 한 사람은 전부인 율리아였다. 아우구스투스는 그녀를 이탈리아 해안의 섬에 유배시켰다가 이탈리아 남부 도시 레기움으로 보내서 처벌을 감해주었지만, 그녀는 여전히 가택연금에 가까운 상태로 살고 있었다. 14년, 티베리우스가 황제가 된 지 여섯 달 만에 그녀는 영양실조로 죽었다. 어쩌면 아들 아그리파 포스투무스의 처형을 몹시 슬퍼하여, 아니면 전남편이 권좌에 올랐다는 사실에 자포자기의 심정으로 율리아는 인생을 포기하고 스스로 굶어죽었다고 한다.[17]

프린켑스가 되었을 때 티베리우스는 장년이었고, 어떤 의미에서는 로마 역사상 가장 잘 준비된 황제 중의 한 명이었다. 그러나 로마 역사상 젊은 황제라고는 할 수 없었다. 쉰다섯 살인 티베리우스에게 군대를 이끌고 해외 원정을 가는 일은 끝이었다. 이 점에서 그는 아우구스투스의 선례를 따랐지만—그도 그 나이쯤에는 한곳에 자리를 잡기 시작했다—그럼에도 불구하고 티베리우스는 용기와 진취성이 없다는 불공평한 비판을 받았다.

티베리우스와 원로원

티베리우스는 근본적으로 올리가르키(oligarch : 과두정 지배자)였다. 로마 평민들에게서 인기가 있었던 아우구스투스와 달리 이 황제는 쌀쌀맞고 속내를 드러내지 않았다. 그는 공공사업을 후원하는 데에 관심이 없었고 경기를 관전하는 데에는 더욱 관심이 없었다.

티베리우스는 옛 공화정을 알지 못했지만 원로원에 일정한 지분을 부여한 자신의 가문의 전통을 의식하여 재위 초기에는 원로원을 존중했다. 그는 의원들의 발언의 자유를 인정했고, 예의 바르게 발언을 경청했으며 자신의 의견을 조심스럽게 제시하려고 노력했다.[18] 그는 조국의 아버지나 주인 같은 칭호를 거부했다. 그는 이렇게 말하고는 했다. "나는 노예의 주인이고 병사들의 임페라토르이며 그밖의 사람들의 우두머리이다."[19] 한번은 원로원에 자신을 원로원의 종복으로, 즉 의원들을 "친절하고, 정의롭고, 너그러운 주인들"[20]로 우러러보는 종복으로 생각한다고 말하기도 했다.

그러나 그의 말을 믿는 사람은 거의 없었다. 실제로는 왕이면서 제1시민임을 자처하려면 아우구스투스처럼 정치적 마술사가 되어야 한다. 아우구스투스는 원로원에 주의를 기울였고 의원들의 비위를 맞춰주면서 실제로는 그들을 마음대로 요리했다.

티베리우스는 마술사가 아니었다. 그는 의원들에게 자유를 주었고 그 보답으로 협조를 얻기를 기대했다. 기대와 달리 결과는 굴종과 음모가 뒤섞인 형국이었다. 대부분의 의원들은 그 앞에서 자유롭게 발언할 용기가 없었다. 치세를 막 시작하면서 티베리우스가 원로원에 권력을 공유하겠다고 약속했을 때, 한 의원은 "공화정의 신체는 하나이며 하나의 정신에 의해서 다스려져야 한다"[21]고 대답했다. 다시 말해서 제1시민이 다스려야 한다는 소리였다. 티베리우스는 그런 정서를 멸시했다. 한번은 그가 그리스어로 "노예에나 어울릴 인간들 같으니!"[22]라고 중얼거리며 원로원 모임의 자리를 떠났다고 한다.

황제의 성격도 도움이 되지 않았다. 티베리우스는 로마 귀족이라면 친구들에게 보여주어야 할 자상함과 배려가 부족했다.[23] 예를 들면, 율리우스 카이사르는 친구들과의 교제에서 "편하다"고 묘사될 수 있었던 반면, 티베리우스는 그리스어의 유창한 구사 능력에서나 그렇게 묘사될 수 있을 뿐이었다.[24]

그는 진실하지 못하고 때로는 잔혹했으며, 사람을 판단하는 능력이 부족했는데, 가끔은 위험스러울 정도로 그러했다. 또한 꼴불견일 정도로 엄격했다. 예를 들면, 그는 죽음을 앞둔 아들을 찾아가거나 아들이 죽은 뒤 애도하는 시간을 가지는 대신에 원로원 모임에 참석했다. 티베리우스는 영예를 너무 멸시했고, 그래서 사람들은 그를 어떻게 대해야 할지 알 수 없어서 마음이 항상 가시방석이었다.

그러나 티베리우스는 여러 가지 미덕도 갖추었다. 그는 현실주의적이고 신중하고 온건하고, 냉철하고, 검약했다. 그는 자신의 진짜 신전은 로마 민중의 마음속에 있을 것이라고 말하며[25] 자신과 어머니에게 바치는 신전 건립 요구를 거절할 만큼 겸손했다. 팔라티노 언덕에 아우구스투스가 지은 것보다 더 웅장한 거처를 짓겠다고 고집을 피우기는 했다. 그래도 티베리우스는 국고를 흑자로 남기고 죽을 만큼 검약했다.

율리아와 이혼한 뒤에 티베리우스는 다시 재혼하지 않았고, 오래 만난 애인이 있다고 알려진 바도 없었다. 고독한 사내, 로마 황제들 가운데 「시민 케인」이 연상된다. 그러나 티베리우스는 단순하지 않았다. 후대의 한 역사가는 이렇게 잘 표현했다. "티베리우스는 대단히 많은 미덕과 악덕을 소유했는데 악덕을 따를 때에는 미덕이 존재하지 않는 듯, 미덕을 따를 때에는 악덕이 존재하지 않는 듯 각각을 번갈아 따랐다."[26]

즉위하고 나서 비교적 무탈하게 6년을 보낸 뒤에 티베리우스는 정적들을 마이에스타스(maiestas)라는 죄목으로 재판정에 세웠다. 로마 민중이나 황제, 또는 황제의 가족의 위엄을 깎아내렸다는 것이다. 이것은 남발될 것이 빤한 모호하고 위험한 죄목이었다. 의원들은 서로를 반역자로 고발했다. 원로원을 면밀하게 주시한 아우구스투스 치하에서는 이런 일이 좀처럼 일어나지 않았지만 티베리우스는 그들이 서로에게 등을 돌리게 만들었다.

비록 재판은 원로원에서 벌어졌지만 피고들은 그 재판정을 반기지 않았다. 일반 법정과 달리 원로원은 피고들을 보호할 규정이 거의 없었다. 결국 수십 명의 의원들이 이 공개재판의 희생양이 되어 목숨을 잃었다. 그 결과는 고발을 피한 수백 명의 의원들의 자유를 얼어붙게 만들었다. 대다수는 티베리우스가 기만적이고 잔혹하다고 생각했다.[27]

티베리우스가 폭군처럼 굴었다면, 분명 무엇인가가 그를 도발했을 것이다. 물론 그렇다고 그의 반응이 정당화되는 것은 아니지만 말이다. 적대감은 언제나 귀족계급의 표면 아래에서 끓고 있었다. 그것은 거듭하여 자잘한 방식으로 표면 위로 삐져나왔다. 예를 들면, 22년 말에 어느 귀족가의 노(老)미망인이 죽었는데,[28] 그녀는 자신의 유언장에서 티베리우스를 제외함으로써—그녀가 속한 계급의 대다수의 사람들이 감히 따르지 못할 행위—자신이 그를 어떻게 생각하는지를 보여주었다. 티베리우스는 한 가지 명령만을 내리고 그 일을 넘어갔다. 그는 장례 행렬에서 가문의 위대한 선조들을 묘사할 때에 고인이 된 그녀의 남편이나 그녀의 동복형제의 밀랍 마스크를 내거는 것을 허락하지 않았다. 그 귀부인은 카시우스의 미망인이자 브루투스의 동복누이였다. 두 사람은 기원전 44년, 티베리우스의 양할아버지 율리우스 카이사르를 암살한 음모의 주동자였다. 심지어 66년이 지난 뒤에도 어떤 상처들은 여전히 곪아 있었다.

아우구스투스 가문

티베리우스는 훌륭한 관리자였지만 아우구스투스는 그 이상을 원했다. 그는 영웅을 원했다. 그는 티베리우스의 조카한테서 영웅을 찾아냈으니, 죽은 티베리우스의 동생 드루수스의 아들로 늠름하고 카리스마가 넘치는 장군, 게르마니쿠스(기원전 15년부터 기원후 19년까지)였다. 당시 티베리우스는 자기 아들 소드루수스가 있었지만 후계자로 게르마니쿠스를 아들보다 우선하게 되었다. 게르마니쿠스가 아우구스투스의 손녀와 결혼했기 때문에 [티베리우스에 의한] 입양은 결국에는 아우구스투스의 혈통이 권력으로 복귀하는 것을 보장했다. 리비아에게는 마침 좋게도 게르마니쿠스는 그녀의 손자였으므로 아들 티베리우스로부터 시작된 그녀의 혈통은 계속 권력을 유지할 것이었다. 음울한 황제와 매력이 넘치는 조카는 잘 지내지 못했고, 황실에 처참한 결과를 가져왔다.

티베리우스의 치세 초기에 게르마니쿠스는 하나의 아이콘이었다. 스물여덟 살에 그는 라인 강 유역에서 로마 군대를 지휘했다. 아우구스투스는 13년에 그를 그곳으로 파견하여 8개의 로마 군단을 맡겼다. 로마인들은 게르마니쿠스와 신성한 아우구스투스의 손녀인 그의 아내 대(大)아그리피나 그리고 두 사람의 생존 자식 6명을 사랑했다. (3명은 어려서 죽었다.) 문헌들은 게르마니쿠스가 둥글둥글한 성격에 다가가기 편하며, 수수하고 매력이 넘쳤으며, 이런 모든 것들이 원로원 의원들과 로마와 속주의 일반 사람들한테서 많은 추종자를 낳았다고 말한다.[29] 주화와 흉상들은 매부리코에 튀어나온 턱, 곱슬머리의 잘생긴 젊은이를 보여준다. 육탄전에서 적을 죽이고 그리스어로 시를 쓰기도 하던 그는 호전적인 만큼 문학에도 조예가 깊었다. 아그리피나의 초상들은 그녀를 고전적인 윤곽선과 길게 땋은 머리를 자랑하는 근엄한 여성으로 묘사한다.[30]

아우구스투스가 14년에 사망하자, 게르마니아 군단들은 반란을 일으켜 티베리우스 대신에 게르마니쿠스를 황제로 추대하고자 했다. 유능한 아내의 도움을 받아 게르마니쿠스는 반란을 진압하고 티베리우스에 대한 충성을 회복시켰다. 16년에는 티베리우스는 라인 강변에 있던 게르마니쿠스를 불러들였는데, 게르마니쿠스는 그가 가진 이름("게르마니아의 정복자")에도 불구하고 여러 차례 전투에서 승리했지만 제국의 경계를 넓히지는 못했다. 그의 눈에 띄는 성공은 바루스가 상실한 군단의 기(旗)를 탈환하고 전장에 여전히 버려져 있던 병사들의 유골을 묻어준 것이었다.

로마로 귀환한 게르마니쿠스는 그의 업적을 부풀리고 군중의 찬사를 극대화하는 개선식을 치렀다. 그가 5명의 자식들과 함께 전차를 타고 가는 동안 모든 눈길이 그에게 쏠렸다. 그의 친구들과 지지자들은 언제든 그의 이미지를 윤색해줄 준비가 되어 있었다. 심지어 게르마니쿠스의 실패한 북해 원정도 그의 대담성을 열렬히 홍보하는 서사시를 탄생시켰다.[31]

그 다음 티베리우스는 게르마니쿠스를 폭넓은 직무 권한과 함께 동방으로 파견했지만 그 젊은이는 훨씬 더 큰 권력을 원했다. 게르마니쿠스와 아그리피나는 임무 수행차 그들에게 합류한 시리아 총독 그나이우스 칼푸르니우스 피소와 그의 아내 플란키나와 대립했다. 두 사람 모두 귀족이었고, 쉽게 위압될 사람들이 아니었다.

곧 게르마니쿠스는 이집트로 떠났는데, 그곳은 원래 어느 원로원 의원도 황제의 허락 없이는 들어갈 수 없는 속주였다. 그런데 그가 티베리우스의 허락도 없이 그곳을 찾았다. 알렉산드리아에서 게르마니쿠스는 영웅 같은 대접을 받았다. 그의 인기는 어느 정도는 타고난 혈통 덕분이었다. 게르마니쿠스의 어머니 소(小)안토니아는 마르쿠스 안토니우스(와 옥타비아)의 딸이었기 때문에 그는 안토니우스의 손자이기도 했다. 그의 너그러움도 칭송을 받았는데 게르마니쿠스가 식량 부족 사태 때 국유 곡물을 시장에 내놓아 사람들을 도왔기 때문이다. 환호가 워낙 커서 게르마니쿠스는 알렉산드리아 주민들에게 소리를 조금 낮추어달라고 부탁해야 했다.[32] 그는 티베리우스와 리비아만이 그런 갈채를 받을 만하다고 말했다.

게르마니쿠스는 시리아에서 병을 얻어서 쓰러지자, 자신의 병을 독약 탓으로 돌리며 피소와 플란키나를 의심했다고 한다.[33] 그는 19년 10월 10일에 서른셋의 나이로 죽었다. 이후에 엄청난 논란이 벌어졌고, 피소는 로마로 소환되어 원로원에 출두하여 재판을 받았다. 그는 살인보다는 덜한 범죄들에 대한 유죄 판결을 받았지만 형이 선고되기 전에 자결했다. 플란키나도 로마로 돌아와야 했지만 그녀는 리비아의 강력한 보호 덕분에 목숨을 구했다. 리비아는 티베리우스를 개입시켜 플란키나가 무죄를 선고받게 했다. 로마의 많은 사람들이 게르마니쿠스의 죽음의 진짜 원인으로 질투심에 사로잡힌 티베리우스를 지목하며 아마 그 배후에는 리비아가 있을 것이라고 추측했다. 리비아와 티베리우스는 사람들과 멀찍이 거리를 두고 엘리트주의적인 사람들이었기 때문에 게르마니쿠스의 인기와 경쟁할 수 없었다. 그들이 게르마니쿠스의 인기에 분개했다는 것은 있을 법한 일이다 —그들도 사람일 뿐이니까. 하지만 살인은 또다른 문제이다. 그것은 그렇고 플란키나는 리비아보다 더 오래 살아서 보호자를 잃었고, 그래서 결국 남편처럼 스스로 목숨을 끊었다.

심지어 죽어서도 게르마니쿠스는 대중의 총아였다. 문헌들은 마치 저마다 소중한 사람을 잃기라도 한 듯이, 모두가 비통해했다고 말한다.[34] 당시에 한 시인은 이렇게 썼다. "나 하데스는 말하노라, '게르마니쿠스는 나의 것이 아니요, 그는 하늘의 별들의 것이다.'"[35]

게르마니쿠스의 죽음은 로마로부터는 영웅을, 티베리우스로부터는 후계자를 앗아갔다. 예순 살에 그는 분명 차기 황제를 찾아야 한다는 압박감을 느꼈다. 게르마니쿠스는 아들 셋을 두었지만 모두 너무 어렸다. 티베리우스의 서른두 살짜리 아들 드루수스는 경험 많은 군인이고 정치가였지만 난봉꾼이기도 했다. 게다가 아우구스투스는 게르마니쿠스와 그의 후손들이 통치하기를 바란 것이 분명했다. 그래서 티베리우스는 소드루수스가 나중에 게르마니쿠스의 아들 중 한 명에게 제위를 넘겨줄 것이라고 이해하고 그를 차기 황제로 지명했다. 그러나 여기에 불행히도 가족 내의 불화가 끼어들었다. 가족 내 불화와 늙은이를 이용해먹는 야심만만한 외부인의 술수가 평화로운 권력 승계를 가로막았다.

그러나 티베리우스의 치세를 마감한 폭력과 유혈로 넘어가기 전에 잠시 그가 자신이 맡은 로마의 외교 정책을 어떻게 영원히 바꿔버렸는지를 살펴보기로 하자. 그것이야말로 티베리우스의 전성기의 유산이다.

제국 군대

조지 워싱턴 장군이나 드와이트 D. 아이젠하워 장군처럼 티베리우스는 일단 행정부의 수장이 된 후에는 웬만해서는 칼을 칼집에 넣어두는 것을 더 좋아하는 뼛속까지 군인이었다. 그는 아우구스투스가 확립한 패턴에서 군사 체제를 떼어내서, 군대에 새로운 과제를 부여했으니 이것이 군대의 항구적인 주요 임무가 된다. 바로 로마의 평화를 수호하는 일이었다.

군대는 제국 최대의 기관이었으나 군사 기계에 그치지 않았다. 대다수의 사람들에게 군대는 사회 이동의 유일한 사다리였다. 또한 사람들을 동화시킬 수 있는 도구이기도 했다. 군대는 속주의 신민을 시민으로 만들고, 지중해의 한쪽 끝에서 다른 끝까지, 그리고 브리타니아에서 이라크까지 사람들을 하나로 뒤섞었다. 여기서는 **사람들**이라는 단어로 영어의 men(남자들/사람들)보다는 people이라는 단어를 사용하는 것이 좋은데, 병영과 병영 주변으로 생겨난 지역 사회들에는 여자와 아이들도 있었기 때문이며, 또한 그들이 병사들과 민간인 남자들과 더불어 로마군에 의해서 형성되고 영향을 받았기 때문이다. 이런 일은 로마 법이 병사들의 결혼을 허락하지 않았음에도 불구하고 일어났는데, 결혼 금지는 병사들의 커다란 불만의 원인이었다. 그들 가운데 다수는 어쨌거나 사실혼 관계를 맺었다.

로마 제국 군대는 티베리우스 시대에 대략 30만 명이었고 훗날 2세기에는 대략 50만 명으로 증가하여 정점을 찍었다. 보수가 좋은 직업 군인들로 이루어진 군대는 장비를 잘 갖추고 고도로 규율이 잡혔으며, 대규모이기도 했다.

군은 3개의 주요 집단으로 이루어져 있었다. 군단, 보조군, 그리고 특수 병력(노잡이와 선원들, 제국 변방의 부족 부대들, 로마 시 경비대와 준군사 경찰 병력 및 소방관들)이었다.

군단은 중무장 보병이었으며, 로마군의 자랑거리였다. 그들은 25년 동안 복무했다. 병사들은 연봉에 더해 퇴역 시 현금으로 상여금을 받았다. 황제들은 일반적으로 이따금 추가 상여금도 지급했다—그들이 무엇이 자신들에게 이로운지 알고 있다면 말이다. 결국, 군대가 카이사르들을 권좌에 앉히고 또 몰아낼 수도 있었으니까.

군단병들은 일반적으로 로마 시민이었지만 로마나 심지어 이탈리아 출신인 경우는 드물었다. 이탈리아인들은 이제 평화와 번영을 누리는 농부들이었으므로 갈수록 병역에 흥미를 잃었다. 신병들은 갈리아 남부나 히스파니아 같은 다른 지역과 도나우 강 유역의 속주들에서 왔다.

티베리우스 치하에서의 군단은, 9년에 게르마니아에서 일어났던 바루스의 패전 이전보다 3개가 줄어서 25개가 있었다. 티베리우스 이후로 얼마 지나지 않아서 군단 숫자는 28개로 되돌아갔고 그 다음 한 세기 반에 걸쳐 30개에 도달했다가 마침내 최대 33개가 되었다. 군단병의 총수는 대략 13만 명에서 17만 명 사이로 다양했다.

군단과 나란히 싸우는 보조군은 비(非)시민으로 이루어져 있었다. 그들은 군단병보다 더 적은 봉급을 받았고, 흔히 더 가난하고 글을 읽고 쓸

줄 아는 능력이 더 떨어졌으며, 솔직히 말해서, 치열한 전투 중에 싸우다가 죽을 공산이 더 컸다. 그들은 현지에서 모집하는 부대에서 복무했으며, 현지 풍습에 따라 무장을 갖추고 훈련을 받았다. 50년 무렵부터 보조군 병사는 25년간 복무한 뒤 시민권을 받게 되었다. 시민권 증명서로 그들은 디플로마(수료증이라는 뜻/옮긴이)라고 하는 접히는 청동 서판을 받았다.

특수 부대는 로마에 배치되었다. 인원이 수천 명에 달하는 프라이토르 근위대는 황제를 지지하고 보호하기 위한 엘리트 부대로 기능했다. 또다른 1,500명가량의 병사들은 로마 시의 경찰 병력으로 배치되었다. 약 3,000명의 또다른 병사들은 로마 소방대를 구성했다. 나머지 군대와 달리 로마에 배치된 병사들은 대체로 이탈리아인들이었다.

해군은 이탈리아 두 곳에 기지를 두었는데, 하나는 나폴리 만에, 다른 하나는 아드리아 해에 있었다. 로마는 라인 강과 도나우 강에도 전함을 배치했다.

로마군의 마지막 부분은 제국의 양쪽 끄트머리 변경지대에서 살아가는 부족민들로 이루어져 있었다. 그들은 준(準)비정규군 부대에서 복무했다.

로마군이 대단히 인상적이기는 해도, 그 안에는 로마에 평생 한번이라도 발을 들여놓을 일이 있는 사람이 거의 없었다. 그런 사실이 군대로부터 목적의식을 앗아가지는 않았지만 병사들의 마음속에는 보수와 병역 조건이 갈수록 중요하게 자리 잡아갔다. 이러니저러니 해도 따뜻한 집과 가정을 위해서 싸우고 있지 않다면 돈을 위해서 싸우는 편이 나았다.

또다른 문제는 군대의 전투력 우위를 유지하는 일이었다. 수비대 임무를 맡아 가만히 주둔하고 있는 병사들보다 전장을 향해 행군하고 있는 병사들을 고무하는 것이 더 쉬운 법이다. 기강을 유지하는 것이 제국군에 갈수록 더 중요해졌다─그리고 더 어려워졌다.

먼 미래에 언젠가, 로마의 물렁물렁하고 편안한 평시 군대는 변경 반대편의 거친 자들에게 유혹적인 목표물을 제공하게 된다. 그러나 티베리우스의 시대에는 아니었다.

"제국의 확대에 관심이 없는 프린켑스"[36]

게르마니쿠스는 라인 강 동쪽의 게르마니아를 되찾고 싶었지만 현실주의자인 티베리우스는 동의하지 않았다. 아우구스투스 치하에서 "끝이 없는 제국"에 대한 온갖 말들에도 불구하고 그는 그렇게 어리석지 않았다. 타키투스가 위의 인용 문구로 묘사한 대로, 티베리우스는 영토 팽창에, 아니면 적어도 무력으로 팽창하는 것에는 관심이 없었다. 새로운 정책은 극적인 변화를 알렸다. 거의 300년 동안 새 영토를 정복한 자들이 로마 정치를 지배해왔다. 이제는 더 이상 아니었다. 티베리우스가 자기 뜻을 관철한다면 말이다. 그리고 티베리우스 황제의 뜻이 통하게 되는 데에는 타당하고 합리적인 이유들이 있었다.

로마는 딱 국경선을 경계할 만큼의 병력, 약 30만 명을 보유했다. 학계의 매우 대략적인 추산에 따르면, 군은 정부 최대의 지출 부문으로 전형적으로 연간 예산의 절반 이상을 차지했다.[37] 현대 국가, 심지어 미국 같은 군사 강국도 정부 예산을 군에는 그보다 더 적게, 사회 복지 프로그램에는 그보다 더 많이 사용하는 것이 전형적이다.[38]

로마 경제는 후대의 제국들과 비교하면 상대적으로 가난하고 비탄력적이었다. 더 큰 군사적 부담을 질 능력은 제한적이었다. 정복자가 되기를 꿈꾸는 사람들의 눈에 게르마니아가 환히 빛날 정도의 충분한 부를 제공하는 것도 아니었다. 그것은 방비 가능한 국경선―엘베-도나우 강 경계선―과 영광을 얻을 전망만을 내놓았을 뿐이다. 분별 있는 티베리우스는 영광이라면 충분히 누렸다. 다수의 로마 엘리트들은 로마가 이미 세상에

서 가장 좋은 부분을 모두 정복했으며, 나머지는 정복할 만한 가치가 없을지도 모른다고 생각했다.[39]

더 많은 정복은 더 많은 병사들을 요구했다. 그것은 비용이 많이 들뿐더러 위험하기도 했다. 병력 수는 반란의 기회를 증가시킬 것이기 때문이었다. 게다가 징병은 인기가 없었다. 그리고 누가 과연 침공을 이끌겠는가? 황제들은 휘하 장군들 가운데 누구도 대규모 정복의 공로를 차지하는 것을 원하지 않았다.

당시에 사람들은 깨닫지 못했지만 16년은 제국의 역사에서 분수령이 된 해였다. 게르마니쿠스를 불러들임으로써 티베리우스는 라인 강과 엘베 강 사이의 영토를 되찾으려는 로마의 마지막 진지한 시도를 끝냈다. 유일한 예외 지역은 라인 강 동쪽의 길쭉하고 좁다란 땅인 라인란트로, 로마는 수세기 동안 라인란트를 지배했다.

북유럽에서 수년간의 힘겨운 싸움은 티베리우스에게 정복 전쟁에 관한 쓰디쓴 진실을 가르쳐주었다. 그에게는 세계를 정복하고자 하는 아우구스투스의 욕망이 없었다. 항상 영악했던 티베리우스는 원로원에 아우구스투스가 임종 시에 자신에게 제국을 확대하지 말라고 당부했다고 밝혔다. 그렇게 커다란 정책 전환에는 아우구스투스의 위신이 필요했고, 티베리우스는 현명하게 그를 들먹였지만 선임자가 정말로 그렇게 말했는지는 의심스럽다. 만약 아우구스투스가 그러했다면 그리고 죽기 직전에 그 노인을 티베리우스가 정말로 보았다면, 그것은 죽음을 목전에 둔 개종이었다. 아우구스투스가 황제로 재위하는 동안 했던 모든 일은 그가 철두철미한 제국주의자였음을 보여준다. 티베리우스는 새로운 정책을 고안하고 이를 실행한 공로를 인정받아 마땅하다.

티베리우스는 실용주의자였고 그런 생각을 한 사람이 그 혼자만은 아니었지만, 로마의 심장 저 깊숙한 곳에서는 여전히 군사적 영광에 대한 욕망이 고동치고 있었다. 그래서 어떤 황제들은 계속해서 정복 전쟁을 해 나갔는데, 유능한 야전 사령관이었던 황제들 그리고 티베리우스와 달리 고된 전역에 참가할 수 있을 만큼 아직 젊던 소수의 황제들은 특히 그러했다. 그런 자들은 제국에 브리타니아와 다키아라는 새로운 속주를 추가한 대형 전쟁을 벌였다. 그들은 파르티아와 그 후계 국가들과의 수 세대에 걸친 길고도 성과 없는 대결도 펼쳤다. 그러나 그들은 예외였다. 대다수의 로마 황제들은 티베리우스의 새로운 제국 정책을 따랐다.

티베리우스의 전환이 초래한 결과들을 과대평가하기란 힘들 것이다. 그가 아우구스투스와 율리우스 카이사르가 놓은 토대들 위에서 건설한 것은 사실이다. 그러나 티베리우스는 그 토대들을 더 멀리, 비록 때로는 엄혹하다고 해도 논리적인 귀결로 끌고 갔다―그리고 그는 그 진실을 보기 좋게 꾸미는 데에 쓸데없는 노력을 하지 않았다. 그 결과는 로마라는 국가의 성격의 근본적인 개조였다. 로마인들은 계속해서 그의 정책을 둘러싸고 논쟁을 벌이고 일부는 그의 생각에 동의하지 않았지만 로마는 다음과 같이 변했다.

정복할 새로운 땅을 찾는 제국은 군사 원정을 이끌 야심만만한 장군들과 더불어 외교를 인도할 역동적인 정치가들이 필요하다. 전략을 짜낼 자유롭고 열린 토론과 사람들이 정책을 따르고 군대에서 복무하도록 설득할 유려한 웅변가들도 필요하다. 안정된 제국은 반대로 규율을 유지하고 반란을 진압할 수비대 지휘관이 필요하며, 관료, 관리자, 징세인이 필요하다. 로마인들은 시민으로서 어떤 역할을 해야 할 필요성이나 심지어 군인이 되어야 할 필요성도 없었는데, 나라를 위해서 일할 준비가 된 사람들이 이탈리아와 속주들에 차고 넘쳤기 때문이다.

로마는 정치 체제의 지도자로서 원로원 의원들이 필요하지도 않았다. 새로운 로마는 의원들을 기껏해야 황제의 자문으로, 최악으로는 목소리를 잠재울 필요가 있는 반체제 인사로 남겨두었을 뿐이다. 아우구스투스는 원로원 엘리트의 목적의식을 축소시켰다. 티베리우스는 그것을 더욱 축소했다. 일부는 반기를 들었고, 목숨으로 대가를 치렀지만 대다수는 유순해졌다. 그들은 철학이나 쾌락의 위안을 추구하면서 내면으로 눈길을 돌리기 시작했다.

프라이토르 근위대에 의한 통치

티베리우스는 원로원을 향한 따뜻함으로 치세를 시작했다가 적대감으로 마감했다. 그런 사태의 전환은, 새로운 권력 현실과 싸워보지도 않고 순순히 굴복할 생각이 없는 로마 귀족들의 강한 자부심, 그리고 퉁명스럽고 단도직입적이고 터프한 황제의 성격을 고려할 때에 거의 불가피했던 것으로 보인다. 치세의 상당 기간 동안 그리고 특히 26년에서 31년 사이에 귀족계급과의 대결에서 황제의 주요 조언자이자 파트너는 루키우스 아일리우스 세야누스였다. 타키투스는 세야누스를 대담하고, 사악하고, 교활하다고 평하며, 티베리우스에게서 최악의 모습을 끌어낸 사람이라고 그를 탓한다.[40] 그러나 진실은 가려져 있으며, 세야누스가 주인의 분부대로 하고 있었을 가능성도 있다.

　아우구스투스의 오른팔이었던 아그리파와 마찬가지로 세야누스 역시 여러 원로원 의원들과 연줄이 있는 기사계급의 이름난 가문 출신이었다. 그는 아그리파처럼 유능하고 야심만만했으며, 그의 주인에게 없어서는 안 될 사람이었다. 아그리파처럼 세야누스도 황제의 권력에서 한몫하기를 원했다. 세야누스는 아우구스투스 치하에서 잘나갔고, 티베리우스 치하에서 처음에는 공동 근위대장이, 나중에는 단독 근위대장이 되었다. 그 직위는 프라이펙투스 프라이토리오(praefectus praetorio)라고 알려져 있다.

세야누스는 권력의 정상부에 오르기 위해서 그 직위를 이용했다. 티베리우스가 집권할 당시 30대 후반이었던 그는 황제의 신뢰를 얻었다. 티베리우스의 다른 조언자들이 하나씩 사라지면서 세야누스가 독보적인 위상을 차지했다. 23년에 아들 소드루수스의 예상하지 못한 급사는 티베리우스에게 가혹한 타격이었다. 다시금 황제의 승계 계획은 엉망이 되었다.

로마의 귀부인들은 세야누스에게 매력을 느꼈다. 그가 정복한 대상 가운데 한 명은 티베리우스의 며느리 리빌라로, 그녀는 세야누스의 연인이 되었다. 분통이 터진 세야누스의 아내는 나중에 리빌라가 세야누스의 요구로 그녀의 남편 소드루수스를 독살했다고 주장했다. 이를 확증하는 증언이 있었지만 그것은 고문으로 얻어낸 증거였다. 비록 로마인들은 고문으로 이끌어낸 증언을 받아들였지만, 지금 우리는 가치가 없는 것으로 보고 있다. 어쨌거나 그 정보가 나왔을 때에 세야누스는 더 이상 이 세상 사람이 아니라서 자신을 변호할 수 없었다.

그 이전에 세야누스가 아직 떠오르고 있을 때, 그는 로마 시 외곽에 프라이토르 근위대를 위한 병영을 건설하도록 티베리우스를 설득했다. 이 웅장한 시설은 16만 제곱미터 이상을 차지했다. 이것은 로마 군대 병영처럼 장방형이었지만 일반적인 병영보다 더 거대한 방어시설을 갖추었다. 망루를 갖춘 출입문이 군데군데 뚫려 있었고, 콘크리트와 벽돌로 된 높은 담이 꼭대기에는 누벽까지 쌓아 병영을 에워쌌다. 로마의 중앙역에서 그리 멀지 않은 거리에 위치한 유적의 상당 부분은 오늘날에도 볼 수 있다.

그곳은 프라이토르 병영으로 알려졌다. 병력이 수천 명에 달하는 엘리트 부대인 근위대는 황제에게 안전을 제공했다. 그들은 높은 급료를 받는 전문 직업인이었다. 아우구스투스는 프라이토르 근위대를 창설했지만 영리한 정치가였기 때문에 원로원의 감정을 해치지 않도록 로마 바깥, 인근 소읍들에 분산해서 유지했다. 티베리우스는 가식을 벗어버렸다. 우선 그는 근위대를 도시 안으로 불러들여 여러 곳에 숙영시키고는 영구적인 병영을 짓기 시작했다.

근위대를 전략적인 한곳에 모으는 것은 규율을 주입하고 공포를 부과하기에 더욱 용이했다. 이것이 근위대의 단체의식에 기여한 것은 틀림없으며 근위대가 그 유명한 전갈 상징을 채택한 것은 그때였을지도 모른다. 전갈은 티베리우스의 탄생 별자리였고, 황제는 점성술에 푹 빠져 있었다. 한편으로 전갈의 독침은 근위대의 해로운 권력을 암시했다.

프라이토르 근위대가 능률적일수록 로마 시민들의 자유는 줄어들었다. 세야누스의 권력에도 같은 말이 해당될 수 있었으니, 그의 권력은 정치적 자유의 감소에 비례해서 커졌다. 26년에 세야누스의 주가를 더욱 높일 기회가 찾아왔다. 티베리우스는 로마의 남쪽 해안, 풍광이 그림 같은 곳에 있는 어느 동굴 주변에 별장을 소유하고 있었다. 그가 그곳에서 식사를 하고 있을 때, 동굴 입구가 갑자기 무너지는 바람에 몇몇 수행원들이 깔렸다. 대혼란이 벌어졌지만, 침착한 세야누스가 자기 몸을 던져 황제를 보호했다. 이 일이 있은 이후로 티베리우스는 어느 때보다 근위대장을 신뢰했으며, 그를 사심 없는 조언자라고 생각했다.

동굴은 오늘날의 스페르롱가에 여전히 있으며 물고기 연못과 침실에서부터 절묘한 조각상들에 이르기까지 고대의 사치를 보여주는 무수한 흔적들이 있다. 동굴을 찾는 방문객은 세야누스와 티베리우스에 의해서 이루어진 처형들을 떠올리며 이곳을 폭정이 태어난 장소로 생각할 수도 있으리라.

그 직후 티베리우스는 로마를 영영 떠났다. 나폴리 만의 카프레아이 섬은 정무에서 벗어나고 싶은 아우구스투스가 즐겨 찾은 휴식처였다. 티베리우스는 한걸음 더 나아가 그 섬을 자신의 거처로 삼았다. 26년에 예순여덟의 나이로 그는 그곳으로 물러갔다. 비록 적잖은 권력은 세야누스의 수중으로 흘러들어갔지만, 티베리우스는 계속해서 황제로 남았다. 그는 로마에 발길을 끊었을 뿐 계속해서 결정을 내리고 처형을 명했다. 그는 인생 마지막의 10년의 대부분을 수도에서 약 270킬로미터 떨어진 섬의 호화로운 대저택인 유피테르 빌라에서 보냈다.

황제의 이전(移轉)은 충격적이었으니, "황제가 있는 곳이 바로 로마"[41]라는 후대의 금언의 진실을 보여주었기 때문이다. 그 말은 150년 뒤의 통치자를 가리키지만,[42] 티베리우스의 시대에도 이미 사실이었다.

이전은 다른 의미에서도 충격적이었으니, 원로원을 존중하던 티베리우스의 정책이 끝났음을 보여주었기 때문이다. 더 이상 로마에 있지 않다면 원로원 모임에도 더는 참석할 수 없었다. 황제는 원로원의 권력을 되살리려고 애쓰다가 그 실험이 실패로 끝났다고 사실상 선언한 것이다.

그러나 로마에서 티베리우스의 철수는 한편으로 그리 충격적이지 않았는데, 그것이 전임자들의 발자취를 따랐기 때문이다. 율리우스 카이사르는 다사다난한 인생의 마지막 15년 동안 로마에 단기간으로만—전부 합쳐도 1년이 채 되지 않았다—머물렀을 뿐이다. 그리고 아우구스투스는 황제로서 많은 시간을 로마 바깥에서 보냈다. 그들이 전쟁을 치르거나 외교를 수행하거나 속주를 순방하는 등의 중대한 업무 수행 때문에 떠나 있었던 것은 사실이다. 하지만 카이사르와 아우구스투스는 저마다 믿을 만한 정보 채널을 누렸다. 티베리우스는 그렇지 않았다. 세야누스는 섬으로 들어가는 정보를 통제했고, 티베리우스가 알아야 하는 것과 몰라도 되는 것을 자기가 결정했다. 문지기는 의사 결정자의 역할을 떠맡았다.

혹자들이 말하는 것과 달리 티베리우스가 어머니 리비아에게서 벗어나기 위해서 로마를 떠났을 것 같지는 않다.[43] 물론 그는 자기주장과 개성이 강한 그 인물과 실컷 부대꼈을 수도 있다. 자격이 없는 어떤 사람을 명망 있는 심사위원단에 임명해달라는 리비아의 거듭된 요청 때문에 두 사람은 다툰 적이 있었다. 티베리우스는 마침내 리비아의 뜻에 동의했지만 공개적으로 그녀를 비난했다. 그러자 리비아는 사당에 안전하게 보관해온 아우구스투스의 옛날 편지들을 끄집어내서 티베리우스를 벼랑 끝으로 내몰았는데,[44] 이 편지들에서 아우구스투스는 티베리우스가 완강하고 음침하다고 말하고 있었다. 자제심을 갖춘 티베리우스는 그렇게 치사한 공격에 감정적으로 대응하지 않았다. 게다가 그는 차가운 복수를 즐겼다.

티베리우스가 카프레아이 섬으로 물러난 지 3년 뒤인 29년에 리비아가 죽었다. 티베리우스는 그녀의 장례를 치르고 아우구스투스의 영묘에 매장하기 위하여 로마로 귀환하지 않았다. 여러 해 전에 치명적인 부상을 입은 동생 곁을 지키려고 북유럽을 가로질러 황급히 달려갔던 일과 22년에 어머니가 아프다는 소식에 재빨리 로마로 귀환했던 과거와는 대조적이었다. 티베리우스는 리비아가 원했고 또한 원로원이 명한 대로 사후에 어머니를 여신으로 만들어주지도 않았다. 그녀는 결국에 원하는 바를 얻었지만 후대의 치세 때였다. 원로원은 리비아에게 개선문을 세워주는 영예에 찬성했고,[45] 이는 여성으로는 최초의 영예가 되었겠지만 티베리우스는 개선문이 결코 들어서지 않게 했다.

그러나 누구도 리비아의 역할의 중요성을 부인할 수는 없을 것이다. 화장한 유골이 안치되면서 그녀의 위업에 대한 기념비적 성격은 여전히 이어졌다. 그녀가 87년 전에 태어났을 때, 원로원의 자부심 강한 귀족들은 제국의 운명을 인도할 자격은 여전히 자신들에게 있다고 생각했다. 그녀가 죽었을 때, 그녀는 제국을 위하여 그 귀족계급을 인도하고 있었다. 그녀는 솔직하게 자기 자신을 새로운 질서를 가져온 자라고 생각할 수 있었다. 제1시민의 아내와 어머니로서 이바지해온 여성으로, 클라우디우스 가문에서 높은 지위에 오른 일원이지만, 율리아 아우구스타이기도 한 누군가로, 공화정을 개조하고 동시에 영영 묻어버린 여성으로 생각할 만했다.

로마는 전에도 막강한 여성들이 있었지만 누구도 리비아에게 필적하지는 못했다.

이제 70대인 티베리우스는 몇몇 공무, 특히 속주 행정을 계속 처리했다. 몇몇 총독들이 서신을 써서 속주 세금을 올리자고 요청했을 때, 황제는 "좋은 목자는 양떼의 털을 깎지 가죽을 벗기지는 않는다"[46]고 답변했다. 하지만 수도의 정치, 특히 황실의 문제와 관련해서는 세야누스를 너무 신뢰했다.

티베리우스의 점성술사는 그를 따라서 카프레아이로 갔다. 역사가 수에토니우스의 저술은 그 섬에서 티베리우스의 성적 비행에 관한 온갖 은밀한 이야기들로 넘쳐난다. "늙은 염소"[47]는—사람들은 티베리우스를 그렇게 불렀다고 한다— 여자들과 남녀 어린이들을 쫓아다녔다고 한다. 그의 엽색 행각으로는 혼음, 3인 성교, 소아성애, 그를 거부한 누군가를 살해한 행위 등이 있다고 한다. 그는 자신이 헤엄을 칠 때 소년들이 쫓아오게 하여 다리 사이로 헤엄쳐 들어와 핥고 깨물도록 훈련시켰다고 한다—그는 그 소년들을 "송사리들"[48]이라고 불렀다. 이런 이야기들은 로마에서 티베리우스의 공적 이미지 실추에 기여했을지도 모르지만, 로마 역사는 선정적인 풍문들로 넘쳐나며 우리는 이에 대해서 회의적인 태도를 유지해야 한다. 실제로는 별을 쳐다보고 점을 치는 정도가 티베리우스가 카프레아이 섬에서 행한 풍기문란한 행위였을 것이다. 그 사이에 수도에서는 상황이 가열되었다.

티베리우스의 적들을 상대로 하는 반역 재판의 속도에 불이 붙었다. 이후에 벌어진 일들 가운데 어느 정도가 황제가 한 일이고 어느 정도가 세야누스의 소행인지는 말하기 어렵다. 예를 들면, 한 역사가는 브루투스와 카시우스가 "최후의 로마인"[49]이었다고 말했다는 이유로 기소되었다. 세야누스의 숙적이었던 그는 자결을 강요받았다.[50]

세야누스는 자기주장이 확고하고 자부심이 강한 게르마니쿠스의 미망인인 대아그리피나가 황제를 해할 음모를 꾀하고 있다고 티베리우스에게 확신시켰다. 심지어 이 고발 내용은 사실이었을 수도 있는데 아우구스투스의 손녀이자 티베리우스의 인생을 형성한 아우구스투스 가문의 네 번째 일원은 황제를 진심으로 미워했기 때문이다. 그녀는 "[세상을] 다스리길 너무도 갈망하여 공사(公事)라는 남자들의 세계를 위해서 여자의 결점들을 내던져버렸다"[51]고 타키투스는 썼다. 자긍심이 대단하고 인기가 많은 그녀는 티베리우스를 진정한 상속자들의 자리에 끼어든 훼방꾼이라고 여겼다. 앙숙지간인 두 사람의 관계는 격화되었다.

그들은 아그리피나의 친구이자 사촌의 기소를 두고 반목했다. 분노한 아그리피나가 기소는 자신에 대한 위장된 공격이라며 티베리우스를 비난하자, 황제는 그렇다면 그녀에게 나라를 다스릴 자격이 있다고 자부하는지 묻는 그리스어 인용으로 대꾸했다. 얼마 지나지 않아서 아그리피나는 재혼을 허락해달라고 티베리우스에게 요청했다. 그는 침묵을 지켰는데, 사실상 안 된다고 말한 셈이었다. 후년에 가서 그는 그녀에게 간통 혐의를 제기했다.[52] 마지막으로, 만찬 자리에서 티베리우스 옆자리에 앉았을 때, 아그리피나는 그가 그녀에게 건네준 사과를 입에 대기를 거부했다—마치 그가 그녀를 독살하고 싶어한다고 암시하려는 듯 말이다.[53] 티베리우스는 이 일에 관해서, 역시 그 자리에 있었던 리비아에게 불평을 늘어놓았다. 그는 두 번 다시 아그리피나를 만찬에 초대하지 않았다.

마침내 29년에 리비아가 죽은 직후, 티베리우스는 아그리피나가 아우구스투스의 조각상으로 피신해서 군대에 몸을 의탁할 계획을 세웠다는 혐의를 제기했다. 그는 그녀를 체포하고, 원로원을 시켜 이탈리아에서 추방하여 연안의 어느 섬에, 아우구스투스가 예전에 불쌍한 율리아를 쫓아냈던 바로 그 섬으로 유배를 보냈다. 4년 뒤에 아그리피나는 죽었다. 공식적인 설명은 그녀가 단식 투쟁을 벌였다고 하지만 그녀에게 일부러 음식을 주지 않아 굶어죽었다는 소문도 돌았다.[54] 율리아처럼 그녀는 아우구스투스의 피를 물려받았지만(아그리피나의 어머니가 율리아이다/옮긴이) 그의 후계자에게 대항했다가 끔찍한 종말을 맞았다.

그녀의 아들들도 티베리우스 치하에서 잘 살지 못했다. 원래 계획된 대로 그들 중의 한 명에게 제위를 넘기는 대신에 황제는 나이가 더 많은 아들 두 명을 투옥했다. 둘 다 살아남지 못했다. 그들의 동생인 열일곱 살의 가이우스만이 홀로 남았다.

세야누스는 갈수록 막강해졌고, 31년에 이르자 그는 티베리우스를 설득하여 법적 권한 측면에서 자신을 황제와 거의 대등하게 만들었다. 그 사이에 70대의 황제는 로마에서의 문제들을 갈수록 등한시했다. 그는 원로원에서 자신이 인기가 없는 것을 두고 "그들이 나를 존중하는 한 날 미워하라고 하지"[55]라고 말했다고 한다.

황제는 세야누스와 티베리우스의 아들의 미망인인 리빌라의 혼인에 대한 오랜 반대를 접었다. 세야누스가 후계자로 지명되기 위해서 모든 것이 준비된 듯했다. 아그리피나와 그녀의 장성한 아들들을 제거했으니 그는 떳떳하게 세상 앞에 모습을 드러내고 권력을 잡을 준비가 되었다. 이제 무대 위로 파멸이 등장할 차례이다.

기록들을 믿을 수 있다면, 티베리우스를 구한 것은 아우구스투스 가족의 마지막 한 여인이었다.[56] 바로 그의 제수인 소(小)안토니아이다. 안토니아는 머리부터 발끝까지 황실의 여인이었다. 그녀는 옥타비아와 마르쿠스 안토니우스 사이에서 태어났으며, 아우구스투스의 조카딸, 티베리우스의 동생 드루수스의 미망인이자 게르마니쿠스의 어머니, 게르마니쿠스와 아그리피나 사이에서 태어난 자식들의 할머니였다. 그녀는 비너스처럼 아름다웠다고 하며,[57] 성품이 너무 온순하여 침도 뱉지 않으려고 했다고 한다.[58] 그녀는 지조의 대명사였다. 기원전 9년에 남편이 죽은 뒤에 그녀는 재혼하지 않고 시어머니인 리비아의 집에서 계속 살기로 했다. 거기서 그녀는 자식 3명과 리비아가 죽은 뒤에는 손주들을 길렀다. 게다가 그녀는 로마에 인질로 머무르고 있던 외국의 어린 왕자들도 감독했다. 또한 자신의 광범위한 영지를 관리하는 일도 거들었다. 그동안 그녀는 로마 정치의 동향을 줄곧 주시해왔다.

31년 안토니아는 그녀로서는 가장 대담한 정치적 한 수를 던졌다. 그녀는 티베리우스에게 편지를 써서 세야누스가 그를 해하려는 음모를 꾸미고 있다고 알리는 위험을 무릅썼다. 편지는 세야누스가 아그리피나와 게르마니쿠스의 생존한 아들을 살해할 심산이라고 황제를 납득시키는 데에 성공했다. 그렇게 되면 세야누스는 티베리우스의 어린 손자를 제위에 앉히고 그 자신이 로마에서 진짜 권력을 휘두를 것이었다.

티베리우스에게는 그것으로 충분했다. 그는 이미 무소불위의 장관에게 의심을 품고 있었고, 그 편지는 의심을 확인해주었다. 31년 10월 18일 황제는, 세야누스가 참석한 가운데 원로원에서 어느 편지를 낭독시켰다. 이것은 티베리우스 본인이 쓴, 세야누스를 혹독하게 규탄하는 글이었다. 약삭빠르기는 했어도 세야누스는 이를 예상하지 못했다. 경악하고 방심하고 있었던 그는 티베리우스를 과소평가하는 치명적인 잘못을 범했다. 한편 원로원 의원들은 주인의 목소리에 재빨리 반응했다. 그들은 세야누스를 즉시 끌어내어 어린 자식들과 함께 처형했다. 로마 시민으로서의 권리를 박탈당한 그는 재판을 받거나 심지어 정식으로 기소되지도 못했다. 그의 시신은 난자당하여 테베레 강에 내던져졌다. 그의 지지자들도 법정으로 끌려 나왔다. 그리고 이 모든 연쇄 반응은 오직 황실의 한 여인이 움직이기 시작했기 때문이었다.

세야누스의 이름은 공식 기록에서 지워졌고 그를 묘사한 모든 이미지나 조각은 파괴되었다―워낙 철저하게 파괴되어 한때 이름을 날리던 이 인물에 대해서 확실하게 확인할 수 있는 이미지는 남아 있지 않다. 원로원에 의해서 국가의 적으로 선언된 자에 대한 기록은 보통 말소되었다. 세부적 내용은 경우마다 달랐다. 때때로 담나티오 메모리아이(damnatio memoriae)―"기억 말살"―라고 불렸지만, 그것은 고대의 용어가 아니라 나중에 지어진 용어이다.

세야누스를 치기 전에 티베리우스는 로마 소방대(군사 조직)의 대장인 퀸투스 수토리우스 마크로와 협조하는 조치를 취했다. 그 뒤로 티베리우스는 그를 프라이토르 근위대의 새로운 지휘관으로 임명했다. 그것은 원로원에 좋지 않았다. 사실, 마크로는 세야누스보다 더 많은 반역 재판을 수행했다. 티베리우스는 그의 이전 조언자를 지지한 혐의로 투옥된 사람들을 모조리 처형하라고 지시했다. 그들의 시신은 썩어가게 방치되었고 그후 테베레 강에 버렸다. 황제와 그의 두 근위대장은 로마의 구 귀족계급에 조금이나마 남아 있던 독립성 대부분을 파괴했다.

티베리우스는 살아남았지만 대가를 치렀다. 그는 세야누스가 자신을 속여왔음을 시인해야 했다. 설상가상으로 티베리우스는 자기 아들의 살해를 지시했을 수도 있는 자를 믿었다는 것을 깨닫게 되었다. 황제가 말년을 쓰라림 속에 보낸 것도 당연했다.

게르마니쿠스의 복수

티베리우스는 대아그리피나가 게르마니쿠스와의 사이에서 낳은 아들 두 명의 죽음에 책임이 있었지만, 셋째 아들 가이우스는 살려주었다. 그는 가이우스를 카프레아이로 데려왔다. 황제는 친자인 소드루수스에게서 손자를 얻었으며, 두 젊은이 중 어느 쪽이 그를 승계할지의 문제를 미정으로 남겨두었다. 티베리우스는 물론 자기 손자를 선호했지만, 가이우스는 게르마니쿠스의 인기를 업은 데다가 아우구스투스의 피를 타고난 자였다.

　문헌들은 티베리우스가 가이우스의 고약한 성품을 알아보았고 심지어 이를 좋아했다고 말하는데 그러면 훗날 돌이켜볼 때, 가이우스에 비교하여 티베리우스가 더 나아 보일 것이고, 이로써 원로원에서 그의 정적들에게 타격을 줄 수 있을 것이기 때문이었다고 한다. 티베리우스는 가이우스를 독사로 보았던 것 같다.[59] "내가 죽으면, 불길이 땅을 집어삼키라지"[60]라고 티베리우스는 말했다고 한다. 재미난 이야기이지만 회의주의를 불러일으킨다.

　그러나 역사학도들은 냉소적인 노황제와 지중해의 어느 아름다운 섬에 머물고 있는 타락하고 버릇없는 젊은 왕자를 떠올리며 잠시 생각에 잠기게 된다. 세상의 운명을 자신들끼리 주고받으면서, 어쩌면 그들은 각자 리비아—티베리우스의 어머니이자 가이우스의 증조할머니—의 품안에 안겨 있을 때에 배웠던 정치적 현실주의에서 교훈을 공유했을 것이다. 리비아는 가이우스의 어머니가 죽은 뒤에 자신의 집에서 가이우스를 길렀다. 어쩌면 티베리우스는 이제 리비아가 세상을 떠났을 뿐만 아니라 티베리우스의 인생에 그토록 영향을 미친 아우구스투스의 대가족의 여자들도 거의 대부분 세상을 떠났다는 것을 인식했을 것이다. 아름답고 꿍꿍이가 있는 율리아, 충실한 빕사니아, 그리고 복수심에 불타는 아그리피나. 대범하고 너그러운 안토니아는 여전히 살아 있었지만 티베리우스보다 고작 7주일을 더 살았다. 사실상 황실은 늙은 염소와 젊은 독사로 귀결되었다.

　37년 3월 16일, 가이우스가 스물네 살 때, 그의 큰할아버지인 노황제 티베리우스는 일흔여덟에 마침내 죽었다. 혹자들은 가이우스가 티베리우스를 독살하거나 굶겨 죽이거나 베개로 눌러 죽였다고 말했다.[61] 다른 이들은 그 소행을 근위대장 마크로에게 돌렸다. 근위대는 가이우스를 황제로 추대했고, 원로원은 이틀 뒤에 뒤따랐다. 오늘날 가이우스는 그의 어릴 적 별명인 칼리굴라로 더 잘 알려져 있는데, "작은 군화"라는 뜻의 이 이름은 소년 시절 게르마니아의 병영에서 부모와 함께 살 때에 부모가 그에게 입혀주었던 아동용 제복에서 따온 것이다. 게르마니쿠스의 아들이자 신성한 아우구스투스의 증손자이고 마르쿠스 안토니우스의 피도 물려받은 칼리굴라는 실질적으로 족보상의 위대함이 차고 넘쳤다. 게르마니쿠스는 결국에 티베리우스에게 일종의 복수를 한 셈이었다.

티베리우스는 애정 어리게 기억되지 않을 것이었다. 로마 시민들은 그가 죽었다는 소식을 듣고 너무 기뻐서 "티베리우스를 테베레 강으로 처넣어라!"[62]라고 외치며 뛰어다녔다. 칼리굴라가 선임자를 신격화하기를 거부하여 티베리우스는 원수정(元帥政)의 첫 2세기 동안 그 영예가 거부된 몇 안 되는 황제 중의 한 명이 되었다.

그러나 티베리우스는 정책성과를 놓고 판단한다면 로마에서 가장 성공적인 황제 중의 한 명이었다. 대외적으로는 제국의 경계를 안전히 지켰고, 대내적으로는 원로원을 영구적으로 황제에게 복속시켰다. 그는 아우구스투스의 제국주의 정책을 뒤집었고, 자신의 지배에 대한 어떤 심각한 내부적 반발도 틀어막았다. 그는 교역과 번영을 촉진하는 여건들을 계속 유지시켰다. 무엇보다도 티베리우스는 원수정이 지속되게 했다. 카이사르들이 로마를 계속 지배하게 될 것이었다. 하지만 그들 앞에 기다리고 있는 문제가 없는 것은 아니었다.

아우구스투스는 자신의 치세를 폭력으로 시작하여 설득과 자애로 마감했다. 그리하여 성공하는 군주를 위한 마키아벨리의 법칙을 따랐다. 대조적으로, 티베리우스는 온건하게 시작해서 엄혹하고 폭력적으로 끝맺어서 정반대로 했다.

타키투스는 티베리우스를 간교하고 음울한 폭군으로 그렸지만, 오늘날 대다수의 학자들은 이런 평가가 과장되었다고 본다. 확실히 이런 평가는 티베리우스의 여러 긍정적인 특징들을 빠뜨린다. 그러나 그가 로마 귀족 계급에서 휘두른 포악성을 부인할 수는 없다. 이제 로마의 새로운 정치적 현실을 열어젖힌 프라이토르 근위대의 병영을 무시할 수도 없다. 18세기에 영국 역사가 에드워드 기번은, 티베리우스가 근위대를 가지고 "조국의 족쇄에 대못을 박았다"[63]라고 썼다. 티베리우스를 계몽 전제군주로 옹호하는 논변이 존재하며 그의 성격은 분명히 타키투스가 허용하는 것보다 훨씬 더 복잡하다. 하지만 우리는 자기 정적들을 반역죄라는 모호한 혐의로 박해하고 죽음으로 몰아간 자에게 폭군이라는 꼬리표를 붙이는 것을 거부할 수 없다.

그 결과 티베리우스는 로마 군주정으로부터 베일을 걷어냈다. 로마를 계몽이 빠진 독재로 탈바꿈시키는 데에 빠진 하나는 강박적 권력욕의 소유자였다. 마침 그는 딱 그런 기미가 있었다. 사실 그들 둘이 그러했다(아우구스투스와 티베리우스 둘 다 권력에 강박적으로 집착하는 기미가 있었다는 뜻이다/옮긴이). 아우구스투스가 구축했던 정치 체제가 직면한 큰 시험은, 곧 그 체제가 혼란을 야기하지 않으면서도 나쁜 황제를 제거할 수 있는가였다.

티베리우스는 자신이 강하고 남자답다고 여겼고 이를 입증하는 군 경력을 보유했다. 그러나 그의 이력에서 여성들이 커다란 역할을 했다. 그의 구원자인 안토니아부터 사이가 멀어진 아내이자 의붓누이 율리아, 그의 라이벌이자 입양에 의해서 며느리가 된 아그리피나까지 말이다. 그리고 누구보다도 그의 어머니 리비아가 있었다. 그녀는 그때까지 로마 역사상 가장 막강한 여성이었다. 티베리우스는 첫 번째 아내 빕사니아를 사랑했지만 누구보다도 속내를 감춘 통치자는 그들의 결혼에 대한 초상을 전혀 남기지 않았다.

티베리우스 대 리비아, 율리아, 아그리피나의 충돌은 로마 생활에서 벌어지고 있던 상전벽해를 체현한다. 로마는 공격적인 남자다움으로 제국을 건설했고, 여기에는 후방 전선에서 여성들의 내조도 일조했다. 그러나 이제 핵심은 제국을 지키는 것이지 확대하는 것이 아니었다. 힘과 무용은 지성과 이리저리 따져보는 계산 능력보다 덜 중요했다. 오직 사회제도적 편견과 출산의 어려움만이 여자들이 대등한 지위에서 경쟁하는 것을 막았다.

그러나 이런 현실은 남자들로 하여금 재정의를 추구하게 만들었다. 티베리우스는 자신이 영웅적 리더십과 그것이 제국에 부여한 사명감으로 문제를 해결했다고 생각했을 수도 있지만 사실 그 문제가 새로운 형태로 복귀하게 했을 뿐이다. 티베리우스 이후로 운명의 수레바퀴가 돌아 다시 카리스마가 돌아왔다. 티베리우스 다음으로 3대의 황제가 거쳐가는 동안 로마 정부는 온통 게르마니쿠스에 빠져 있었다. 처음에는 독재적인 버전(그의 아들 칼리굴라), 그 다음에는 서툴고 절름발이 버전(그의 동생 클라우디우스)(lame version : 클라우디우스가 게르마니쿠스의 서툰 버전이라는 의미뿐만 아니라 실제로 절름발이라는 두 가지 의미가 다 있다/옮긴이), 마지막으로 흥청망청 버전(그의 손자 네로)이었다. 그 다음에 마침내 로마는 말하자면 제2의 티베리우스로 돌아갔다 ―군인-황제, 하지만 이번에는 훨씬 더 대중적인 호소력을 지닌 군인 황제―콜로세움의 건설자 베스파시아누스였다.

황제들이 제국을 평화롭게 만드는 데에 성공을 거둘수록, 그들은 로마 군대를 덜 예리하고 덜 위험스럽게 만들었다. 황제들이 로마 정부를 독재정에 가깝게 만들수록 개별 로마인들, 특히 로마 엘리트 계층을 덜 정력적이고 덜 힘 있고 덜 효과적으로 만들었다. 잠재적 카이사르들로 이루어진 공화정은 버틸 수 없지만, 온순한 양떼와 향락주의자로 이루어진 공화정은 스스로를 방어할 수 없는 법이다.

티베리우스는 전환적인 지도자였지만 카리스마적인 지도자는 아니었다. 그렇다면 서양 역사상 최대의 종교 혁명이 그의 치세 동안에 시작되었다는 것은 얼마나 아이러니한가? 바로 예수 그리스도의 포교 말이다. 갈릴리에서 복음을 설파한 뒤에 나사렛의 예수는 30년경에 예루살렘에서 십자가형에 처해졌다. 그의 신봉자들은 그를 메시아—그리스어로 "크리스트"—로 치켜세웠다. 그들은 그의 부활을 믿었고 그의 포교를 새로운 종교, 즉 그리스도교의 출발로 보았다. 멀리 카프레아이 섬의 유피테르 빌라에 앉아 있던 티베리우스는 물론 이에 대해서 아무것도 몰랐다.

네로 흉상

III

네로

엔터테이너

아우구스투스가 죽고 50년이 지난 64년 7월 18-19일 밤, 로마에 불이 났다. 불은 키르쿠스 막시무스 전차 경기장 한쪽 끄트머리에 있는 가게들에서 시작되었다. 불길은 바람을 타고 키르쿠스를 따라 치솟다가 인근 계곡과 언덕들까지 퍼져나갔다. 많은 사람들이 모든 것을 잃은 채 도망쳤고, 곧 도둑떼가 골목마다 판을 쳤다.

로마에서 화재는 자주 발생했고 진압은 쉽지 않았다. 좁고 구불구불한 골목과 대체로 나무 들보나 나무 격자에 찰흙을 바른 흙벽돌로 지은 가옥들로 도배된 도시는 파이어 트랩(fire trap : 불이 나면 쉽게 탈출할 수 없는 곳/옮긴이)이었다. 구운 벽돌과 대리석 건물은 통상적인 경우가 아니라 예외였다. 집들은 흔히 이웃집과 벽을 공유했고 소방 장비를 구비해놓은 주택 소유자는 거의 없었다. 숨 막히는 여름의 더위와 잦은 가뭄은 로마에서 화재가 발생하면 걷잡을 수 없이 번지기 쉽게 만들었다. 아우구스투스는 로마에 최초의 소방대를 설치했지만, 그들은 규모가 작았고 수도교에서 물을 채워와야 하는 양동이에 의지했다. 여름에 수도교의 수위는 흔히 낮아지고는 했는데, 자신들의 대저택에 쓰려고 물을 빼돌리는 부자 불한당들 탓이었다. 방화선(防火線)을 치기 위해서 건물들을 무너뜨리는 것이 대화재를 진압하는 최선의 방법이었다.

수도의 역사상 최악인 이 화염은 5일 동안 맹렬히 타올랐다. 엿새째에야 소방대는 불길을 잡기에 충분한 건물을 무너뜨렸지만, 그 다음 화재가 다른 곳에서 다시 시작되었다. 마침내 불길이 꺼졌을 때, 로마의 14개 구역 가운데 3개 구역이 전소되었고 다른 7개 구역에는 파손된 건물 몇 채만이 남겨졌으며, 오직 4개 구역만이 무사했다. 인명 손실도 상당했다.

화재가 시작되었을 때에 네로 황제는 로마 남쪽 바닷가에 위치한 별장에 있었다. 그는 비극에 직면하여 이전의 통치자들과 달리 서둘러 시내로 돌아오지 않았다. 사실 그는 자신의 궁전이 불길에 위험에 처할 때까지 귀환을 미루었다. 그가 통과의 집(House of Passage)이라고 부른 그 거대한 새 궁전은 골짜기를 건너 로마의 두 언덕을 연결했다. 화재는 한쪽 언덕의 집을 태웠지만 다른 쪽 언덕의 집은 무사했다. 바로 거기에 네로는 화마에 포위된 도시의 사령부를 세웠다.

이 다음에 고대 역사에서 가장 유명한 장면 중의 하나가 나온다. 역사가 타키투스는 이렇게 서술한다. "도시가 불길에 휩싸인 바로 그 순간에, 황제가 사설 무대에 등장해 지금의 재난을 고대의 참화와 비교하며 트로이의 파괴에 관해 노래했다는 풍문이 곳곳으로 퍼져나갔다."[1]

이것은 물론 "로마가 불타는 동안 네로는 깽깽이나 켜고 있었다(Nero fiddled while Rome buried)"는 오늘날의 관용적 표현의 토대이다(이 관용표현은 지금은 위기가 발생했는데 강 건너 불구경한다는 은유적 의미로 쓰인다/옮긴이).

네로는 깽깽이, 즉 바이올린을 문자 그대로 연주할 수 없었는데 이 악기는 중세까지 발명되지 않았기 때문이다. 노래는 네로의 열렬한 애정의 대상이었고, 그는 특히 리라^{2}라고 하는 현악기 반주에 맞춰 노래 부르기를 즐겼다. 리라 반주는 오늘날 클래식 기타가 에스파냐풍의 정수이듯이 그리스풍의 정수라고 할 수 있는 예술 형식이다. 네로가 로마 귀족계급의 품위를 한참 떨어트리는 방식으로 스스로를 구경거리로 만드는 것을 본 보수주의자들로서는 입맛 떨어지는 일이지만, 이제 스물여섯 살인 네로는 이미 로마에서 여러 사람들 앞에서 공연을 한 적이 있었다. 그러므로 로마가 불타는 동안 그가 공연을 했다는 이야기는 비록 입증되지는 않았을지라도 그럴듯하다.

그의 공연 소재가 불타는 트로이였다는 이야기는 짜릿한 흥미를 더해 주는데, 로마인들은 트로이에서 도망쳐나온 난민들이 로마 시를 건립했다고 믿었기 때문이다. 게다가 네로와 그의 선조 아우구스투스는 둘 다 트로이인 지도자인 아이네아스로 족보를 거슬러갈 수 있다―이것은 최고의 라틴어 문학 작품인 베르길리우스의 서사시 「아이네이스(*Aeneis*)」에서 전하는 이야기이며, 이 작품은 그리스 작품을 모델로 한다. 그래서 리라 반주에 맞춰 트로이에 관해서 노래했다는 이야기는 그리스풍 일체에 대한 귀족적인 애호를 암시한다. 만약 네로의 혈통이 로마의 시초로부터 물려받은 것이라면, 어쩌면 그의 노래는 그 끝을 알린 것이리라.

그러나 네로는 다른 의미에서도 깽깽이나 켜고 있었을까? 그러니까 로마가 불타는 동안 아무것도 안 했을까? ('바이올린을 켜다'라는 의미의 영어 단어 "fiddle"에는 '빈둥거리다', '하릴없이 지내다'라는 뜻도 있다/옮긴이) 그는 확실히 자신의 개인적 이해관계가 위협받을 때까지, 고통 받고 있는 도시로 돌아오는 것을 미루는 잘못을 저질렀다. 그 뒤에 그는 공공건물과 공원을 이재민들에게 개방하고 인근 도시들로부터 로마로 식량을 가져오고 곡물 가격을 대폭 인하하여 잘못을 바로잡았지만, 일부 사람들의 마음속에서는 그가 노래를 불렀다는 이야기가 이런 제스처들을 압도했다.

화재 이후에 네로가 거대한 궁전을 신축하기 위해서 로마 도심지의 상당한 토지를 몰수하자 대중의 분노는 커졌다. 그러므로 로마인들 입장에서 생각하면 네로는 로마가 불타는 동안 강 건너 불구경을 했을 뿐만 아니라 그 참사로부터 이득도 본 것이었다. 어쩌면 이것이, 네로에 대한 또다른, 훨씬 더 치명적인 풍문의 근원일 것이다. 그가 화재를 무시했을 뿐만 아니라 자신만의 속셈이 있어서 실제로 화재를 **야기했다**는 풍문 말이다.

로마 대화재는 수년간의 네로의 집권기 가운데 단 일주일에 불과하지만 실제적이고 상징적인 측면 모두에서 그의 치세를 규정한다. 화재는 로마 문화와 더불어 세계 문명에 발자취를 남기는 새로운 로마 시와 로마 건축의 새 시대를 위한 길을 열었다. 그리고 네로 본인은 구 원로원 엘리트 계층을 일소하고 속주 출신의 새로운 지배계급을 위한 새로운 길을 연, 화재와도 같았다.

네로는 불과 같은 상징들을 조작하는 데에 명수였고 그러므로 그 화재가 역사에서 받은 주목에는 적절한 구석이 있지만, 오도하는 부분도 있다. 화재 이전에 네로는 로마 민중에게 널리 인기가 많았다. 그들은 나중에 그를 의심했지만 네로는 그들의 마음을 다시 얻기 위해서 열심히 노력했다. 대화재는 형편없는 쇼였다. 네로는 본인이 쇼맨십에 살고 죽었기 때문에 이를 알고 있었다. 그래서 화재 이후에 그는 죄수들을 인간 횃불로 탈바꿈시키는, 괴상하고 섬뜩한 또다른 쇼를 올렸다 ─ 그리고 그가 틀림없이 미루어 짐작한 대로 더 나은 흥행 성적을 거두었다.

네로는 패러독스이다. 어떤 의미에서 그는 최악의 황제였다. 잔혹하고, 살인을 서슴지 않고, 부도덕하며, 비군사적이고, 대부분의 속주에 궁극적으로 독이었다. 그러나 다른 측면에서 그는 성공적이었다. 널리 사랑받는 인기인, 건축가, 시혜자, 평화를 가져오는 자, 그리고 민중의 엔터테이너였다. 네로는 미치광이 독재자인 동시에 탁월한 포퓰리스트였다.

네로만큼 악명 높거나 아니면 유명한 황제도 별로 없다. 어느 황제의 이야기도 네로만큼 신화와 오해로 얼룩져 있지 않다. 그러나 네로를 가장 냉철하게 검토한다고 해도 그가 고조할아버지 아우구스투스를 경악시켰을 만한 지배자라는 결론에는 변함이 없다. 네로의 치세는, 아우구스투스가 수립하고 티베리우스가 갈고닦았던 군주정이 과연 존속이나 할 수 있을까라는 문제를 제기한다. 어쩌다가 사태가 이 지경에 이르렀을까? 그 대답을 얻기 위해서 티베리우스의 뒤를 이었고 네로에 앞섰던 두 황제를 살펴볼 필요가 있다.

게르마니쿠스 가문

티베리우스에서 칼리굴라로 교체되었을 때, 칼리굴라는 높은 기대감을 불러일으켰다. 그는 젊었고, 사랑받던 게르마니쿠스의 아들이자 신성 아우구스투스의 증손자였다. 그는 청소년기에 한동안 증조할머니 리비아, 다시 말하면, 그야말로 통치기술이 훌륭한 교사의 집에서 지냈다. 심지어 29년에 리비아가 죽었을 때에는 추도 연설을 했다. 그는 당시 열일곱 살이었다.

안타깝게도 칼리굴라는 곧 실망을 안겨주었다. 그가 겪은 양육 과정에 잘 적응하며 장성하려면 영웅 서사시적 자제력이 필요했을 것이지만 칼리굴라는 영웅이 아니었다. 그는 리비아의 영리함과 무자비함을 타고났지만, 그녀의 절제력이나 예의범절은 물려받지 못했다. 그는 전제적이고 냉소적이며 엘리트 경쟁자들에게 살인도 마다하지 않는 사람임이 드러났다.

칼리굴라의 퇴폐적 타락상은 전설적이며, 기가 막히게 자극적이지만 애석하게도 역사적 정확성 측면에서는 적대적인 후대의 문헌들에 의해서 엄청나게 부풀려졌다. 누이 중 한 명과의 일찍 끝난 결혼과 다른 누이들과의 근친상간이나[3] 애마를 대리석과 상아로 지은 마구간에 살게 하는 한편, 그 말을 집정관으로 임명할 계획이었다는,[4] 자극적이고 단편적 이야기들은 사실이 아닐 가능성이 크다.

그래도 칼리굴라는 영리하고 유려하며, 심술궂은 재기가 번뜩였다. 그러므로 어쩌면 귀족적인 그의 할머니 안토니아에게 누구든지 자기 마음대로 할 수 있다고 정말로 큰소리를 쳐서 할머니를 충격에 빠뜨렸을 수도 있다.[5] 실제로 그는 자신의 궁정의 사치에 대해서 사람은 검소하든지 아니면 카이사르가 되어야 한다는 말로 요약했을지도 모른다.[6] 그리고 어쩌면, 정말이지 어쩌면, 시합에서 관중이 그가 응원하는 팀의 반대편을 응원하자 "로마 민중의 목이 딱 하나뿐이었다면 [가만 놔두지 않았을 것]"[7]이라고 말한 것이 사실일 수도 있다.

우리가 칼리굴라가 인색한 티베리우스와 달리 각종 경기와 오락을 후원함으로써 로마 민중의 환심을 샀다고 말할 때에는 근거가 좀더 확실하다. 한편, 그는 무수한 원로원 의원들을 처형했다. 그는 자신을 절대 군주로 여기고, 생전에 신격화를 요구했던 듯하다. 신이 되고 싶은 이런 욕망을 보여주는 한 가지 표시가 있다. 그는 더 웅장한 궁전을 신축했고 그 궁전을 어느 신전의 단(壇)까지 확장했다.

칼리굴라는 너무도 많은 권력을 축적했고, 그의 행위들은 그를 해치려는 음모를 여러 차례 낳았다—결국 한 음모가 성공을 거두었다. 41년 원로원 의원들과 근위대가 공모하여 황제를 죽였다. 그것은 85년 전에 율리우스 카이사르 암살을 회상시키는 사건이었지만, 새로운 반전이 추가되었다. 카이사르의 암살자들은 그의 아내는 건드리지 않았지만 칼리굴라의 시해자들은 황제의 아내와 딸도 참혹하게 살해했다. 주모자는 근위대의 한 장교였다. 칼리굴라는 그 사람에게 성적인 조롱을 퍼부은 다음 자신의 가운뎃손가락을 쭉 펴고 그 손에 입을 맞추게 시켰다고 한다. 그 근위대원은 마침내 더 이상은 참을 수 없었던 듯하다. 칼리굴라의 재위는 4년이 채 가지 못했다. 사후에 그의 조각상들은 끌어내려지고 그의 이름은 비문들에서 지워졌다.

그의 뒤를 이어 41년부터 54년까지 다스린 클라우디우스(티베리우스 클라우디우스 네로 게르마니쿠스)는 게르마니쿠스의 동생이었고 그러므로 아우구스투스의 종손이었다. 그럼에도 불구하고 클라우디우스는 뜻밖의 황제였다. 그는 아마도 뇌성마비인 탓에 태어날 때부터 다리를 절고 경련 증상과 언어 장애가 있었다. 그는 아우구스투스와 티베리우스에 의해서 고위 공직에서 제외되었고 그 대신에 역사가가 되도록 교육받았다. 칼리굴라가 재위를 시작했을 때에 마침내 클라우디우스를 집정관으로 임명했지만 치세 내내 그를 모욕하고 그에게 창피를 주었다.

칼리굴라가 암살된 날, 한 근위대원이 궁전에서 클라우디우스를 발견하고 근위대의 병영으로 데려왔다. 그곳에서 그가 황제로 추대되는 동안 원로원은 공화정 복원을 토론 중이었다. 원로원은 재빨리 노선을 뒤집어 클라우디우스를 황제로 추인했다―그는 근위대에 의해서 선택된 최초이자 결코 마지막은 아닌 황제가 된 것이다. 공화정에 대한 말들은 명백히 그냥 말뿐이었다. 한편 근위대는, 병영 요새의 벽돌과 콘크리트 담 안쪽에, 대리석 기둥들이 늘어선 홀에 위치한 원로원의 권력과 경쟁하는 권력이 있음을 다시금 보여주었다.

클라우디우스는 속주의 엘리트 계층에 문호를 개방하는 일에서는 자신이 훌륭한 황제임을 입증했다. 그는 속주 출신의 많은 사람들에게 시민권을 부여했고 갈리아의 엘리트들이 원로원에 더 많이 들어오게 허용하도록 원로원을 설득했다. 그는 티베리우스의 평화 정책과 단절하고 장군들을 보내서 브리타니아를 정복하게 했는데, 그곳은 카이사르가 침공했지만 결코 로마군을 정착시키지는 못했던 땅이었다.

클라우디우스는 원로원과 권력을 공유하는 데에 별로 관심이 없었다. 그의 치하에서 정부는 궁의 통제하에, 특히 그의 막강한 두 아내와 그의 해방민들의 수중에 들어왔다. 새 황제는 쉰 살이었고 행정에는 경험이 거의 없었고, 군사 경험은 전무했다. 그러나 그는 인생을 줄곧 궁에서 보냈으며 사정을 주의 깊게 살펴왔다. 그리고 모든 군주들과 마찬가지로 로마 황제들도 궁정의 중심에 서 있었기 때문에, 궁은 중요한 장소였다. 아내, 친척, 호위대, 아첨꾼, 그리고 갈수록 해방민과 심지어 노예들까지 황제의 신임을 얻었다. 원로원 의원들은 좀처럼 그러지 못했다. 사실, 어떤 의원들은 궁을, 닫힌 문 뒤에서 자신들이 재판을 받아야 하는 장소로만 알았다.

제국을 다스리기 위해서 클라우디우스는 막강한 해방민들에게 의존했다. 의원들은 이전에 노예였던 자들—더구나 그리스인들—에 의한 통치에 격한 불만을 표시했지만, 황제들은 그들이 관료로서 없어서는 안 될 존재라는 것을 알았다. 오늘날 우리는 특권적인 로마인들로부터 노예에서 출발하여 신분 상승을 위해서 노력하는 그리스인들로 권력을 이동시킨 클라우디우스를 칭찬할 수도 있을 것이다. 이런 경향은 황실 내 여성들의 권위의 증대와 더불어 훌륭한 다양성처럼 비칠지도 모른다. 황제들이 등장했다가 사라지는 동안 관료들이 연속성을 제공했다는 사실에도 주목할 필요가 있다. 그러나 로마인들, 특히 역사서를 쓰는 엘리트 원로원 의원들은 다르게 생각했다.

제위에 올랐을 당시 클라우디우스는 메살리나라는 귀족 여성과 세 번째 결혼을 한 상태였고, 그녀는 그와 아들 한 명과 딸 한 명을 낳았다. 조각상은 예복을 입고 정성스레 손질한 머리에 평온하게 아기를 안고 있는 그녀와 그녀에게 팔을 뻗은 아기를 보여준다.[8] 이런 이미지는 그녀가 주변 사람들을 지배하려고 들고, 살인도 서슴지 않으며 잔인하고 부정한 아내였다고 주장하는 더 근대의 많은 예술 작품들과 딴판이다. 하지만 그녀는 클라우디우스의 한 정적과 몰래 결혼함으로써 결국 남편을 배신했다.

문헌들은 메살리나의 성애에 관한 이야기들로 넘쳐난다. "창녀 아우구스타"[9]— 또는 그녀의 직업상 이름이었다는 것을 사용하면 암늑대개[10] — 는 매음굴에서 은밀히 밤새도록 일했고 심지어 밤샘 섹스 시합에서 한 매춘부를 능가했다고 한다.[11] 이런 이야기들은 모조리 신빙성이 없다. 아마도 그녀가 몰락한 뒤에 황제의 아내를 대체하고 승리한 파벌의 정치선전에서 기인할 것이다. 메살리나는 치열하게 싸웠지만 괴물은 아니었다. 그녀가 다른 남자 때문에 남편을 배신했다고 한다면, 이는 클라우디우스가 그녀와 그녀의 자식들을 가장 우선시해줄지 더 이상 신뢰하지 못했기 때문이다. 그러나 메살리나는 신속하게 움직이지 않았다. 한 경쟁자가 그녀의 간통 행각을 발견하여 클라우디우스에게 폭로했고 그녀는 처형당했다. 그 뒤로 그녀의 이미지들은 각종 기념물에서 제거되었고, 그녀의 이름도 비문에서 지워졌다.

48년 메살리나의 죽음으로 황제는 홀아비가 되었다. 클라우디우스는 새 아내가 필요했다. 네로와 그의 어머니가 등장할 차례이다.

어린 네로

네로의 어머니 소아그리피나(이하 아그리피나)는 로마에서 신붓감으로 가장 손색없는 귀족 여성이었다. 그녀는 아버지, 즉 게르마니쿠스의 이름이 발휘하는 마력과 어머니 대아그리피나의 혈통으로 전해지는 신성 아우구스투스의 후손이라는 매력적인 요인을 가지고 있었다. 그녀의 선조들로는 리비아와 마르쿠스 안토니우스도 있었다. 이런 족보에 혹한 클라우디우스는 비록 아그리피나가 자기 조카딸임에도 불구하고 그녀와 결혼했으며 따라서 두 사람의 혼인은 엄밀하게는 근친상간이었다. 원로원은 결혼을 허용하기 위해서 특별 법령을 통과시켜야 했다.

아그리피나의 조각상은 이목구비가 섬세한 여성을 보여준다.[12] 그녀는 입이 작고, 코는 약간 들렸으며, 턱이 튀어나왔다. 머리 모양은 당시의 스타일대로 돌돌 말아서 정리했다. 조각상은 그녀를 머리에 베일을 쓴 여사제로 묘사한다. 다른 조각상과 주화들은 아그리피나를 다산의 여신들과 결부시키는데, 심지어 리비아가 그렇게 묘사된 것보다 더욱 노골적으로 묘사되어 있다. 그러나 아그리피나는 성인이 아니었다. 그녀는 보통내기가 아닌 여인이었다. 처음에 그녀는 가문이 거의 풍비박산 나는 것을 목도했다가 오빠인 칼리굴라의 갑작스러운 승리에 뒤이은 폭정을 지켜보았다. 그녀는 아마도 간통이 같이 얽혀 있을, 칼리굴라에 맞선 음모에 연루되었다가 유배되었다. 로마로 돌아온 뒤에 아그리피나는 세력을 다시 끌어모으고 클라우디우스를 이용해서 야망을 달성할 계획을 세웠다. 자기 아들을 황제로 세우고 자신은 막후의 권력자가 되는 것이었다. 그녀는 지금은 소실된 회고록을 냈는데, 아마도 거기에는 그녀의 오른쪽 위턱에 송곳니가 하나 더 있었다는 세부 사항이 담겨 있었을 것이다.[13] 송곳니가 하나 더 있는 것은 로마인들에게 행운의 상징이었고 분명히 공격성을 상징하기도 했다.

고대 문헌들은 정치판의 모든 여성들에게 적대적인 것과 마찬가지로 아그리피나에게도 적대적이다. 문헌들은 그녀를 계략을 꾸미고, 권력에 굶주리고, 근친상간을 저지르는 살인자로 그린다. 반면에 시각적 이미지들—주화, 조각, 카메오 조각—은 모성과 왕조의 상징인 위엄 있고 매력적인 여성을 보여준다. 진실은 아마도 양자 사이의 어딘가에 있을 것이다.

아그리피나는 자신의 라이벌들을 서슴지 않고 처형시킨 치열한 경쟁자였다. 그러나 정치를 이끄는 다른 로마인들도 비슷하게 행동했다. 그녀는 네로를 위해서 권력을 추구하면서 이기적이었지만 공공심도 있었다. 그녀는 네로가 아우구스투스와 게르마니쿠스의 가문을 이어갈 유일한 기회를 대변한다는 것을 알았고, 그 왕조가 로마와 제국에 최선의 희망을 대변한다고 믿었다.

클라우디우스와 결혼했을 때, 아그리피나는 자신을 그의 아내일 뿐만 아니라 공동 통치자라고 생각했다. 그녀는 아우구스타로 명명되었는데, 재위 중인 황제의 아내 누구도 보유한 적이 없는 칭호였다. 그녀는 클라우디우스가 공무를 수행 중일 때에 이따금 함께했으며, 남편과 따로 단상에 앉는 등 권력 게임을 벌이며 당대인들을 충격에 빠뜨렸다. 그녀는 주변으로 친구들을 끌어모으고 정적들을 쫓아냈다. 무엇보다도 그녀는 아들이 제위로 가는 길을 닦았다.

네로는 아그리피나의 첫 번째 결혼의 소산이었다. 그는 로마 남쪽 해변 도시에서 37년 12월 15일에 태어났다. 그는 아버지 그나이우스 도미티우스 아헤노바르부스의 이름을 따라 루키우스 도미티우스 아헤노바르부스("청동 수염")라고 이름 지어졌다. 귀족 선조들이 몇 세기를 거슬러가는 이 가문은 골수 공화주의자들이었다. 그들은 통솔력과 거만함, 잔인성과 더불어 점잖지 못한 무대 공연을 후원하고 전차 경주에 참가하기로 유명했다. 네로의 아버지는 어린 아들을 두고 "나와 이 여자 사이에서 훌륭한 사람이 나오기는 불가능하다"[14]고 말했다고 한다.

그러나 그는 네로가 세 살 때에 죽어서 아들의 장래를 알지 못할 운명이었다. 아우구스투스처럼 네로는 아버지를 일찍 여의고 어머니 손에 자랐다(고모와 함께 지낸 몇 달을 제외하고 말이다). 아우구스투스의 어머니 아티아처럼 아그리피나는 네로의 출세를 위해서 지칠 줄 모르고 애썼지만 성공에 대한 가혹한 대가를 지불하게 되었다.

어머니가 클라우디우스와 결혼했을 때에 네로는 열한 살이었다. 결혼한 지 1년 만에 그녀는 네로를 양자로 삼도록 클라우디우스를 설득했고, 네로는 원래의 이름을 버리고 네로 클라우디우스 카이사르 드루수스 게르마니쿠스가 되었다. 네로는 클라우디우스의 친아들보다 나이가 많았으므로 이제 그가 승계에서 더 우선순위에 있게 되었다. 클라우디우스는 친딸 옥타비아와 네로를 정혼시켜서 아그리피나의 아들을 자기 친아들보다 더 우선시하기로 했다.

이제 클라우디우스는 대략 예순 살이었다. 그는 그저 젊은 새 아내에게 속아 넘어간 늙은이였을까? 어쩌면 그러했을 수도 있다. 아니면 명예를 박탈당한 메살리나 사이에서 낳은 친아들보다는 자기 딸과 네로—게르마니쿠스와 신성 아우구스투스, 그리고 마르쿠스 안토니우스의 후손—사이에서 나올 후계자들에 의해서 왕조가 살아남을 기회가 더 크다고 생각했을 수도 있다. 어쨌거나 아그리피나는 주저하지 않았다. 그녀는 궁정에 친구들을 줄줄이 세우고 적들은 몰아냈다. 최고의 한 수는 클라우디우스를 설득하여 확고하게 자기 편인 사람을 새로운 근위대장으로 임명한 것이었다. 그는 섹스투스 아프라니우스 부루스로, 갈리아 출신의 로마 기사 계급이었다. 그는 한때 리비아의 가솔로 일했다. 부루스만이 아그리피나의 충성스러운 지지자는 아니었으니 부루스 휘하의 많은—그녀가 엄선한—장교들도 마찬가지였다.

네로의 개인교사로서 아그리피나는 루키우스 안나이우스 세네카를 골랐다. 그는 히스파니아에서 온 부유하고, 영향력이 있고, 문재(文才)가 대단히 뛰어난 로마 가문의 출신이었다. 세네카의 아버지는 수사학과 역사를 다룬 유명한 작가였으며 그의 어머니는 철학을 공부했다. 세네카는 로마로 가서 법률과 정치 분야에서 두각을 나타내는 동시에 뛰어난 문사(文士)가 되었다. 그는 웅변가, 철학자, 에세이 작가, 극작가였다. 그러나 그는 정적들을 만들었다.

칼리굴라는 세네카를 "석회가 없는 모래"[15]—다시 말해서 무른 시멘트
—라고 불렀고 그를 처형시키기 직전까지 갔었다. 칼리굴라 사후, 세네카
는 칼리굴라의 일생의 목표는 자유로운 국가를 페르시아 전제정으로 바꾸
는 것이었다고 글을 써서 화답했다.[16] 세네카는 칼리굴라가 피에 굶주렸다
고 평가했다.[17]

메살리나도 세네카를 싫어했다. 그녀는 세네카가 칼리굴라의 막내 여동
생과 간통을 저질렀다는 혐의를 제기했다.[18] 두 연인은 유죄 판결을 받고
유배를 당했지만 세네카만이 살아남았다. 세네카는 코르시카 섬에서 8년
간 귀양살이를 한 뒤에 아그리피나에 의해서 로마로 다시 불려왔다.

54년, 아그리피나와 결혼한 지 5년이 지나 클라우디우스는 이제 열세
살이 된 친아들 브리타니쿠스의 앞날을 도모하기로 했다. 그러다 클라우
디우스가 어떤 행보를 보이기도 전에 급사했다. 사람들은 자연히 아그리
피나의 독살을 의심했지만 그의 죽음을 둘러싼 진실을 오늘날 되찾기는
불가능하다. 그는 독성이 있는 (하지만 독을 바르지는 않은) 버섯을 먹고
죽었을 수도 있고, 그냥 자연사했을 수도 있다. 어쨌거나 아그리피나는
아들을 무대 중앙에 올릴 준비가 되었다. 근위대는 네로를 황제로 추대했
고, 그는 많은 현금을 뿌려서 그들에게 보답했다. 원로원은 네로에게 필요
한 권한을 주는 데에 순순히 투표하고, 아그리피나에게 각종 영예를 내렸
다. 새로운 시대가 시작되었다.

착한 네로

처음에 로마는 잘생긴 새 황제를 환영했다. 늙고 비실한 클라우디우스 다
음으로 이제 젊음과 활력이 등장한 것이었다. 게다가 네로는 클라우디우

스보다 족보가 더 좋았다. 그와 더불어 아우구스투스 왕조가 권좌에 복귀했다. 그리고 네로는 유행의 첨단을 달렸다—하긴 그야 언제나 그러했다!

네로는 회청색 눈동자에 밝은 금발을 자랑했고, 이목구비가 단정하지만 딱히 호감 가는 인상은 아니었다고 한다.[19] 열일곱 살 생일을 코앞에 둔 네로가 어린 것은 사실이었지만 젊은 지도자들은 때때로 성공을 거두었다. 아우구스투스는 정계에 입문하여 곧장 정상급의 지위에 올랐을 때에 열아홉 살에 불과했으며, 알렉산드로스 대왕은 고작 스무 살에 왕위에 올랐다. 지성과 재능, 훌륭한 조언자들 그리고 좋은 양육으로 형성된 훌륭한 성품을 갖춘 통치자는 어린 나이를 극복하고 성공할 수 있다. 네로에게는 탁월한 조언자들이 있었다. 아그리피나보다 궁정의 일거수일투족을 잘 아는 사람은 없었고, 부루스는 근위대원들의 지지를 보장했다. 네로의 교사 세네카는 황제의 자문이라는 새로운 역할을 맡았고 그는 클레멘티아(clementia), 즉 자비가 새 통치자의 치세를 나타내는 표식이 되어야 한다고 주장했다. 부루스는 엄격한 군인의 본보기를 제시한 반면, 세네카는 능변과 위엄에 기여했다.

원로원을 상대로 한 연설에서 새 황제는 과거의 폐단들을 멈추고 원로원의 권력을 회복시킬 것을 약속했다. 이것은 대대적 변화라기보다는 온건한 양보였지만 약속은 진짜였다. 치세의 대략 첫 5년 동안 세네카와 부루스의 지도를 받고, 아그리피나가 잘 타이른 네로는 약속을 지켰고 원로원 의원들과 권력을 공유했다. 그는 비공개 재판을 폐지했고, 자기 휘하 해방민들의 권력을 제한했다.

거기까지는 좋았지만 네로의 성격부터 시작하여, 이 상황에는 내재된 문제들이 있었다. 네로는 정서적으로 불안정하고 허영심이 넘쳤다. 그는 인기를 얻고 싶어했고, 라이벌을 용납하지 않았다. 한 문헌이 표현한 대로 "그는 무엇보다도 인기에 마음을 빼앗겼고, 어떤 식으로든 평민층의 감정을 뒤흔드는 사람은 모조리 질투했다."[20]

자기 뜻대로 되지 않으면 네로는 별안간 복수를 하려고 달려들었다. 아버지 없는 자식으로, 배후에서 일을 꾸미는 어머니 손에 음모와 유혈의 분위기 속에서 자란 새 황제는 상처 입은 사람이었고 이는 이해할 수 있는 일이다. 그는 역사상 가장 문제 많은 가정의 소산이었고, 이제 모든 로마가 대가를 치르게 되었다.

아그리피나는 권력을 휘두르려고 작심했다. 네로 치세 초기에 그녀는 자체의 게르만인 호위대와 프라이토르 근위대원으로 구성된 호위대, 그리고 두 명의 공식 수행원(릭토르)을 공개석상에서 대동했다(리비아는 공식 수행원을 한 명만 두었다). 어린 네로는 처음에는 이 모든 것을 받아들였다. 그가 근위대원들에게 부여한 암호는 "최고의 어머니(옵티마 마테르 [optima mater])"로,[21] 아그리피나에 대한 호의적인 지칭이었다. 네로는 원로원 모임을 궁에서 여는 데에 동의하여(전례가 없지는 않았다) 아그리피나가 커튼 너머로 모임을 지켜볼 수 있게 했다(분명히 전례가 없는 일이었다). 주화에서 그녀는 마치 공동 통치자처럼 네로를 마주하고 있다.[22] 그러나 아그리피나는 곧 장애물에 부닥쳤다. 로마의 여론은 노골적으로 너무 많은 권력을 행사하는 여인을 용납하려고 하지 않았다. 한편, 십대의 네로는 씀씀이에 신경을 쓰지 않는다고 어머니에게 잔소리를 듣는 것을 싫어했다. 그는 외국 사절에 응하기 위해서 앉아 있던 단상에 어머니가 합류하려고 하자, 모두가 보는 앞에서 이를 막아서 보복했다. 그는 세네카의 도움을 받아 이를 요령 있게 처리했지만 그래도 힐난은 힐난이었다. 아그리피나는 노발대발했다고 한다. 그녀는 아들에게 제국을 안겨줄 수 있었지만[23] 그가 그것을 다스리는 것은 참을 수 없었다.

네로의 로마는 재치의 시대라고 알려져 있다. 그 시대는 클라우디우스가 죽은 직후에 시작되었다. 세네카는 클라우디우스의 "신격화"가 아니라 그의 "호박화"[24]를 언급하는데, 고인이 된 황제에 대한 통렬한 풍자로서 이해하기 쉽지는 않은 농담이다. 세네카의 형제는 클라우디우스가 갈고리로 천당으로 들어올려졌다고 말했는데, 로마 처형인들이 희생자들의 시신을 테베레 강으로 끌고 갈 때에 쓰는 수법이었다. 마지막으로 네로는 버섯이 신들의 음식이라고 말했다고 하는데,[25] 클라우디우스가 버섯을 먹은 뒤 죽었고 그 다음 신격화되었기 때문이다. 아그리피나는 죽은 남편이 이런 식으로 조롱되는 것에 분명 즐겁지 않았을 것이다.

클라우디우스의 딸과 네로의 결혼 생활은 행복하지 못했다. 그는 소아시아 출신의 해방민 여성과 사랑에 빠졌는데, 심지어 그녀와의 결혼에 대해서 이야기를 꺼낼 정도로 홀딱 빠졌다. 경악한 아그리피나는 그에게 반대 의사를 알렸지만, 그는 물러서지 않았다. 그는 궁정에서 아그리피나의 가장 강력한 우군인 한 막강한 해방민 여성을 제거함으로써 자신의 입지를 강화했다.

아그리피나는 네로를 협박하여 보복했다고 한다. 그녀는 클라우디우스의 아들은 말할 것도 없고 로마에 신성 아우구스투스의 다른 후손들이 얼마나 많이 있는지를 지적했다. 그래도 그녀는 네로를 제위에서 몰아내는 것은 진지하게 생각하지 않았을 것이다. 그 다음 55년에 클라우디우스의 아들이 궁정 연회에서 갑자기 병이 나서 직후에 죽었다. 증거들은 자연사를 암시하지만 당시 많은 사람들은 그가 네로의 명령으로 독살당한 것이라고 믿었다.

다음 4년 동안 아그리피나는 권력에서 차단되었고 권력에 복귀하려고 애를 썼지만 소용이 없었다. 이 시기에 네로는 밤마다 친구들과 로마 거리로 나가 탈선을 일삼는 버릇을 들였다. 그들은 싸움과 가택 침입 같은 재미와 말썽거리를 찾아 술집과 매음굴을 방문했다. 그는 정체를 들키지 않으려고 노예처럼 차려입고 가발을 썼다. 고약하기는 했지만 그런 행동은 젊은 로마 귀족들에게 드문 일이 아니었고 대다수의 사람들은 기꺼이 눈 감아주려고 했다. 그러나 네로가 극장에서 싸움 부추겼을 때에는 덜 너그러웠다. 질서를 회복하기 위해서 배우들은 추방되었고 병사들은 호출을 받았다.

59년에 이르자 스물한 살의 네로는 정착할 준비가 되었지만 우선 어머니를 제거하기로 마음먹었다. 사랑과 권력, 통제력이 그의 동기에서 각각의 역할을 했다. 아그리피나가 대단히 부적절한 방식으로 네로와 노닥거렸다는 것은 있을 법한 일이다. 항간에 떠도는 풍문대로 두 사람이 실제로 근친상간을 범했다는 것은,[26] 그보다는 신빙성이 덜하지만 가능성을 사실상 완전히 배제할 수는 없다. 분명한 사실은 다시금 그녀가 그의 애정 생활에, 이번에는 그가 새롭게 푹 빠진 상대에 대해서 반감을 표시했다는 것이다.

포파이아 사비나는 왕에 어울리는 여성이었다. 그녀는 부유하고 영리했으며 야심이 넘쳤다. 그녀의 가문은 폼페이 출신으로, 웅장한 저택 2채를 비롯해서 그곳에 최소 5채의 집을 소유했다. 포파이아는 아마도 그곳에서 태어났을 것이다. 그녀는 가문 소유와 별개로 폼페이 인근에 벽돌 공장과 멋진 해변 별장을 소유했다.

포파이아의 아버지는 티투스 올리우스라는 로마 기사로, 로마 정부에서 출셋길을 밟다가 세야누스를 지지한 탓에 그 모략가가 몰락하자 처형되었다. 이후로 포파이아는 아버지의 오명을 뒤집어쓰지 않기 위해서 집정관이자 성공한 속주 총독이었던 외할아버지 가이우스 포파이우스 사비누스의 이름을 취했다. 그녀의 첫 남편은 근위대장이었고 그들 사이에는 아들이 하나 있었다. 첫 남편과 이혼한 뒤에 그녀는 마르쿠스 살비우스 오토, 집정관의 아들이자 로마의 멋쟁이 무리의 일원과 결혼했다. 그녀가 네로의 눈길을 끌었을 때, 네로는 오토가 스물여섯 살에 불과하고 경험이 없었음에도 불구하고 루시타니아(대략 오늘날의 포르투갈)를 다스리도록 총독으로 임명하여 그를 눈앞에서 치워버렸다.

포파이아는 유대교에 흥미를 보일 만큼 개방적이었다. 비록 개종에 대한 관심은 내비치지 않았지만 말이다. 어쨌거나 그녀는 친구의 남편인 게시우스 플로루스를 유다이아 총독으로 임명하도록 밀어서 유대인들에게 딱히 좋은 일을 해주지 않았다. 플로루스의 실정은 66년 대대적인 유대인 반란을 촉발했다. 로마가 유다이아를 재평정하는 데에는 7년이 걸렸으며, 양측은 엄청난 인명 피해와 재산 손실을 입었다.

포파이아는 당대 최고의 미인 중의 한 명이었으며 영화에서 클로데트 콜베르와 브리지트 바르도 같은 배우들이 그녀를 연기한 것도 당연하다. 네로는 포파이아의 호박색 머리칼에 관한 시를 썼다.[27] 그녀는 피부 노화 방지를 위해서 매일 500마리 당나귀의 젖으로 목욕했고,[28] 심지어 당대에 그녀의 이름을 딴 미용기법에 영감을 주었다고 한다.[29] 그녀는 네로보다 여섯 살 연상이고 기혼이었지만 네로도 마찬가지였다. 네로는 그녀와 깊이 사랑에 빠졌다. 혹자들은 그녀가 아그리피나를 죽이도록 네로를 부추겼다고 주장한다.

네로의 애정 생활을 완전히 제외한다면, 그는 프라이토르 근위대에 대한 아그리피나의 지속적인 영향력을 두려워했을지도 모른다. 물론 이것이 살인을 정당화한다고 할 수는 없다. 하지만 의식적이고 계획적으로 네로는 어머니를 죽이기로 마음먹었다.

독살은 고려 대상이 될 수 없었다―클라우디우스와 그의 아들의 급사 이후로 의심을 받기 너무 쉬운 데다가 아그리피나는 자신을 보호할 만큼 충분한 해독 조치를 취했다. 근위대는 의지할 수 없었고 따라서 네로는 로마 해군으로 눈길을 돌려 자기편을 찾았다. 나폴리 만의 어느 봄날 밤에 음모가 시작되었다. 우선 네로는 과거의 의견 차이를 해소하고 어머니의 기분을 누그러뜨리고자 그녀를 나폴리 만의 별장에서 열리는 연회에 초대했다. 그 다음 그는 갑판 위의 설치된 캐노피가 무너지도록 특별하게 설계된 배에 어머니를 태워 그녀를 익사시킬 계획을 세웠다. 전하는 이야기에 따르면 그렇다.[30] 이보다는 전함이 그녀의 배를 고의적으로 들이받았을 가능성이 더 크다. 어쨌거나 아그리피나는 바다에 빠졌고 부상을 당했지만 생존하여 뭍으로 끌어올려졌다.

아그리피나의 복수에 겁이 난 네로는 부루스에게 도움의 손길을 요청했지만 그는 거절했다. 근위대는 게르마니쿠스의 딸을 해치려고 하지 않을 것이라고 그는 말했다. 그래서 네로는 해군으로 돌아가 아그리피나를 뒤쫓도록 해병 분견대를 파견했다. 네로는 아그리피나가 자신을 죽이려고 한 계획이 발각되었다고 주장했다.

병사들이 아그리피나에게 당도했고, 병사들이 네로의 명으로 그녀를 처형하러 왔다고 말했지만 그녀는 믿으려고 하지 않았다. 자기 아들이 그럴 리가 없다고 그녀는 고집을 피웠다. 그러자 병사들이 그녀를 쳤고 비로소 그녀는 진실을 깨달았다. 이야기에 따르면, 그녀는 자기 배를 드러내고 네로를 품었던 자궁을 가리키며 병사들에게 그곳을 치라고 했다.[31] 만약 아그리피나가 실제로 그렇게 말했다고 해도, 그녀가 네로를 그런 악마로 만든 어머니로서의 과오를 인정했을 법하지는 않다.

네로의 해방민이자 인근 대형 해군 기지의 대장이 아그리피나를 죽였다. 네로는 그 뒤에 자신이 제국의 통치권을 얻은 날은 바로 그날이라고 말했지만,[32] 나중에는 어머니를 죽였다고 그자를 미워했는데 역사가 타키투스가 말한 대로 "우리는 악행의 공범을 일종의 책망의 눈길로 바라보기 때문이다."[33] 그자를 제거하고 싶었던 네로는 다른 사안과 관련하여 거짓 증언을 하는 데에 그를 이용한 다음, 편안한 유배지로 보내버렸다.

후년에 그리스 비극을 연기할 때에 네로는 자신의 연기 레퍼토리에 어머니와 동침한 남자와 자기 어머니를 죽인 남자를 포함시켰다. 이런 선택은 문헌들이 주장하는 대로 그가 자신의 범죄에 가책을 느꼈음을 암시하는 것일 수도 있다.[34] 그렇더라도 그는 당시에는 가책의 기미를 내비치지 않았다. 네로는 자기를 죽이려고 한 아그리피나의 음모를 좌절시켰다고 대중에 알렸다. 심지어 세네카는 진실을 덮기 위해서 꾸민 이야기를 보증하는 서한을 원로원 앞으로 썼다. 실제로는 어떻게 생각했든지 간에 대다수의 사람들은 네로의 변명을 받아들였다. 며칠간 그의 안전에 감사드리는 감사일이 선포되었고, 나폴리 만에서 로마로의 무사 귀환을 감사드리는 제물이 바쳐졌다.

예술가

다른 사람들은 황제들이었고, 네로는 스타였다. 유명인사로서 그는 모든 규칙을 깨뜨렸고, 그리고 그것이 그를 불후의 존재로 만들었다.

네로는 정무에 진지하게 임했지만 자신을 무엇보다도 예술가라고 생각했다. 가창이 특기였지만 그의 관심사는 폭넓었다. 네로는 로마 화폐 역사를 통틀어 아마도 가장 정교할 주화를 발행했다. 그는 아름다운 건축물을 후원했다. 공로를 인정받을 자격이 있든지 없든지 간에 라틴어 문학이 그의 치세기에 융성했다. 세네카는 비극 작품과 더불어 철학적 대화와 서한을 썼다. 세네카의 조카인 루카누스는 그나이우스 폼페이우스와 율리우스 카이사르의 내전에 관한 서사시인 「파르살리아(Pharsalia)」를 지었다. 작가 페트로니우스는 로마 엘리트 계층의 데카당스에 관한 음침한 유머가 담긴 소설 「사티리콘(Satyricon)」을 썼다.

아우구스투스는 황제의 많은 과제들 중의 하나가 대중에게 오락을 제공하는 것이라고 이해했지만 네로에게는 그것이 최고의 과제였다. 만약 그가 오늘날 살아 있다면 그는 홍보의 귀재로, 커뮤니케이션의 거인으로 여겨질 것이다.

경기를 주최하는 것은 네로 황제에게 중대한 업무였다. 그것은 네로의 개인적 관심사와도 통했지만 그의 정치적 우선 사항을 반영하는 것이기도 했다. 모든 황제들은 자신들의 임무의 일부가 로마 민중에게 봉사하는 것임을 알고 있었다. 네로는 거창한 방식으로 오락을 제공함으로써 민중에게 봉사했지만 그는 오락이 교육적이라는 것도 고려했다. 그는 보통 사람들이 이해할 수 있는 노래와 연기, 육상 경기 같은 그리스 문화의 요소를 도입함으로써 로마 사회의 격을 한층 높이고 있었다.

게다가 네로의 자선은 게임과 쇼에 국한되지 않았다. 그는 곡물을 배급하는 데에 커다란 노력을 기울였고 대중에게 다양한 현금 선물을 하사했다. 그래도 게임은 로마 민중에게 다가가는 효율적인 방법이었다. 경마에 쓰이던 원형 경기장 키르쿠스 막시무스와 로마의 대형 극장 세 곳은 총 20만 명 이상을, 즉 도시 총인구의 4분의 1을 수용했다.

게임과 시합, 쇼는 나름대로의 규칙과 의례를 갖춘 특별한 행사였다. 관객은 신분에 따라 정해진 구역에 앉았고, 원로원과 기사계급이 앞좌석을 차지했다. 이런 행사들은 로마 시민들이 자신들의 의견을 황제에게 자유롭게 표현할 수 있는 유일한 순간이자 장소였다.

로마 엘리트는 게임을 사랑하며 증오했다. 그들은 게임이 부도덕하고 선동적이라고 생각했지만, 한편으로 그 매력을 거부할 수 없었다. 온갖 제재에도 불구하고 원로원 의원들과 기사들은 대중 앞에서 공연을 하기 시작했다. 네로는 그렇게 한, 첫 번째 황제였고 전차 경주에 대한 그의 애호는 로마 귀족치고는 정말로 유별났다. 어떤 귀족들은 그의 행동을 혐오했고 어떤 귀족들은 괜찮다고 생각했지만, 평민들은 공연을 직접 하는 황제에게 진심으로 환호하고 박수를 보냈다. 상황을 운에 맡기지 않는 네로는 수천 명의 젊은이들로 이루어진 지지자들을 조직하여 박수를 주도하게 했다.

숫자와 참신성, 작품의 완성도 차원에서, 네로의 게임과 쇼는 로마가 그때까지 보아온 어느 것도 능가했다. 관객이 소비하는 다과에는 보조금이 제공되었고, 관객들은 선물을 받았다—네로는 보석과 말, 노예, 집을 비롯하여 흔히 어마어마한 선물을 안겼으니, 최소한 어느 현대 텔레비전 게임 쇼 진행자에게도 뒤지지 않았다. 황제의 주요 혁신은 그리스 경기를 로마에 도입한 것이었다. 전차 경주, 검투사 대결, 권투 시합이 로마 경기에서 흔한 메뉴였지만 네로는 그 이상을 원했다. 많은 엘리트 로마인들처럼 그는 그리스 문화 교육을 받았지만 그리스적인 것 일체를 숭상한 정도가 남달랐다. 그는 그리스 경기에는 권투와 경마 외에도 달리기, 레슬링, 멀리뛰기, 원반던지기와 창던지기가 포함됨을 알고 있었다. 많은 시합들이 나체로 수행되었다. 여기에 음악 경연도 포함되어 있었다. 네로의 새로운 경기는 음악과 육상과 승마 행사를 결합했고, 5년마다 열렸다. 그것들은—설마 다른 이름으로 불리랴?—네로니아(Neronia : '네로 제전'이라는 뜻/옮긴이)라고 불렸다.

네로는 전차를 모는 것 말고도 스스로 리라 반주를 하며 노래 부르기를 좋아했다. 그는 레슬링을 연습했고, 결국에는 시합에 나갈 계획이었을지도 모른다. 네로가 훌륭한 가수였을까? 그는 창작 재능이 없지 않았다. 지운 흔적을 포함한 그의 자필 시 원고들이 그의 사후에도 수십 년 넘게 남아 있었고,[35] 후대의 한 관찰자는 그 시들이 훌륭하다고 평가했다. 가창으로 말하면, 문헌들은 의견이 엇갈리지만[36] 그리 대단하지 않던 그의 재능이 연습으로 향상되었다고 말하는 편이 안전할 것이다. 전차 경주자로서 그는 투지만만하고 대담했다. 가창과 리라 연주에 더불어 네로는 비극 공연에 출연하는 것도 즐겨서 헤라클레스와 오이디푸스부터 출산을 하는 여성에 이르기까지 다양한 역할을 연기했다. 후자의 역할에는 죽은 아내의 얼굴과 닮은 가면을 썼다. 만년에 그는 로마인들이 무언극이라고 부르는 1인 발레도 시도했다.

네로는 12월에 열리는 로마의 겨울 축제인 사투르날리아의 연례 축하 행사 동안 대중을 위해서 주최한, 세심하게 기획된 연회들로도 유명했다. 축제 행사들에는 로마의 인공 호수 위의 선상에서 열리는 가장(假裝) 연회와 남녀 귀족들이 다수 참여하는 황제의 공연들, 풍성한 장미, 그리고 매춘부들이 있었다.

아그리피나가 죽기 전에 네로는 비공개로만 노래를 부르고 시합에 참여했다. 59년 그녀가 죽은 직후에는 엄밀하게는 초대 손님만 입장 가능한 행사의 관객들 앞에서 공연을 하고 시합에 나갔다. 마침내 64년 그는 처음에는 나폴리에서 그 다음에는 로마에서 대중 앞에서 공연을 선보였다.

66년 네로는 그리스에 있는 속주 아카이아로 갔다. 그의 목적은 악티움부터 올림피아까지 다섯 가지 대제전에서 겨루는 것이었다. 보통 이 제전들은 서로 다른 해에 열렸지만 네로는 그의 방문을 맞아 한꺼번에 개최하도록 명했다. 예정에 없던 경기가 열리기는 800년의 올림픽 경기 역사상 처음 있는 일이었다. 네로는 네 가지 유형의 시합에 참가했다. 그는 자신의 리라 반주에 맞춰 노래를 불렀다. 비극에서 연기를 했다. 전차 경주에 나갔다. 그리고 사자(使者)들의 시합에 참가했다. 아무도 놀랍지 않게도 참가한 모든 시합마다 그가 우승자로 선정되었다. 여기에는 10마리 말을 모는 전차 경주도 있었다. 네로가 전차에서 떨어져서 하마터면 깔릴 뻔한, 힘들고 위험한 시합이었지만 그런 사고에도 불구하고 그는 시합에 복귀하여 우승했다.

군대를 이끌고 속주를 순방했던 아우구스투스와 달리 네로는 이탈리아 너머로는 단 한 차례의 이 여행이 전부였다. 아카이아 방문은 드문 일이었던 만큼 자기 멋대로 이루어졌다. 자신을 공연자로 생각하고 싶어하는 사람으로서 네로는 자연히 무대에 초점을 맞추었다. 그리고 그의 가장 큰 무대는 로마였다. 그래서 캘리포니아를 결코 떠나지 않는 구식 할리우드 거물처럼, 네로는 집 가까이에 있기로 했다. 아카이아를 제외한 속주들은 고통을 받았다. 그는 속주들을 정부가 돈이 필요할 때면 찾는 은행처럼 취급했고, 속주들은 결국 반란을 일으켰다.

66년 네로가 아카이아에 머물고 있을 때, 유다이아에서 대규모 반란이 터져나왔다. 소식을 접하자 네로는 그가 여전히 신뢰하고 있던 몇 안 되는 장군 중의 한 명을 파견해서 반란을 진압하게 했다. 그것은 현명한 선택이었지만, 애초에 네로는 더 나은 총독을 임명해서 반란을 피할 수도 있었을 것이다. 유다이아와 여타 속주들에서 그는 총독으로 자격이 없는 자들을 너무 많이 임명했다. 무능한 총독들은 유다이아와 더 앞서는 브리타니아에서 반란을 촉발했다. 다행스럽게도 네로의 장군들이 브리타니아 반란을 진압했다. 장군들은 그 다음 동방으로 눈길을 돌려서 예전에 로마의 후견 국가였던 아르메니아를 두고 파르티아와 강화 협상을 이끌어냈고 네로는 현명하게 그 강화를 승리라고 불렀다.

그러나 네로는 이탈리아로 돌아오자마자 점점 쌓여가는 문제들과 직면했다. 그는 공연자로서는 너무 많은 시간을, 통치자로서는 도통 시간을 보내지 않았다. 원로원은 음모를 꾸몄다. 네로에 반발하는 대규모 반란이 서방에서 터져나왔고 그는 자신의 발성 코치와 의논하는 것으로 대응했다. 지배력을 회복하려는 그의 노력은 미미하고 쓸모없었다. 네로는 로마가 불타는 동안 바이올린이나 켜고 있지 않았지만, 통치했어야 할 때에는 확실히 놀기만 했다.

폭군

세네카와 부루스는, 네로가 원로원에 존중을 표하고 공화정의 옛 헌정 형태들에 말뿐이라도 호의를 베푸는 키빌리스 프린켑스(Civilis Princeps)[37]—정중한 또는 예의바른 군주—로서 제국을 다스리기를 원했다. 두 사람 모두 공화주의자였다는 소리는 아니다. 예를 들면, 세네카는 오직 통치자의 여신만이 자유를 보호하며, 원로원은 더 이상 그럴 능력이 없다고 썼다.[38] 그러나 아그리피나의 죽음 이후 네로의 선량함은 더 이상 보이지 않았다. 세네카와 부루스는 갈수록 영향력을 잃었다. 62년 부루스가 아마도 자연적인 원인으로 세상을 떠났다. 세네카는 은퇴했다.

그해는 치세의 전환점이었다. 새 근위대장이 임명되었고, 그는 네로가 품고 있던 최악의 충동들을 부추겼는데, 아무래도 포파이아의 지지를 받은 것 같다. 곧 네로는 어느 저명인사를 고작 카이사르의 살인자 중의 한 명을 가문의 족보에서 인정했다는 이유로 유배를 보내는 지경에 이르렀다. 네로는 자신에 관해서 비판적인 말을 하거나 글을 쓴 사람들은 그보다 더 용납하지 않으려고 했다. 그는 적용하지 않기로 약속했던 반역죄목을 다시 끄집어냈다. 62년에 그는 처음으로 원로원의 정적들을 처형했다. 근위대장이 네로를 설득하여 귀족 혈통의 두 사람을 처형하라는 명령을 내리게 했을 때, 황제는 그들의 머리가 차례로 대령되자 농담을 했다고 한다. 네로는 첫 번째 사람의 잘린 머리를 보고 머리카락이 일찍 세어버렸다고 말했다. 그 다음 사람을 보고는 "네로야, 이렇게 코가 큰 사람을 두려워했단 말이냐!"[39]라고 말했다.

같은 해에 네로는 드디어 클라우디우스의 딸과 이혼했다. 그는 그렇게 고명한 인물을 감히 공격하기 전에 저명한 정적들을 제거할 때를 기다리고 있었던 것이다. 그는 전부인에게 간통죄를 뒤집어씌워 이탈리아

남부 해안의 황량한 섬으로 유배를 보내버렸고, 결국에는 처형시켰다. 그녀의 혼삿날은 곧 그녀의 제삿날이었다고 역사가 타키투스는 나중에 논평했다.[40]

얼마 지나지 않아서 황제는 마침내 포파이아와 결혼했다. 그는 포파이아가 낳은 딸이 일찍 죽었을 때에는 침착함을 유지했지만, 65년에 마침내 포파이아한테 발끈하고 말았다. 전하는 이야기에 따르면, 그녀는 다시 임신 중이었는데도 그가 그녀를 걷어찼다고 한다.[41] 포파이아는 죽었다. 그녀는 미모를 잃기 전에 젊어서 죽고 싶다고 기도했다고 하는데,[42] 그렇다면 소원을 성취한 셈이다.

아무리 네로라고 해도 자신의 비행에 그렇게 끔찍한 결과를 원했으리라고는 믿기 힘들다. 그러나 늘 그렇듯이 그는 쇼를 올렸다. 그는 포파이아에게 국장을 치러주고, 장례식에서 막대한 양의 아라비아 향을 태웠다.[43] 그녀의 시신은 향료를 채우고 방부처리를 하여[44] 아우구스투스 영묘에 안치되었다. 그녀는 신격화되었고, 그녀를 위한 사당이 세워졌다. 이 모든 것은 로마의 국가 재정에 적지 않은 부담이 되었다. 포파이아가 죽은 지 1년이 지나기 전에 네로는 로마 귀족 여성과 결혼했는데, 먼저 그녀의 남편이 집정관으로 재직하는 동안 음모를 꾀했다는 날조된 죄목을 씌워 자살하도록 강요한 다음이었다.

네로가 갈수록 포악해지고 무자비해지면서 그의 폭군과 같은 행위에 맞선 반란이 늘어갔다. 로마 화재 1년 뒤인 65년에 네로는 자신을 폐위하고 다른 사람으로 교체하려는, 한 저명한 원로원 의원이 주도한 대형 음모를 적발했다. 19명의 의원들을 비롯하여 최소한 41명이 음모에 가담했다고 알려졌다. 군주정의 폐지를 원하는 원로원 의원은 거의 없었다. 그들은 군주정을 유순하게 길들이기를 원했을 뿐이다. 공화정으로의 복귀를 꿈꾼 사람은 많지 않았다. 그들은 법치와 언론의 자유, 원로원에 더 많은 권력과 위엄을, 정무관들에게 더 많은 행동의 자유를 원했고, 이 모두가 계몽 군주의 치하에서 이루어지기를 바랐다.

원로원은 처음에 기꺼이 네로와 협력했지만, 결국에는 그와 협조하는 일이 불가능하다는 것이 분명해졌다. 티베리우스 치하에서처럼 어느 의원이나 아니면 어느 로마인 개인이 평화와 안전에 대한 대가로 자신의 독립성을 포기하는 것은 그렇다고 치자. 하지만 수치스러운 짓을 위해서 자신의 명예와 존엄을 포기하는 것은 완전히 다른 문제였다. 모의 가담자들 가운데 한 명이었던 한 근위대 장교는 네로를 두고 다음과 같이 말했을 때, 많은 이들을 대변했을 것이다. "당신이 사랑받을 자격이 있었을 때는 어느 병사도 나보다 더 충성스럽지 않았다. 하지만 당신이 어머니와 아내의 살인자, 전차 경주자, 배우, 방화범이 되자 나는 당신을 미워하기 시작했다."45

공모자들에 대한 네로의 반격에서 가장 유명한 희생자는 과거 그의 스승이었던 세네카였다. 아마도 그는 죄가 없었던 듯하지만, 세네카는 자결하라는 명령을 받았다. 그는 로마인들이 자살할 때에 흔히 골랐던 방식대로 손목을 그었지만, 출혈이 너무 느려서 고통을 겪었다. 친구들을 오랫동안 접견한 후에 마침내 세네카는 열탕의 뜨거운 김에 스스로 질식해 죽었다. 아그리피나처럼 그는 자신이 만들어낸 괴물의 제물이었다.

로마인들은 자살에 관해서 엇갈린 감정을 가지고 있었다. 그들은 자살이, 불명예에 대한 반응이거나 자기희생인 경우처럼 신중히 생각해서 결정된 행위일 때에는 좋게 받아들였다. 반면 자살이 충동적인 행위일 때에는 철저한 반감을 표시했다. 로마인들은 실행 방식에 따라서도 자살을 평가했다. 그들은 예를 들면 목을 매거나 높은 곳에서 뛰어내리는 자살 방식은 비겁하다고 비난한 반면에 무기를 가지고 자기 목숨을 끊는 사람은 칭송했다. 그러므로 대다수의 사람들은 세네카를 칭송했다.

세네카는 모의자들과 공통점이 하나 있었다. 모의자들 거의 모두와 마찬가지로 그는 스토아 철학의 신봉자였다. 수세기가 된 그리스 철학의 한 학파인 스토아주의는 로마 엘리트 계층에게 사랑받는 철학이 되었다. 그것은 실용주의적이고 공공심이 넘치는 한편, 전통적인 로마적 가치와도 부합했다. 스토아주의자들은 정의, 용기, 절제, 그리고 실제적인 지혜, 이 네 가지 핵심 미덕을 강조했다. 그들은 금욕과 자제를 가르쳤다. 로마인들은 전통적으로 진지함, 단순성, 엄격함을 자부했고, 공무와 세속적 지혜를 소중히 여겼으며, 또한 명예를 높이 사고 용기를 추구했기 때문에 스토아주의와 잘 통한다는 것을 깨달았다.

비록 일부 스토아주의자들은 옛 공화정으로의 복귀를 원했지만 대다수는 군주정을 받아들였다. 그러나 그들은 통치자가 절제하고, 현명하고, 법을 준수하고, 온화해야 한다고 주장했다. 그들은 전제정을 질색했다. 자연히 그들은 네로와 충돌했다.

당대에 가장 영향력 있는 로마인 스토아주의자 무소니우스 루푸스는 65년에 유배 이상의 나쁜 일은 가까스로 피할 수 있었던 반면, 다른 이들은 목숨을 잃었다. 그러나 이번 유배는 네로 치하에서 무소니우스의 두 번째 유배였고, 그는 나중에 또다른 황제 치하에서 세 번째로 유배당한 뒤에야 가까스로 로마로 귀환하게 되었다. 비록 그는 우리가 아는 아무런 글도 남기지 않았지만 그의 강의는 유명했고, 다른 사람들에 의해서 기록되어 종종 인용되었다. 그의 재치와 지혜는 "로마의 소크라테스"라는 칭호를 안겨주었다. 예를 들면, 그는 갈채는 철학자가 아니라 플루트 연주자를 위한 것이라고 말하고는 했다. 또한 가장 찬탄할 만한 철학자는, 그의 강연이 말이 아니라 침묵을 이끌어내는 철학자라고 말했다.[46] 무소니우스는 거대한 그림자를 드리웠고, 여러 세대에 걸쳐 제국의 가장 저명한 정치가와 철학자, 군 지휘관들에게 영향력을 끼쳤다.

네로의 피바람은 아직 끝나지 않았다. 67년에 그는 휘하 최고의 장군 그나이우스 도미티우스 코르불로의 죽음을 명했다. 그는 재능이 넘치고 인기가 있었고 따라서 네로는 그를 불신했다. 게다가 코르불로의 사위는 네로에 맞선 음모에 가담했다. 그래서 황제의 명에 따라 코르불로는 칼 위로 몸을 던졌다. 그의 마지막 말은 그리스어 "악시오스(Axios)!"였다. "넌 받을 만하다!"[47]라는 뜻의 이 말은 육상 경기에서 우승자에게 환호할 때에 하는 표현이다. 지독한 아이러니 같았던 그 말을, 혹자들은 코르불로 가 네로를 죽일 기회가 있었을 때에 죽이지 않은 자신이 바보였다는 뜻으로 한 것이라고 생각했다.

코르불로가 죽은 뒤에 더 안전해졌다고 느꼈다면 네로는 잘못 짚었다. 코르불로의 살해는 다른 지휘관들에게 다음은 자기들의 차례가 될지도 모른다는 메시지를 보냈다. 네로는 또한 게르마니아 변경에서 유능하게 군 대를 통솔하고 있던 두 형제도 처형했다. 조만간 네로의 장군들 중의 한 명이 선수를 치기로 결심하게 된다.

박해자

대화재 이후로 네로는 자기 정원에서 개인적인 쇼를 올렸다. 화재를 일으 켰다는 비난의 방향을 돌리고자 그는 인기가 없고 비교적 새로운 종파에 혐의를 물었다. 바로 기독교도들이었다.[48]

기독교는 이제 대략 서른다섯 살이 되었다. 그것은 나사렛의 예수의 삶 과 죽음과 더불어 유다이아와 갈릴리에서 시작되었다. 갈릴리에서 예수의 포교는 선함과 겸손, 자비, 기도의 가치에 대한 역설을 통해서 다수의 추 종자들을 끌어모았다. 그는 많은 사람들이 기원했던 신의 왕국이 이미 도 래하기 시작했다는 관념으로 추종자들을 열광시켰다. 마침내 예수는 수도인 예루살렘으로 갔고 거기서 그를 따르는 열광적인 군중은 유대인 당국과 로마 당국 양쪽에 놀라움과 우려를 자아냈다. 그는 티베리우스 재위기인 30년 무렵에 십자가에 매달려 처형되었다.

죽은 자들 중에서 예수가 부활했다는 확신에 기운을 얻은 그의 신자들은 처음에는 팔레스타인에, 그 다음에는 지중해 세계 곳곳에 새로운 신앙을 전파했다. 초기 교회들은 신앙과 자비의 공동체, 종종 적대적인 세상 속의 안식처였다. 선교 사업의 결과로 작은 기독교 공동체가 로마 시 안에 발달했다.

당국은 기독교도들을 조롱하고 어쩌면 두려워했다. 로마인들은 혁신을 불신했고 당국은 자신들이 알 수 없거나 통제할 수 없는 목적을 위해서 한자리에 모이는 사람들을 의심했다. 몇 세대 뒤에 활동한 엘리트 계층 작가들은 초기 기독교도들을 가리켜 "새롭고 해로운 미신을 믿는 부류",[49] "수치스러운 행위들로 미움 받는 부류"[50]라고 일컬었다. 어쩌면 로마 대화재가 시작된 곳 근처에 기독교 공동체가 있었을지도 모른다. 화재 후에 몇몇 기독교도들은 로마가 자기 죄로 벌을 받은 것이라고 공공연하게 말했을 수도 있다. 그러므로 기독교도들은, 그들은 분명히 잘못이 없는 범죄에 좋은 희생양이었다.

타키투스에 따르면 네로는 불을 낸 죄—그들이 자백했다는 범죄—가 있는 자들뿐만이 아니라 "인류에 대한 증오"[51]의 죄가 있는 자들도 처벌했다. 변함없이 흥행주인 네로는 기독교도 처형을 섬뜩한 쇼로 탈바꿈시켰다. 무대는 테베레 강 건너편 바티칸 영토에 있는, 그의 사유지였던 것 같은데, 여기에는 키르쿠스도 있었다. 로마인들은 신화의 장면들을 재연하기를 좋아했다. 수사슴으로 변신을 당한 사냥꾼이 날뛰는 자기 사냥개들에게 물려서 죽임을 당하는 신화를 무대에서 연출하는 과정에 일부 기독교도 희생자들이 동원되어, 동물 가죽을 뒤집어쓴 채 개에게 물어뜯긴

것은 그런 이유에서일 것이다. 다른 희생자들은 십자가형을 당하거나 인간 횃불처럼 밤에 화형을 당했다. 네로는 전차 경주자처럼 차려입고 참석했다. 그는 전차에서 내려 객석으로 가서 관객과 어울렸다. 타키투스는 그의 참석이 희생자들에 대한 동정만을 낳았을 뿐이라고 비웃는다.[52] 기독교 전승에 따르면 사도들, 즉 기독교 교회의 초기 포교자들 중 두 사람인 성 베드로와 성 바울이 대화재에 따른 박해의 제물이 되었다. 하지만 이것은 입증할 수 없는 이야기이다.

네로는 기독교도들을 왜 박해했을까? 쉽게 찾을 수 있고 인기가 없는 그들은 편리한 표적이었다. 하지만 어쩌면 다른 차원에서 네로는 그들을 더 깊은 위협으로 인식했을 수도 있다. 네로처럼 그들은 로마 문화의 위기에 대한 강력한 하나의 반응을 대변했다. 네로의 시대에 이르자, 군주정은 로마 남성성의 예리함을 무디게 하고 있었다. 공화정에서 자유와 군사주의는 로마 문화에서 중요한 비중을 차지했지만, 자유선거와 자유분방한 정복자 모두는 이제 과거의 유물이었다. 이전에 포룸이나 전쟁터에서 찾았던 배출구가 거의 사라진 로마인들은 내면으로 눈을 돌리기 시작했다. 세네카의 글들은 이런 발전상을 유려하게 증언한다. 네로의 로마는 그자신이 누구보다 잘 알고 있듯이 부유했다. 그러나 풍요의 표면 아래에는 공허함이 있었다. 세네카와 스토아주의자들은 내적 평화를 해법으로 이해했다.

네로는 물론 다른 해법을 제시했다. 그는 갈수록 더 많고, 더 스펙터클하고, 더 충격적이고, 더 터무니없는 오락을 내놓았다. 그러나 음식이나 술, 섹스 어느 것도 종교처럼 영혼의 필요에 호소할 수는 없었다. 어쩌면 네로는 기독교도들에게서 그가 물리칠 수 없는 도전을 보았고, 그래서 그들을 몰살하려고 했을지도 모른다.

콘크리트

친숙한 단어들이 네로를 요약한다. **예술, 사치, 무책임함** 그리고 **폭정**, 그러나 그보다 덜 극적이지만 똑같이 네로를 드러내주는 단어를 추가해야 한다. **콘크리트**이다. 그것은 네로가 남긴 핵심 유산이었다.

로마 시대의 콘크리트는 화산재와 고급 석회, 주먹 크기의 다양한 잡석(돌이나 부서진 벽돌)의 혼합물이었다. 그것은 다목적이고, 유연하며 값이 저렴했다. 구멍이 숭숭한 그 활기 없는 외양에도 불구하고[53] 콘크리트는 건축학적 혁명에서 마법의 수단이었다. 콘크리트는 그리스에서 영향을 받은 건축의 상인방과 지주에서 벗어나 로마가 독자적인 건물을 창조할 수 있게 했다. 콘크리트는 로마 제국 건축의 상징이 된 볼트(아치형 천장)와 돔(반구형 지붕)을 가능하게 했다. 대리석 원기둥이 그리스에게 의미한 것이 곧 로마에는 콘크리트 돔이 의미한 것이었다.

그리고 그 의미란 로마에만 해당되지 않았다. 웅장한 돔은 이후로 권력과 영광의 상징이 되었고, 주기적인 변경과 개량을 거치면서도 세속적 배경과 종교적 배경 양쪽에서 지금까지 줄곧 그런 의미로 남아 있다. 돔은 로마인들로부터 비잔틴 사람들에게 넘어갔고, 그들은 그들대로 돔을 서구 기독교권과 미국 국회의사당 같은 세속적 배경으로 전달했다. 비잔틴 돔은 페르시아 돔과 더불어 이슬람 건축에도 영향을 주었다. 이 모든 것은 네로로 거슬러간다.

네로가 콘크리트를 가장 능수능란하게 이용한 사례는 작고 정교한 어느 방에서 찾을 수 있다. 오늘날 그것은 로마의 어느 언덕 아래에 묻혀 있지만, 원래는 건축학적 위업의 기념비로서 언덕에 서 있었다. 콘크리트 방은 육각형이며 채광을 위한 "과녁" 모양의 창이 돔 천장 꼭대기에 뚫려 있었다. 주변의 방들과 더불어 이 방은 건축학적 혁명을 대표한다. 그것은 대화재 이후 네로의 새로운 건축 프로그램의 꽃이었다. 네로는 이 프로그램에서 거리를 넓히고, 건물의 벽을 공유하는 것을 금지하고, 수도교의 수위를 감시하는 등 일련의 조치들을 선보였다.

우선 네로는 궁전을 신축하기 위해서 로마 중심부의 노른자위 땅 100만 제곱미터를 싹 밀어버렸다. 신궁전은 황금 저택(도무스 아우레애[Domus Aurea])이라고 불렸으나 실제로는 복합 단지였다(이하에서는 황금 궁전으로 표기/옮긴이). 최고의 건축가와 기술자들과 작업한 네로는 우아하고, 호화롭고, 급진적이고, 대단히 영향력 있는 특별한 것을 창조했다. 더 일상적인 차원에서 보면, 그가 애호한 콘크리트 천장들은 목재 지붕보다 더 불연성이었다.

황금 궁전은 현재 콜로세움이 서 있는(후대에 지어졌다) 골짜기를 내려다보는 언덕들의 오르막을 따라 건설되었다. 핵심 요소들로는 골짜기의 인공호수, 콜로세움 서쪽의 언덕 위에 36미터 높이의 네로 청동상을 수용할 만큼 높은 현관, 남동쪽 언덕 위의 멋진 분수 저택이 있었고, 궁전과 아마도 북동쪽 언덕에는 더 많은 공중 욕장도 있었을 것이다. 궁전은 정교한 벽화와 모자이크로 장식된 혁신적 건축을 제시했다. 골짜기와 언덕들이 내려다보이는 전망은 어느 무대의 배경 못지않게 인상적이었다. 돔 지붕을 씌운 육각형 방은 원래 이곳에 있었다.

황금 궁전을 지었을 때, 네로는 이제야 마침내 인간답게 살 수 있다고 선언했다.[54] 그는 도시 주민들을 이따금 호수 위에서 펼쳐지는 행사에 초청하거나 공원을 한가로이 산책하도록 초대하여, 분명 그 새로운 생활양식을 시민들과 공유할 계획이었다. 어쩌면 그 궁전에 대한 언급으로서, 타키투스는 네로가 도시 전체를 마치 자신의 집인 것처럼 취급했다고 말했다.[55]

죽음

판타지와 데카당스는 네로의 말년을 특징지었다. 비록 많은 사람들이 그를 수치라고 치부했지만, 상처 입은 로마의 명예가 네로를 끌어내리지는 않았다. 네로 때문에 재산과 목숨이 위험에 처했을 때에야 사람들은 행동에 나섰다. 네로의 건설 프로젝트, 사치스러운 게임들, 로마 민중과 병사들에게 아낌없이 내리는 선물은 비용이 많이 들었고, 대화재 이후 재건축 비용과 아르메니아, 브리타니아, 유다이아에서의 전쟁 비용도 마찬가지였다. 로마 주화의 은 함량은 대략 10퍼센트 감소했지만, 그것으로는 충분하지 않았다. 누군가가 대가를 지불해야 했다. 그래도 로마의 평민들은 대화재 이후에도 대체로 네로를 사랑했다. 그러나 많은 시간을 예술적 순방에 할애한 1년 반 동안의 아카이아 여행은 무모할 정도의 대담함과 무능의 행위였고, 특히 영향력 있는 엘리트 계층 사이에서 불만이 들끓었다. 한편, 황제는 반대자들을 넌더리가 나게 할 특별한 일을 할 기회를 엿보고 있었다. 포파이아를 여전히 애도하던 중에 그는 그녀를 닮은 해방민 젊은이를 발견했다. 그는 그 젊은이에게 그녀처럼 옷을 입혔다. 그 다음 그를 거세시키고는 마침내 그리스 순방 동안에 그와 결혼했다. 앞서서 로마에서 축제의 일환으로 네로는 또다른 해방민과 결혼한 적이 있었다. 요즘 식으로 말하면 네로는 일차적으로는 이성애자였고, 이 두 차례 결혼 내내 그는 세 번째 부인과 줄곧 혼인한 상태였다. 젊은이들과의 결혼은, 그 둘 다 아니면 그중 하나는 아마도 패러디였겠지만 그럼에도 불구하게 공중을 충격에 빠뜨렸다.

말년에 네로는 로마 시의 이름으로 네로의 신성에 바치는 신전을 건축하자는 제의를 거절했는데, 황제가 아직 살아 있는 동안에 신으로 섬기는 것은 모양새가 좋지 않을뿐더러 운수에도 좋지 않기 때문이었다.

하지만 그는 4월의 이름을 기꺼이 네로네우스로 바꾸었고, 로마를 네로폴리스, 즉 그리스어로 네로의 도시라는 뜻의 이름으로 바꿀 계획이었으니, 로마의 전통주의자들에게는 삼중의 모욕이었다. 네로폴리스는 로마인들이 기원전 753년 도시를 창건했다고 믿는 전설적 인물 로물루스의 이름을 딴 도시를 가져다가 이질적이고 오만하고, 혁명적인 무엇인가로 대체하는 셈이었다.

이쯤에 이르러 그다지 신은 아닌 네로는 신체적으로 악화되었다. 목이 굵고 배가 튀어나왔으며 다리는 가늘었는데, 신체 변화가 초래하는 나쁜 인상은 그의 평균 신장으로 두드러졌다. 더 이상 젊은 왕자 네로가 아니었다.

치세 말에 이르자 네로는 로마 기득권층의 지지를 상실했다. 속주 한 군데, 즉 유다이아는 반란 상태였다. 다른 속주들은 네로의 막대한 지출에 돈을 대야 하는 데에 화가 났다. 장군들은 성공에 처형으로 보답하는 황제를 더 이상 신뢰하지 않았다. 장군들이 두려워하면, 병사들이 진군하는 법이다. 68년 봄 나쁜 소식이 서부에서 찾아왔다. 갈리아 루그두넨시스(프랑스 중부와 서부)의 총독으로 로마를 위해서 일하던 한 갈리아 귀족이 이끄는 갈리아 부족들의 반란이 일어났다. 비록 게르마니아의 충성스러운 부대들이 반란을 진압했지만, 또다른 분쟁에 대한 소식이 곧 뒤따랐다. 히스파니아 타라코넨시스(대략 지중해 방면 에스파냐)의 총독이 휘하 병사들에 의해서 황제로 추대된 것이었다. 그는 알아서 결정하도록 그 문제를 신중하게 원로원의 손에 맡겼다. 문제의 장군은 세르비우스 술피키우스 갈바, 부유하고 걸출한 로마 귀족이었다. 갈바는 심각한 반란을 야기할 만한 인맥과 명성, 병력이 있었다. 무엇보다도 그는 초창기에 리비아가 총애하던 궁정인 중의 한 명이었다.

네로는 환상의 세계로 도피했던 것 같다. 그는 갈리아로 가서 병사들에게 노래를 불러줌으로써, 그 속주를 되찾을 생각에 관해서 이야기했다. 그 다음에는 알렉산드리아로 옮겨가서 직업 가수가 될까 한다는 이야기를 내비쳤다. 6월 8일 원로원은 그를 공공의 적으로 선언했다. 근위대는 그를 버렸다.

네로는 로마에서 도망쳤다. 다음 날인 6월 9일에 가장 끈질긴 충성파를 제외한 모두에게서 버림받은 네로는 도시 바로 바깥에서 자살했다. 그가 스스로 목숨을 끊으려고 준비하는 사이, 한때 로마 재건축을 감독했던 사람이 몇몇 동행들에게 화장용 장작을 준비하고 네로의 재를 묻을 구덩이를 파라고 지시했다. 마지막에 네로는 "내 안의 얼마나 대단한 예술가가 세상을 떠나는가!"[56]라고 말했다고 한다. 만약 그가 실제로 그 말을 내뱉었다면, 언뜻 우리가 생각하는 것과는 다른 뜻일 수도 있다. **예술가**(artist)를 가리키는 라틴어 단어에는 "장인(artisan)"이라는 뜻도 있다. 어쩌면 네로가 진짜로 의미한 것은 그가 여전히 위대한 예술가라는 소리가 아니라, 한때 위대했던 그 예술가가 이제는 비천한 하인들에게 지시나 내리는 상태로 전락했다는 뜻이리라.

그렇다고 해도 네로는 걱정할 필요가 없었다. 그의 재는 충직한 유모가 챙겨서 더욱 위엄 있는 장소로—물론 여느 황제라면 바랐을 장소는 아니지만—옮겼기 때문이다. 네로는 황실의 일원으로 아우구스투스 영묘에 매장이 거부된 처음이자 유일한 사람이었다. 화장된 그의 유해는 그곳에 매장되는 대신에 로마 시 성벽 바깥 핀키우스 언덕 위에 있는 친부 가문의 지하 묘에 안치되었다. 네로는 갈채 속에 제위에 올랐다가 자기 왕조의 영묘에서 환영받지 못한 채 떠났다.

한편, 갈바는 네로가 죽고, 원로원과 근위대 모두가 자신을 황제로 선언했다는 소식을 들었다. 그는 이제 로마로 진군했다. 갈바는 7개월 동안 제위를 지킬 예정이었다.

카이사르 가문의 몰락

네로는 직무의 몇몇 측면들은 꽤 훌륭하게 해냈다. 그는 평민의 지지를 얻어냈다. 위대한 건설자, 탁월한 흥행주였다. 그는 문화적 르네상스를 주재했다. 그리스를 사랑하고 동방 그리스의 지지를 얻어냈다. 치세의 대략 첫 5년 동안 그가 원로원의 지지도 받았었다는 사실 역시 기억할 필요가 있다.

네로는 어디에서 실패했을까? 무능한 총독을 임명함으로써 그는 유다이아에서 대규모 반란을 초래했다. 자산을 몰수하여 서부 속주들에서 반란을 유발했다. 엘리트 계층 내의 적들을 핍박하고 처형하여, 그리고 개인적 처신을 통해서 로마 엘리트가 보기에 스스로를 웃음거리로 만듦으로써 음모와 반란을 자극했다.

네로는 그때까지 로마 역사상 가장 교양 있고도 잔인한 황제이자 황제로 나라를 다스린 구 로마 귀족계급의 마지막 일원이었다. 네로 이후로 그리고 갈바의 짧막한 치세를 예외로 하면 로마 귀족계급의 또다른 일원이 황제로 등극하기까지는 거의 200년이 걸렸다. 전부 다 귀족들이었던 네로의 선임자들은 더 상무적(尙武的)이었고 때로는 더 제정신이 아니었지만 누구도 그보다 굉장하지는 않았다. 누구도 그의 과시욕에 필적하지는 못하리라.

네로의 자살은 로마 군주정의 미래를 위협했다. 아우구스투스는 로마를 1인 지배에 종속시킴으로써 로마를 구했다. 이후로 황제들은 하나같이 아우구스투스의 피를 물려받은 후손인 종손이든지 양자였다. 아우구스투스는 자신의 지배의 성공을 가문에 걸었다. 원수정의 성패는 가족적 가치와 운명을 같이 할 것이었고, 아우구스투스는 원수정이 버틸 수 있을 것이라고 믿었다. 그는 너무 낙관적이었다.

네로와 달리 갈바는 아우구스투스의 후손이 아니었지만, 제국의 창건자의 남자 후손들은 한 명도 남아 있지 않았다. 자신에게 적통 후계자가 없음을 알고 잠재적 경쟁상대들이 두려워진 네로가 그들을 모조리 죽였기 때문이다.

아우구스투스 가문의 어떤 일원도 아우구스투스의 성공에 필적하지 못했다. 티베리우스는 카리스마뿐만 아니라 타고난 매력과 대중 친화력이 부족했다. 그의 조카이자 후계자였던 게르마니쿠스는 그 세 가지를 모두 갖추었지만 티베리우스가 가지고 있었던 분별력이 부족했고 제위에 올라서 다스릴 수 있기 전에 죽었다. 티베리우스 다음에 제위에 오른 게르마니쿠스 가문의 사람인 칼리굴라와 클라우디우스, 네로는 통치하기 전에 유의미한 행정적 경험을 쌓은 적이 없었고, 누구도 군대를 지휘해본 적이 없었다. 왕가의 삶이 초래하는 압박들은 그들을 과대망상증 환자, 낭비가, 그리고 원로원의 몰락을 재촉한 로마 귀족계급의 살인자들로 둔갑시켰다.

네로의 시신은 무덤 안에 있었지만 그의 영혼은 로마 제국의 수세기에 걸쳐 계속 앞으로 나아갔다. 앞에서 아우구스투스는 오래된 전사들의 공화국을 길들여서 제국과 평화라는 쌍둥이 명제에 다시 바쳤다. 그러나 그는 가만히 있지 못하는 로마의 정복 정신을 어떻게 해야 하는가라는 질문은 대답 없이 남겨두었다. 네로는 대답을 제시했다. 그는 부단히 활동적인 로마를 쾌락에 바치고자 했다. 하지만 그는 자신의 능력의 한계를 인식하거나 그에 대한 대가를 누가 지불할 것인가라는 문제에 관해서 신경을 쓰기에는 너무 현실에 어둡고 오만했다. 그는 로마인의 가슴을 울리는 명예심의 지속적인 호소력을 고려하지도 않았다. 엘리트 계층은 정말로 전차 경주자, 배우, 방화범이었던 자를 자신들의 통치자로 용납할 생각이 없었다.

훗날 네로의 후임자들 가운데 네로만큼 당대인들의 인내심을 기꺼이 시험하려고 든 사람은 거의 없었고, 그들이 그러했다고 해도 그런 시도는 금방 치명적인 것으로 드러났다. 그러나 오락을 장려하는 문제에 관해서라면 로마의 미래 황제들 안에는 저마다 작은 네로가 있었다.

로마는 긴급한 문제에 직면했다. 제국이 카이사르 가문 없이 존속할 수 있을까? 카이사르가 없는 로마. 악티움 해전 이후 평화의 한 세기를 누린 뒤에 도시는 그 생각에 부들부들 떨었다.

데나리우스 은화에 새겨진 베스파시아누스

IV

베스파시아누스
평민

67년 로마군은 반란을 일으킨 유다이아 속주를 탈환하기 위해서 힘든 싸움을 벌이고 있었다. 군단을 이끌고 있는 지휘관은 제국의 가장 노련한 장군으로 브리타니아의 정복자 중의 한 명인 티투스 플라비우스 베스파시아누스였다. 그는 군대가 행군할 때에 기병들 사이에서 말을 달리며, 병사들과 어울리고, 병사들의 안위와 복지에 관심을 기울이는 동시에 그들을 진격시키는, 머리부터 발끝까지 군인이었다. 갈릴리에서 도시 성벽 위의 한 방어자가 화살을 쏴서 베스파시아누스의 발끝을 맞혔을 때에 군단병들은 오싹했다. 그러나 상처는 깊지 않았다.[1] 쉰일곱 살의 장군은 벌떡 일어서서 자신이 멀쩡하다는 것을 보여주었고 여기에 기운을 얻은 병사들은 더욱 열심히 싸웠다. 그는 느리고, 꾸준하며 흔들림이 없었다. 어느 작가는 그가 모든 측면에서 옛 위대한 장군들에 버금간다고 말한다.[2] 탐욕스러운 점만 빼고 말이다. 그리고 앞으로 보겠지만 그 비판은 그저 귀족의 경멸이었을지도 모른다.

67년 11월 베스파시아누스는 갈릴리 호수 위쪽의 깎아지른 산등성이에 자리한 요새화된 반란 도시 가말라의 성벽 안에서 공격을 당하고 있었다. 로마군은 가말라로 진입했다가 곧 무너질 듯한 가옥들과 위태로운 지형과 맞닥뜨렸다. 베스파시아누스는 전투가 한창인 와중에 지휘관으로서 생각했다. 그는 병사들에게 방어 대형으로 방패를 서로 연결하여 들도록 명령한 뒤 침착하게 퇴각하여 성벽 바깥으로 무사히 빠져나올 때까지 등을 돌리지 않았다.[3] 그 다음 병력을 재집결하여 하루 뒤에 도시를 정복했다. 이 사람이 바로 네로가 군대를 맡긴 굳센 전사였다.

베스파시아누스가 예루살렘 포위전에 나설 준비가 되었던 68년 여름에 네로의 사망 소식이 들려왔다. 그는 새로운 정부로부터 지시가 내려올 때까지 작전을 중단하고 기다렸다. 그러나 로마의 전쟁 기계가 다시금 시동을 걸기 전에 세상은 여러 차례 뒤집혔고 소란이 멈췄을 때에는 베스파시아누스가 정상에 서 있었다.

네로는 반항적인 원로원과 갈수록 복종을 거부하는 군부에 의해서 자살로 내몰렸다. 모두가 변화의 필요성에 동의했지만 새 황제와 관련한—아니면 심지어 새로운 황제가 있어야 하는지를 둘러싸고—유일한 합의사항은 무력이 최종 결정권을 가질 것이라는 점뿐이었다.

아우구스투스의 평화는 한 세기 후에 끝났다. 새로운 현실은 전쟁이었고, 전쟁은 갈리아와 게르마니아에서부터 유다이아와 이탈리아 본토까지 격렬하게 펼쳐졌다. 격전과 약탈, 포위, 시가전의 시대였다. 제국에서 가장 성스럽게 모셔지는 성소 두 군데, 제2의 예루살렘 성전과 로마 카피톨리누스 언덕의 최고신 유피테르 신전이 폐허가 되었다. 그 시대에 느낌표를 찍기라도 하듯, 평화가 회복되고 얼마 지나지 않아서는 역사상 가장 극적인 자연재해를 겪었다.

69년은 네 황제의 해(Year of the Four Emperors)였다. 68년 6월 9일 네로가 자살한 후에 네 사람이 차례로 제위를 차지했다. 그중 세 명은 재빨리

지나갔다. 갈바(68년 12월 24일-69년 1월 15일), 오토(69년 1월 15일-69년 4월 16일), 아울루스 비텔리우스(69년 4월 16일-12월 22일). 네 번째 베스파시아누스만이 제위를 오래 잡았다. 그는 새 왕조를 창건했다.

그리고 그 일은 로마인들의 눈에는 정말로 새로웠다. 이전의 모든 황제들은 로마에서 추대되었지만, 이 네 황제 가운데 3명은 속주에서 황제로 추대되었다. 갈바는 히스파니아, 비텔리우스는 게르마니아, 베스파시아누스는 이집트에서 추대되었다. 또한 그들은 휘하의 군단들에 의해서 뽑힌 최초의 황제들이다. 타키투스는 이렇게 썼다. 히스파니아 군단들이 갈바를 황제로 결정했을 때에 "이제 제국의 비밀이 만천하에 드러났다. 황제가 로마가 아닌 다른 곳에서 탄생할 수 있다는 사실이."[4]

로마인들은 지배자에게 고귀한 출생과 함께 오는 지체 높은 위신이 있기를 기대했다. 그리고 그들은 모두 어떤 식으로든 위신이 있었다. 베스파시아누스가 등장하기 전까지는 말이다. 그는 로마 최초의 귀족이 아닌 지배자였다. 팔라티노 언덕 위의 최초의 보통 사람. 최초의 평민 황제. 문헌들은 그가 얼마나 투박하고 실용주의적이었는지에 관한 이야기들로 넘쳐난다. 한 일화에 따르면, 그를 만나러 온 기병 부대의 지휘관이 향수 냄새를 풀풀 풍기자 베스파시아누스는 차라리 마늘 냄새가 나는 것이 낫겠다고 말했다.[5] 다시 말해서 그는 휘하 장교들이 물렁물렁하고 교양 넘치기보다는 남자다운 쪽을 선호했다.

베스파시아누스는 원로원 의원이었던 직계 조상이 없었다. 그는 로마인들이 "신인(novus homo)"이라고 부르는 사람이었다. 우리와 달리 로마인들에게 "새롭고 개선된"이라는 말은 모순어법이었다. 그들은 "오래되고 세월의 검증을 거친" 것을 선호했다. 황궁으로 가는 길은 신인에게 힘들겠지만 베스파시아누스는 그 길을 가보기로 했다.

사비니 지방에서 오다

로마 북동쪽 사비니 지방의 강들은 푸른 들판과 숲을 가로지른다. 이 강들은 테베레 강으로 흘러들어서 하류의 수량을 불어나게 해서 현대적 제방을 쌓기 전 봄과 가을에 로마 시의 저지대 지역에 홍수를 일으키곤 했다. 테베레 강이 사비니 고지(高地)에서 로마로 무엇을 가져올지는 아무도 몰랐고, 9년 11월 17일 강물은 미래에 황제가 될 아기를 데려왔다.

그는 사비니인들의 도시 레아테(오늘날의 리에티) 근처 촌락에서 티투스 플라비우스 베스파시아누스로 태어났다. 베스파시아누스는 이탈리아 농촌의 토양과 상식에 뿌리박고 있었다. 사비니 지방은 소가 끄는 쟁기와 노새가 끄는 수레의 땅, 염소 목에 달린 종이 딸랑거리고 매미가 맴맴 우는 땅, 더운 여름날의 오후와 얼음장처럼 차가운 샘물의 땅이었다. 이곳은 워낙 이탈리아의 정수처럼 느껴져서 레아테로부터 그리 멀지 않은 쿠틸리아이 호수는 "이탈리아의 배꼽"[6]으로 불렸다.

전승에 따르면 사비니인은 초창기에 로마의 경쟁자였지만 재빨리 동맹이 되었다. 전설은 초창기 로마인들, 다시 말해서 아내가 필요한 남자들로 주로 이루어진 인구 집단에 의한 사비니 여성 "겁탈"―그러니까 납치―을 이야기한다. 사비니 남자들이 전쟁에 나서자 여자들이 그들의 아버지와 오라버니들, 그리고 새 남편들 간의 화평을 이끌어냈다고 한다. 베스파시아누스도 비록 그것과는 다른 종류이기는 하지만 평화를 가져오는 자가 될 것이었다.

플라비우스 가문으로 알려진 베스파시아누스 집안은 신분이 상향 이동하는 이탈리아인들로 이루어져 있었다. 그들은 처음에 공화정 말기의 여러 내전을 거치면서 큰 재산을 모아 돌파구를 마련했다. 베스파시아누스의 아버지는 소아시아에서는 징세인, 갈리아에서는 대금업자였다. 재무에 대한 아버지의 관심사는 베스파시아누스에게도 유전되었고, 이것은 나중에 황제로서 그에게 유용했다는 것이 드러났다. 그러나 베스파시아누스에게 커다란 야심을 고취시켰던 사람들은 집안의 여자들과 형인 플라비우스 사비누스(문자 그대로 "사비니인"이라는 뜻)였던 것 같다.

로마인들이 어머니를 대단히 중시한다는 것을 알고서 어쩌면 베스파시우스는 공개적으로 이런 측면을 부각시켰을 수도 있다. 예를 들면, 황제로 재위할 당시 그는 조부모의 영지를 으레 방문했다. 이야기에 따르면, 아버지가 소아시아에 가 있을 때에 할머니가 어린 베스파시아누스를 그곳에서 키웠다고 한다.

베스파시아누스의 어머니, 베스파시아는 그의 청소년기에 결정적인 인물이었다고 한다. 그녀는 군 장교이자 로마 기사계급의 딸이었다. 더 중요한 점은 그녀의 형제가 로마 원로원 의원이었다는 사실이고, 그녀는 두 아들이 그 예를 따르기를 바랐다. 형인 플라비우스 사비누스는 열성적으로 경력을 밟아 재무관이 되고 그리하여 자동적으로 원로원 의원이 되었지만 동생인 베스파시아누스는 망설였다. 처음에 그는 아버지처럼 재무 분야를 원했지만 결국에는 마음을 바꾸었다. 이야기에 따르면, 베스파시아가 아들에게 청하는 대신에 그를 모욕하여 그쪽으로 몰아갔다고 한다. 그녀는 베스파시아누스에게 형의 안테암불로(anteambulo)라고 했다.[7] 주인 앞에서 걸으며 길을 터주는 노예 말이다.

어머니의 폭언이 정말로 그의 마음을 바꾸었는지 어땠는지 간에 베스파시아누스는 형의 발자취를 따르기로 했다. 35년 무렵, 스물다섯 살쯤에, 베스파시아누스도 재무관으로 선출되어 로마 원로원 의원으로서 경력을 시작했다. 앞길을 정한 뒤에 그는 채찍질을 해가며 좁고 가파른 산길로 노새를 모는 착실한 사비니 노새몰이꾼처럼 출세에 매진했다. 그는 튼튼하고 건강한 청년으로 건장하고 활력이 넘쳤지만, 잘생기지는 않았다. 무뚝뚝하고, 서민적인 그는 불도그의 얼굴에 군인의 풍모를 갖췄다.

그 당시는 티베리우스의 치세 말년이었다. 로마 제국에서 신분 상승을 노리는 남자로서 베스파시아누스는 앞서 나가기 위해서 해야 할 일을 하는 데에 주저하지 않았다. 그는 전제적인 칼리굴라의 비위를 맞추었고 원로원에 맞서 칼리굴라 편에 섰다. 골목길을 깨끗하게 유지하는 것이 공직자로서 베스파시아누스가 할 일이었음에도 불구하고 골목길이 깨끗하지 못한 잘못을 물어, 칼리굴라가 병사들을 시켜 베스파시아누스의 토가에 진흙(어쩌면 그보다 더 나쁜 것에 대한 완곡어법일 수도 있다)을 묻히라고 했을 때에도 베스파시아누스는 불평하지 않았다.[8]

39년 베스파시아누스는 칼리굴라에 맞서 음모를 꾸몄다고 유죄를 선고받은 한 남자의 매장을 거부하도록 원로원을 설득했다. 덕분에 베스파시아누스는 황제의 만찬에 초청을 받았지만 대가가 없지 않았다. 그는 아그리피나의 그칠 줄 모르는 미움을 샀다. 칼리굴라의 누이임에도 불구하고 그녀는 공모자였고 유죄 판결을 받은 그 남자의 연인이었을지도 모른다.

나를 사랑한 노예

베스파시아누스는 딱히 내세울 것 없는 여인과 결혼했는데, 원로원 의원들은 보통 자기보다 더 지체 높은 집안과 결혼하므로 아마도 여전히 재무 분야의 경력을 염두에 두었을 때라고 생각된다. 그의 아내 플라비아 도미틸라는 태어나서 유기되어 어느 집에 들어가 노예로 길러졌다가, 그녀의 친부가 그녀를 위해서 성공적으로 소송을 제기하여 자유인으로서의 신분을 되찾을 수 있었다. 도미틸라와 베스파시아누스 부부는 티투스(39년 출생)와 도미티아누스(51년 출생)라는 아들 두 명과 역시 플라비아 도미틸라(45년 무렵 출생)라는 딸을 두었다.

한편, 베스파시아누스는 궁중의 더 힘 있는 여인 중의 한 명인 안토니아 카이니스와 사귀면서 자신의 경력에 보탬이 될 기민한 행보를 보였다. 둘 사이의 관계는 아마도 그가 아직 20대 후반이던 30년대 중반에 시작되었을 것이다. 카이니스는 그보다는 적어도 두 살 연상이었다. 그녀는 황제의 일가와는 거리가 멀었다―사실, 그녀는 노예로 인생을 시작했다. 그녀의 이름은 그리스 태생임을 암시한다. 어쩌면 그녀가 방문했다고 알려진 에욱시네 해(오늘날의 흑해) 서부 연안의 도시, 히스트리아 출신일 수도 있다. 카이니스의 외양에 대한 묘사는 전해지지 않지만, 그녀의 두뇌와 야망은 빛이 난다. 그녀는 재능이 넘쳤다. 똑똑하고 대담하며 한번 본 것은 사진처럼 기억하는 능력을 타고났다. 어쩌면 나폴리 국립고고학박물관에 있는 「앉아 있는 아그리피나 조각상」[9]에 그녀의 면모가 담겨 있을 수도 있다. 머리 스타일로 판단하건대 명백히 플라비우스 왕조 시대에서 유래하는 이상의 두상 부분은 위엄 있고 진지하고 강한 인상의 여성을 보여준다.

카이니스는 로마에서 가장 막강한 여인 가운데 한 명의 눈길을 끌게 되었다. 바로 옥타비아와 마르쿠스 안토니우스의 딸인 소안토니아, 다시 말해서 티베리우스 황제의 동생의 부인이자 위대한 게르마니쿠스와 클라우디우스 황제의 어머니, 그리고 칼리굴라 황제의 할머니였다. 안토니아는 나중에 아우구스타라는 영예로운 칭호를 얻었다. 카이니스는 그녀의 개인 비서로 일했다. 만약 후대의 전승이 정확하다면, 안토니아는 티베리우스 황제에게 세야누스의 음모를 폭로하는 대단히 위험천만한 일에서 카이니스에게 의지했다.[10] 안토니아와 카이니스는 성공했고 티베리우스는 음모를 진압했다. 카이니스는 보상을 받았다. 더 일찍은 아니라고 해도, 적어도 37년 5월 1일 자신이 죽을 당시에 안토니아는 카이니스를 노예 신분에서 해방시켰고 이로써 카이니스는 로마인들이 리베르타(liberta), 즉 여자 해방민이라고 부르는 사람이 되었다.

비록 베스파시아누스는 결국 카이니스와 내연관계를 끊었지만 그녀는 아마도 계속 안토니아와 클라우디우스와 연줄이 있는 고위직 친구들을 통해서 그의 경력을 도왔을 것이다. 그런 친구들 가운데 한 명은 훗날 황제의 아버지인 대(大)루키우스 비텔리우스였다. 매우 유능한 외교관이자 장군인 비텔리우스는 최강의 생존자였다. 그는 3명의 황제를 겪으면서 그 치하에서 줄곧 실세였고 용케도 자연사했으며, 죽어서 국장의 영예를 누리는 데에 성공했다. 비텔리우스의 경력에 한 가지 주석을 덧붙이면, 그는 대단히 인기 없었던 유다이아 총독 폰티우스 필라투스—예수에게 유죄 판결을 내린 성경의 그 빌라도—를 직위에서 쫓아냈다. 베스파시아누스로 말하면, 비텔리우스는 51년에 그가 집정관이 되는 것을 도왔다.

안토니아의 아들 클라우디우스가 41년에 황제가 되고 황제의 비서인 한 해방민이 제국에서 가장 유력한 인사가 되자, 궁정에서 베스파시아누스에게 더 많은 기회의 문이 열렸다. 해방민 비서는 베스파시아누스를 총애했는데 카이니스가 그들을 서로 소개시켜주지 않았을까 궁금해진다. 어쨌거나 그는 베스파시아누스에게 군단 지휘권을 얻어주었는데 클라우디우스가 브리타니아를 정복하기 위해서 막 원정을 떠나려던 참이었으니 야심만만한 젊은이에게 딱 맞는 타이밍이었다. 결국 브리타니아 정복은 수십 년이 걸리고 중간에 많은 차질을 겪었지만, 클라우디우스는 실제로 얼마간의 성공을 거두었다. 베스파시아누스도 마찬가지여서 43년 원정에서 네 명의 군단 사령관 중의 한 명으로 혁혁한 공을 세웠다.

베스파시아누스는 로마 군단의 세계에 열중했다. 프라이토리움(prae-torium, 장군의 사령부)부터 전장까지, 적의 방벽부터 폐허가 된 적진 도시들까지, 그 세계는 위계적이고, 엄혹하고, 인정사정없고, 시끄러웠다. 그곳은 나팔과 고함소리, 참호를 파는 곡괭이와 삽이 부딪히는 둔탁한 소리, 말발굽소리와 어깨를 맞댄 채 6명씩 나란히 행군하는 병사들의 규칙적인 발소리, 창이 방패를 때리는 소리, 챙챙 칼이 맞부딪히는 소리, 화살이 허공을 가르는 소리, 투석기의 돌이 날아가는 소리와 돌이 목표물을 맞히면 들려오는 비명과 신음소리, 괴성과 갈채, 유려한 웅변과 탄원의 소리, 전투가 끝난 뒤 시신들 주변으로 파리 떼가 윙윙거리는 소리와 독수리 떼가 살점을 뜯는 소리의 영역이었다.

베스파시아누스는 안개 짙은 골짜기와 완만한 언덕의 무성한 식생과 깊은 진창을 가로질러 4년 동안 작전을 펼치며 브리타니아 남서부의 많은 영토를 정복했다. 그는 육지와 해상에서의 작전을 결합한 몇몇 전투를 비롯해서 서른 차례의 전투에서 싸웠고, 20개의 언덕 꼭대기 요새를 함락했으며, 두 부족을 복속했다. "그것은 다가오는 행운의 시작"[11]이었다고 역사가 타키투스는 쓰면서 "운명은 베스파시아누스를 알게 되었다"고 덧붙였다.

로마도 그를 알게 되었다. 개선식을 치르는 것은 황제의 가족 구성원에게만 허용되었기 때문에, 베스파시아누스는 그 다음으로 좋은 것을 얻어냈다. "승전의 영예(triumphal honors)"— 즉 공개석상에서 개선장군의 예복을 입을 수 있는 권리와 아우구스투스 포룸과 자택에 자신의 청동상을 하나씩 세울 수 있는 권리였다. 그는 사제직 두 개도 얻었고, 앞에서 언급한 대로 51년에는 집정관에 올랐다.

한편, 베스파시아누스의 형 사비누스는 그보다 더 잘나갔다. 역시 브리타니아에서 지휘관으로 복무한 후에 발칸 지역에서 속주 총독이 되었고 그 다음 로마 시의 시정 장관으로 임명되어 11년간 재직했으니 가문의 자랑거리였다.[12] 베스파시아누스는 63년이 되어서 북아프리카에서 속주 총독에 올랐고, 그뒤로 정직하지만 파산한 채로 귀향했다. 그후 풍문에 따르면, 그는 고향 마을 레아테를 유명하게 만든 동물인 노새를 이용한 운송업에 뛰어들었다고 한다. 수익성은 있지만 원로원 의원의 위엄에는 어울리지 않는 활동이다.

어쩌면 베스파시아누스는 고위층의 엉뚱한 인물을 밀어서 고생을 했을 지도 모른다. 클라우디우스 치세 동안 그는 아들 티투스를 클라우디우스 황제의 아들 브리타니쿠스와 함께 궁중에서 자라게 하면서, 같은 교사들로부터 같은 내용을 배우게 할 만큼 영향력이 있었다. 그러나 클라우디우스는 아그리피나를 네 번째 아내로 삼았고 베스파시아누스를 향한 그녀의 적대감은 티투스의 입지를 위태롭게 했다. 티투스는 브리타니쿠스의 마지막이 된 식사 때에, 브리타니쿠스 옆 와상에 앉아 있었다. 그 식사 직후 브리타니쿠스는 죽었다. 소문에 따르면 음식에 독이 들어 있었고 티투스도 독을 일부 먹어서 병이 났다고 하지만, 소문은 확인이 불가능하다. 티투스가 살아남은 것은 확실하다. 한편, 베스파시아누스는 너무 뛰어난 정치가여서 오랫동안 권력의 중심에서 멀어져 있을 수 없었다.

유다이아 반란

네로의 치세 말년은 로마 귀족계급에게 유혈로 얼룩졌다. 각종 음모들의 발각은 유명한 정치가와 장군, 지식인들의 처형과 강요된 자살로 이어졌다. 그러나 베스파시아누스와 그의 가족은 잘나갔다. 아그리피나는 네로의 지시로 살해되어 사라졌고, 따라서 더 이상 베스파시아누스의 앞길을 방해할 수 없었다. 후년에 그는 자신이 네로의 폭정에 반대했었다고 주장했다. 예를 들면, 그는 네로의 어느 공연 중에 잠이 들었다가 이후로 황제가 자신을 곁에 두지 않으려고 했다고 밝혔다. 그러나 네로에 진짜로 맞서기에는 베스파시아누스는 너무 야심가였다. 네로에 맞서는 대신에 그는 네로에 반대하는 의원들과 연을 끊었다. 한편 티투스는 부인과 이혼했는데, 그녀는 네로에 맞선 반역 혐의를 받고 자살로 내몰린 나이가 지긋한 어느 원로원 의원의 조카딸이었기 때문이다.

네로는 그런 충성심에 보답했다. 유다이아 속주가 66년 반란을 일으키자, 네로는 베스파시아누스를 반란을 진압할 군단 3개의 사령관으로 임명했다. 그는 베스파시아누스가 스물여섯 살의 티투스를 그중 한 군단의 사령관으로 임명하는 것도 허락했다. 티투스의 직위가 낮았고 그런 부자간의 조합이 희귀한 경우임에도 불구하고 말이다. 야심만만하고 출세한 장군은 로마로 진군할 가능성도 있었으니 걱정해야 할 일이었지만, 네로는 베스파시아누스가 안전하다고 생각했는데 사비니 노새 몰이꾼에게는 황제가 되기에 알맞은 족보가 없었기 때문이다.

유다이아는 높은 세금과 관세, 예루살렘에 주둔하고 있는 군대, 지역의 비유대계 지역사회들을 편애하는 정책 등 로마의 압제 속에 수십 년째 부글부글 끓고 있었다. 예루살렘 성전에 대한 로마의 다양한 모욕 행위도 "오만의 왕국"[13]이라는 로마에 대한 인상을 가지게 했다. 가난한 유대인들은 친로마 성향의 유대인 상류층에 분개했고 그들에게는 때가 오기를 기다리고 있는 로빈 후드가 한두 명이 아니었다.

로마 총독이 아마도 밀린 세금을 충당하기 위해서 성전에서 다량의 은을 가져가면서 그때가 찾아왔다. 이제 반란자들이 들고 일어났다. 그들은 로마인들과 로마 황제의 안녕을 위해서 제물을 바치는 것을 그만두고, 예루살렘 주둔 로마 수비대를 쳐부수고 시리아 총독 휘하의 구원군을 물리친 뒤 독립을 선언했다. 그 지방은 유대인과 비유대인 간의 충돌로 활활 타올랐다. 네로가 베스파시아누스를 파견한 것은 그때였다.

그는 브리타니아에서의 경험을 토대로 67년에 갈릴리 구릉지대의 요새화된 도시들을 차근차근 함락하고 이듬해에는 예루살렘 주변 거점들을 하나씩 점령하여 예루살렘을 향한 대공세를 개시했다. 그는 이 장(章)을 열었던 거친 군사 작전을 개시했다. 그것은 예루살렘으로 이어지는 길이었고, 결국 네로의 자살로 로마의 대공세는 도상에서 잠시 멈추었다.

갈릴리에서 베스파시아누스에게 잡힌 수만 명의 포로들 가운데에는, 반란군이 속주의 총독으로 임명했던 유대인 요셉 벤 마티아스도 있었다. 그는 로마로 끌려가 처형될 운명이었지만 빠져나길 길을 찾아냈다. 그는 베스파시아누스에게 황제가 될 것이라고 예언했다. 나중에 군단들이 정말로 베스파시아누스를 황제로 선언했을 때, 요셉은 자유의 몸이 되었다. 비록 일부 로마인들은 요셉을 유대인 스파이라고 여겼지만, 베스파시아누스와 티투스는 그를 유용하게 여겼다. 전후에 그는 결국 두 사람의 보호 아래 로마의 궁전에서 살게 되었고, 플라비우스 요세푸스라는 이름으로 로마 시민이 되어 오늘날까지 전해지는 유다이아 반란에 관한 자세한 역사서를 썼다.

69년 로마 황제 만들기

68년 6월에 네로가 자살하고 새로운 황제 갈바가 10월에 로마에 당도했다. 로마에 입성한 갈바는 거의 모든 사람들을 실망시켰다. 대략 일흔 살의 그는 혈통이 고귀한 만큼 정치적 수완은 한참 떨어지는 노쇠한 귀족이었다. 그는 원로원의 비위를 거슬렀고, 병사들과 로마 민중에게는 인색하게 굴었으며, 적과 친구들을 잘못 골랐다. "이구동성으로 그는 유능한 통치자로 꼽혔을 것이다—결코 통치하지 않았다면."[14] 이것이 역사가 타키투스의 신랄한 평가였다.

69년 1월 2일 라인 강 하부(남부 네덜란드와 독일의 라인 강 북부 지방)의 군단들이 반란을 일으켜서, 그들의 지휘관이자 우리가 앞에서 만났던 로마 유력자의 아들 비텔리우스를 황제로 지명했다. 그는 갈바가 군단 사령관으로 임명한 사람이었다. 그 다음, 로마에서 분주한 하루였던 69년

1월 15일이 찾아왔다. 그 하루 동안에 프라이토르 근위대가 오토를 황제로 추대하고, 갈바는 포룸에서 살해당했으며, 원로원은 오토의 새 칭호를 승인했다. 석 달 뒤인 4월 14일, 비텔리우스의 편이 이끄는 군대가 북부 이탈리아에서 오토의 군대를 격파했다. 오토는 자결했고 7월 중순에 비텔리우스가 로마에 입성했다. 그 사이에 베스파시아누스는 움직일 준비를 했다.

비록 갈바에게 충성 맹세를 했지만 베스파시아누스는 갈바가 형 사비누스를 로마 시정 장관 자리에서 해임한 뒤로, 그를 신뢰하지 않았다. 68년 12월, 비록 위험한 겨울 항해가 예상되지만, 베스파시아누스는 사태를 해결하도록 티투스를 수도로 급파했다. 고작 몇 주일 뒤, 로마로 가는 도중 코린토스에 머물고 있던 티투스는 갈바가 죽었다는 소식을 들었다. 그는 친구들을 한자리에 불러 모았고, 그들은 유다이아로 귀환하기로 결정했다. 2월에 티투스는 베스파시아누스에게 당도했다. 베스파시아누스가 제위에 도전하기로 결심한 것은 바로 그때였다.

로마인들이 보기에 그는 권위, 명성, 위엄이 부족했다.[15] 그는 자기 가문에서 가장 저명한 인물도 아니었다. 그 명예는 그의 형의 몫이었다. 그러나 그는 자신을 믿었음이 틀림없다. 어쩌면 자신이 로마를 지배할 운명임을 암시하는 다양한 징조나 꿈, 요세푸스와 여타 사람들의 예언을 진심으로 믿었을 수도 있다. 그는 과거의 인연에 과하게 감상적인 태도를 보이지도 않았다. 그는 비텔리우스를 황제로 인정하기를 거부하여, 자신의 후원자였던 사람의 아들에게서 등을 돌렸다. 비텔리우스에게는 베스파시아누스와 달리 유다이아에서 승승장구하고 있는, 산전수전 다 겪은 군단 3개가 없었다. 베스파시아누스는 로마 제국에서 가장 고귀한 자는 아니었을지 몰라도 그의 군대는 그를 로마의 일인자로 만들 수 있었다.

플라비우스 왕조의 정치선전에 따르면, 베스파시아누스의 병사들이 그를 황제로 지명할 생각을 했고, 그에게 제위를 강요했다.[16] 하지만 진실은 정반대였다. 베스파시아누스와 그의 군단 지휘관들을 비롯한 베스파시아누스 편의 유력인사들 몇몇이 그 계획을 내놓았고 병사들은 뒤를 따랐다. 군인인 베스파시아누스는 군대의 지지를 결코 잊지 않았고 넉넉하게 보답했지만, 로마로부터의 소식도 주시했다. 오토에 의해서 로마 시정 장관으로 복권되어 비텔리우스 치하에서도 여전히 그 자리를 지키고 있던 사비누스가 결정적 소식통이었다. 카이니스도 분명히 로마의 여론에 계속 귀를 기울이고 있었을 것이며, 베스파시아누스에게 당연히 정보를 주었을 것이다. 그들과 티투스 외에 베스파시아누스의 가장 중요한 지지자들로는, 한 게이 남성과[17] 어느 화이트칼라 범죄자, 그리고 로마에 귀화한 유대인 집안이 있었다. 또한 클레오파트라 이후로 가장 화려하고 막강한 동방의 여왕도 포함되어 있었다.

무키아누스

한 게이 남성이란 시리아 총독 가이우스 리키니우스 무키아누스였다. 베스파시아누스처럼 무키아누스는 각광 받는 공직 경력을 쌓았다. 타키투스는, 베스파시아누스는 타고난 군인이었지만 탐욕스러웠던 반면에 무키아누스는 씀씀이가 넉넉하고, 탁월한 웅변가이자 기민한 정치가였지만 "그의 사생활은 평판이 나빴다"고 말한다.[18] 이것은 무키아누스가 동성애자라는 사실뿐만 아니라 그가 수동적 파트너였음을 점잖게 표현한 것이리라. 전자는 로마인들이 용인하는 것이었지만 후자는 그렇지 않았다. 언젠가 베스파시아누스는 친구와 사적인 대화에서 무키아누스의 "악명 높은 음탕함"에 관한 신랄한 발언으로 그를 일축하며, "적어도 나는 사내지"라고 툴툴거리기도 했다.[19]

　그런 악평에도 불구하고 무키아누스는 황제 후보로 자신을 떠올렸을지도 모른다. 이러니저러니 해도 그는 시리아 총독이었고, 베스파시아누스가 3개 군단을 통솔한 반면 그는 4개 군단을 통솔하지 않았던가? 그러나 그는 베스파시아누스를 지지했다. 로마군에서 가장 노련한 장군이자, 브리타니아에서 승리로 승전의 영예를 보유하고 있고 항상 경계를 늦추지 않고 검약하며 양식이 뛰어난 자를. 무키아누스 본인이 타키투스가 무키아누스의 것으로 돌린 연설에서 이런 점들을 열거했다.[20] 베스파시아누스는 당시 유다이아에서 한창 싸우며 승리를 거두고 있는 군대를 지휘했으며, 로마인들이 보는 것과 같이 그가 남자답다는 명성에 유다이아 전역을 추가했다.[21] 더욱 중요한 점은 그가 싸움에서 이기고 부하들에게 넉넉하게 보상하고, 부하들을 신속하게 진급시키기 때문에 그들이 그를 사랑한다는 점이었다. 무키아누스는 배후에서 막대한 권력을 휘두르는 데에 만족할 수 있었다.[22] 아니면 황제라는 위치의 부담과 위험을 진짜로 원하지 않았을 수도 있다. 타키투스는 무키아누스가 "황제의 권력을 자신이 보유하기보다는 다른 이에게 기꺼이 넘기는 것이 더 편하다고 느낄" 사람이라고 생각했다.[23]

그 다음으로 대중과 무키아누스를 상대할 때에 핵심 역할을 하는 티투스가 있었다. 베스파시아누스처럼 티투스는 휘하 병사들의 사랑을 받는 훌륭한 지휘관이었지만, 어렸을 적에 황제의 궁정에서 자랐기 때문에 그의 아버지에게는 없는 품격이 있었다. 티투스는 키가 작고 배불뚝이였지만 잘생기고, 힘이 세고, 이지적이고, 재능이 있는 언어학자이자 심지어 실력이 괜찮은 시인이자 가수였다. 그는 여자들을 열정적으로 쫓아다녔지만, 로마에서 적어도 한때 주변에 예쁘장한 소년들과 내시 무리를 두어서 세간의 빈축을 산 적이 있다. 상관없다. 전기 작가 수에토니우스는 그가 "인류의 총아이자 기쁨"이었다고 말하니까 말이다.[24] 한마디로 그는 최고의 인기남이었다.

티투스를 전면과 중심에 내세우고 차남인 도미티아누스가 대기하고 있는 가운데 베스파시아누스는 자신의 강점을 부각하고 약점은 최소화했다. 약점이란 예순한 살인 그의 나이였다. 그의 적지 않은 나이는, 짤막한 치세에 점차 염증을 느끼고 있던 제국을 걱정시켰을지도 모른다. 그는 일괄 거래를 제시하며 로마에 다음과 같이 말하는 듯했다. "나를 황제로 받아들이면 왕조의 안정성을 얻게 될 것이오." 그때까지 단 한 명의 로마 황제도 친아들에게 제위를 물려주지 못했었다.

티투스는 베스파시아누스와 무키아누스 사이에 중개자 역할을 했다. "그의 성품과 생활 태도로 티투스는 심지어 무키아누스와 같은 성향을 가진 사람의 마음마저도 끌기에 적합했다"고 타키투스는 쓴다.[25] 무키아누스는, 자신이 황제가 되어 티투스를 후계자로 입양하게 될 뿐이라면 애초에 자신이 황제가 될 필요가 없다고 말했다[26] ─그리고 티투스는 머지않아 베스파시아누스의 뒤를 이을 터였다.

로마화된 한 유대인 가문

로마에 귀화한 유대인 가문으로 말하면,[27] 우선 다른 사람도 아니고 베스파시아누스와 티투스에게 저명한 유대인 지지자들이 있었다니 놀라울 수도 있을 것이다. 두 사람은 반란을 일으킨 유다이아를 정복하고 예루살렘을 약탈하고 성전을 파괴하고, 막대한 수의 유대인들을 노예로 삼고, 강제 이주시키고, 죽이지 않았던가? 유대교 문헌들은 티투스를 "사악한 인간, 사악한 자의 아들"로 기억한다.[28] 그러나 많은 유대인들이 반란에 반대했다. 그들은 로마를 미워했지만 반란은 실패할 운명이라고 생각했고 거기에 전혀 엮이고 싶어하지 않았다. 다른 유대인들, 특히 상류층은 로마 군단보다 가난한 동포 유대인들을 더 두려워했고 따라서 친로마파였다. 티투스는 유대인 친구들을 물려받았는데 그들 중 일부는 클라우디우스와 안토니아 시절부터 베스파시아누스를 알고 있었다.

그들 중 한 명은 로마 시민이자 알렉산드리아의 이름난 유대인 가문 출신인 티베리우스 율리우스 알렉산데르였다. 그의 혁혁한 군 경력과 정치 경력에는 유다이아 총독으로 재직한 것도 포함되어 있었다. 66년 이래로 그는 이집트 총독으로서 로마에서 가장 부유한 속주이자 곡창지대를 다스렸다. 비옥한 나일 강 유역에서 매년 실어 보내는 곡물은 로마를 먹여살렸다. 티베리우스 알렉산데르는 2개 군단을 통솔했다. 무키아누스처럼 그는 킹메이커가 될 잠재력이 있었다. 어쩌면 그와 마찬가지로 저명한 유대인이자 로마 시민이며, 과거 그의 제수이기도 한 영향력 있는 율리아 베레니케와 그녀의 형제인 마르쿠스 율리우스 아그리파 때문에 더욱 그러했을 수도 있다.

두 사람은 악명 높은 헤롯 왕의 후손으로, 헤롯 왕은 그들의 증조할아버지였다. 헤롯은 유다이아를 다스렸지만 그 뒤로 로마는 유다이아를 병합하여 로마 속주로 삼았다. 율리우스 아그리파는 오늘날 이스라엘 북부와 레바논에 위치한 더 작은 왕국과 더불어 예루살렘 성전 관할권에 만족해야 했다. 그는 티투스의 친구가 되었고 68년과 69년에 갈바를 만나러 가는 임무에 함께했다. 하지만 그의 누이가 한층 더 중요한 것으로 드러났다.

베레니케는 티베리우스 알렉산데르의 동생과 결혼했지만, 신랑은 혼인 후에 금방 죽고 말았다. 비록 그녀는 새로운 삶으로 옮겨갔지만─그녀는 동방의 두 왕과 결혼했지만 둘 다 죽었다─두 집안은 계속 접촉을 유지했다. 결국에 베레니케는 미혼의 형제 율리우스 아그리파 왕의 통치에서 파트너 역할을 하게 되었다. 그는 그녀에게 엄청난 다이아몬드를 선사했고, 이 일은 세간의 관심을 자극함과 동시에 근친상간에 관한 악성 풍문을 낳았다.

베레니케는 야심만만하고 정치적 수완이 있었다. 그녀는 애국적이었지만 실리적이었다. 66년에 그녀는 예루살렘에서 로마군의 만행을 직접 목격했고 커다란 개인적 위험을 무릅쓰고 만행을 막고자 애썼다. 하지만 그녀와 율리우스 아그리파는 무적의 로마를 상대로 한 반란에 단호하게 반대했다. 그들은 유대인 대중을 설득하여 반란을 그만두게 하려고 했지만—율리우스 아그리파는 연설로, 또 두 사람 모두 눈물로 호소했다—소용없었다. 군중은 율리우스 아그리파의 왕국을 불태우고 그들의 재보(財寶)의 (적은) 일부를 차지했다. 아그리파와 베레니케는 로마와 특히 유다이아의 군단 사령관과 그의 아들하고 뜻이 잘 맞았다.

베레니케와 티투스는 67년, 그와 베스파시아누스가 세력을 규합하고 있을 때에 처음 만난 듯하다. 아그리파와 그 지역에서 로마의 후견을 받는 다른 3명의 왕들은 로마인들을 돕기 위해서 병력을 제공했다. 베레니케의 미모와 매력은 티투스의 마음을 사로잡은 한편 전략적으로 동원된 그녀의 부는 베스파시아누스의 감사를 받았다. 그녀는 티투스보다 대략 열한 살 연상이었지만 나이 차이는 그를 막지 못했다. 두 사람이 처음 만났을 당시 그녀는 서른아홉 살쯤이었지만 타키투스는 그녀의 미모가 한창 뛰어났을 때였고, 스물여덟 살의 티투스를 젊은이다운 열망으로 불타오르게 했다고 말한다.[29]

이집트

69년 초에 이르자 베스파시아누스와 그의 재능 있는 아들이 다스릴 수 있는 유일한 지역이 유다이아만이 아님이 분명해졌다. 로마가 손짓했다. 그래서 아그리파와 베레니케는 베레니케의 과거 시숙인 티베리우스 알렉산데르가 그러했던 것처럼, 제위를 노리는 베스파시아누스의 시도를 전폭적으로 지지했다. 69년 7월 1일 티베리우스 알렉산데르는 이집트의 주둔 군단들로 하여금 베스파시아누스에게 충성 맹세를 하게 시켰다.

그것은 비텔리우스에 맞선 반란의 최초의 공공연한 신호였지만 한 체제에 대한 혁명이기도 했다. 사비니 언덕 출신의 한 징세인의 아들이 세계의 지배자로 추대되었다. 아우구스투스의 계승자가 안토니우스와 클레오파트라의 도시에서 선포되었다. 붉은 모직 망토를 두른 알렉산드리아의 병사들이, 자줏빛 단을 댄 토가를 걸친 로마 원로원 의원들의 차분한 심사숙고를 대체했다. 며칠 뒤에 유다이아와 시리아 속주의 군단들도 이집트 형제들의 뒤를 따랐다. 12월 원로원이 베스파시아누스를 황제로 인정하기까지는 5개월이 더 흘러야 했고, 나중에 베스파시아누스가 자신의 치세를 기념하는 날을 7월 1일로 정하자, 깐깐이 따지는 사람들은 이를 언짢아했다.

제국을 자신의 것이라고 주장했으니 이제 베스파시아누스는 그것을 비텔리우스로부터 빼앗아와야 했다. 베스파시아누스는 이집트의 곡물 공급선을 차단함으로써 로마에 압력을 가해 유혈사태 없이 승리하기를 바란다고 말했다. 그러나 그는 이탈리아로 군대를 파견했다. 하지만 본인의 군사적 실력에도 불구하고 베스파시아누스는 군대에 합류하지 않았다. 그 대신에 이집트에 머물렀다. 그 사이에 그는 티투스에게 유다이아에서 반란자들과의 전쟁을 끝내는 임무를 맡겼다.

이집트는 전략적으로 중요했고, 이탈리아에서의 권력 투쟁으로부터 안전하게 떨어져 있었다. 이집트에서 베스파시아누스는 때를 기다렸고, 이때까지 알려지지 않았던 왕의 신통력을 과시했다. 알렉산드리아에서 재판을 주재하는 동안 그는 두 평민—한 명은 맹인이고 한 명은 절름발이—을 치료했다고 한다.[30] 신성한 새로운 재능의 표시였다. 이탈리아와 그리스, 유다이아로부터 들려오는 각종 징조 및 전조와 더불어 이것은 커다란 선전 효과가 있었다.

이집트에 남기로 한 결정은 전형적으로 베스파시아누스다운 결정이기도

했다. 겉으로는 투박한 단순성을 내세움에도 불구하고 그는 교묘한 조종의 명수였다. 그는 상대방이 자신을 과소평가할수록 자신이 더욱 위험한 인물이 될 것임을 알고 있었기 때문에 과소평가되기를 바라는 그런 지도자들 중의 한 명이었던 것 같다. 사실, 그는 호메로스의 「오디세이아(*Odysseia*)」의 노회한 주인공 오디세우스만큼 전략에 능했다.

출셋길을 밟는 동안 베스파시아누스는 상관에게 아첨하는 일에서 따를 자가 없었다. 그리고 우연히 그렇게 된 사람이라는 인상에도 불구하고 야심에 불탔다. 그는 일생토록 황제가 될 계획을 세우지는 않았을지라도 기회가 닥쳤을 때에 붙잡을 준비가 되어 있었다. 아우구스투스처럼 베스파시아누스는 다른 사람들이 자신을 위해서 일하게 하는 재주가 있었다. 카이니스, 무키아누스, 사비누스, 티베리우스 알렉산데르, 율리우스 아그리파, 베레니케—그들은 모두 한 패턴의 일부였다. 티투스가 그 틀을 깨지도 않았다. 베스파시아누스는 단지 아들의 출셋길을 뚫어주기 위해서 제위를 추구하는 것처럼 보였을지도 모르지만 황제가 된 사람은 베스파시아누스였다. 티투스는 그를 위해서 일했다.

안토니우스 프리무스, 범죄자이자 정복자

이집트에 머무는 동안 베스파시아누스는 시리아 군단병들과 함께 무키아누스를 서쪽으로 파견했다. 그들은 비텔리우스와 그 병사들에게 맞서 휘두를 막강한 무력을 보유했지만, 무키아누스는 일격을 가하지 않았다. 마르쿠스 안토니우스 프리무스가 그보다 한발 앞섰다.

쉰 살가량의 프리무스는 갈리아 지방 톨로사(오늘날의 툴루즈) 출신이었다. 그는 로마 정치계에서 출세했지만 61년에 유언장을 위조한 죄로 유죄 판결을 받아 원로원에서 축출되었다. 그 다음 68년에 갈바를 지지한 보답으로 원로원 의원으로 복권되고 판노니아의 1개 군단의 지휘권을 받았다. 대담하고 결단력이 있는 전과자는 69년에 베스파시아누스 쪽으로 편을 바꾸었다. 타키투스는 프리무스를 잊을 수 없게 묘사한다. "그는 전투에서 용감하고, 즉석에서 연설을 할 수 있고, 다른 사람들에게 오명을 씌우는 데에 능수능란하고, 내란과 반란의 한복판에서 막강하고, 탐욕적이고, 방탕하고, 평화 시에는 최악의 시민이나 전시에는 결코 무시할 수 없는 우군"이었다.[31]

프리무스는 거의 혼자 힘으로 도나우 강에 주둔하는 군단들을 구슬려서 베스파시아누스를 지지하게 만들었다. 그들은 대담하게 이탈리아로 진군했고 거기서 요충지인 아퀼레이아 시를 점령한 다음 크레모나 바깥에서 벌어진 전투에서 비텔리우스의 군단들을 쳐부수었다. 그후에는 크레모나를 약탈했다. 로마 병사들이 로마 민간인들을 살해한, 제국에 크나큰 충격이자 수치가 된 4일간의 광란이었다.

한편 로마에서 사비누스는 비텔리우스가 퇴위하도록 협상을 이끌어냈다. 마침내 평화가 눈앞에 보이는 듯했지만 비텔리우스의 일부 병사들은 퇴위를 거부했다. 여전히 비텔리우스를 지지하는 병사들을 피해 사비누스와 그의 아들, 손자들은 포로 로마노 위에 높이 솟은 카피톨리누스 언덕으로 피신했다. 베스파시아누스의 차남 도미티아누스도 그들과 함께 있었다. 비텔리우스의 병사들이 언덕을 함락했다. 도미티아누스를 비롯하여 사비누스의 가족은 도망쳤지만 사비누스는 잡혔다. 병사들은 그를 비텔리우스에게 끌고 간 뒤에 잔혹하게 살해했다. 싸움의 와중에 카피톨리누스 언덕의 가장 위대한 최고신 유피테르 신전이 전소되었다. 그것은 불길한 징조였는데 신전은 로마 국가 종교의 중심지이자 유피테르는 황제와 밀접하게 결부되어 있었기 때문이다.

바로 이튿날인 12월 20일 프리무스와 그의 군단이 로마에 입성했다. 격전을 치른 뒤에 그들은 도시를 장악했다. 비텔리우스는 거리로 끌려다니며 고문을 받고 살해되었다.

로마의 베스파시아누스

도미티아누스는 카이사르의 칭호를 취하고 왕궁으로 들어갔으나 로마의 진짜 지배권은 프리무스에게 있었다. 그 다음 무키아누스가 입성하여 도시의 지배권을 접수했다. 그는 대중에게 인기 있는 프리무스를 감히 정면으로 공격할 수는 없었지만, 기만적이지 않다면 무키아누스가 아니었다. 그는 프리무스 및 프리무스 편 사람들과 가장 가까운 2개 군단을 다른 곳으로 보내버리고 프리무스를 구슬려 히스파니아의 총독 자리를 맡게 한 다음 베스파시아누스에게 편지를 써서 프리무스에게 등을 돌리게 만들었다. 머지않아 프리무스는 고향 톨로사로 은퇴했다.

70년 10월에 베스파시아누스가 로마에 당도하기까지는 거의 1년이 걸렸다. 그때까지 무키아누스는 타키투스의 표현에 따르면, "황제의 대리인이라기보다는 동료에 더 가깝게"[32] 행동하면서 정부를 운영했다. 그는 계속하여 인정과 직위―내전에서 그가 세운 공로를 인정받아 승전의 영예와 두 차례 집정관 자리(70년과 72년)―를 받았지만 권력은 베스파시아누스의 수중으로 넘어갔다. 원로원은 베스파시아누스에게 그의 선임자들과 똑같은 고위직과 칭호를 수여했다. 임페라토르 카이사르 아우구스투스. 그들의 결정은 갈바와 오토, 비텔리우스의 짤막한 치세가 암시했으나 입증할 기회를 가지지 못했던 것을 확인해주었다. 바로 제국의 직위는 대단히 쉽게 이전 가능하다는 점을 말이다. 변함없이 실용적인 로마인들은 제국의 창건자와의 혈연관계나 입양 여부와는 상관없이 황제의 칭호를 가장 힘센 자에게 줌으로써 정통성의 문제를 깔끔하게 해결했다.

한편, 그들은 카이사르 칭호를 티투스와 도미티아누스에게 수여했다. 최초로 카이사르가 후계자를 지정하는 의미로 사용되었다.[33] 무키아누스로 말하자면 그는 역사의 기록에서 사라진다. 자신의 서신과 연설문, 동방에서 보낸 시절에 대한 회고록을 쓸 시간이 있었던 것으로 보아 공직 생활에서 물러났던 것 같다. 그는 75년 무렵에 죽었다.[34]

네로의 죽음부터 베스파시아누스의 승리까지 18개월 동안 로마 세계는 불확실성과 전투, 약탈, 유린, 반란의 시기를 겪었다. 그것은 크나큰 희생이었지만 아우구스투스가 권좌에 오르는 과정에서 로마가 겪었던 15년간의 전쟁과 혁명에 비하면 훨씬 작은 대가를 치른 셈이었다. 베스파시아누스가 평화를 회복할 수 있었다고 한다면, 온갖 결함에도 불구하고 심지어그 체제가 작동했다고 말해도 될 것이다.

다른 제국들의 통치자들과 비교할 때, 대다수의 로마 황제들은 재위 기간이 짧았다.[35] 이는 불안정성으로 이어졌지만, 지배 가문의 외부에서도 재능 있는 자들이라면 제위에 오를 수 있도록 해주었다. 성공하기 위해서새 황제는 여러 핵심 고객층을 만족시켜야 했다.

베스파시아누스는 권력을 공고히 하여 아들들에게 물려주고, 수십 년간의 사치와 전쟁 이후로 군대와 국고를 다시 자리 잡게 하고, 사랑하는 여인과 인생을 즐기고 싶었다. 그러나 우선 그는 원로원과 로마 민중에게자신을 선전할 필요가 있었다.

그 일이 베스파시아누스의 외양으로는 가능하지 않을 것이었다. 이때쯤에 그는 머리가 벗겨졌고, 통풍에 시달리고 있었다. 그의 얼굴은 어떤 재사(才士)가 표현한 대로 마치 변비로 고생하는 듯 찡그린 표정으로 받아들여질 수도 있는 결단력을 보여주었다.[36]

베스파시아누스는 유창한 달변으로 자신을 선전하지도 않을 것이었다. 그는 키케로가 아니었다. 그래도 심술궂은 유머 감각과 코미디언 같은 타이밍에 대한 감각은 있었다. 예를 들면, 전직 집정관 메스트리우스 플로루스[37]가 그의 플로스트라 발음을 플라우스트라로 정정해주자, 다음 날 그는 플로루스를 "플라우루스(Flaurus)"라고 부르며 인사했다. 그리스어로 플라우로스(phlauros)는 "고약한"을 의미한다 — 이름난 그리스 작가인 플루타르코스와 친구였던 플로루스가 놓치지 않았을 말장난이다.

베스파시아누스는 신이 내린 권리로 성공하지도 않을 것이었다. 이베리아부터 아르메니아까지, 그 속주들에서는 자신을 신으로 섬기도록 황제 숭배를 열심히 장려했지만 로마와 이탈리아에서는 그저 인간일 뿐이었다. 그래서 통치를 매력적으로 만들기 위한 요소로서 그가 수도에서 종교를 이용할 수 있는 능력은 제한적이었다.

아우구스투스가 했던 것처럼 화려한 장관과 건축으로 하나의 이미지를 만들어내고 자기 가족의 이름으로 로마를 리브랜딩하면서 자신을 선전하지도 않을 것이었다. 아우구스투스처럼 그는 자신과 그의 가족을 로마 민중의 외적들의 정복자로서 내세우면서 내전의 현실을 부정했다. 그리고 그는 로마 최고에 버금가는 의사소통 솜씨로 그것을 해냈다.

베스파시아누스는 화려한 장관과 스펙터클을 연출하는 네로의 정책을 버리지 않았다. 대신에 그는 한 가지 커다란 차이점만 빼고 선임자의 정책을 더욱 결연히 추구했다. 그는 위엄 있고 단순하게 처신했고, 원로원을 비교적 존중했다. 황제는 대중 앞에서 리라를 연주하거나 전차 경주를 하지 않았고 자신을 방화나 모친 살해 혐의에 노출시키지도 않았다. 베스파시아누스는 네로보다 더 위엄이 있었지만 로마의 영혼의 위기에서는 선임자보다 더 나은 해법을 제시하지는 못했다.

그러나 베스파시아누스는 한 가지 주요 혁신을 내놓았다. 이 위대한 평민은 새로운 계급이 권력을 잡게 해주었다. 자신처럼 이탈리아나 속주 출신의 부유하고 야망 있는 집단 말이다. 그는 제국 엘리트 계층을 크게 확대했고 이는 장기적으로 여러 결과들을 낳았다.

황제 판촉하기

70년 봄 티투스는 예루살렘을 포위했다. 유대인들에게는 시몬 바르 기오라라는 용기를 북돋는 유능한 지도자가 있었다. 군대를 일으킨 전직 파르티잔(적의 배후에서 통신, 교통 시설을 파괴하거나 무기, 물자를 탈취하는 비정규군/옮긴이)인 그는 노예들에게는 자유를, 부자들에게는 심판을 약속했다. 그는 시온의 구원(Redemption of Zion)[38]이라는 메시아적인 명각을 새긴 주화를 발행했다.

그러나 격렬한 저항에도 불구하고 예루살렘은 70년 늦여름에 티투스에게 함락되었다. 바르 기오라와 소규모 추종자 무리는 지하 터널로 도망치려고 했지만, 심지어 석공들의 도움에도 불구하고 탈출에 실패했다. 결국 바르 기오라는 예루살렘 성전이 서 있던 자리에 모습을 드러냈다. 선두의 한 로마군 장교가 그의 항복을 받았다. 바르 기오라는 흰 튜닉과 왕—또는 메시아—의 자줏빛 망토를 걸치고 있었다.

유일하게 마사다 요새—외지고 가파른 불모지—만이 반란군의 수중에 있었지만, 로마군의 대규모 포위전 끝에 73년이나 74년에 마침내 함락되었다. 베스파시아누스의 주화가 묘사하는 대로 유다이아는 패배했다. 주화는 유다이아를, 종려나무 아래에 앉아서 비탄에 잠긴 여인과 양손이 뒤로 묶인 채 근처에 서 있는 수염 달린 남자를 보여준다.[39] 로마에서 새 황제는, 아우구스투스가 악티움 해전이 끝난 뒤에 그리고 네로가 아르메니아를 두고 파르티아와 협정을 맺은 뒤에 그러했던 것처럼 평화를 상징하는 의미로 야누스 신전의 문을 닫으라고 지시했다.

71년 6월 티투스가 로마로 귀환한 뒤 그와 베스파시아누스는 유다이아의 정복을 두고 합동 개선식을 거행했다. 이전의 통치자들처럼 그들은 쇼를 연출하는 법을 알았다. 오직 입석만이 가능한 관중을 사로잡을 화려한 장관 말이다. 부자는 정복자 장군의 전통에 따라, 붉은빛이 도는 자줏빛 토가를 걸치고 월계관을 썼다.

베스파시아누스는 병사들을 맞이하고 군중을 조종하는 능력을 과시함으로써 그날 하루를 시작했다. 요세푸스가 쓴 글을 인용해보자.

> 이제 옥타비아 포르티코 앞에 높은 트리부누스 연단(tribunal : 판결과 중재의 권한을 나타내는 높은 단으로 호민관의 권위를 상징한다/옮긴이)이 세워지고 그 위로 상아 걸상들이 놓이자 티투스와 베스파시아누스가 와서 그 위에 앉았다. 두 사람이 앉자마자 병사들은 환호성을 지르고 그들의 용맹을 증언하는 발언을 했다. 그들은 무기를 착용하지 않고 오직 비단옷을 걸치고 월계관만 쓰고 있었다. 베스파시아누스가 병사들의 이런 외침에 감사를 표시했다. 그러나 그들이 환호와 갈채를 계속 보낼 기세를 보이자 그는 병사들에게 조용히 하라는 손짓을 했다. 그리고 모두가 평온을 되찾자 그는 일어서서 머리의 가장 넓은 부분을 망토로 가리고는 늘 하는 엄숙한 기도를 올렸다. 티투스도 똑같은 기도를 올렸다. 기도를 올린 뒤에 베스파시아누스는 모든 사람들에게 짧은 연설을 했고 그 다음 황제가 병사들을 위해서 준비한 아침 식사를 들도록 그들을 보냈다.[40]

개선 행진에는 정복한 도시들을 묘사한 이동식 무대가 있었고, 가능하다면 그 도시들을 다스렸던 실제 적의 지도자들도 거기에 태웠다. 병사들과 원로원 의원들, 제물로 바칠 동물, 그리고 수백 명의 크고 건장한 포로들이 모두 행진했다. 이번 행진에서 가장 중요한 포로로는 시몬 바르 기오라와 반란의 또다른 핵심 지도자가 있었고, 사람들은 행진 중에 두 포로들이 앞으로 걸어가도록 채찍으로 때렸다. 전시된 전리품 중에는 성전에서 가져온 탁자와 메노라(menorah)도 있었는데, 모두 금으로 만들어졌다. 베스파시아누스와 티투스는 전차를 탔고—황제가 앞장섰다—도미티아누스는 근사한 말을 타고 뒤를 따랐다. 바르 기오라가 처형된 뒤에(다른 지도자는 평생을 감옥에서 썩어야 했다) 카피톨리누스 언덕에서 희생 제의가 있었으며 그 다음 로마 시 전역에서 주연이 벌어졌다.

베스파시아누스는 첫 번째 업무 지시로 69년 12월 전투 와중에 파괴된 카피톨리누스의 유피테르 신전을 복원하라는 명령을 내렸다. 그는 신들이 자기편에 있음을 보여주고 싶었다. 그래서 새 신전의 주춧돌을 세울 때가 되자, 그 잔해를 치우는 일을 가장 먼저 도운 사람은 그였다. 황제는 신전 터에 있던 흙덩이를 머리에 지고 날랐다.[41]

그것은 로마의 부활의 중요한 제스처였지만 플라비우스 가문의 사람들의 마음에 가장 밝게 타오른 것은 유피테르가 아니라 유다이아였다. 그들은 유다이아 정복 전쟁의 승리를 하나도 아니고 두 개의 개선문으로 기념했는데, 그중 하나인 티투스 개선문의 부조는 오늘날에도 여전히 볼 수 있다. 전체 조각에서 가장 두드러진 부분은 메노라, 바로 예루살렘 성전에서 가져온 7개의 가지가 달린 촛대였다. 티투스 개선문의 부조에서 메노라는 이제 아무 색깔이 없는 듯이 보인다. 그러나 근래의 과학적 조사에서 실제 메노라의 황금을 나타내기 위해서 원래 선명한 노란색이 칠해져 있었음이 밝혀졌다.[42] 다른 개선문은 중세에 파괴되었지만, 기록으로 남아 있는 비문은 아버지의 명령에 따라 유대민족을 정복하고 예루살렘을 파괴한 티투스의 위업을 칭송한다. 고고학자들은 최근에 로마의 키르쿠스 막시무스의 가장자리에서 이 두 번째 개선문의 일부를 발굴했다.[43]

그러나 그것은 로마 도시 공간에 유대인을 상대로 한 자신들의 승리를 각인시키려는 플라비우스 가문의 계획의 시작일 뿐이었다. 눈에 띄는 또다른 요소는 평화의 신전이었다. 베스파시아누스는 그 이름을 가볍게 고르지 않았다. 평화의 제단을 지은 아우구스투스처럼 베스파시아누스는 개인적 경험으로, 오직 신의 은총에 의해서만 로마가 힘겹게 평화를 이룩했다는 사실을 알고 있었다. 카이사르 포룸과 아우구스투스 포룸처럼 베스파시아누스의 건축물은 도시 중앙에 위치한 공공 광장이었다. 사방으로 열주가 늘어서 있고 한 측면에는 신전이 있었다. 광장은 네로의 황금 궁전에서 가져온 미술 작품과 건축의 일부분과 더불어 새로운 건축물로 화려하게 꾸며졌다. 신전에는 예루살렘 성전에서 가져온 금접시들도 안치되어 있었는데 아마 서고트족의 왕 알라리크가 410년에 로마를 약탈했을 때에 같이 약탈당했을 것이다. 비록 근래의 발굴 덕분에 이 복합 건축물에 관한 많은 부분이 규명되었지만, 오늘날 그 장엄함을 제대로 평가하기란 어렵다. 왜냐하면 많은 부분이 파시스트 총통 베니토 무솔리니가 1930년대에 고대 로마의 심장부를 관통하여 놓은 거대한 도로인 비아 데이 임페리알리 포리(제국 포룸 가도) 아래에 묻혀 있기 때문이다.

그러나 베스파시아누스의 건축 계획 중에서 가장 눈에 띄는 부분이 로마에서 가장 유명한 건물이기도 하다. 바로 콜로세움이다. 여기에 투입된 노동력은 아마도 숙련 노동자와 미숙련 노동자, 자유민과 노예, 포로들을 아우를 것이다. 포로들은 그중에서도 유대 전쟁에서 끌려왔을 가능성이 크다. 한 비문은 건축 자금이 "장군 몫의 전리품"[44]으로 충당되었다고 말하는데, 유대 전쟁의 전리품을 가리킬 것이다. 아우구스투스처럼 베스파시아누스도 로마의 주요 건설 계획의 비용을 전리품으로 충당했던 것 같고, 이는 그의 대중적 위상을 높였다.

오늘날 우리는 콜로세움을 로마를 대표하는 전형적인 것으로 생각하지만 당시에는 혁신이었다. 비록 많은 이탈리아 도시들이 석조 원형경기장을 자랑했지만, 로마는 검투사 경기를 위해서 임시 목조 스탠드를 세우는 것을 선호했다―군중에 대한 공화정 시대의 두려움이 남긴 유산이다. 한 때 로마에는 부분적으로 석조인 작은 원형경기장이 있었지만 64년 대화재로 불탔다. 베스파시아누스는 약 5만 명의 관객을 수용할, 그리하여 역사상 가장 대규모 원형경기장 중의 하나가 될 굉장한 대체물을 지을 것을 지시했다. 공사는 그의 치세 때에 시작되었지만 그가 죽고 1년이 지나서야 완공되어 개장했다.

고대 세계에서 콜로세움은 플라비우스 원형경기장이라고 알려졌다. 콜로세움이라는 이름은 중세에 그 옆에 서 있던 약 35미터로 추정되는 거대한 네로 청동상에서 나온 것이다(거대 조각상을 라틴어로 콜로수스[colossus]라고 한다/옮긴이).[45] 그 이름은 700년대의 어느 금언에서 처음 등장한다. "콜로세움이 서 있는 한 로마도 서 있을 것이다. 콜로세움이 무너지면 로마도 멸망할 것이다. 로마가 멸망하면 세계도 멸망할 것이다."[46]

콜로세움 또는 플라비우스 원형경기장―이름이 뭐가 중요한가? 이 경우에는 매우 중요하다. "플라비우스 원형경기장"은 알렉산드리아 시(알렉산드로스 대왕의 이름을 딴), 율리우스 카이사르 포룸, 아우구스투스 영묘, 그리고 현대에는 빅토리아 폭포, 에펠 탑, 후버 댐만큼이나 그 건축물을 하나의 상징이자 개인적인 것으로 만들기 때문이다. 그리고 그 건물은 로마의 의식 한가운데로 파고들었는데, 새 원형경기장이 스포츠만이 아니라 정치를 위한 경기장이었기 때문이다. 의사소통의 수단으로서 콜로세움은 페이스북이나 트위터만큼 혁명적이었다. 80년에 봉헌된 이래로 줄곧 권력자들은 하나같이 그곳에서 열리는 경기에 참석했다. 보고 또 보이기 위해서. 사람들은 신분에 따라서 앉았다. 황제와 원로원 의원, 로마 기사들은 앞좌석에 일반인들은 뒷좌석에 앉았다. 군중은 황제에게 환호를 보내기도 하고, 그들이 기꺼이 지지하거나 옹호하는 명분을 외치기도 했다. 그 나름대로 플라비우스 원형경기장은 포룸이나 원로원 의사당에 버금갔다 —그리고 거기에는 새로운 로마 제1의 가문의 이름이 각인되어 있었다.

아이러니하게도 베스파시아누스는 검투사 경기를 좋아하지 않았는데[47] 어쩌면 그가 전쟁을 충분히 목도했기 때문일 것이다. 그러나 그는 로마인들이 경기를 좋아한다는 사실을 알고 있었다. 베스파시아누스는 네로가 대화재 이후 사치스러운 황금 궁전 짓기 위해서 몰수한 땅을 원형경기장의 부지로 골랐다. 새 황제는 황금 궁전 대부분을 철거시켰다. 콜로세움은 황금 궁전의 인공호수 자리에 들어섰다.

비록 베스파시아누스는 교양이 낮은 사람이라는 인상이 강했지만 그는 라틴어와 그리스어 수사학 교수직을 처음으로 수립한 황제였다. 그는 자신의 위신을 높이는 조치가 무엇인지 알아보았고, 교양 있는 지배계급의 가치를 이해했다. 라틴어 교수직의 최초 보유자는 마르쿠스 파비우스 퀸틸리아누스로, 로마 세계의 가장 중요한 수사학도였다. 그의 여러 금언들로는 "훌륭한 인간이 아니라면 누구도 웅변가가 될 수 없다", "우리를 능변으로 만드는 것은 감정과 상상력이다" 등이 있다.[48] 그는 웅변가를 꿈꾸는 사람들에게 역사를 공부하라고 충고했는데, 판사와 배심원을 설득하는 법에 대한 본보기를 배우기 위해서가 아니라 사실과 선례를 배우기 위해서라고 했다. 그에 따르면, 역사의 목적이란 좋은 이야기를 들려주는 것이지 논거를 입증하는 것이 아니기 때문이다.[49] 훗날 퀸틸리아누스는 초기 기독교 사상가 성 아우구스티누스와 이탈리아 르네상스 시인 페트라르카, 프로테스탄트 종교개혁가 마르틴 루터 같은 인물들과 아마도 위대한 작곡가 요한 제바스티안 바흐와 자유주의 철학자 존 스튜어트 밀에게 영향을 주었기 때문에 세상은 베스파시아누스의 후원에 큰 빚을 지고 있다.

그 아버지에 그 아들

처음부터 베스파시아누스는 자기 아들들, 특히 큰아들 티투스가 통치의 파트너가 될 것임을 분명히 했다. 도미티아누스처럼 티투스는 카이사르 칭호를 얻었지만 칭호는 시작에 불과했다. 그는 여러 영예와 관직들을 부여받았는데, 특히 베스파시아누스가 황제로 재위하는 동안 8차례 임명한 집정관직 가운데 7번을 공유했다(집정관의 임기는 일반적으로 1년이며 항상 2명을 뽑는다/옮긴이). 베스파시아누스는 티투스를 근위대장으로도 임명했다. 그 자리는 FBI 국장과 비슷한 구석이 있지만 재량권이 훨씬 더 큰 자리였다. 티투스는 자신이 위조 전문가임을 자랑스러웠다. 약간 이상하지만 보안 국장으로서 유용한 기술이다. 티투스는 공동 황제나 다름없었고, 특히 그는 아버지의 각종 조치들의 집행자 역할을 했다.

티투스는 음모 혐의가 제기된 자들을 탄압하는 임무를 맡았다. 과거에 베스파시아누스 지지자였던 저명한 원로원 의원 두 명이 쿠데타를 꾸민다는 혐의를 받았을 때, 티투스가 그중 한 명을 원로원에서 재판에 부쳐 유죄 판결을 이끌어냈다. 판결 직후 유죄 선고를 받은 의원은 면도칼로 자기 목을 그었다. 티투스는 다른 공모자는 왕궁에서 살해하도록 지시했다—그 사람이 베스파시아누스와의 만찬 자리에서 일어나는 대로 말이다.

그 다음으로 헬비디우스 프리스쿠스에 관한 문제가 있었다. 원로원의 충실한 옹호자인 헬비디우스는 베스파시아누스가 정한 후계자로서 티투스의 역할에 관해서 이의를 제기했던 모양이다. 전하는 이야기에 따르면, 헬비디우스는 한 원로원 모임에서 베스파시아누스의 눈물을 쏙 빼게 했고, 베스파시아누스는 "내 아들이 뒤를 잇든지 아니면 아무도 잇지 못할 것"이라고 말하며 자리를 떴다고 한다.[50] 헬비디우스는 그들이 황제의 폭정이라고 보는 것에 과감히 맞서는 고매한 스토아 철학자 집단에 속했기 때문에 위험했다. 이미 네로가 그를 유배 보냈었고 그의 장인에게는 손목을 그어 자살하게 강요했던 적이 있었다. 헬비디우스의 아내 판니아는 남편을 지지했고, 베스파시아누스가 부과한 두 번째 귀양길에 동행했다. 결국에 베스파시아누스는 헬비디우스를 처형시켰다. 판니아는 그 뒤로도 계속 살았고 남편의 죽음을 결코 잊지도 용서하지도 않았다. 수년 뒤에 그녀는 베스파시아누스를 비판한 헬비디우스에 관한 전기를 후원했다. 그 결과, 그 전기를 쓴 작가인 한 원로원 의원이 처형되었고 판니아는 유배당했다.

타블로이드 신문들이 좋아할 만한 이런 헤드라인들이 눈길을 끌기는 하지만 베스파시아누스와 티투스는 원로원과 대체로 좋은 관계를 유지했다. 황제는 원로원 모임에 몸소 참석하거나 몸이 편치 않을 때에는 아들 중 한 명을 대신 보내서 원로원에 대한 존중을 표현했다. 더 중요한 점은 베스파시아누스가 그의 군단 사령관들과 동방의 다른 중요한 지지자들에게 의원이라는 높은 신분을 부여하여 원로원에 진출시켰다는 점이다. 이로써 그 기구는 베스파시아누스 황제에게 더 호의적인 성향을 띠게 되었고, 사치와 탄압으로 줄어들고 있던 로마 귀족층에 새로운 재능 공급원을 추가했다. 그러나 이런 조치가 가져온 가장 광범위한 결과는 새로운 로마 엘리트 계층을 창출했다는 것이다. 내구력이 있는 엘리트 계층을 말이다. 히스파니아와 갈리아 남부 지방 출신의 로마 시민들이 이제 원로원 의원, 집정관, 속주 총독, 사제, 귀족이 되었다. 그들의 아들과 손자들은 그보다 더 높은 곳까지 진출하게 되었다.

동방에 있던 베스파시아누스의 부관 중의 한 명을 살펴보자. 마르쿠스 울피우스 트라야누스는 히스파니아 출신으로 그의 선조들은 수세기 전에 이탈리아에서 그곳으로 이주했다. 야심가인 트라야누스는 클라우디우스 치하에서 원로원에 진출한 다음 유다이아에서 베스파시아누스의 군단 사령관 중의 한 명으로 복무했다. 황제가 된 뒤에도 베스파시아누스는 트라야누스를 계속 승진시켜서 집정관직과 중요 속주의 총독 자리 그리고 이제는 황실의 일원이 아닌 사람에게 가능한 최고의 군사적 영예인 이른바 승전의 영예 등을 수여했다. 베스파시아누스가 황제가 된 뒤 30년 세월을 앞으로 빨리 돌려보면, 트라야누스의 아들이 황제로 즉위한다. 그는 바로 트라야누스 황제이다. 그를 승계한 두 황제 안토니누스 피우스와 마르쿠스 아우렐리우스도 베스파시아누스가 후원한 가문들 출신이었다. 황제는 속주의 지도층에게 로마 지배계급에 진입할 수 있는 문을 열어주었다.

돈에서는 냄새가 나지 않는다

네로가 국고를 바닥냈고, 내전은 파괴와 폐허의 씨앗을 뿌리면서, 그나마 남아 있던 것마저 가져가버렸다. 로마 재정의 재건은 왕조 개창을 제외하면 베스파시아누스에게 가장 시급한 과제였다. 세금을 인상하고 지출을 삭감할 필요가 있었고, 그는 둘 다 잘 해냈다. 세금 징수와 대부업에 종사한 그의 아버지의 경력을 고려할 때에 재무 관리는 그의 성미와 잘 맞았다 —베스파시아누스의 귀족적 선임자들과 눈에 띄게 대비되는 점이다. 그 결과 그는 탐욕스럽다는 평판을 얻었다. 당대의 우스갯소리들은 그를 일종의 고대의 스크루지로 만들었다. 그러나 사실인즉슨 베스파시아누스는 현명한 국고 관리자였을 뿐이다. 고대의 한 평가를 인용하면, 그는 "탐욕보다는 빈틈없는 이해타산"[51]을 과시했다.

우리로서는 베스파시아누스의 다양한 재정 정책들의 모습을 짜맞춰 볼 수 있을 뿐이다. 우리가 아는 몇몇 세부적인 사항들로는, 항만세, 해방된 노예의 가치에 매기는 5퍼센트 세금, 경매 판매에 매기는 1퍼센트 세금, 가까운 친척 이외의 사람에게 유산을 남길 때에 매기는 5퍼센트 상속세,

로마의 야경꾼들의 재원을 마련하기 위해서 노예 판매에 매기는 4퍼센트 세금 부과와 갈리아와 이베리아 사이의 무역 관세 갱신 등이 있다. 그는 유대인들이 과거에 예루살렘 성전에 납부했던 연간 세금을 로마의 카피톨리누스 유피테르 신전 재건축과 유지를 위한 (그리고 궁극적으로는 다른 용도들을 위한) 기금으로 전환했고, 남자에게만 부과되었던 그 세금을 여성과 어린이, 노예에게도 확대했다. 그 세금은 수세기 동안 이어질 유대인에 대한 굴욕적인 인두세(人頭稅)였다. 베스파시아누스는 국유지의 무단 점유자들을 강력히 단속하고, 그들로 하여금 점유에 돈을 내게 하거나 토지를 매각하게 했다. 그는 속주 전역에서 세금을 인상했고, 알렉산드리아와 소아시아에 있는 제국 자산을 매각했으며, 소유주들에게 세금을 물렸다. 또한 이탈리아와 속주들에서 새로운 인구조사를 실시함으로써 징세인들의 작업이 쉬워졌다. 한편, 베스파시아누스는 정부 자원에서 절약을 실천했다. 예를 들면, 그는 외교 사절단의 규모를 줄였다.

이 가운데 어느 것도 베스파시아누스를 인기 있게 해주지는 못했지만, 여느 때처럼 그는 악평을 다른 사람과 나누려고 했다. 예를 들면 무키아누스는 몰수와 과세라는 힘겨운 업무를 충실히 수행하여 황제에게서 일부 비난을 덜어주었다. 무키아누스는 돈을 "주권의 힘줄"[52]이라고 부른 것으로 알려져 있다.

베스파시아누스의 재정 정책에 관해서 재미난 이야기가 전해진다. 티투스가 공중화장실 사용에 세금을 부과하는 것은 너무 창피한 일이라고 비판하자, 베스파시아누스는 돈에서는 냄새가 나지 않는다고 대꾸했다.[53]

"800년의 좋은 운수와 좋은 규율"

68년과 69년에 갈리아와 게르마니아, 유다이아와 시리아, 이집트, 발칸 지역, 그리고 이탈리아의 로마 군단과 군단 사령관들은 네로 황제와 그의 뒤를 이은 세 명의 황제들에게 항명하여, 즉 자신들이 황제 4명을 탄생시키면서 충성 맹세를 위반했었다. 그들은 갈리아와 게르마니아, 이탈리아에서 대규모 전투를 치렀고, 크레모나를 유린했으며, 로마 시를 공포 정치 치하로 몰아넣었다. 라인 강 하류에서는 부족들이 베스파시아누스가 즉위한 뒤로 로마 지배에 맞서서 공공연히 반란을 일으켰고, 그들은 갈리아에도 우군을 가지고 있었다. 이전 시대에 로마군은 한 장군이 반란 세력을 제압할 때에 표현한 대로 "800년의 좋은 운수와 훌륭한 규율"[54]을 이용해서 제국을 건설했다. 2년 사이에 군대는 거의 전부를 파괴해버렸고 그 다음 베스파시아누스가 제국을 다시 짜맞춰 돌려놓았다.

새 황제의 조치는 진압, 개혁, 재편성 그리고 통제로 이루어져 있었다. 베스파시아누스는 과거 그의 사위였던 페티알리스 케레알리스(베스파시아누스의 딸 도미틸라와 사별한 남편) 휘하에 대규모 군대를 파견하여 70년 라인 강 유역의 반란을 진압했다. 격전을 치렀던 게르마니아에서는 일부 군단들이 해체되고 새 군단이 편성되었다―베스파시아누스가 신뢰하는 병사들과 지휘관들로, 그리고 그와 그의 가문에 대한 충성을 염두에 두고 확립된 새로운 전통들에 따라 군단 편성이 이루어졌다. 그밖에 다른 곳에서는 대체 병력이 필요하다면 추가되었고, 충성스러운 고참병들이 퇴역하여 토지를 지급받아 정착했다. 마찬가지로 다양한 보조군단들이 해체되고 대체되었다.

그러나 더 큰 그림은 베스파시아누스가 하지 않은 일이다. 그는 군대의 규모를 확대하지 않았다. 군 전력은 네로 치하에서처럼 여전히 약 30만 명이었다. 또한 비록 군대가 그를 황제로 만들어주기는 했지만 그는 군대에 상시적인 정치적 역할을 부여하지도 않았다. 그는 군단들을 원래의 주둔지로 돌려보냈고, 정치권력을 로마에 있는 민간인들, 즉 그의 친구와 가족, 원로원의 수중에 두었다. 한마디로 베스파시아누스는 아우구스투스의 정치 체제를 건드리지 않았다.

베스파시아누스가 기부금(donativum : 병사들에게 정기적으로 주는 현금 선물)을 1인당 25데나리우스로 줄인 것은 군 규율을 강조하는 그의 태도를 시사한다. 이탈리아에 기지를 둔 함대의 병사들이 나폴리 만과 로마 사이를 오가는 배송 업무를 수행하는 데에 필요한 그들의 신발값 지불을 황제에게 요구했을 때, 베스파시아누스는 앞으로는 맨발로 다녀야 할 것이라고 대답했다.[55] 그는 병사가 아니라 그가 통솔자임을 분명히 했다.

베스파시아누스는 일부 군 부대를 국내에서 변방으로 이동시켰다. 제국 영토의 확장이 가져오는 위신을 알고 있었던 그는, 장군들에게 브리타니아와 라인 강 유역에서 영토를 좀더 정복하라고 명령했다. 그러나 공고화가 주요 주제인 사람에게 제국의 크기에 큰 변화를 가져오리라고 기대할 수 없으며, 베스파시아누스는 변화를 가져오지 않았다.

황제의 내연녀

69년에 베스파시아누스가 황제로 지명되기 전의 어느 때인가 플라비아 도미틸라 죽은 뒤에—언제 죽었는지는 알 수 없다—그는 카이니스와의 관계를 다시 시작했다. 그가 마침내 황제가 되었을 때, 카이니스는 최소 예순둘 살이었으므로 카이니스는 트로피 와이프가 아니었다. 짐작하건대 베스파시아누스는 실제로 사랑해서 그녀를 선택했을 것이다. 그는 이제 그녀를 내연녀로, 다시 말해서 사실혼 처 또는 내연의 처로 삼았는데, 원로원 계급의 일원으로서 베스파시아누스는 카이니스 같은 해방노예 출신 여성과 결혼할 수 없었기 때문이다. 로마 사회는 다양한 법적 금지와 제한에 대처하는 방안의 하나로 사실혼에 친숙했다. 그러나 로마 황제가 해방민 여성—게다가 그리스인—과, 그녀가 마치 자기 아내인 양 공공연하게 동거하는 것이 얼마나 충격적인 일이었는지 과소평가하지는 말자.

어쨌거나 베스파시아누스는 카이니스를 아꼈고 그녀를 거의 황후처럼 대우했다. 아이러니하게도 그와 잠자리를 공유하고, 안토니아 아우구스타(마르쿠스 안토니우스의 딸이자 클라우디우스 황제의 어머니)를 모셨던 전직 노예가 베스파시아누스가 카이사르 가문의 화려한 매력에 가장 가까이 다가간 경우였다. 카이니스는 자신이 황실의 일원이라고 워낙 자신하고 있었기 때문에, 한번은 베스파시아누스의 아들 도미티아누스가 해외를 방문하고 로마로 돌아왔을 때, 그에게 입을 맞추도록 뺨을 내밀었다. 그러나 속물이던 도미티아누스는 퇴짜를 놓고 대신에 자기 손을 내밀었다.

로마가 돌아가는 방식에 관한 정보력과 지식을 가지고 카이니스가, 제국의 권력자로 부상하고 있던 베스파시아누스에게 조언을 했다고 해도 놀라운 일은 아닐 것이다. 일단 황제가 되자, 카이니스는 황제와 접촉할 기회와 총독과 장군, 사제직을 비롯한 관직은 물론 사면권까지 팔았다고 한다.[56] 한마디로 그녀는 해결사였다. 이런 이야기들은 입증이 불가능하지만 얼마간 사실처럼 들린다—그녀가 번 돈 중의 일부가 베스파시아누스에게 갔다는 주장과 마찬가지로 말이다. 어쨌거나 카이니스는 갑부가 되었다.

이전에 노예였던 그녀는 노예를 소유했고 결국에는 그중 일부를 해방시켰는데 해방된 노예들은 그녀의 이름을 취했다. 그녀는 로마 근교에 별장 한 채와 송수관(보기 드문 사치)을 설치하고 호화로운 목욕탕을 갖춘 광범위한 정원을 소유했다.[57] 그녀 사후에 이 대저택과 영지는 황제에게 넘어갔으며, 카이니스 욕장은 종국에는 대중에게 개방되어 황제의 해방민 중의 한 명이 유지 및 관리했다.

카이니스는 75년경에, 어쩌면 예순여덟 살의 나이로 죽었다. 황제의 애정의 대상으로서 누구도 그녀를 대체할 수 없었다. 그 대신에 황제는 줄줄이 정부를 두었다. 카이니스를 추모하는 기념비는 오늘날까지 남아 있다.[58] 이전에 로마 노예였던 자의 묘비와 우연히 마주치는 일은 특이한 일이 아니다. 사실 해방민들이야말로 지금까지 남아 있는 로마 제국 시대의 장례 조형물의 대부분을 세웠다. 비석은 지위의 상징이었고, 이전 노예였던 사람들보다 자신들의 성공을 돌에 새겨서 만방에 알릴 필요가 있는 사람이 더 어디에 있겠는가? 카이니스의 기념비는 그 일을 멋지게 해냈다.

그 기념비는 제단 형태의 인상적인 비석이다. 전면에는 어김없이 비문이 새겨져 있고, 때로 측면과 뒷면에 화려한 장식을 자랑하는, 고가의 묘지 기념비의 흔한 유형이다. 카이니스의 제단은 무겁고, 거대하며, 정교하고, 화려하다. 카라라산 대리석 덩어리를 통째로 깎아 만든 커다란 작품으로, 나중에 트라야누스 기둥과 판테온, 그리고 르네상스 시기에는 미켈란젤로의 다비드 상에 쓰인 것과 같은 재료이다. 제단은 높이가 약 1.2미터이며, 기단부의 가로는 0.6미터가 조금 넘고 세로는 약 0.9미터이다.

전면에 새겨진 비문은 아마도 카이니스의 영지의 관리자였을 아글라우스라는 사람이 자신과 세 자식의 이름으로 이 기념비를 세운다고 기술하고 있다. 그는 "안토니아 카이니스, 아우구스타의 자유민, 최고의 후원자"[59]를 기리며 이 기념비를 바쳤다. 비록 비문은 카이니스를 로마의 가장 막강한 여성 중의 한 명과 결부시키지만 베스파시아누스의 내연녀로서의 역할에 관해서는 조심스럽게 침묵한다. 그러나 제단의 다른 삼면에 새겨진 부조는 한 황제가 그녀를 사랑했음을 상기시킨다. 삼면에는 큐피드와 백조—베누스의 전차를 끄는 새—는 물론 황제를 상징하는 월계수 장식이 조각되어 있다. 백조는 라틴어로 키그누스, 그리스어로는 쿠크노스이므로, 카이니스(그리스어로는 Kainis) 이름에 대한 말장난이 담겨 있을 수도 있다.

카이니스가 죽었을 무렵, 베레니케 여왕이 오빠인 율리우스 아그리파를 대동하고 로마로 왔다. 그는 프라이토르로 임명된 한편 그녀는 티투스와 함께 왕궁으로 옮겨갔다. 카이니스가 티투스의 애인의 존재를 반대했는지는 알 수 없다. 그러나 로마를 지배한 두 남자, 아버지와 아들이 저마다 동방에서 온 사실혼 처와 로마에서 연달아 살았다는 것은 놀라운 일이다. 부자는 각자 도덕적으로 아슬아슬한 행보를 보였지만, 거칠고 투박한 베스파시아누스는 좋지 않은 조건들을 감수한 반면, 더 고상한 티투스는 왕궁 침대의 안락함을 선호했다. 두 사람은 아우구스투스와 리비아와 완전히 다른 세계의 사람이었다.

티투스와 베레니케는 사랑하는 사이였다. 사람들은 그녀가 그와 결혼하기를 기대했다고—심지어 그가 결혼을 약속했다고—말했고,[60] 그녀는 그의 아내인 양 행동했다. 그녀는 확실히 영향력이 있었다. 한번은 베스파시아누스가 그녀의 이해관계가 엮인 사건에서 심의회에 참석하도록 초대했는데 그녀의 변호사는 다름 아닌 위대한 퀸틸리아누스였다.[61] 한마디로 베레니케는 권력의 정상 가까이에 있었다. 그러나 로마 민중은 이를 받아들이려고 하지 않았다. 어떤 사람들에게 그녀는 또다른 클레오파트라—로마인 남성을 사로잡은 동방의 여왕—였던 반면,[62] 다른 이들에게 로마에 수많은 인명과 재산 손실을 안긴 반란의 장본인인 유대인 적(敵)을 대변했다. 두 명의 철학자가 티투스와 베레니케를 극장에서 비난했다. 티투스는 한 사람에게는 태형을 내리고 한 사람은 목을 베었다. 그러나 그는 베레니케를 보낼 수밖에 없었다. 두 연인은 함께 로마를 다스리지 못할 운명이었다.

"내가 신이 되려나 보군"

베스파시아누스는 말년에 규칙적인 일과를 따랐다.[63] 그는 해가 뜨기 전에 기상하여 침대에 머문 채로 서신과 요약 보고서를 읽었다. 그 다음 자리에서 일어나 옷을 입고 신발을 신는 가운데 친구들을 맞이했는데, 신을 신을 때에 "신발인(shoe man)", 즉 대다수의 황제들이 이용한 노예는 없앴다. 그 다음 승마를 하러 갔고, 여러 정부들 중의 한 명과 함께 정오의 휴식을 취하러 집으로 돌아왔다. 그리고 나서 목욕을 하고 저녁 식사를 했다. 왕궁 안에 거주하는 자유민들은 하루의 이 마지막 시간에 황제가 기분이 가장 좋다는 것을 알고 그때까지 기다렸다가 각종 요청 사항들을 들고 나왔다.

79년 봄 베스파시아누스는 로마 남쪽으로 이동하는 중에 병이 났다. 그는 몸이 회복되기를 기대하며 로마 북쪽의 사비니 언덕 호반, 그의 출생지 인근에 있는 그가 통상 여름을 보내는 거처로 갔다. 호수의 물은 치유력이 있다고 알려져 있었지만, 이번에는 효험이 없었다. 죽음이 가까워지자 베스파시아누스는 두 차례의 톡 쏘는 말을 했다. 그는 성공한 황제가 사후에 이탈리아에서 기대할 수 있는 신격화를 암시하며, "내가 신이 되려나 보군"이라고 말했다.[64] 그리고 막판에 끔찍한 설사에 시달리는 가운데 일어서려고 애쓰면서 "황제는 서서 죽어야 한다"고 말했다.[65] 그리고 그는 부축하는 사람들의 팔에 기대어 실제로 서서 죽었다. 79년 6월 24일, 향년 69세였다.

장례식은 로마에서 치러졌다. 그곳에서 어느 유명 배우가 베스파시아누스의 쩨쩨함에 관한 마지막 우스갯소리를 했다. 로마 귀족들의 장례에서는 누군가가 고인을 흉내 내는 것이 관례였다. 고인의 역할을 맡은 사람은 고인의 생전에 만든 밀랍 가면을 쓰고 고인의 옷을 입은 채 걸음걸이부터 제스처에 이르기까지 모든 것을 똑같이 흉내 냈다. 예명이 파보르였던 한 유명 배우가 베스파시아누스의 장례 동안 이 서비스를 수행했다. 그는 관리들에게 장례식 비용이 얼마인지 묻고는 답변으로 1,000만 세르티우스에 달하는 천문학적 금액을 들은 척한다. 그리고는 여전히 베스파시아누스를 흉내 내면서 이렇게 말했다. "내게 10만을 주고 나를 그냥 테베레 강에 던져버려주시오!"[66]

6개월을 미룬 끝에—이유는 알 수 없다—원로원은 베스파시아누스를 신으로 선언했다. 로마인들의 기준에 의거하여 그는 신격화를 받을 만했다. 로마 황제들 가운데 가장 유명한 사람은 아닌 베스파시아누스는, 투박한 용모와 저속한 유머 감각, 그리고 그의 이름의 요즘 의미 탓에 무시되기 쉽다. 프랑스어 베스파시엔(vespasienne)과 이탈리아어 베스파시아노(vespasiano)는 "공중변소"라는 뜻이다. 그러나 그는 로마 최고의 황제 중의 한 명이었다. 그보다 선대의 모든 군주들 가운데 베스파시아누스만이 즉위한 뒤에 더 좋은 사람으로 변했다고 타키투스는 쓴다.[67] 그는 한 세기 만에 찾아온, 로마의 가장 참혹했던 1년간의 반란과 폭력, 공작을 통해서 권좌에 올랐다. 원로원이 아니라 군단들이 그를 황제로 옹립했고, 그들은 장군으로서 뛰어난 역량 때문에 그를 택했다. 그러나 이 전쟁의 남자는 로마에 평화를 가져왔다. 그는 그 가장 희귀한 물건, 바로 군인-정치가였던 것이다.

베스파시아누스의 업적은 제국의 생명을 유지해준 것에 버금갔다. 그는 카이사르 집안의(아니면 티베리우스의 경우에는 카이사르의 아내의) 피가 혈관에 흐르지 않더라도 여전히 카이사르들이 존재할 것이라는 점을 보여주었다. 만약 베스파시아누스가 다른 일은 하지 않았다고 해도 그것만으로도 대단한 위업이 되었을 것이다. 그러나 그는 다른 업적들도 쌓았다. 로마 시를 재건하는 과정에서 로마에 가장 상징적인 기념물을 선사했고 정치 문화를 바꿔놓았다. 네로 치하에서 경제적 팽창기와 내전의 저주를 겪은 뒤에 안정성과 건전한 재정을 제공했다. 다음 세기 동안 제국을 다스릴 새로운 지배계급을 창출했다. 베스파시아누스는 로마를 재능이 있는 새로운 인물들에게 개방했고, 특히 사비니 지방 출신, 징세인의 아들인 본인이 바로 그런 사람들 중의 한 명이었다.

다시금 로마는 자신을 개조하는 능력을 입증했다. 자신만의 조촐한 방식으로, 베스파시아누스는 연속성을 강조하는 동시에 네로의 황금 궁전과 그것을 대체한 플라비우스 원형경기장 사이의 차이만큼이나 극적인 변화를 가져온 혁명을 실행했다. 혹은 귀부인 안토니아 아우구스타와 그녀의 노예였던 카이니스 간의 차이만큼 아니 그와 관련해서라면 왕족 출신의 네로와 사비니 노새 몰이꾼 베스파시아누스 간의 차이만큼 극적이라고 해도 될 변화를 가져온 혁명이었다.

베스파시아누스의 성공은 로마의 유연성, 적응성, 그리고 창조성을 예시한다. 그러나 제국의 잔인성을 입증하기도 한다. 그의 가장 유명한 건물은 수만 명의 관중을 위한 오락으로서 사람들이 서로를 죽이는 공간이었다. 그는 유혈로 얼룩진 파멸적인 네 황제의 해를 거치며 내전을 통해서 집권했다. 그 갈등으로 초래된 죽음과 파괴에 덧붙여 베스파시아누스가 브리타니아와 유다이아(거기서는 티투스가 작업을 완수하게 했다)에서 초래한 인명 피해도 빼놓을 수 없다. 요세푸스에 따르면, 예루살렘 포위전 동안 110만 명의 유대인이 죽었고, 9만7,000명의 유대인이 로마와의 전쟁 전체에 걸쳐 포로로 끌려갔다.[68] 첫 번째 수치는 엄청난 과장이지만 아마 진실도 충분히 경악스러울 것이다. 두 번째 수치는 대충 맞는 수치일 가능성이 크다.

로마인들은 건설자인 동시에 파괴자였고, 베스파시아누스와 티투스는 성전을 불태우고 예루살렘을 약탈함으로써 역사상 가장 중대한 파괴 행위들 가운데 하나에 참여했다. 그것은 유대민족의 정치적 저항의 종식을 겨냥한 계산된 테러 행위였다. 그것은 종족 학살도 아니고 특별히 반유대적이지도 않았다. 유대인들은 로마를 비롯해서 이스라엘 바깥으로 흩어졌고(디아스포라라고 부르는 과정), 새로운 세금을 제외하면 해를 입지 않았다. 유대인의 공동체적 생활은 예루살렘 바깥 이스라엘 땅에서 계속되었다. 베스파시아누스는 랍비들이 야브네 시(오늘날의 이스라엘 중부)를 신학적, 문화적 중심지로 전환하는 것을 허락했다. 바로 그곳에서 훗날 현대 유대교가 될 사상의 토대가 놓였다. 한편, 성전과 예루살렘 파괴는 유대인 기독교도와 비유대인 기독교도 사이의 간극을 넓히는 경향이 있었다. 70년 이후에 초기 교회는 그 유대교적 뿌리로부터 더욱 멀어졌다.

베스파시아누스가 죽자 티투스가 황제가 되었다. 아버지의 청부업자라는 평판을 알아서였는지 티투스는 매력 공세를 펼쳤다. 그는 어느 원로원 의원도 죽이지 않겠다고 약속하여 원로원에 구애했지만 여론에 추가적인 양보를 해야 했다. 티투스는 많은 미움을 받는 베레니케를 로마에서 즉시 내보내야 했다. 수에토니우스에 따르면, "그와 그녀의 뜻에 반해서."[69]

그래서 티투스는 고독했지만 인기가 많았다. 그러나 그의 치세는 길지도 쉽지도 않았다. 이탈리아는 그의 치세 동안 대규모 재난을 줄줄이 겪었다. 로마에서 화재, 역병, 그리고 폼페이와 헤르쿨라네움 시를 파괴한 79년 10월에 베수비우스 화산 폭발.[70] 그것은 이탈리아의 기록된 역사에서 최악의 화산 폭발이었다. 티투스는 친절한 말과 물질적 구호로 응답함으로써 영리하게 이 재앙을 자신에게 유리한 요소로 탈바꿈시켰다. 그는 화재 이후 재건을 위해서 효율적이고 신속하게 움직였고, 화산 주변의 재난 지역에 재정적 지원을 제공했다. 그는 81년 9월 13일, 잠시 병을 앓은 뒤에 마흔두 살이 되기 직전에 죽었다.

권력은 이제 티투스의 동생 도미티아누스에게 넘어갔다. 그 역시 플라비우스 가문의 사람이었지만 앞으로 보게 되듯이, 그는 아버지가 닦아놓은 순탄한 길에서 재빨리 벗어났다.

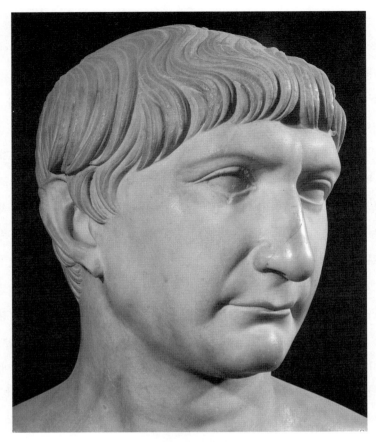

트라야누스 흉상

V

트라야누스
최고의 군주

115년 12월 13일 밤 지진이 안티오크를 뒤흔들었다.[1] 시리아에 위치한 안티오크는 약 50만 명으로 추정되는 인구를 보유한 도시로, 당시 로마 세계에서 세 번째로 컸다. 알렉산드리아와 로마만이 그곳보다 더 컸다. 지진은 근동 전역에서 감지되었고, 지진 때문에 일어난 해일은 유다이아까지 도달했다. 그러나 지진은 안티오크를 가장 세게 강타했다. 지진은 안티오크에서 우르릉거리는 소리와 함께 시작되었다. 땅이 진동하고 나무와 건물들이 공중으로 솟아올랐다가 처박히며 거의 앞을 보기 힘든 짙은 먼지 구름을 일으켰다. 진도 7.3이나 7.5로 추정되는 격심한 지진에 의해서[2] 도시의 많은 부분이 파괴되었고, 근래에 병사들과 민간인들이 몰려들어서 인명 손실은 한층 더 심했다. 그들은 황제가 안티오크에 있었기 때문에 사실상 임시 수도가 되었던 그곳에 와 있었다. 임페라토르 카이사르 네르바 트라야누스 디비 네르바이 필리우스 아우구스투스 또는 우리가 부르는 대로는 트라야누스는 군사 활동을 잠시 중단하고 안티오크에서 겨울을 나고 있었다.

지진으로 인해서 안티오크에 있던 집정관 한 명이 사망했다. 트라야누스는 운이 좋았다. 그는 경미한 부상만을 입은 채 파손된 건물에서 창문을 타고 가까스로 빠져나왔다. 여진이 계속된 다음 며칠 동안에 그는 도시의 전차경기장을 피난처 삼아 옥외에서 지냈다. 자신을 헤라클레스와 유피테르에 비교하던 남자에게 이것은 굴욕적인 사태의 전개였다. 타격을 줄이기 위해서 트라야누스는 자신은 초인적인 지위의 사람이기 때문에 안전했다는 말을 퍼트렸다. 그래도 그것은 유피테르가 정한 지상의 대리자로서 트라야누스에게 번개를 빌려주는 장면을 그린 관변(官邊) 미술과는 거리가 한참 멀었다.

트라야누스는 자신이 무대의 중앙을 차지하기만 한다면, 드라마 같은 상황을 즐겼다. 엄청난 파괴에도 불구하고 지진은 트라야누스가 좋아하는 요소들을 가지고 있었다. 폭력, 신적 개입, 그가 고통 받는 세계에 자애와 보호, 인류애를 과시할 기회, 그리하여 그를 사랑하는 민중에게서 더 많은 인기를 얻어낼 기회를. 그는 조국의 아버지―원로원이 그에게 수여한 칭호―가 아니었던가? 그는 안티오크 재건 프로그램에 즉시 착수했다. 그리고 트라야누스는 로마 세계가 알게 될 가장 위대한 건설자 중의 한 명이었다.

트라야누스가 잔해에서 빠져나오는 모습은 아주 귀하다. 왜냐하면 그에 관한 고대의 전기는 하나도 전해지지 않기 때문이다. 고대 역사서들의 짤막한 언급들을 제외하면 우리는 오직 웅변, 건축, 예술 작품에서―공식적인 견해―만 볼 수 있고, 그 공식적인 견해는 그를 거북이 대형을 전개하며 방패로 자신들을 엄호하는 군단병 부대처럼 트라야누스 주변을 에워싸고 있다. 이런 출전들은 그 인물을 거의 드러내지 않는다. 그것들은 그가 사람들 눈에 비치고 싶어했던 대로의 트라야누스를 보여준다. 그리고 대다수의 황제들과 마찬가지로 그는 대중이 그가 세우려고 무던히 노력했던 대리석 외관을 보기를 원했지, 그 배후의 벽돌과 콘크리트를 보는 것은 원하지 않았다.

대중은 반대하지 않았다. 사실 원로원과 민중은, 현대인의 귀에는 마치 그가 전임자들과 무슨 아카데미 영화상 경쟁에라도 뛰어든 것처럼 들리는 최고의 군주[3]라는 칭호를 수여했다. 후대의 로마 전승은 과거를 돌이켜보며 트라야누스를 로마의 가장 위대한 황제들 중의 한 명으로 꼽았다. 3세기 중반에 이르자 사람들은 새로운 황제가 즉위할 때마다 "아우구스투스보다 더 운이 좋기를, 트라야누스보다 더 훌륭하기를"[4]이라고 기원하며 황제를 맞았다.

그러나 좀더 자세히 살펴보면, 진짜 트라야누스가 그의 모든 재능과 모순 가운데에서 드러나기 시작한다. 트라야누스는 그가 내세운 따분할 정도로 완벽한 이미지에서 비쳐지는 것보다 훨씬 더 영악하고 복잡한 사람이었다. 이 구역의 일인자는 자신이라고 주장했음에도 불구하고 그는 어느 황제 못지않게 집안의 막강한 여성들에게 의존했다.

그는 황실에서 태어나지 않았고, 내전 동안 권좌에 오르게 된 것도 아니었다. 그는 착실히 노력하여 권력에 다가간 아웃사이더, 폭정 동안 어떻게 살아남아야 할지를 아는 정치적으로 기민한 장군, 그리고 조용히 자신을 없어서는 안 될 인물로 만든 지도자였다. 트라야누스가 권좌에 오르는 과정은 그의 선임자 도미티아누스 시절에서부터 시작한다.

도미티아누스

티투스의 짧은 치세 뒤에, 81년 동생 도미티아누스가 그를 대체했다. 티투스에게는 열일곱 살짜리 딸 율리아 플라비아가 있었지만 로마인들은 여황제의 가능성은 고려해본 적도 없었다.

재능 있고 근면한 행정가인 도미티아누스는 거만했다. 그는 왕처럼 오만하게 굴었고, 매혹적이고 도도한 여성과 결혼했다. 터프한 베스파시아누스와 매력적인 티투스에 익숙했던 원로원은 힘들어했다. 도미티아누스는 자신의 관리들의 이름으로 발부된 한 서신을 "우리의 주인이자 신께서 이 일을 하도록 명하다"[5]로 시작했다고 한다. 원로원 모임에 관심을 보이기는커녕 그는 종종 공무를 로마 바깥의 개인 영지에서 수행했다. 원로원 의원들은 분노했다. 밀고자들이 불만을 부추겼다. 음모들이 생겨나고, 단호하게 분쇄되었다. 모의 혐의로 처형된 14명의 원로원 의원들의 이름이 알려져 있으며, 그중 12명은 전직 집정관이었다. 도미티아누스는 스토아 철학자 다수를 비롯하여 철학자들을 로마에서 두 차례 추방했는데, 스토아 철학은 많은 의원들의 마음에 맞는 철학이었다.

원로원은 역사서에서 도미티아누스의 명성에 먹칠을 하여 결국 복수를 했다. 그에게 적대적인 많은 일화들 중의 하나는 도미티아누스를 매일같이 방에 혼자 앉아서 몇 시간씩 파리를 잡아 철필(鐵筆)로 찌르며 시간을 보내는 사람으로 그리고 있다.[6] 그 일화의 다양한 판본에 따르면, 도미티아누스는 지루해하고, 잔인하고, 강박적이고, 압제적인 사람이다.

아이러니는 도미티아누스가 많은 측면에서 좋은 정부를 제공했다는 것이다. 15년의 치세 동안 그는, 자신이 책임감 있는 재정 담당자, 속주들을 공정하게 다루는 행정가 그리고 변경과 국방 정책의 유능한 관리자임을 보여주었다. 그는 오락과 연회, 채무 면제로 인기를 얻었다. 그가 주최한 검투사 경기로는 횃불로 하는 야간 대결과 여성 검투사들 간의 대결과 같은 관객의 인기를 끄는 것들이 있었다.

도미티아누스는 위대한 건설자이기도 했다. 그의 건축 프로젝트에는 로마의 나보나 광장에서 오늘날에도 그 윤곽을 여전히 볼 수 있는 새 전차경기장이 있었다. 도미티아누스는 콜로세움도 완공했다. 둘 다 대중에게 유익했지만 도미티아누스의 가장 원대한 프로젝트는 네로의 황금 궁전에 버금가는, 그 자신의 에고에 대한 기념비, 즉 팔라티노 언덕 위의 어마어마한 새 궁전이었다.

젊은 시절에 키가 크고 잘생겼던 도미티아누스는 나이가 들면서 아버지처럼 튀어나온 코에 살집이 있는 얼굴에다가 미간에는 주름이 잡히고 똥배가 나왔다.[7] 그를 묘사한 흉상들은 풍성한 곱슬머리를 보여주지만[8] 사실 그는 대머리였고, 거기에 예민했다. 하지만 그에게는 고압적일지라도 미모의 아내가 있었다.

그녀는 재능이 있지만 불운했던 네로의 장군 그나이우스 도미티우스 코르불로의 딸 도미티아였다. 그녀에게 홀딱 반한 도미티아누스는 그녀를 설득하여 남편과 이혼하고 자신과 재혼하게 했다. 그녀의 흉상을 보면 거대한 머리카락 아래로 매끈한 피부의 얼굴이 돋보이고, 평온하게 아름다워 보인다.[9] 그녀는 빽빽하게 땋은 곱슬머리를 불룩하게 부풀린 헤어스타일을 하고 있다. 그렇지만 문제들이 있었다. 도미티아는 도미티아누스와 2명 아니면 3명의 아들을 낳았지만, 모두 아주 어려서 죽었다. 그녀는 어느 배우와 불륜을 저질렀고, 이 일로 도미티아누스는 그녀와 별거하고 배우는 처형했다. 나중에 도미티아누스는 그녀를 다시 받아들였지만, 그때는 이미 조카인 율리아 플라비아가 그의 동반자 역할을 해오고 있었다. 사람들은 두 사람이 불륜을 저지르고 있다고 수군거렸고, 특히 도미티아누스가 율리아의 남편을 반역죄로 처형한 뒤에는 소문이 더욱 무성해졌다. 수년 후인, 91년에 율리아가 죽었을 때, 그녀가 낙태로 잘못되어 목숨을 잃었고, 아이의 아버지는 도미티아누스라는 풍문이 떠돌았다. 그후로 그는 태연하게 그녀를 신격화했다.

트라야누스의 초기 권력 부상

트라야누스의 아버지 마르쿠스 울피우스 트라야누스는 히스파니아 출생이며, 군단 사령관으로 베스파시아누스의 아래에서 복무했다. 이후로 아버지 트라야누스는 로마의 공직 생활에서 매우 높은 자리까지 출세했다. 아버지 트리야누스의 아내—트라야누스의 어머니—는 마르키아라는 여자인 듯한데, 저명한 이탈리아 원로원 가문 출신일 가능성이 있다. 그들은 트라야누스와 그의 누이 울피아 마르키아나, 이렇게 자식 둘을 낳았다. 그들은 히스파니아에서 올리브로 잘 알려진 풍요로운 농업 지역에서 살았지만, 신사-농장주의 삶은 아버지에게도 아들에게도 흥미를 불러일으키지 않았다. 그들에게는 로마가 아니면 다른 모든 것은 무의미했다. 그리고 로마는 그들에게 기꺼이 기회를 줄 참이었다.

제국의 여러 강점들 가운데 하나는 속주의 부유한 엘리트 계층을 포섭하는 능력이었다. 먼저 제국은 만약 그들이 트라야누스 가족과 달리 아직 로마 시민이 아니라면 그들에게 시민권을 부여했고, 그 다음 원로원의 의석을 제공했다. 마지막으로 그들을 황제로 만들었다. 트라야누스는 속주 출신의 첫 황제이다.

그는 53년 무렵에 태어났다. 우리가 트라야누스의 어린 시절에 관해서 짐작할 수 있는 몇 안 되는 사항들 중의 하나는 그가 아버지를 우러러보았다는 것이다. 세월이 흘러 황제가 되었을 때, 그는 아버지를 신격화했는데 이례적인 영예이다. 베스파시아누스가 황제가 되었을 때, 트라야누스는 대략 열여섯 살이었다. 그때쯤이면 트라야누스는 로마에 살고 있었을 것인데 속주 출신의 야심이 많은 아버지라면 아들이 제국의 수도에서 교육을 마무리하기를 바랐을 터이기 때문이다. 트라야누스는 그다지 훌륭한 학생은 아니었지만 인맥을 어떻게 쌓아야 하는지는 확실히 잘 알고 있었다.[10] 로마에는 히스파니아 출신 공동체가 있었으며, 트라야누스는 혼자라는 느낌을 받을 필요가 없었다. 그렇지만 다 큰 어른으로서 트라야누스의 당당한 겉모습 안에는 로마인들에게 자신이 이탈리아 본토와 해외 양쪽에서 그들을 능가할 수 있다는 것을 보여주고 싶어하는 속주 출신의 어린 소년이 남아 있지는 않았을까 궁금해진다.

트라야누스는 75년 무렵에 시리아의 아버지 휘하에 있었던 기간을 비롯하여 대령(군 호민관)으로 여러 해를 복무했고, 그 다음 한동안은 라인 강 유역에서 복무했다. 그는 통상적인 경우보다 대령으로 더 오래 복무했고, 그에게 아첨하는 출전을 신뢰할 수 있다면, 그는 업무에 열중했다.[11] 트라야누스는 그로부터 얼마 지나지 않아서 결혼을 한 듯한데, 엘리트 로마 남성들은 보통 20대 초반에 결혼하기 때문이다. 그의 아버지는 폼페이아 플로티나와의 결합을 추진했던 듯하다.

트라야누스처럼 플로티나는 속주 가문 출신이었다. 그녀의 집은 갈리아 남부 네마우수스 시에 있었다. 플로티나의 집안에 관한 자세한 사항은 전해지지 않지만 분명 부유하고 저명한 집안이었음에는 의지의 여지가 없는데, 트라야누스가 자신보다 떨어지는 집안에 만족하지는 않았을 것이기 때문이다. 플로티나가 언제 태어났는지는 모르지만, 로마 엘리트 계층 사이에서 아내들은 전형적으로 남편보다 대략 열 살 어렸기 때문에 그녀의 출생 연도를 65년으로 추정해볼 수 있다. 기민하고, 유능하며, 교육 받은 여성인 플로티나는 남편의 지지자로서 중요한 역할을 하게 된다. 혹자들은 그녀가 그의 조종자라고 말했다.

89년, 트라야누스가 히스파니아 북부의 조용한 낙후 지역에서 군단 1개를 지휘하고 있을 때, 도미티아누스 황제에 대항한 반란이 게르마니아 변경지대에서 터져나왔다. 그것은 트라야누스에게 커다란 기회였다. 그는 도미티아누스를 지키기 위해서 신속히 게르마니아로 진군했다. 반란은 트라야누스가 그곳에 당도하기 전에 수포로 돌아갔지만 그는 능률적인 대처로 황제에게 깊은 인상을 남겼다. 보상으로 그는 일반 집정관직(임기 중반에 임명되는 보궐 집정관에 대비되는 개념으로 보궐 집정관보다 위신이 더 높다/옮긴이)을 받았고 상(上)게르마니아 총독직과 도나우 강 변경에서 선임 지휘권을 얻었던 것 같은데, 이곳에서 그는 승전을 거두었다.

황제는 트라야누스 같은 군인들과는 마찰 없이 잘 지냈다. 그러나 국내의 민간인들 사이에서는 자신의 권력을 과시하고 정적들을 괴롭혔다. 95년에 도미티아누스가 자기 사촌을 처형한 뒤로, 누구도 더 이상 안전하다고 느끼지 못했는데, 앞서서 도미티아누스는 그 사촌의 아들들을 자기 후계자로 삼아 입양했다! 비록 재치로 이름나지는 않았지만 도미티아누스는 음모가 성공할 때까지는 누구도 황제에 대항한 음모를 믿지 않는다는 말을 비롯하여 몇몇의 명언을 남겼다.[12]

도미티아누스의 경우에는 마침내 음모가 성공을 거뒀다. 96년 9월 19일에 소수의 공모자들이 침실에서 그를 찔러 죽였다. 두 근위대장은 모의를 알고 있었다. 그의 어린 시절 유모가 도미티아누스의 시신을 화장했고, 화장한 유해는 비밀리에 로마의 플라비우스 신전에 매장되었다. 원로원은 그에 대한 공식 기록을 말소했고 따라서 도미티아누스의 조각상은 대부분 파괴되었고, 그의 이름은 비문에서 삭제되었다. 그러나 도미티아의 기억 속에서는 아니었다. 그녀는 커다란 부를 누리고, 자신을 자랑스럽게 도미티아누스의 아내라고 부르며, 남편보다 약 35년 더 살았다. 이런 사실은 그녀가 남편을 죽인 자들을 도왔다는 소문에 의심을 던진다[13]—물론 나중에 그녀가 개심한 것이 아니라면 말이다.

네르바

원로원은 자기들 가운데 한 명을 도미티아누스의 후임자로 지명하고자 재빨리 움직였다. 마르쿠스 코케이우스 네르바는 유서 깊고 이름난 가문 출신의 노련한 정치가였다. 집정관을 2번 역임한 그는 궁정인이자 네로, 베스파시아누스, 도미티아누스와 매끄러운 관계를 유지하여 살아남은 자였다. 그는 안전한 선택인 것 같았다.

네르바는 죄수들을 풀어주고, 과거 반역 판결들을 수정하고, 장래 반역 재판들을 배제함으로써 원로원을 기쁘게 했다. 그는 곡물과 토지 분배 그리고 다양한 다른 복지 정책들을 실시함으로써 민중의 환심을 샀다. 역사가 타키투스에 따르면, 네르바는 양립 불가능해 보였던 두 가지, 즉 자유와 황제 권력을 결합시켰다.[14]

그러나 군대는 도미티아누스를 좋아했고 네르바에게 감명을 받지 않았다. 한 군대는 도미티아누스가 죽자 반란을 일으키기 직전까지 갔고 또다른 군대는 충성을 신뢰할 수 없는 속주 총독의 수중에 있었다. 97년 근위대는 도미티아누스를 암살한 자들에게 복수할 때가 왔다고 판단했다. 하극상을 일으킨 그들은 왕궁에 있던 네르바를 포위한 뒤, 그에게 강요하여 억지로 황제 시해범들을 내주게 했다. 근위대는 시해범들을 처형했는데 그들 중 한 명은 죽이기 전에 먼저 고문했다. 그 다음 그들은 네르바에게 강요하여 공개적으로 근위대에게 사의를 표하게 했다.

자신의 허약함을 깨달은 네르바는 자문위원회와 협의한 다음 퇴위하지 않기로 했다. 그 대신에 그는 후임자를 선택했다. 그는 60대였고, 아내와 사별했고, 자식도 없었으므로 외부자에게 눈길을 돌렸다. 그는 마음을 정한 뒤에 포로 로마노의 연단으로 가서 큰 목소리로 선언했다. "로마 원로원과 민중, 나 자신에게 좋은 결과가 따르기를. 이에 나는 마르쿠스 울피우스 네르바 트라야누스를 입양한다."[15]

　가장 유망한 다른 후보자는 네르바에 반대하는 파벌에 속했다. 트라야누스는 정치적으로 우호적이었고, 더구나 인상적인 개인적 경력을 자랑하는 유명한 아버지의 아들이었다. 마지막으로 중요한 요소는, 그에게는 명령만 내리면 언제든지 로마로 진군할 태세인 군단이 다수 있었다는 사실이다. 그러므로 그를 선택한 것은 평화를 지킨 일이었다.

　네르바의 선택은 로마식 실용주의가 발휘된 사례였다. 그는 두 가지 장벽을 깼다. 최초로 황제는 그와 혈연이나 혼인으로 엮이지 않은 사람을 아들로 입양했다. 그리고 최초로 황제는 이탈리아 외부 출신을 후계자로 지명했다.

　그러나 좀더 깊이 파고들면, 군대가 변화의 진짜 동력이라는 의미에서 트라야누스는 연속성을 대표한다. 늘 그렇듯이 군대는 로마 사회에서 가장 평등주의적이고 혁신적인 세력이었다.

　네르바는 입양의 표시로 트라야누스에게 다이아몬드 반지를 보내면서 자신에게 수모를 준 근위대원들에게 복수해줄 것을 우아하고 우회적인 방식으로 청하는 편지도 함께 보냈다. 그는 트라야누스가 자신이 선택한 후계자임을 가리키는 의미로 카이사르와 임페라토르라는 칭호도 주었다. 한편, 네르바는 원로원을 소집하여 트라야누스에게 권력과 권한을 수여하게 함으로써 후임자로서 그의 헌정적 지위를 확실히 했다.

　98년 1월, 네르바는 서너 달 사이에 사망했고 트라야누스는 황제가 되었다. 그는 네르바에 맞선 근위대 반란의 주동자들을 재빨리 처형하여 전임자를 위해서 복수했다. 그 반란이 트라야누스의 등극으로 이어졌다는 사실은 아무래도 상관없었다. 황제라는 것은 곧 가문이었고, 가족 문제와 관련해서는 명예가 전부였으니까 말이다. 그래서 트라야누스는 양부를 위해서 복수했다. 그는 또한 네르바를 신격화하고 아우구스투스 영묘에 묻어서 그런 영예를 누린 마지막 황제로 만들었다.

트라야누스가 황제가 되는 법을 보여주다

도미티아누스는 군대는 기쁘게 해주었지만, 원로원은 기쁘게 해주지 못했다. 네르바는 원로원을 기쁘게 해주었지만 군대는 기쁘게 해주지 못했다. 트라야누스는 처음부터 그가 양쪽 모두를 만족시켜줄 사람임을, 그러면서 로마 민중도 행복하게 해줄 사람임을 보여주었다. 그는 인상적일 만큼 폭넓은 지지를 이끌어냈다.

트라야누스는 99년 늦게까지 북쪽에 머무르면서 게르만 부족들에 맞서 라인 강과 도나우 강 변경지대 주둔군의 전력을 강화했다. 마침내 로마로 돌아왔을 때에 그는 영리한 대중 홍보를 선보이며 입성했다. 가마나 전차를 타고 오는 대신에 그는 걸어서 들어왔다. 그는 앞에 모인 원로원과 기사들을 따뜻하게 맞이했고, 카피톨리누스의 유피테르 신전에 제물을 바친 다음에야 마침내 팔라티노 언덕 위의 왕궁으로 들어갔다.

플로티나는 왕궁에 들어섰을 때에 새로운 정권의 기풍을 포착했다. 그녀는 궁 앞에 모여든 군중에게로 몸을 돌리고 말했다. "나는 이곳에 들어왔을 때와 똑같은 여자로 이곳을 떠나고 싶다."[16] 그녀는 도도한 도미티아와 이보다 더 딴판일 수도 없는 태도를 보여주었다.

40대에 황제가 된 트라야누스는 인생의 전성기에 있었고, 신체적, 정신적으로 건강했으며, 에너지와 계획들이 넘쳐났다. 지금까지 다수가 남아 있는 그의 흉상들은 나이를 먹어가는 운동선수에게서 느껴지는 결연한 풍모가 보인다.[17] 머리카락은 아우구스투스를 연상시키는 스타일로 정성스레 다듬어져 있다. 이목구비는 단정하며, 꽉 다문 가는 입술만 뺀다면 고전적인 용모라고 할 수 있다. 현대의 한 논평가는 트라야누스가 멍청해 보인다고 깎아내렸고,[18] 그의 평가는 정직했던 것으로 보인다. 일부 조각상들은 정말로 둔한 표정을 띠고 있지만, 트라야누스 주화 초상들에 묘사된 남자는 다른 황제들 못지않게 영리해 보인다.

트라야누스의 과제는 분명했다. 그는 자신이 아우구스투스와 베스파시아누스의 좋은 점들을 갖추고 네로나 도미티아누스의 나쁜 점들은 없이, 권력을 가질 만한 사람임을 입증해야 했다. 그는 자신이 정치가, 정복자, 시혜자, 건설자, 신들의 총애를 받는 자이자 모범적이고 순종적인 가족을 얻은 자임을 보여줄 터였다. 그는 도미티아누스가 행사한 권력을 한 치도 내놓을 생각이 없었지만, 번지르르한 달변과 너그러운 태도로 다스릴 작정이었다. 트라야누스는 공화주의자가 아니었다. "모든 것은 1인의 권위 아래에 있다"[19]는 것이 어느 당대인이 트라야누스의 지배를 묘사한 방식이었다.

어쩌면 트라야누스의 통치를 가장 잘 요약하는 표현은 **가부장적**일 것이다. 그는 원로원으로부터 조국의 아버지(pater patriae)라는 칭호를 수락한 최초의 황제가 아니지만 대다수의 황제보다, 엄격한 만큼이나 자애로운 황제가 되고자 애썼다.

비록 군인이었지만 트라야누스는 좋은 정치가의 자질을 갖추고 있었다. 그는 사근사근하고, 차분하며, 개인적인 공격들에 마음을 쓰지 않았다. 자신이 만족시켜야 할 세 지지층―원로원, 민중, 군대―이 있다는 사실을 결코 망각하지 않았고 각각의 기대에 부응했다.

원로원   즉위 시에 트라야누스는 원로원에 친필 서한을 보내서 어떤 사람도 처형하거나 특권을 박탈하지 않겠다고 약속했고, 그때와 이후로도 여러 차례 추가로 맹세했다. 그는 이 점에서 분명히 약속을 지켜서 어느 원로원 의원도 처형하지 않았다. 또한 그들의 재산도 건드리지 않았다.

그는 원로원을 존경과 위엄을 갖추어 대우했다. 막후에서는 수중으로 권력을 집중시켰지만, 적절한 수완으로 요란스럽지 않게 해냈다. 아첨 성격이 강한 어느 연설은 폭군 도미티아누스와 달리 트라야누스는 로마인이 자유롭게 발언할 권리, 심지어 그를 비판할 권리까지 존중했다고 주장한다.[20] 이것은 물론 과장이지만 트라야누스는 분명히 분위기를 완화했다. 그는 도미티아누스 재위 말년에 엘리트 계층의 공포의 대상이었던 전문 밀고자를 없앴다.

자신이 신성임을 자처함에도 불구하고 그는 따뜻하고 다가가기 쉬울 때도 있었다. 그는 수시로 자기 마차의 빈자리에 다른 사람 세 명을 함께 태우고 가고는 했고, 심지어 호위병 없이 시민의 집을 방문하여 즐거운 시간을 보내기도 했다.[21] 친구들이 그가 너무 쉽게 접근할 수 있는 사람이라고 나무라자, 그는 예전에 황제들이 자신에게 해주기를 바랐던 것처럼 자신도 일개 시민들에게 그렇게 행동했을 뿐이라고 말했다.[22] 트라야누스는 주인장의 역할을 하는 것을 즐겼다. 예를 들면, 그는 로마 북쪽에 있는 자신의 시골 별장으로 제국의 자문관들을 초청하여 일련의 실무 회의를 가진 뒤에 저녁마다 참석자들을 대접했다고 한다. 한 원로원 의원은 저녁 만찬의 비교적 격의 없는 분위기와 소박함, 낭송과 대화, 그리고 그곳의 아름다움에 매료되었다고 묘사한다.[23]

민중 그런 접대도 트라야누스가 이탈리아의 빈민에게 제공한 "환대"와 비교하면 무색해진다. 트라야누스는 네르바가 시작한 이탈리아 도시들의 빈민 아동들에게 보조금을 제공하는 정책을 확대하여, 아마도 수십만 명의 소년, 소녀들에게 혜택이 돌아갔을 것이다. 보조금 제공 방식은 복잡하고 제한적이었지만, 상당한 도움이 되었다. 보조금 혜택이 속주들로 확대되지는 않기 때문에 이 정책은 또한 제국에서의 이탈리아의 특권적 지위를 부각시켰다. 다른 복지 정책들로는 곡물 배급의 확대와 전리품을 재원으로 삼은 넉넉한 현금 지급 등이 있었다. 트라야누스는 대외 정복에서 얻은 전리품으로 국고를 채운 뒤에 세금을 면제했다.

트라야누스는 게임과 경주에 자원을 아끼지 않았다. 한 고대 작가가 관찰한 대로 트라야누스는 로마인들이 딱 두 가지에만 관심이 있다는 것을 알았다. "곡물과 스펙터클."[24] 그것은 "빵과 서커스"[25]에 관한 한 시인의 불평이나 민중은 오직 "풍성한 빵과 전차 경주에서 관람석"[26]만 원할 뿐이라는 어느 연설가의 평가에서 그다지 멀지 않았다.

군대　　트라야누스는 군인 활동을 열렬히 좋아했다. 그는 군 생활, 즉 어느 동시대인이 "막사, 군대 집합 나팔, 나팔, 땀과 흙먼지, 태양의 열기"[27]라고 불렀던 것을 사랑했다. 트라야누스는 구식 군인으로 불렸지만 더 현명하고 친절했다.[28]

트라야누스는 병사들을 대단히 아꼈고 그들을 "훌륭하고 가장 충성스러운 동료 용사들"[29]이라고 불렀다. 그는 병사들이 유언장을 더 용이하게 작성할 수 있도록 특별 규정을 주문했고, 라인 강과 도나우 강 변경지대 그리고 북아프리카에서 퇴역한 병사들을 위한 식민지를 수립했다. 그는 몸소 전쟁에 참여했고, 병사들에게 특별한 주의를 기울였다. 트라야누스는 군의 공동식당에서 식사했다. 일반 병사들과 함께 걸어서 행군하고 강을 건너며 역경을 함께 했다.[30] 어느 전투 중에는 붕대가 떨어지자, 자신의 의복을 잘라서 쓰도록 했다고 한다.[31] 그는 전사자들을 제단과 연례 의례로 기렸다.

아우구스투스처럼 트라야누스는 우정을 맺는 데에 재능이 있었다. 그는 리키니우스 수라와 가장 가까웠고 수라는 그의 아그리파였다. 트라야누스처럼 수라는 히스파니아 출신이었다. 도미티아누스 치하에서 유력한 정치가이자 군 사령관이었던 수라는 트라야누스의 권력 부상을 후원했다. 이후로 수라는 고위직과 전시에 트라야누스의 오른팔이라는 위상으로 보답받았다. 수라는 자신의 재력으로 예술의 후원자 역할을 하고 로마에 공공체육관을 건립했다. 그는 황제와의 친밀한 우정을 전혀 감추려고 하지 않았던 모양이며, 이는 질투와 중상을 부추겼다.

수라에 대한 지지의 표시로서 트라야누스는 친구의 집에 초대도 받지 않고 호위병도 대동하지 않은 채 찾아갔다. 그는 수라의 주치의로 하여금 그의 눈에 연고를 바르도록 허락하고 수라의 이발사에게 면도를 부탁했으며 면도가 끝난 뒤에는 그 집에서 목욕을 하고 식사를 했다. 다음 날 트라야누스는 질투하는 궁정인들에게 "만약 수라가 나를 죽이고 싶었다면 어제 나를 죽였을 것"이라고 말했다.[32] 108년경에 수라가 죽자 트라야누스는 친구에게 커다란 영예—국장, 조각상, 그리고 수라의 이름을 딴 공중 욕장들을—를 내렸다.

새 황제는 지성인이 아니었지만 지성이 부족하지는 않았다. 그의 열정의 대상 가운데 두 가지는 술과 젊은 남성들이었지만 술을 마셔도 취하는 법이 없었고, 어느 상대에게도 애정을 강요하지 않았다. 황실의 다양한 시동들과 배우, 한 무용수, 그리고 뜬소문에 따르면 심지어 네르바와 수라와도 관계를 맺었다는 이야기가 있다. 그의 다른 열정의 대상 두 가지는 자만과 전쟁이었고 이쪽에서는 절제하지 않았다.

트라야누스의 황실 여성들

트라야누스는 자기 가족을 로마 스타일의 퍼스트 패밀리(First Family : 미국 대통령 일가/옮긴이)로 내세웠다. 베스파시아누스와 네르바처럼 그는 전임 황제와 아무런 혈연관계가 없이 즉위했다. 그래서는 그는 정통성이 있어 보이려고 더욱 열심히 노력해야만 했다. 한 가지 길은 자신의 가족을 소박함과 순종이라는, 때 묻지 않은 로마식 이상으로의 복귀로 내세우는 것이었다. 물론 플라비우스 왕조 역시 네로의 흥청망청한 주지육림 뒤에 가족 가치의 회복에 관해서 이야기했지만, 막상 그들이 데려온 사람들은 카이니스, 베레니케, 도미티아였다. 네르바는 홀아비였다. 마침내 트라야누스와 함께 로마는 미덕이 황실에 회복되는 것을 보게 된다.

98년 즉위 당시에 트라야누스는 자식이 없었지만 그럼에도 불구하고 대가족을 거느리고 있었다. 비록 본인은 로마 남성성의 화신인 듯했지만 그의 궁전은 여성적인 공간이었다. 트라야누스는 아내 폼페이아 플로티나, 남편을 여읜 누이 울피아 마르키아나, 역시 과부인 그녀의 딸 살로니아 마티디아, 그리고 살로니아 마티디아의 두 딸 민디아 마티디아와 비비아 사비나와 궁전을 공유했다. 그는 세상에 황실 가족이 정숙하고 서로 기꺼이 돕고, 순종적으로 비치기를 원했다. 황실의 선전가들은 원하는 성과를 냈다.

관변 예술은 트라야누스의 여성들을 왕족답고 근엄하게 묘사했다. 그들은 모두 양식적이지만 결코 풍성하지는 않은 머리카락을 보여준다. 모두가 처진 입꼬리와 차분한 시선을 자랑한다. 플로티나의 흉상들은 침착하고 귀족적이며, 흠잡을 곳 없이 머리를 손질한 여성을 보여준다. 마르키아나는 딱딱하고 위엄이 있다. 그녀의 머리칼은 정성스레 땋아서 하나로 단단히 감아놓은 형태이다. 그녀는 도미티아 같은 플라비우스 왕조의 여성들의 흉상들에서 보이는, 곱슬곱슬한 컬과 같은 대담한 화려함이 결여되어 있다. 주화에 새겨진 초상들도 비슷하게 절제되어 있다. 주제는 가정성이다. 플로티나는 집과 가정의 상징 그리고 육체적 순결의 의인화(푸디키티아)의 상징과 함께 등장한다. 푸디키티아는 플로티나가 제단을 바친 여신이기도 하다. 마르키아나는 딸과 두 손녀딸하고 함께 나온다. 살로니아

마티디아의 여러 흉상들은 캐보는 듯한 눈초리와 매부리코에 중후하고 침착해 보이는 여성을 묘사한다. 길고 거의 남자처럼 생긴 그녀의 얼굴은 외삼촌 트라야누스와 닮았는데 그것이 조각가의 의도였을지도 모른다.

공식 담론은 그보다 더 단단하게 엮여 있다. 100년 새로 임명된 가이우스 플리니우스 카이킬리우스 세쿤두스라는 집정관, 흔히 소(小)플리니우스로 알려진 신임 집정관은 원로원에 트라야누스를 칭송하는 연설을 하고 나중에 이를 출판했다. 「파네기리쿠스(*Panegyricus*)」라고 하는 이 연설문은 트라야누스에게 아낌없는 칭송을 바쳤고, 이후 플리니우스의 성공적인 경력은 트라야누스가 이를 승인했음을 보여준다. 트라야누스의 자문 회의에서 일하고 종교적 직책인 복점관(卜占官) 중의 한 명으로 선출된 것 외에도 플리니우스는 중요한 속주인 비티니아와 폰투스(북서부 터키)의 총독으로 임명되었다.

연설에서 플리니우스는 트라야누스 집안의 여성들을 구체적으로 언급한다. 그는 많은 뛰어난 남자들이 아내를 잘못 고르거나 아내와 이혼하지 않는 약한 모습으로 곤란을 겪었는데, 사람들이 나쁜 남편은 좋은 시민일 리가 없다고 생각하기 때문이라고 지적한다. 그러나 트라야누스의 아내는 정숙함과 로마에 대대로 내려오는 미덕들의 모범이다. 플로티나는 겸손하고 절제하며 남편에게 헌신한다. 트라야누스처럼 그녀는 자기를 둘러싸고 야단을 떠는 것보다는 침묵을 선호하고, 남편의 예를 따라서 "그녀의 성별이 허용하는 만큼"[33] 걸어서 다닌다. 무엇보다도 그녀는 오직 순종이라는 크나큰 영광을 추구하는 데에 만족한다. 이는 모두 트라야누스가 플로티나를 얼마나 뛰어나게 가르쳐왔는지를 보여주는 것이라고 플리니우스는 말한다.

플리니우스는 또한 마르키아나가 좋은 누이이며 트라야누스와 똑같이 솔직하고 소박하게 처신한다고 칭송한다. 그는 가까이 붙어사는 여자들 사이에서는 경쟁의식이 생겨날 수도 있다고 심술궂게 주목하면서도 두 황실 귀부인들이 소란이나 불협화음 없이 잘 지내고 있다고 칭찬한다.[34] 그는 또한 원로원이 그녀들에게 수여하고 싶어했던 아우구스타 칭호를 거부한 겸손함에 박수를 보낸다. 칭호를 거부하는 것은 도미티아와 이전 정권과의 차이를 부각하는 또다른 방식이었다.

관변 예술은 황실의 시누이와 올케 사이에 그와 비슷하게 화목한 광경을 연출한다. 예를 들면 마르키아나와 플로티나의 이름은, 이탈리아 항구 도시 안코나에 트라야누스가 건설한 새로운 항만에 세워진 아치 위에 새겨져 있으며, 두 사람의 조각상은 한때 황제의 조각상과 나란히 꼭대기를 장식하고 있었을 것이다. 현실은 물론 아마도 더 지저분했을 것이다.

우리는 플로티나, 마르키아나, 또는 마티디아가 플리니우스나 황실의 관변 예술이 암시하는 대로 순종적이고 뒤로 물러나 있었다고 한순간도 믿어서는 안 된다. 아우구스투스의「레스 게스타이」가 정권을 남성 클럽처럼 오도하여 묘사한 것처럼, 트라야누스의 관변 예술과 문학도 황실 여성들을 저평가한다. 황실 여성들은 각자 무수한 노예와 해방민을 거느린 부유한 재산 소유자였다. 플로티나의 재산이 가장 중요했을 터인데, 여기에는 이탈리아 중부 영지에 있는 번창하는 벽돌 제조소가 포함되어 있었다―다름 아닌 여성(!)이 운영하는 것이었다. 황후의 자유민들에는 제국의 관료집단을 구성하는 공직자들도 포함되어 있었다.

자체 재원을 보유하고 있었을 뿐만 아니라 트라야누스의 황실 여성들은 위세가 대단했다. 그들은 결국에 저마다 아우구스타 칭호를 얻었다. 플로티나와 마르키아나는 105년에, 마티디아는 112년에 아우구스타가 되었다. 그들이 권력이나 영향력을 행사하지 않았다고는 도저히 믿기 힘들다. 그리고 실제로 고대의 출전들은 그들이 영향력을 행사했음을 보여준다.[35] 플로티나는 문학과 철학 그리고 아마도 음악과 수학에도 관심이 있었던 교양 있는 사람이었다.[36] 야심찬 작가들은 자신들의 작품을 그녀가 읽어주기를 간절히 바랐다. 음악과 수학의 한 연구가는 그녀에게 책을 헌정했던 듯하며 그녀는 아테네의 한 철학 학파에 개인적인 관심을 보였다.[37]

어떤 고대 문헌들은 플로티나가 정치에 관여했다고 주장한다. 비록 일부 학자들은 이런 주장을 소문이라며 거부하지만, 그녀는 다른 황제들의 부인들이 이전에 한 적 없던 것(정치 불개입)을 하지 않았다. 그러므로 그녀는 알렉산드리아의 유대인 공동체와 그리스인 공동체 사이에 분쟁이 발생했을 때, 유대인 공동체를 위해서 원로원 의원들과 트라야누스 본인에게 로비를 했다. 그녀는 트라야누스가 중요한 업무 수행으로 해외에 나갈 때면 동행했는데 전시에도 따라갔다—물론 전선에서 멀리 떨어진 후방에 머물기는 했다. 플로티나는 거짓으로 혐의를 제기하여 자신들이 다스리는 속주로부터 돈을 뜯어내고 있던 부패한 행정가들에 관하여 트라야누스를 질책했다. 그녀는 그들이 황제의 명성을 해치고 있다고 경고했고 그래서 황제는 그들의 권력 오남용을 중단시키며 그들이 갈취한 돈도 되돌려주었다. 이후로 트라야누스는 국고를 비장이라고 불렀는데,[38] 비장이 커지면 다른 신체 기관들에 방해가 되기 때문이다. 앞으로 보겠지만 플로티나는 무엇보다도 남편의 후계자를 선택하는 데에 커다란 역할을 하게 된다.

그리스 정치가이자 당대의 웅변가의 저술에서 플로티나의 적극적인 역할에 대한 언급을 떠올려보자. 디오 크리소스토무스(40년경 출생, 115년 이후에 사망)는 통합하여 「왕권(*On Kingship*)」이라는 제목이 붙은 일련의 연설문을 썼고, 이중 세 번째 글을 104년에 트라야누스 앞에서 연설했을지도 모른다. 한 이야기에 따르면, 두 사람은 훈훈한 관계를 유지했다. 똘똘한 그리스인과 무뚝뚝한 황제에 관한 그 이야기에서 트라야누스는 디오에게 "자네가 무슨 이야기를 하는지 전혀 모르겠지만 나는 내 자신만큼 자네를 사랑한다네"[39]라고 말했다고 한다. 왕권에 관한 연설문에서 달변의 디오는 훌륭한 국왕은 아내를 "침대와 애정의 파트너만이 아니라 조언과 행동에서 내조자로, 아닌 것이 아니라 그의 인생 전체에서 내조자"로 간주한다고 말한다.[40] 만약 이것이 플로티나를 가리키는 말이라면 디오는 그녀에게 플리니우스보다 훨씬 더 큰 역할을 부여한 셈이다. 어쨌거나 디오는 플리니우스의 말 없고 순종적인 아내의 관념과는 대조적인 시각을 제시한다.

후대 사람들은 플로티나를 좋게 기억했다.[41] 때로 플로티나에게 비판적인 고대의 한 작가도 트라야누스 치세 내내 플로티나의 처신이 나무랄 데가 없었다고 여긴다.

누이인 마르키아나가 112년에 세상을 떠나자, 트라야누스는 원로원에 그녀를 신격화해줄 것을 청했고 원로원은 동의했다. 어느 황제의 누이도 전에 그런 영예를 받은 적이 없었다. 그것은 트라야누스의 통치에 정통성을 부여하는 또다른 방식임과 동시에 그의 지지 기반을 잠재적으로 넓히는 행위였다. 이를 통해서 그는 어느 부유한 이탈리아 귀부인의 묘비가 보여주는 것처럼 제국의 여성들에게까지 손을 뻗을 수 있었다.

그 귀부인의 정교한 제단 형태의 묘비는 한때 로마에서 북쪽으로 320킬로미터 떨어진 어느 이탈리아 언덕 마을에 서 있었다. 2세기 사르시나에서 살았던 케트라니아 세베리나는 신격화된 마르키아나를 모시는 여사제였다. 그녀의 시대에 로마 여성들은 투표를 하거나 정무직을 맡을 수 없었지만 사제는 될 수 있었다―그리고 황실 숭배 관행에서 지도자 역할을 함으로써 케트라니아는 가장 높은 사제직에 올랐다. 그녀보다 오래 살아서 그 기념비를 세운 남편은 그녀를 가리켜, 플리니우스가 한 편지에서 플로티나를 묘사하기 위해서 쓴 단어인 "산티시마(sanctissima : 도덕적으로 가장 정결한)"라는 표현을 써서 "최고도의 도덕적 고결함을 지닌 여성"

클레오파트라와 카이사리온 부조 이집트, 덴데라에 있는 하토르 신전. 클레오파트라와 율리우스 카이사르 사이에서 낳았다는 그녀의 아들이 여기서는 이집트인 관객을 위해서 이집트인으로 묘사된다. 그리스와 로마의 관객에게는 클레오파트라는 보통 그리스인으로 묘사되었다.

칼리굴라 칼리굴라 황제의 옆얼굴을 묘사한 이 장식은 1700년대에 진주에 새겨진 것인데, 네덜란드에서 제작되었을 것으로 추정된다. 조각가의 이름은 알려지지 않았다.

리비아, 아우구스투스의 아내이며 티베리우스의 어머니 고대 세계 가장 막강한 여인들 중 한 사람이었던 인물의 이 실물 크기 흉상은 아마도 청동 색깔을 연상시키도록, 어두운 색깔의 현무암을 깎아 만든 것이다. 현재 루브르 박물관에 있다.

클라우디우스 말에 올라탄 황제(재위 41–54)를 묘사한 이 판화는, 그 배경에서 그의 생애의 여러 장면들을 보여준다. 왼쪽에서는 테베레 강에 새로운 항구를 건설하고 있으며, 오른쪽에서는 로마에서 가상 해전을 재현하고 있다. 이 작품은 아드리안 콜라르트의 로마 황제 연작 가운데 일부로 1587–1589년에 안트베르펜에서 출판되었다.

로마, 콜로세움 로마를 대표하는 이 유적은 플라비우스 원형경기장으로 알려져 있었다.

네로와 어머니 소(小)아그리피나　로마에서 주조되어 현재는 영국박물관에 소장된 이 금화는 머리 위로 아그리피나의 이름과 칭호를 보여주는 반면 네로의 이름과 칭호는 더 위신이 떨어지는 뒷면에 새겨져 있다.

폼페이아 플로티나　트라야누스(재위 98-117) 황제의 아내인 플로티나는 하드리아누스(재위 117-138)의 친구이자 지지자이기도 했다. 프랑스어로 적힌 글은 그녀의 지혜를 칭송한다. 이 판화는 이탈리아 소묘 화가이자 판화 제작자인 스테파노 델라 벨라(1610-1664)의 작품이다.

로마, 트라야누스 기둥　이 기둥은 다키아 전쟁의 여러 장면들을 묘사한다. 꼭대기에는 원래 트라야누스 상이 있었지만 현재는 성 베드로 상이 서 있다.

비비아 사비나　바티칸 박물관에 소장된 이 대리석 두상은 명문 태생인 하드리아누스 황제의 아내의 아름다움을 얼마간 보여준다.

잉글랜드, 하드리아누스 방벽 방벽은 이 지점에서부터 노섬벌랜드의 험한 바위 언덕을 따라 올라가며 극적인 풍광을 연출한다.

로마, 판테온 내부. 규칙적인 격자 장식과 높이 솟아오른 돔이 보인다. 돔 꼭대기의 원형 창으로 빛이 쏟아져 들어온다.

로마, 하드리아누스 영묘 훗날 교황들에 의해서 이용되었으며 여러 차례 개조된 이 건물은 산탄젤로 성으로도 알려져 있다.

하드리아누스가 사랑한 안티노우스 파르티아산 다색 대리석으로 만든 조각상의 세부. 그리스 델피 고고학박물관에 소장되어 있다. 안티노우스는 130년에 사후 신격화되었고, 그를 묘사한 조각상이 오늘날에도 많이 남아 있다.

소(小)파우스티나 마르쿠스 아우렐리우스 황제의 아내를 묘사한 이 금화에는 147년 첫 아이를 낳은 뒤에 그녀에게 수여된 영예로운 칭호 아우구스타가 새겨져 있다.

셉티미우스 세베루스와 아내 율리아 돔나, 그리고 아들 카라칼라와 게타(지워짐) 200년경 이집트에서 제작된 이 황실 초상화는 형의 명령으로 게타가 살해된 뒤에 그림에서 지워졌음을 보여준다. 목재, 템페라화. 독일 베를린, 국립고고학 박물관 소장.

로마, 셉티미우스 세베루스 개선문 황제의 파르티아 승전들을 기념하는 개선문 세부.

디오클레티아누스 궁전 스팔라툼에 있는 황제의 은거지와 수비대 요새 가운데 부분적으로 복원된 열주로 둘러싸인 중정(페리스타일)의 전망. 크로아티아 스플리트.

로마 밀비우스 다리 고대 이래로 많은 부분이 복원되어 다리 중앙만 대체로 로마 시대의 것이다. 312년 이곳에서 콘스탄티누스의 승리로 로마 최초의 기독교도 황제가 탄생했다.

로마, 콘스탄티누스 개선문 312년 밀비우스 다리에서 거둔 황제의 승리를 기념하는 개선 문이다.

유스티니아누스 동방 로마 또는 비잔티움 제국 황제(재위 527-565)와 막시미아누스 주교를 묘사한 모자이크화 세부. 이탈리아 라벤나, 산비탈레 성당의 후진.

테오도라 동일한 성당 후진에 그려진 모자이크화 세부. 비잔티움 황후(재위 527-548)와 수행원들.

도미티아누스 궁전 로마 팔라티노 언덕의 황궁 안에 있는 이 거대한 정원은 경기장 트랙을 닮았다 하여 히포드롬(전차경기장)이라는 별명이 붙었다. 몇 세기 뒤에 추가된 개인 원형극장의 일부가 원경으로 보인다.

이라고 칭한다.[42] 지방민이 엘리트 계층을 모방함으로써 자신이 성공했음을 보여주려고 애쓰는 경우처럼 보인다.

케트라니아는 여성이 자기 재산을 마음대로 처분할 수 있었던 시기에 살았고, 플로티나처럼 그 여사제는 광범위한 자산을 보유했다. 케트라니아는 풍족한 자산으로 재단(財團)을 세웠고, 비석에 새겨진 상세한 비문은 재단의 약관을 기록한다. 해마다 그녀의 생일에 올리브유를 두둑하게 선물 받는 대가로, 마을의 주요 수공 장인 길드들은 매년 그녀를 기리는 의례를 올리기로 했다. 케트라니아는 길드 장인들이 약속을 이행하도록, 라틴어로 피데스(fides)라고 하는 신의에 호소했다. 그 단어는 제국 전역의 엘리트 계층을 하나로 묶는 충성심의 유대를 요약하기도 한다. 트라야누스의 죽은 누이를 기림으로써, 지방의 여성 명사는 그녀의 마을이 로마와의 신의를 지키고 있음을 보여주었다. 그녀는 또한 제국을 하나로 묶는 데에 여성이 할 수 있는 중요한 역할을 입증했다.

헤라클레스가 되려고 한 남자

자신의 공적 이미지와 관련해서라면 트라야누스는 전혀 모호하지 않았다. 그는 자신을 거의 반신(半神)으로, 지상에서 신들의 대표처럼 내세웠다. 그는 승리와 미덕, 자애를 로마 세계로 가져오는 신성한 임무를 부여받았다고 주장했다. 이런 주장은 오만하게 들리겠지만, 주인이자 주군이라는 도미티아누스의 주장에서 나아진 것이었다. 트라야누스는 사실 철학자들이 이전의 황제들에게 헛되이 촉구했던 역할을 끌어안았다. 중용을 지키는 왕이라는 역할을 말이다. 도미티아누스나 베스파시아누스와 달리 그는 로마에서 철학자들을 내쫓지 않았다. 그 대신에 트라야누스 그리고 앞선 네르바는 그들과 친구가 되었다.

신성과 관련하여 트라야누스의 두 가지 준거점은 고대의 가장 위대한 영웅 헤라클레스와 신들의 왕이자 인류의 아버지인 유피테르였다. 미네르바 여신에게 헌신한 도미티아누스와 달리 트라야누스는 그 여신에게 별로 신경을 쓰지 않았다. 이를 통해서 그는 전임자와 자신의 차이를 나타내고, 자신을 남자 중의 남자로 포장할 수 있었다.

헤라클라스는 고대 신화에서 이따금 불한당이나 불량배로 등장하기도 하지만 그보다는 흔히 미덕의 상징이다. 공동선을 위하여 사심 없이 또한 두려움 없이 고역을 견뎌내는 정력 넘치고 용감무쌍한 사람이다. 많은 고대 철학자들은 그를 그런 식으로 생각했다. 로마인들도 이 이미지를 좋아하게 되었고, 트라야누스보다 더 좋아한 사람은 없었다. 로마의 신화체계에 따르면, 헤라클레스는 히스파니아 해안의 어느 섬에서 10번째 노역을 완수하고 그리스로 돌아가는 길에 로마에 왔다. 히스파니아 출신이자 군인으로서 트라야누스는 이 비유가 마음에 들었다. 헤라클레스는 트라야누스의 고향에서 인기가 있었고,[43] 그는 종종 그 반신을 주화에 묘사하게 했다.[44] 새로운 군단인 제2트라야누스 군단은 헤라클레스를 상징으로 삼았다. 플리니우스는 헤라클레스처럼 트라야누스도 자신보다 못난 사람인 왕—트라야누스의 경우에는 도미티아누스—을 위하여 불굴의 임무를 수행하려고 히스파니아에서부터 불려왔다고 말한다.[45] 그리고 그는 트라야누스의 강인한 신체를 신의 아들의 신체에 비유한다.

유피테르는 로마인들에게 신들의 왕이었다. 그들은 유피테르를 가장 위대한 최고신(optimus maximus)이라고 불렀다. 문학과 예술 양쪽에서 보여주듯이 트라야누스도 유사한 위상을 채택했다.

100년에 「파네기리쿠스」에서 플리니우스는 신처럼 차분한 이성으로 정의를 행한다고 황제를 찬양한다. 그 다음 그는 트라야누스를 유피테르에 비유한다.[46] 세계의 아버지는 더 이상 지상의 일로 걱정할 필요가 없는

데, 그를 대신하여 인류 전체를 돌볼 권한을 트라야누스에게 주었기 때문이다. 이탈리아 중부에 있는 트라야누스 개선문의 부조는 그와 똑같은 메시지를 담고 있다.[47] 트라야누스가 올림포스 산의 신들에 버금가는 권력과 신성한 권위로 제국을 다스린다고 말하기라도 하듯이, 조각은 유피테르가 트라야누스에게 번개를 내려주는 광경을 묘사한다. 한편 트라야누스의 주화들은 그를 "최고의 군주(optimus princeps[옵티무스 프린켑스])"로 공인하고 있다.[48]

트라야누스는 비록 처음에는 옵티무스 프린켑스라는 칭호를 수락하지 않았지만 시간이 지나자 결국 수락했다. 유피테르와 헤라클레스는 그의 자기표현에서의 두 준거점이었다. 권력의 세 번째 상징인 알렉산드로스 대왕도 마찬가지였다. 그 명성이 자자한 정복자는 자신의 조상을 헤라클레스로까지 거슬러갔고 자신의 아버지는 다름 아닌 유피테르라고 주장했다. 트라야누스는 자신을 알렉산드로스에 비교하며 그의 정복사업들을 본받는 것이 목표라고 말했다. 트라야누스가 그 비교에 관해서 진지했는지 아니면 그들의 유명한 조상을 언급함으로써 그리스인들에게 그저 아첨하는 것을 노렸는지 분간하기는 힘들다.

트라야누스와 기독교도

플리니우스는 110년부터 113년까지 소아시아에서 부유하고 인구가 많은 비티니아와 폰투스 속주의 총독으로 재직했다. 나중에 그는 이 시기에 트라야누스와 교환한 서신을 출간했다. 서신들은 속주 총독들이 많은 재량권을 가지고 있었으며, 로마 정부가 얼마나 지방 분권화되어 있었는지를 보여준다. 그러나 이따금 황제가 개입해야만 했다. 기독교도들을 처리하는 문제를 둘러싼 플리니우스와 트라야누스 간의 유명한 서신 교환을 살펴보자.

플리니우스의 서신은 동방 그리스에서 기독교가 어느 정도까지 전파되었는지를 보여준다. 그는 자신의 경력에서 처음으로 많은 기독교도 소수 집단과 맞닥뜨렸다고 썼다. 그들은 도시와 농촌, 남녀노소, 자유인과 노예를 가리지 않았다. 일련의 고발장을 받고 난 이후 그는 조사에 나설 수밖에 없었다. 그중 어떤 것들은 익명으로 쓰이기도 했다. 압도적 다수가 이교도이고 오랫동안 기독교도들을 범죄자로 의심해온 로마 대중은 몹시 화가 난 상태였고, 총독으로서 플리니우스의 임무는 그들을 진정시키는 것이었다. 그러나 대체 그가 무엇을 어떻게 해야 한다는 말인가? 로마의 정부는 기독교들을 미심쩍게 여겼지만 그들을 대하는 일반적인 정책은 없었다. 중앙 정부는 그 문제를 현지의 재량에 맡겨놓았다.

로마인의 시각에서 기독교도들은 많은 측면에서 위험했다. 로마인들은 자신들의 종교—유서 깊고, 국가의 후원을 받으며, 공개적으로 실천되는—가 자신들의 문명의 근간이라고 생각했다. 축제와 희생 제의에 참여함으로써 모든 사람은 로마가 안전과 번영을 얻도록 거드는 셈이었다. 기독교도들은 그 규칙을 깨트렸다. 그들은 신들을 섬기지 않았고, 황제를 위해서 희생 제물을 바치지 않았으므로, 로마인들이 보기에는 무신론자들이었다. 신을 두려워하지 않는 사람은 잠재적인 범법자일 뿐만 아니라 사회 조직 자체에 대한 위협이었다. 공동체 전체에 대한 신들의 분노를 일으킬 수도 있는 존재였다.

그러나 기독교도들이 **너무** 종교적이라고 여길 수도 있었다—신들을 비이성적으로 과도하게 두려워하는 죄, 즉 로마인들이 미신이라고 간주하는 잘못이었다. 유대인들도 비슷하게 무신론자들로 간주되었지만 로마인들은 유대교가 아주 오래된 것임을 알기 때문에 그들을 용인했다. 기독교는 비교적 새로운 현상이었고 로마는 새로움을 미심쩍어했다. 혁명을 가리키는 라틴어는 "새로운 것(res novae)"이었다.

게다가 기독교도들은 사적인 만남의 자리에서 모였고, 로마 역사는 모임이 있는 곳에는 소요가 있음을 가르쳐주었다. 실제로 트라야누스의 지시를 따라서 플리니우스는 자신이 다스리는 속주에서 종교 단체를 금지했었다.

그 모든 것은 사실이었지만 기독교도들이 대체로 자신의 일에만 전념하며 평화롭게 살아가고 있는 것도 사실이었다. 그래서 플리니우스는 신중한 행보를 보였다. 그는 자신이 고발당한 기독교도들을 최소 세 차례 심문했다고 설명했다. 만약 그들이 그리스도를 부인하고 기도와 향, 헌주로 황제의 조각상을 섬김으로써 결백을 입증하면 그는 그들을 풀어주었다. 만약 그들이 거부하면 처형했다. 그가 설명한 대로, 기독교도이든지 아니든지 그들은 완강한 고집과 오만 때문에 처벌받아 마땅했다.

플리니우스의 서신이 보여주듯이 계급과 지위가 중요했다. 만약 완강한 기독교도들이 로마 시민이면 플리니우스는 그들을 처형하지 않았다. 그 대신에 그는 그들을 로마로 이송하라는 명령서에 서명했는데, 시민으로서 그들은 로마에서 재판을 받을 권리가 있었기 때문이다. 물론 노예들은 사회 계층구조의 맨 반대편에 있었다. 플리니우스는 기독교도들의 모임에서 정말로 무슨 일이 벌어지고 있는지를 파악하기 위하여 자신들을 "부제(副祭)라고 부르는"[49] 두 여자 노예를 고문했다고 설명한다. 그는 그 기독교도들이 자신들을 변호하며 말하는 내용을 믿지 않았다. 즉 그들은 그냥 찬송가를 부르고, 정직하고 진실할 것 그리고 간통이나 도둑질을 저지르지 않을 것을 맹세한 다음에 다 같이 음식을 나누어 먹었다는 이야기였다. 그는 범죄를 저지르려는 음모를 발견하기를 기대했다가 대신에 "타락하고 터무니없는 미신"[50]을 발견했을 뿐이었다. 물론 플리니우스는 틀렸다. 사회성과 다정함, 버팀목을 제공하는 기독교 의례는 신생 종교의 성공에 엄청나게 기여했다.

플리니우스는 의심나는 사항에 관해서는 무엇이든 그렇게 해온 대로 황제에게 편지를 썼다. 그는 기독교도들과 관련하여 올바르게 처신했는가? 답장에서 트라야누스는 마땅히 해야 하는 대로 처신했다고 플리니우스를 칭찬했다. 황제는 공격적인 정책보다는 수세적인 정책을 요청했다. 기독교도들을 색출할 필요는 없지만, 고발당한 자들은 한 명씩 조사해야 한다. 모든 사건이 저마다 달랐다. 딱 정해진 기준은 없었다. 유죄로 입증된 자들도 "우리의 신들을 섬김으로써"[51] 회개하고 그리하여 사면을 얻을 기회가 주어져야 한다. 마지막으로 고발에는 반드시 서명이 들어가야 한다. 익명으로 투서를 보낼 자리는 없었다. 익명 투서는 나쁜 선례이며 "우리 시대의 풍조에 맞지 않는다."[52]

우리의 기준으로는 플리니우스와 트라야누스 치하의 로마인들은 박해자들이었다. 그러나 시대의 기준에서는 그들은 엄하지만 인도적이었다. 트라야누스는 기독교도들에 대한 장래의 처우에 절충적인 입장을 제시했다. 자신도 모르게 그는 기독교가 성장할 수 있는 자유를 허용했다.

다키아 정복

트라야누스는 치세의 거의 절반을 로마를 떠나서 군사 활동을 수행하며 보냈다. 전쟁에 대한 그의 사랑을 고려하면, 그는 분명 이를 불만스러워하지 않았을 것이다. 그의 대승리는 대략 오늘날의 루마니아인 다키아에서 찾아왔다.

로마 역사 내내 로마는 언제나 잠재적 위협들의 부상을 걱정스레 지켜보았다. 결연하고 호전적인 왕이 다스리는 다키아는 도미티아누스에게 타협을 강요했었다. 문헌들은 데케발루스 왕을 가리켜, 매복과 정면 전투양쪽에 전문가인 영리한 전사이자 타이밍의 명수, 그리고 승리와 더불어 패배를 기민하게 다루는 자라고 일컫는다.[53] 데케발루스는 반항적이고 부유하며, 반(反)로마 동맹 네트워크를 구축하는 중이었다. 그럼으로써 그는 도미티아누스와의 합의를 위반하고 있었다. 트라야누스는 트라야누스대로 전사였다. 그는 공격에 나서기로 결심했다.

트라야누스가 이끄는 로마군은 101년 다키아를 침공했다. 다키아 침공은 어쩌면 로마군의 3분의 1이 동원된 대규모 원정이었다. 전쟁은 격전과 대형 토목기술의 개가, 그리고 천재적인 외교술과 통신을 요구했다. 1년 뒤에 로마군이 다키아의 촌락들을 파괴하고 전투에서 적군을 무찌른 뒤에 데케발루스는 강화를 하는 데에 동의했다. 상황을 관리하기를 바란 트라야누스는 데케발루스가 왕좌를 유지하는 것을 허용했다. 황제는 로마로 귀환하여 개선식을 치르고 다키쿠스(Dacicus)라는 칭호를 받았다.

그러나 환희는 성급했으니 데케발루스 왕이 금방 다시 고개를 쳐들고 있었기 때문이다. 그래서 105년에 트라야누스는 이번에는 새로운 군단 2개를 일으켜 다키아를 재차 침공했다. 산악지대에서 힘겨운 싸움 끝에 데케발루스의 수도가 함락되었다. 왕은 달아났고 생포에 직면하자 자결했다. 그의 머리가 트라야누스 앞에 대령되었고, 트라야누스는 군대가 볼 수 있게 전시한 다음 로마로 보냈다. 로마에서 데케발루스의 머리는 카피톨리누스 언덕 비탈로 내던져졌다.

공화정 시대의 장군들이라면 딱 그렇게 했을 것처럼, 트라야누스는 원로원을 배려하는 수완을 발휘하여 전장에서 정기적인 보고서를 보냈지만, 1년에 걸친 전쟁을 웅대하고 영광스러운 자신의 위업이라고 생각했다. 문헌들에 자세한 내용을 남아 있지 않지만, 한 작가는 다키아 전쟁을 다음과 같이 요약한다. "원정 내내 그는 뛰어난 통솔력과 용기를 보여주는 많은 수훈을 몸소 세웠고, 병사들은 그를 위해서 많은 위험을 무릅쓰고 커다란 용맹을 과시했다."[54]

부조 조각은 아마도 황제 스스로가 보고 싶었을 모습인 전투 한복판에서 말 위에 올라타 있는 황제를 보여준다.[55] 완전 무장한 그가 적진 한가운데로 대담하게 내달리는 가운데 망토가 바람에 휘날리며 적군은 말이 아닌 땅 위에 서서 싸우고 있다. 실제로는 트라야누스의 호위병들이 그를 보호하고 있었을 테지만 전쟁은 화려한 대결의 이미지로 기억되는 법이다.

도미티아누스가 다키아에서의 타협을 받아들였던 반면, 트라야누스는 그곳을 정복하고 그곳의 지배계급을 전멸시키고, 그 지방에 로마 퇴역병들에 의한 식민화의 길을 열었다. 다키아의 엘리트층이 너무도 철저하게 전멸하여 다키아는 고작 200년 동안만 로마의 속주였지만 오늘날 루마니아인들은 라틴어에서 유래한 언어로 말한다.

다키아는 부유한 나라로, 전쟁은 로마에 엄청나게 수익성이 좋은 것으로 드러났다. 트라야누스는 데케발루스의 숨겨진 보물을 발견했으니 금 36만 파운드와 은 73만 파운드로 추정되는 양이었다.

그것은 고대 최대의 재보 가운데 하나였고, 다키아에는 로마인들이 개발할 수 있는 금광도 있었으므로 앞으로도 얻어낼 것은 더 있었다.

트라야누스는 다키아 전쟁에 대한 서술인 『다키아 전기(Dacica)』를 썼다. 이 저술은 딱 한 문장만 전해지며 그것은 카이사르의 문장만큼이나 간결하다. "베르조빔에서 그 다음 우리는 아지로 갔다."[56] 그러나 그 문장에는 카이사르의 에고티즘이 없다. 카이사르가 글에서 자신을 "그"로 지칭한 반면에 트라야누스는 동료 병사들과의 유대감을 보여주며 "우리"라는 단어를 사용한다. 언제나 아낌없이 베푸는 흥행주인 카이사르라면 트라야누스가 로마에서 연출한 다키아 전승 기념 경기들에 고개를 끄덕였을 것이다. 전승 기념 경기는 123일간 이어졌고, 그동안 1만 명의 검투사들이 싸우고 야생 짐승과 길들인 짐승을 합쳐서 1만1,000마리의 동물들이 도살되었다.

트라야누스는 다른 방식으로도 카이사르를 닮았는데, 카이사르 시대 이래로 로마를 다스린 가장 위대한 정복자라는 의미에서 그렇다. 이집트를 정복한 아우구스투스도, 브리타니아를 정복한 클라우디우스도, 전사는 아니었다. 티베리우스와 베스파시아누스는 위대한 군인이었지만 그들이 황제가 되기 전에만 해당된다. 제국을 넓힌다는 온갖 무성한 말에도 불구하고 대다수의 황제들은 영토 확장이 터무니없이 비싸게 먹히고 제국의 안정성을 해친다고 생각했다. 트라야누스는 예외였다.

다행스럽게도 카이사르와 달리 트라야누스는 오만함을 자제하고 원로원을 회유하는 법을 알았다. 그는 로마 민중을 위하여 그가 싸워서 획득한 재보를 씀으로써 한층 더 인기를 얻었다.

건설자

트라야누스는 위대한 건설자였다—어떤 측면에서는 모든 황제들을 통틀어서 가장 위대한 건설자라고 할 만하다. 후대의 한 황제는 그를 "담장을 따라 자라나는 덩굴"이라고 불렀는데[57] 그의 이름이 워낙 많은 건물들에 새겨져 있었기 때문이다. 이것은 어느 정도는, 선임자들이 착수한 프로젝트들에 대한 공로를 트라야누스가 가로챈 것에 대한 빈정거림이다—공정한 비판이지만 트라야누스 황제의 새로운 공사들은 이를 상쇄하고도 남는다. 그는 다키아를 공격하기 위해서 도나우 강을 가로질러 건설한 (오늘날의 루마니아에 있는) 대교 같은 토목공학적 위업들을 후원했다. 이 다리는 20개의 석재 교각이 목재 도로를 지탱하는 형태였다. 그는 남부 이탈리아에 트라야누스 가도라고 알려진 더 짧은 경로를 구축하여 아피아 가도에서의 이동 시간을 단축했다. 또한 로마를 비롯한 여러 이탈리아 도시들에 새로운 항구를 건설했다. 트라야누스의 가장 유명한 건축 프로젝트는 다름 아닌 수도에 있다. 그것은 8.8미터 높이로 당대의 마천루였던 트라야누스 기둥인데, 그의 다키아 정복을 상세히 보여주는 혁신적인 나선형 부조를 선보인다. 트라야누스 욕장은 제국의 대형 욕장 가운데 최초의 것이며, 이후에 출현한 욕장들의 모델이 되었다. 바실리카가 포함된 트라야누스 포룸은 제국의 포룸들 가운데 가장 크고 가장 야심찬 포룸이었다. 다키아 전쟁에서 얻은 전리품들이 새로 짓는 포룸의 재원이 되었고,[58] 그리하여 트라야누스에게 큰소리칠 수 있는 권리를 주었다.

아우구스투스처럼 트라야누스는 로마에서 이를테면 포장도로와 원기둥들로 대리석의 양을 증가시켰다. 그러나 트라야누스 시대에 이르면 벽돌이 로마 건축에서 가장 중요한 자재가 되었고, 그 다음은 콘크리트였다. 건설업은 소수의 사람들을 부자로 만들고, 기원후 첫 2세기 동안의 호황기에 로마의 전체 인구 가운데 4퍼센트에서 6퍼센트에 이르는 사람들을 고용하는 대규모 사업이었다.

건설과 관련해서 트라야누스의 최대의 협력자는 다마스쿠스의 아폴로도루스였다. 이름과 출생지가 가리키듯이, 그는 그리스인이었다. 아폴로도루스는 주로 공병 기술자였다. 그는 도나우 강을 건너는 다리를 건설했고 포위전을 수행하는 법에 관한 책을 썼다. 그러나 그는 트라야누스 원기둥으로 가장 유명하며 어쩌면 트라야누스 욕장의 건축가였을 수도 있다.

트라야누스 포룸은, 가운데에 신전이 자리한 사각형 광장이라는 통상적인 배치 방식 대신에 어쩌면 군 병영을 연상시키는 배치를 택했다. 그것은 그리스식 개방형 대형 광장에 바실리카, 즉 지붕을 씌운 로마식 공공건물이라는 독특한 조합을 선보였다. 근동 건축의 요소들도 발견된다. 디자인의 다양성은 제국의 방대한 크기를 상징화했으며, 동방과 서방에서 가져온 각양각색의 대리석과 화강암 원기둥들의 존재도 마찬가지였다. 이 건설 프로젝트의 규모도 그렇다. 예를 들면, 개방형 광장만 해도 미식 축구

장의 대략 두 배 크기이며, 호사스러움의 표시로서 바닥에는 흰 대리석을 깔았다. 다키아 포로들을 묘사한 조각상들이 지붕을 따라 늘어서 있고, 이는 포룸을 승전 기념비로 만든다. 그것들은 트라야누스의 승리와 로마의 힘, 그리고 상존하는 외적의 위협을 나타내는 상징들로 유용했다. 사람들이 국내 문제에 관해서 걱정하기보다는 외적들을 걱정하는 것이 더 낫다는 뜻이었다. 트라야누스 원기둥 양 옆으로는 3개의 개선문과 2개의 도서관이 있었다. 포룸의 북쪽 끄트머리에는 웅장한 신전이 서 있었다.

트라야누스의 건설 프로젝트들에서 찾을 수 있는 미묘함이란 헤라클레스가 몽둥이를 내려쳐 산을 둘로 쪼갠 것과 같은 정도의 미묘함이다. 신화에 따르면, 고대인들에게 헤라클레스의 기둥이라고 알려진 지브롤터 해협을 내기 위해서 헤라클레스가 그렇게 산을 쪼갰다고 한다. 트라야누스의 건설 기술자들은 로마 인근의 어느 도로를 바다에 더 가깝게 붙이기 위해서 산의 일부를 깎아냈다. 한편, 그들은 트라야누스 포룸을 건설하기 위해서 퀴리날리스 언덕 일부를 무너뜨렸고,[59] 그러고는 남은 언덕의 경사면을 지탱하기 위해서 새로운 다층 구조물(상점과 사무실들이 들어선 복합 건물인 오늘날 트라야누스 시장 유적)을 세워야 했다. 욕장을 건설하기 위해서 트라야누스는 네로의 황금 궁전에서 유일하게 남아 있던 부분인 에스퀼리누스 언덕의 부속 건물을 매립하고, 한때 웅장했던 대형 홀들에 기단 벽들을 박아넣었다. 그것은 자원 낭비였지만, 그 메시지를 잘 웅변했다. 트라야누스는 흠잡을 곳 없이 훌륭한 건물을 파묻을 만큼 부유할뿐더러 웅장한 궁전을 사양하고 그 대신에 로마 민중에게 그 공간을 양보할 만큼 자신이 이타적이라는 소리였다.

트라야누스의 건축 프로젝트는 그를 널리 홍보했다. 트라야누스 욕장 때문에 늘어난 로마의 물 수요를 충족하기 위해서 신축한 수도교 아쿠아 트라야나를 비롯하여 그 건물들은 모두 그의 이름을 담고 있었다. 로마인들은 기념비풍의 입구를 통과하여 트라야누스 포룸에 들어서는데, 그 입구의 꼭대기는 아마도 6마리의 말이 끄는 전차에 올라탄 트라야누스 조각상이 장식하고 있었을 것이다. 포룸 안쪽에는 말을 탄 트라야누스 조각상이 서 있었고, 이 복합 건물 구석구석마다 그의 조각상들이 눈에 들어왔다. 한편 트라야누스 원기둥은 115개의 장면으로 이루어진 부조 프리즈(띠 모양의 장식/옮긴이)를 통하여 다키아 정복의 이야기를 들려주었다. 프리즈는 무슨 거대한 두루마리처럼 기둥을 타고 올라간다. 트라야누스 본인은 부조 장면들에서 60차례 이상 등장한다. 그러나 포룸 끄트머리에 우뚝 서 있는 웅장한 신전만큼 트라야누스를 대담하게 홍보하는 것도 없었다. 십중팔구 트라야누스는 그 건물이 올라가는 동안 그것의 이름을 짓기를 사양했을 것이다. 왜냐하면 살아 있는 황제가 그 자신의 신격에 바치는 신전을 세우는 것은 로마인들이 용납하지 않았을 것이기 때문이다. 그래도 그것이 바로 그가 하고 있는 일이었다. 내부에 올림포스의 제우스 또는 유피테르로서 거대한 트라야누스 좌상이 안치된 그 신전은 황제 사후에 신격화된 트라야누스 신전으로 봉헌되었다. 포룸 전체가 로마의 권력과 황제의 영광에 대한 거대한 선전 프로젝트였다.

동방의 네메시스

다키아 원정과 대략 같은 시기에 로마는 그들이 아라비아라고 부른 땅(대략 현대의 요르단과 시나이 반도 그리고 아라비아 반도 북서부)을 병합했다. 다키아와 아라비아 속주가 새로 추가되면서, 로마 제국은 지리적으로 최대 판도에 도달했다. 그러나 트라야누스는 더 많은 것을 원했다.

어쩌면 이란을 정복했던 알렉산드로스에 맞먹고 싶었기 때문인지, 아니면 그렇게 하지 못했던 카이사르와 마르쿠스 안토니우스를 능가하고 싶었기 때문인지 그도 아니면 그저 가까운 장래에 그보다 더 큰 경쟁 국가가 출현할 기미가 없었기 때문인지 트라야누스는 파르티아를 상대로 전쟁에 나섰다. 구실은 두 제국 사이에 오랫동안 완충국 역할을 한 아르메니아를 둘러싼 분쟁이었다. 로마는 아르메니아에 대한 거부권을 주장했지만(과거에 아르메니아에 새 국왕이 즉위하면 로마의 동의나 승인이 있어야 했다/옮긴이), 파르티아는 아르메니아의 가장 근래의 왕을 선택했었다. 그러나 파르티아인들이 한발 물러섰을 때에도 트라야누스는 이를 긍정적인 답변으로 받아들이기를 거부했다. 그는 영광을 원했기 때문에[60] 전쟁을 원했다.

트라야누스는 동방으로의 대형 원정에 착수했다. 플로티나와 마티디아는 114년에 멀리 안티오크까지 그와 함께 갔다. 트라야누스와 군대는 아르메니아를 착착 정복한 다음 페르시아 만에 이르기까지 메소포타미아 전역(대략 오늘날의 이라크)을 정복했다. 파르티아인들은 내부 갈등으로 로마의 침공에 집중할 수 없었다. 트라야누스가 직면했던 최대의 난관은 이번 장을 열었던 115년 12월 안티오크에서의 지진이었다. 로마인들은 아르메니아와 메소포타미아를 새로운 속주라고 선언했다.

페르시아 만에 다다랐을 때, 트라야누스는 동쪽을 향해서 인도와 알렉산드로스의 가장 멀리 떨어진 정복지를 향해서 아쉬운 듯이 눈길을 돌렸다. 그는 너무 나이 들어서 그의 영웅을 흉내낼 수 없다는 사실을 인정해야만 했다. 그는 이렇게 말했다. "내가 여전히 젊다면 나도 틀림없이 인도로 건너갔을 것이다."[61] 그럼에도 불구하고 그는 원로원에 알렉산드로스보다 더 멀리까지 진군했다고 써서 보냈다. 원로원은 원로원대로 그를 파르티쿠스(Parthicus)라고 선언하면서, 진행 상황을 도저히 따라갈 수 없을 정도로 그가 무수한 승전에 관해 써서 보낸 까닭에 그가 원하는 만큼 많은 개선식을 거행해도 된다고 말했다.

그러나 파르티아인들은 다시 세력을 규합했다. 그들은 메소포타미아에서 반란을 부추겼고 북쪽으로 아르메니아까지 로마 보급선을 공격했다. 그와 동시에 유대인 공동체들이 유다이아 바깥의 동부 속주들과 메소포타미아에서 들고 일어났다. 그것은 대규모 반란, 완고한 편견에 뿌리박은 증오와 과세를 둘러싼 불만의 소산이자 파르티아에 대한 지지의 산물이었다. 트라야누스는 반란을 진압하기 위해서 병력과 노련한 지휘관들을 파견해야 했다. 트라야누스는 메소포타미아에서 가까스로 지배권을 재확립하고 본국으로 출발했다. 그러나 동방에서의 로마의 지배력은 무너지기 쉬운 것이었다.

북쪽으로 돌아오는 길에 황제는 부유한 카라반의 도시 하트라(북부 이라크에 있다)를 공격하고 함락함으로써 마지막 승전을 챙기고자 했다. 트라야누스는 몸소 기병 공격에 참여했다가, 어느 이야기가 전하는 대로 하마터면 치명적인 결과를 낳을 뻔했다. 정체가 발각되지 않도록 자색 망토를 벗었음에도 불구하고 "위풍당당한 잿빛 머리와 존엄한 얼굴을 본 적군은 그의 정체를 의심하고는 그를 겨냥해 활을 쏘았고, 황제를 호위하던 기병이 죽었다."[62] 이 공격은 60세가 넘은 남자에게 대단한 시도였고, 황제가 얼마나 전투를 사랑했는지를 보여준다.

로마가 새로운 영토를 계속 유지하기란 불가능하다는 것이 드러났다. 117년 안티오크로 귀환할 때쯤이면 트라야누스는 동방에서 정복한 영토를 사실상 모두 상실했다. 파르티아는 지배권을 재확립했다. 로마에게 전쟁은 인명 희생이 크고, 비용이 많이 들고, 성과가 없는 것으로 드러났다. 알고 보니 파르티아가 아니라 다키아가 로마의 마지막 대규모 정복이었다.

오현제?

트라야누스의 전쟁광적인 태도와 유피테르 콤플렉스가 불편한 우리로서는 그의 관대함과 정치적으로 훌륭한 판단력에도 불구하고 그에게 호감을 가지기 어려울 수도 있다. 그러나 트라야누스의 접근법은 통했다. 네르바의 발자취를 따르면서 그는 제국에 비교적 평화와 번영의 한 세기를 가져왔다. 96년 도미티아누스의 피살 이후로 근 한 세기 동안 어느 로마 황제도 암살당하지 않았다. 트라야누스가 죽은 뒤에 로마는 40년 동안 어느 외국과도 전쟁을 하지 않았다. 트라야누스의 정치적 수완이 워낙 믿음직하고, 이탈리아 주민들의 복지에 대한 그의 노력이 워낙 깊었고, 그의 건설 프로젝트들이 워낙 인상적이어서 옵티무스라는 그의 칭호와 후대에 미친 그의 호소력은 이해가 간다.

트라야누스는 이른바 오현제 가운데 두 번째 황제이다. 네르바(96-98)와 트라야누스(98-117) 외에도 하드리아누스(117-138), 안토니누스 피우스(138-161) 그리고 마르쿠스 아우렐리우스(161-181)가 있다. 일반적으로 로마 제국은 오현제 치하에서 전성기를 누렸다고 여겨진다.

역사가 에드워드 기번은 위대한 저작 『로마 제국 쇠망사(*The History of the Decline and Fall of the Roman Empire*)』에서 그 시대에 관한 유명한 논평을 남겼다. "만약 누군가가 세계 역사에서 인류의 생활 환경이 가장 만족스럽고 번영한 시기를 꼽으라는 요청을 받는다면, 그 사람은 주저하지 않고 도미티아누스가 죽은 다음부터 콤모두스가 즉위할 때까지의 시기를 꼽을 것이다."[63]

비록 이런 평가는 오늘날에는 분명히 맞지 않지만 기번은 그 글을 쓴 1776년 당시에는 일리 있는 말이었다. 기원후 2세기에 로마 제국의 국내총생산과 1인당 국내총생산은 1600년 유럽의 국내총생산과 1인당 국내총생산에 맞먹었다고 추정된다.[64] 그보다 더 인상적이게도 당시 로마 시의 통계 수치들은 1600년 네덜란드 도시들의 통계 수치들과 비교할 만하다. 고대 역사에서 좋은 통계 수치를 얻는 데에는 온갖 어려움이 뒤따르기는 하지만 이 수치들은 학자들 사이에서 폭넓은 합의를 누리고 있다.

로마는 또한 유리한 기후를 누렸다. 학자들이 로마 기후 최적기(Roman Climate Optimum)라고 부르는,[65] 온난 습윤하고 안정적인 기상 조건의 시기가 지중해 세계 전역에 이어졌다. 농부들에게 그리고 소비자들에게도 이상적이었다.

제국은 곡물과 토지 부문에서 시장 경제로 돌아갔다. 은행들은 융통성 있는 신용 원천을 제공했다. 비록 노예제가 번성했지만 노예 해방도 허용되었고 많은 노예들이 열심히 노력하여 자유를 샀다. 제국은 이 시기에 지리적으로 최대 판도에 도달했을 뿐만 아니라 인구도 5,000만 명에서 7,000만 명으로 정점을 찍었고, 로마 최대의 건설 붐을 겪었으며, 예술 작품 제작이 폭발적으로 이루어진 시대였다. 농업, 광업, 제조업이 모두 번창했다. 평화와 훌륭한 도로, 항만이 교역과 통신을 촉진했다.

그럼에도 불구하고 모든 것이 장밋빛은 아니었다.[66] 사망률은 높았고 공중 보건도 형편없었다. 로마인들은 영양실조와 질병으로 고생했다. 여자들에게 출산 도중에 사망하는 것은 있음직한 가능성이었다. 원로원 계급의 출생 시 기대 수명은 30세였고, 다른 계급의 경우에는 대략 25세였다. 영아 사망률은 신생아의 약 3분의 1이 28개월 사이에 죽을 만큼 매우 높았다.

거대한 부의 불평등이 존재했다. 원로원 의원들은 600명에 불과했는데 모두가 어마어마한 부자였다. 로마에는 2,000명, 제국 전역에서는 3만 명의 기사계급이 존재한 것으로 추정되는데 모두 부유했다. 그 다음으로 잘사는 두 인구 집단이 존재했다. 대토지 소유주와 시 참사회 의원들, 여기에 상점주와 무역상, 환전상, 장인, 의사, 교사, 여타 전문 직업군이 뒤따랐고, 마지막으로 소소한 시정 관리들이 있었다. 소규모 자유 임노동자 집단을 제외하면, 대다수의 인구는 농민이었는데 가난하지만 자유로운 농부라는 뜻이다. 노예들은 로마 인구의 15퍼센트에서 20퍼센트를 차지했을 것으로 추정된다. 3세기 말까지 이탈리아에는 누진 과세와 재산세가 없었다. 국가가 그들의 이익을 위해서 운영되는 가운데 부자들은 점점 부유해졌고, 가난한 다수의 대중은 그에 맞춰서 따라가는 것 말고는 도리가 없었다.

로마 시의 주민들은 일정한 특권을 누렸지만 로마에서의 생활조건은 종종 힘들었다. 로마 시민들은 무상으로 곡물을 배급 받았고 마침내 기름도 무상으로 받았다. 포도주는 보조금이 지급되었다. 공중 욕장은 시민들에게 할인이 되었다. 한편, 사회 계층의 사다리에서 더 위쪽에 위치한 연줄이 좋은 사람들은 스포르툴라이(sportulae)로 혜택을 누렸다. 후원자들을 매일 찾아가는 추종자들에게 지급되는 보상과 같은, 부자들의 "무상 선물" 말이다. 추종자들은 이런 방문들을 통해서 그리고 공개석상에서 후원자들을 수행함으로써 존경심을 표했고, 이는 후원자들의 위신을 입증했다. 로마 빈민은 또한 극장의 무상 공연과 전차 경주, 검투사 경기, 그리고 동물 학살 쇼 등의 혜택을 누렸다. 그러나 로마 시는 인구 과밀에 시달렸고 인구가 밀집한 고층 공동주택은 질병을 퍼트리고 화재를 악화시켰다.

로마는 에너지와 사람들로 미어터질 듯했다. 당시 로마 시 인구는 100만 명으로 추정된다. 도시는 몇 세기 전의 작고 동질적인 공동체와 닮은 부분이 별로 없었다. 그곳은 더 이상 모두가 동일한 언어로 말하고 동일한 신들을 섬기는 곳이 아니었다. 비록 라틴어가 로마에서 행정 언어였지만 아람어, 켈트어, 이집트어, 게르만어, 히브리어, 그리고 무엇보다도 그리스어가 들렸을 공산이 크다.

도시 생활은 2세기 제국 전역에서 꽃피었다. 론디니움(런던)부터 베리투스(레바논의 베이루트)까지, 로마에 의해서 건립되거나 재건립된 도시들이 이름을 떨쳤다. 일부 도시들은 본래 퇴역병들의 식민지로 시작되었고,

다른 도시들은 군 병영이었다가 도시로 성장했으며, 어떤 도시들은 자연적으로 시장이 형성되는 중추였거나 종교 중심지였다. 도시 계획은 로마식 패턴을 따랐고, 때로는 토착 도시들에 나란히 공존하기도 했다. 갈리아나 소아시아를 방문한 로마인은 익숙해 보이는 포룸이나 원로원 의사당을 발견하게 되기도 하고, 도시의 주도로를 따라 거닐다 보면 동서 방향과 남북 방향으로 뻗은 도시의 주도로들이 만나는, 원기둥들이 늘어선 교차점과 만나기도 했다. 중심가에서 살짝 우회하면 구불구불한 골목길과 토착민들의 가옥과 신전들로 이루어진 현지 건축물들이 나타나기도 했다.

그 당시는 위대한 도시들의 시대였다. 야심만만한 지방 엘리트들은 종종 시골에 영지와 대저택을 소유했지만, 로마의 엘리트들이 그런 것처럼 시내의 자택을 자신들의 삶의 근거지로 삼았다. 그들은 로마 원로원을 모델로 한, 현지의 시 참사회에서 일하는 것을 목표로 삼았다. 그들은 로마 시민권을 얻으려고 애썼고, 황제들은 갈수록 늘어나는 속주의 명사들에게 이 특권을 수여했다.

오현제의 시대는 평범한 로마인들의 생활상에 대한 물질적 증거들이 넘쳐난다. 끈으로 묶는 여사제의 샌들부터 목수의 가죽 신발까지, 굳은살이 박인 사냥꾼의 손부터 여신의 잘 손질된 손톱까지, 두루마리를 쥔 시인의 손부터 고삐를 붙든 기수의 단단한 손아귀까지, 춤추는 사람의 무아지경부터 아이를 잃고 슬퍼하는 부모의 내리깐 눈까지, 고대 예술은 로마 제국 시대의 평범한 일상에 대한 수천 가지의 단편을 제공한다. 우리에게 아이들의 장난감 인형과 외과의사의 수술용 메스, 투구와 사냥용 나팔, 광택이 도는 거울과 유리 향수병, 노예의 목에 씌우는 목걸이와 수의, 유리병 주형, 인장이 박힌 벽돌, 술잔과 수도관, 주사위와 새총 발사 무기들이 있다. 이 특별한 것 없는 유물들은 트라야누스의 승전 기념비들이 대다수의 로마인들이 살았던 세계에 관해서 드러내주는 것이 얼마나 적은지를 상기시켜준다.

트라야노폴리스에서의 죽음

동방에서 패배에 직면하는 사이, 트라야누스의 건강은 나빠지고 있었다. 혹자들이 말년의 트라야누스 황제라고 판단하는 어느 청동 흉상은 해쓱한 뺨과 우뚝 솟은 코, 주름진 미간, 마치 종말이 가까움을 알기라도 하는 듯한 수심 어린 눈을 보여준다.[67] 117년에 그는 뇌졸중을 겪어, 몸의 일부가 마비되었다고 한다.[68] 병의 원인은 분명히 유전적이거나 아니면 힘든 생활 탓이었겠지만, 트라야누스는 독 때문이라고 확신했다. 파르티아에서의 승리들이 손안의 꽃처럼 시들어가는 것을 지켜보았으니, 황제가 말년에 쓰라린 심사에 사로잡힌 사람이 되었다고 해도 놀랍지는 않을 것이다. 비록 독살 시도는 오랜 시간에 걸쳐서 진행된 트라야누스의 쇠약에 대해서 설명하지는 못하지만, 기력이 다해가는 황제를 끝내기 위해서 누군가가 마침내 그에게 독을 먹였다는 것도 생각할 수 없는 일은 아니다.

플로티나와 마티디아는 로마로 귀국하도록 트라야누스를 설득했다. 여태껏 어느 황제도 이탈리아 바깥에서 사망하지 않았고, 누구도 트라야누스가 그 첫 사례가 되기를 원하지 않았다. 그래서 황제와 황제의 수행단은 안티오크 항구에서 출항했다. 그러나 이삼일 뒤에 황제의 상태가 너무 나빠지면서 그들은 가장 가까운 항구를 찾아, "험한 킬리키아"(오늘날 터키 남서 해안)로 알려진 바위투성이 지역에 있는 셀리누스 항에 배를 대야 했다. 그곳은 어느 고대 작가에 의하면, "해안이 좁고 평탄한 땅을 거의 찾아볼 수 없다. 게다가 타우루스 산맥 자락에 위치하여 먹고 살기에 마땅치 않은" 지대였다.[69] 이곳이 이름나게 된 주된 이유는 이전에 해적들의 소굴이었기 때문이다.

이곳에는 영광도, 왕궁이나 전장도 없었다. 마비 증상과 카시우스 디오가 쓴 대로 수종(체액이 쌓여서 심하게 붓는 증상)으로 분명 아무것도 할 수 없게 된 황제는 117년 8월 8일 이곳에서, 대략 63세의 나이로 죽었다. 셀리누스는 트라야누스의 도시라는 뜻의 트라야노폴리스로 재명명되었다. 트라야노폴리스에는 새로운 건물들, 특히 트라야누스에게 바쳐진 2층짜리 기념비와 신전이 들어섰지만 결코 트라야누스의 원대한 야심에 걸맞은 도시는 되지 못했다.

트라야누스의 유해는 화장을 위해서 안티오크로 되돌아오게 된다. 화장된 유해는 본국인 로마를 향해서 먼 길을 갔다. 유해는 개선 행렬의 의례를 거친 이후 트라야누스 기둥 기단 아래의 유골 단지 안에 안치되었다. 비록 로마 시 안에 매장하는 것은 금지되어 있었지만, 유례없는 예외가 허용되었다. 그는 원로원이 로마 최고의 통치자라는 칭호를 내린 사람이었으니까 말이다.

그렇다. 어쩌면 최고의 통치자였을지도 모른다. 아니, 어쩌면 트라야누스는 과도하고 헛된 영예를 추구하고 있지 않을 때에는 놀랍도록 훌륭한 통치를 보여준 굉장하고도 마키아벨리적인 시대착오였을지도 모른다. 보기 드문 정복자-황제인 트라야누스는 지성인은 아니었지만 실용적인 슬기로 이를 만회하고도 남았다. 그는 자기 수중에 권력을 집중시켰지만 원로원 의원들에게 위엄을 부여했고, 그들의 목숨을 살려주었다. 그는 민중을 만족시킴과 동시에 군단들에게 보상하는 것을 잊지 않았다. 그는 가부장적 정치의 이미지를 장려했다. 선대 황제들의 잇따른 기행 뒤에 트라야누스의 이런 이미지는 로마인들에게 안도가 되었을지도 모르지만, 그의 아내는 아마 상당한 권력을 행사했을 것이다. 방대한 공공사업의 공로를 자신이 차지하기는 했지만, 그 사업들은 그의 자의식뿐만 아니라 대중에게도 이바지했다. 그는 교역과 커뮤니케이션을 촉진했다. 전사였지만 로마 최대의 평화와 번영의 시대를 여는 기틀을 닦았다.

그러나 그 번영을 모두가 똑같이 공유하지는 않았다. 여전히 대다수의 사람들—수천만 명—은 가난 속에 살았고 여기에 또다른 수백만 명은 노예가 되어 속박 속에 살았다. 사정은 이탈리아의 자유 신분 주민들 특히 로마의 주민들에게는 살짝 더 나았다. 고대 세계의 역사가 종종 얼마나 피비린내 나는지를 고려하면, 대다수의 사람들은 적어도 로마의 평화에 감사할 수 있었다.

그러나 트라야누스는 또한 다키아에서 수십만 명을 몰살했고 그곳의 언어와 문화를 말살하다시피 했다. 그는 동방의 파르티아에 맞서서 일부러 침략전쟁을 벌였고 그 전쟁은 철저한 실패로 끝났다. 그리고 다음으로 승계 문제가 있었다.

트라야누스의 통치 철학은 한마디로 로마는 모든 것을 다 가질 수 있다는 것이었다. 그는 제국을 확대하고, 각종 건물과 사회 기반시설을 아낌없이 짓고 정비하며, 이탈리아에 새로운 복지 정책을 도입하고, 원로원과 민중, 군대 모두를 동시에 만족시킬 수 있었다. 그리고 로마는 이 모든 일을 국고를 파산시키거나 자원을 고갈시키지 않은 채 해낼 수 있었다. 그의 후임자는 이런 결론들을 재고하게 될 것이었다.

누가 로마의 새 지배자가 될 것인가? 이보다 더 해결이 시급한 중요 문제도 별로 없었다. 비록 그쪽 방면으로 몇 가지 조치를 취하기는 했지만, 트라야누스는 후계자 문제를 해결하지 못했다. 그러다 마침내 임종 시에 문제를 매듭지었다. 아니 과연 매듭을 지었던가? 그 문제를 둘러싼 불확실성이 다음 황제의 치세를 처음부터 얼룩지게 한 폭력에 일조했다. 히스파니아 출생의 또다른 로마인, 트라야누스의 먼 친척 하드리아누스의 치세가 시작된 것이다.

하드리아누스 흉상

VI

하드리아누스

그리스인

벽지(僻地) 셀리누스에서 트라야누스가 죽기 직전에야, 트라야누스는 자신의 먼 친척인 하드리아누스를 입양했다. 최소한 공식적인 이야기는 그렇지만 트라야누스의 과거 행태는 일부 사람들에게 의혹을 남겼다. 오랜 시간에 걸쳐 트라야누스는 하드리아누스를 점점 높은 관직으로 승진시켰다. 그는 하드리아누스가 황실의 일원과 결혼하는 것을 허락했지만 하드리아누스를 향해 얼마간의 망설이는 모습도 보였는데, 어쩌면 정책적 의견 차이 때문이었을 수도 있다. 그는 하드리아누스를 입양하지도 않았고 과거 황제의 공식 후계자들에게 수여되던 영예를 내리지도 않았다.

어떤 사람들은 임종 시에 트라야누스가 입양에 관해서는 한마디도 하지 않았으며 이 모든 일이 두 인물에 의해서 교묘하게 연출된 것이라고 주장했다. 바로 하드리아누스의 열렬한 대변자이자 트라야누스의 아내인 플로티나와 하드리아누스의 이전 후견인이자, 근위대장이었던 푸블리우스 아킬리우스 아티아누스에 의해서 말이다. 두 사람 모두 트라야누스가 사망할 당시 그 자리에 있었다. 한 문헌은 과거에는 한번도 황제의 서신에 대신해서 서명한 적이 없었던 플로티나가, 트라야누스가 하드리아누스를 자신의 아들이자 후계자로 지목하여 원로원에 보내는 서신에는 서명했다는 점을 주목하며 의혹을 제기한다.[1] 또다른 문헌은 플로티나가 트라야누스 행세를 할 배우를 몰래 들여와 그로 하여금 꺼져가는 목소리로 하드리아누스를 입양하기로 했다는 결정을 밝히게 했다고 주장한다.[2] 트라야누스가 이미 죽었다는 사실을 사람들에게 감춘 채 말이다.

그 다음으로 사소하지만 기이한 사실이 하나 있다. 우연히 발견된 묘비는 트라야누스가 죽고 이틀 뒤에 그의 포도주 시음을 담당한 어느 젊은 해방민이[3] 스물여덟 살에 죽었다는 사실을 알려준다. 물론 자연사는 가능한 일이지만—예를 들면 그와 트라야누스는 각자 똑같은 바이러스에 감염되어 죽었을 수도 있다—우리로서는 그 젊은이가 너무 많은 것을 알고 있어서 죽임을 당했거나 자살을 한 것은 아닐까 궁금해지기도 한다. 화장한 그의 유해를 로마까지 가져오는 데에 12년이나 걸렸다는 사실도 의혹을 불러일으킨다. 마치 누군가가 그에 대한 기억을 조용히 묻어두길 원하기라도 한 듯이 말이다.

정말로 아니 땐 굴뚝에 연기에 나겠는가 아니면 이것이 그저 우연의 일치이자 강력한 여성에 대한 로마 특유의 편견의 또다른 사례일까? 우리는 영영 알 수 없을 것이다. 분명한 점은 로마에 활기 넘치고 재능 있는 새 통치자가 생겼다는 것이다.

키가 크고 체격이 좋은 하드리아누스는 힘이 세고 건강했다. 그의 흉상들은 갸름한 얼굴에 둥근 볼, 매부리코, 커다란 귀, 그리고 어느 당대인이 묘사한 대로 "밝은 광채가 흘러넘치는"[4] 눈을 지닌 지적이고 풍채가 당당한 사람을 보여준다. 당시에 그는 숱이 많지만 단정하게 다듬은 턱수염과 곱슬곱슬한 컬을 정성스레 관리한 풍성한 머리를 자랑했다.

하드리아누스의 수염은 단순한 패션의 일환이 아니라 문화적이고 정치적인 표시이기도 했다. 엘리트 로마인 남성들은 보통 깨끗하게 면도를 하고 다녔다. 그리스 남성들은 수염을 길렀다. 면도를 하지 않음으로써 하드리아누스는 그리스 문화에 대한 사랑과 동방, 즉 제국에서 그리스어권의 위상을 높이는 정책에 대한 신호를 보냈다.

놀라운 점은 그가 지금까지 남아 있는 대단히 많은 수의 조각상[5]—어느 황제의 조각상보다도 많다—을 제작하기 위해서 이렇게 오랜 시간 모델로 서 있었다는 사실이다. 하드리아누스는 제국의 이쪽 끝에서 저쪽 끝으로, 브리타니아부터 시리아까지, 그 사이의 거의 모든 속주를 거쳐 언제나 이동 중이며, 항상 말이나 배 위에 올라타 있는 것 같았다. 다른 어느 황제보다도 더 많은 지역을 방문한 그는 반드시 일반인들을 만났다.[6] 요즘식으로 표현하면 현대 민주주의의 정치가처럼 유권자와 "살을 맞대는 것"을 좋아한 셈이다. 가는 곳마다 그는 병사들과 어울리고, 간소한 음식을 함께 나누며 그들처럼 야외에서 먹었다. 모범을 보이기 위해서 그는 "눈 내리는 게르마니아든 뙤약볕이 내리쬐는 이집트든 어디에서나 똑같이"[7] 모자를 쓰지 않고 다녔고, 한번은 병사들을 독려하고자 무거운 갑옷을 걸친 채 30킬로미터 넘게 함께 행군하기도 했다. 여흥으로는 사냥을 즐겨서 자신의 기량을 시험했다. 워낙 솜씨가 뛰어나서 한번은 화살 한 발로 멧돼지를 죽이는 개가를 올리기도 했다.[8]

하드리아누스는 로마 황제들 중에서 가장 중요하고도 매혹적인 인물 가운데 한 명이다. 어느 누구도 그보다 평화를 위해서 더 크게 노력하거나 제국의 팽창에 더 강하게 반대한 사람은 없었다. 어느 누구도 그보다 속주들에 개인적인 관심을 쏟지도 않았다. 어느 황제도 그보다 더 헌신적인 고전 문학도이거나 더 뛰어난 시인이거나 건축가이지 않았다—게다가 그는 조각가이자 화가였다. 그러나 누구도 모순적인 측면에서 하드리아누스를 능가하지 않았다. 고대의 어느 작가에게 "그는 같은 한 사람으로서 엄격하다가 다정하고, 위엄 있다가 장난스럽고, 미적거리다가 행동이 빠르고, 야박하다가 관대하고, 기만적이다가 솔직하고, 잔인하다가 자비로우며, 언제나 모든 것에서 변화무쌍했다."[9]

그는 그리스를 사랑한 로마인이었지만 이탈리아와 영국에서, 그리고 유대인들에 의해서 가장 기억된다. 유대인들의 역사 기록은 자신들의 문화를 말살하려고 한 그의 기억을 저주한다. 남자들의 남자인 그는 자신을 사랑한 여성들에게 성공을 빚졌지만 정작 어느 사춘기 소년을 사랑했다.

푸블리우스 아일리우스 하드리아누스의 거침없는 부상

이번 이야기는 희망과 야심에서 시작한다. 하드리아누스는 76년 1월 24일에 태어났다. 아버지를 따라서 푸블리우스 아일리우스 하드리아누스라고 이름 지어진 그는 로마에서 태어났다. 그의 아버지의 경력이 가족을 로마로 이끌었지만 그들의 본향은 히스파니아였다. 그들은 올리브유 수출로 부유해진 도시 출신이었다. 조상들 가운데 원로원 의원을 한 명 배출한 이름난 가문은 초기 정착민으로까지 뿌리를 거슬러가는데 이탈리아 북동부 도시 하드리아에서[10] 온 한 로마 병사였다. 그래서 하드리아누스라는 이름이 붙었다.

하드리아누스가 태어났을 당시 황제였던 베스파시아누스 치하의 로마는 속주 출신의 유능한 엘리트 남성들에게 갈수록 우호적이었고, 하드리아누스의 아버지도 그런 남성들 중의 한 명이었다. 아일리우스 하드리아누스 아페르는 원로원 의원이었고, 법무관으로 재직했으며, 군단 사령관과 속주 총독의 참모로, 심지어 다름 아닌 속주 총독으로 재직했을 가능성도 있다. 하드리아누스의 어머니인 도미티아 파울리나는 히스파니아 대서양 연안의 항구 도시 출신으로, 조상이 아마도 페니키아 식민자들로 추정되는 가문의 출신이었다. 하드리아누스는 파울리나라는 누이도 있었다.

하드리아누스의 아버지는 하드리아누스가 열 살 때 죽었고, 소년은 어린 아우구스투스처럼 아버지 없이 자랐다. 로마 여성들은 남자들보다 더 어린 나이에 결혼하므로 도미티아는 그때도 여전히 살아 있었다고 추측해도 될 듯하다. 그렇다면 그녀는 아티아가 어린 아우구스투스를 보살핀 것처럼 아들을 보살폈을 것이다. 두 남자 간에는 또다른 유사성이 있는데, 아우구스투스처럼 어린 하드리아누스도 로마에 있는 막강한 남성들에게 다가갈 기회가 있었기 때문이다. 그에게는 두 명의 후견인이 있었는데 둘다 그의 본향에 뿌리가 있는 사람이었다. 한 명은 아킬리우스 아티아누스로, 나중에 근위대의 지휘관이 되는 로마 기사였다. 또다른 사람은 아버지의 사촌으로, 전도유망한 군인이자 정치가, 바로 장래의 황제 트라야누스였다. 당시 트라야누스는 지휘관으로 바빴기 때문에 아티아누스가 하드리아누스의 양육을 책임졌다. 십대 시절 집안의 재산을 살펴보러 두 차례 히스파니아를 방문했을 때를 제외하면 하드리아누스는 전적으로 로마에서 자랐다.

천재적인 기억력을 타고난 대단히 총명했던 하드리아누스는 뛰어난 학생이었다. 엘리트 로마 젊은이의 교육에서 주요 항목은 그리스어와 라틴어 고전이었다. 하드리아누스는 그리스의 언어와 문학을 열정적으로 공부했다. 당대 로마에는 그리스 인구가 매우 많았기 때문에 확실히 그는 그리스어에 노출될 기회가 매우 많았다. 사실 로마는 세계 최대의 그리스인들의 도시로서 알렉산드리아에 버금갔다. 하드리아누스는 스포츠에 대한 취향에서도 그리스적이었다. 그는 그리스 엘리트 계층의 취미 활동이지만 로마인들에게는 사랑받지 못한 사냥을 열렬히 좋아했다.

이런 모든 면모는 그에게 그라이쿨루스, 즉 "꼬마 그리스인"이라는 별명을 얻어주었다.[11] 그것은 칭찬이 아니었다. 엘리트 로마인들은 그리스의 문화적 우월성에 찬탄하면서도 분개했다. 때때로 그들은 그리스에 대한 로마의 권력을 상기시킴으로써 이런 양가적인 태도를 상쇄했다. "하찮은 그리스인들은 자기들의 김나지움(실내 체육관/옮긴이)을 좋아하지"[12]라고 편견이 담긴 발언을 했던 하드리아누스의 후견인 트라야누스는 전혀 유별난 경우가 아니었다. 그는 하드리아누스의 사냥 활동을 못마땅해했다.

운 좋게도 트라야누스의 아내 플로티나는 하드리아누스를 다르게 생각했다. 하드리아누스처럼 그녀도 열성적인 그리스 문명 숭배자였다. 실제로 두 사람은 공통점이 많았다. 둘 다 총명하고 교양이 높고, 철학도였으며, 둘 다 트라야누스의 영향권 안에 있었으며—냉소적인 사람이라면 이렇게 말할 텐데—둘 다 하드리아누스를 사랑했다. 하드리아누스의 적잖은 자기애는 여기에서는 논외로 하자. 플로티나는 남편의 전도유망하고 젊은 피후견인을 끔찍이 좋아했다.

플로티나는 나이상으로 트라야누스보다는 트라야누스보다 스물두 살 어린 하드리아누스와 더 가까웠겠지만, 하드리아누스에게 일종의 어머니 역할을 했다. 그녀는 분명히 그의 인생의 결정적인 순간들에서 그의 이해관계를 챙겼다. 플로티나는 하드리아누스가 로마에서 최고의 교사와 공부하게 주선했다.

플로티나는, 수세기 전 아테네에서 발전한 사상 체계이며 하드리아누스 시대에도 여전히 아테네에 학교가 있었던 에피쿠로스 철학을 공부한 사람이었다. 오늘날 영어로 에피큐리언(Epicurean)이라고 하면, 쾌락, 특히 관능적이고 사치스러운 쾌락에 몰두하는 사람이지만 고대의 에피쿠로스주의자는 욕망의 제한이 바람직한 것이라고 생각했다. 그들은 종교는 미신이며, 이성이 최상의 안내자라고 여기는 유물론자들이었다. 그들은 미식보다는 좋은 벗을 선호했으며, 대중의 주목을 받는 것보다는 보이지 않는 곳에서 활동하는 것을 더 높이 평가했다. "무명으로 살아가라"가 그들의 좌우명이었고,[13] 우정은 그들의 목표였다. 많은 엘리트 로마인들은 에피쿠로스주의자였고, 여기에는 에피쿠로스 철학의 정적주의(quietism)를 거부한다고 하더라도 그 철학에서 위안을 찾은 정치가들도 포함되어 있었다.

하드리아누스와 마찬가지로, 플로티나에게도 "그리스적인 것"은 자신의 취향을 나타내는 패션에 그치지 않았다. 비록 로마 제국은 무력에 빚을 지고 있었지만 하드리아누스는 펜이 칼보다 강하다는 것을—그리고 더 위대한 펜은 그리스인들에게 속한다는 것을 이해했다. 그는 시인인 호라티우스와 함께, "정복된 그리스는 자신들의 야만적 정복자를 사로잡았고, 자신들의 예술을 라티움(Latium : 로마 시 일대를 가리키는 옛 지명/옮긴이)에 가져왔음"을 인정했다.[14] 그는 여전히 그리스가 세상에 내어줄 깊은 지혜를 가지고 있다고 믿었다. 에피쿠로스주의를 비롯한 당대의 여러 그리스 철학 유파가 그에게 영향을 미쳤던 듯하며, 하드리아누스는 한번은 위대한 스토아 철학자 에픽테토스도 만났다.

하드리아누스는 이전의 어느 황제보다도 정신적 삶을 진지하게 생각했다. 지적이지 않음을 자랑스럽게 여긴 트라야누스와 지나치게 평민적이었던 베스파시아누스 이후로 이것은 커다란 변화였다. 주지주의(主知主義)는 하드리아누스가 자신의 책무에 부여한 독특한 비전을 단단히 뒷받침했다. 또한 그 덕분에 하드리아누스는 그때까지 그리스가 얻어온 로마인 친구들 가운데 최고의 친구가 될 수 있었다.

하드리아누스는 열여덟 살에 공직에 입문하여 빠르게 출세했다. 처음에는 로마 시에서 그다지 중요하지 않은 관직들을 얻은 다음, 하급 장교(군 호민관)로 임명되어 차례로 중유럽과 발칸 반도에서 복무했다. 97년 말에 네르바 황제가 트라야누스를 아들이자 후계자로 입양했다는 소식을 들었을 때에 그는 에욱시네 해[흑해] 연안의 발칸 반도 오지에 있었다. 당시 트라야누스는 상게르마니아의 군단 사령관이었다. 하드리아누스는 자신의 군대가 보내는 축하 인사를 후견인—이제는 제위의 계승자가 된—에게 전달하는 임무를 맡았다. 이 임무에 대한 보상으로 그는 여전히 하급 장교 신분이었지만, 오지인 에욱시네 해안에서 라인 강 유역의 더 중심적인 위치로 전속되었다. 하드리아누스는 원로원 계급에게 일반적인 2번의 임기 대신에 3번의 임기를 거치면서 군 호민관으로 복무했고, 군에 관해서 특히 정통하게 되었다.

얼마 지나지 않은 98년 초에 네르바가 죽고 트라야누스가 황제로 선언되었다는 소식이 들려왔다. 하드리아누스는 기회를 놓치지 않고, 트라야누스에게 직접 이 소식을 알리기 위해서 대략 160킬로미터 떨어진 북쪽을 향해 서둘러 달려갔다. 도중에 그가 탄 마차가 부서졌지만, 그는 걸어서 여정을 이어갔고, 그 기쁜 소식을 가까스로 트라야누스에게 알릴 수 있었다. 전하는 이야기는 그렇게 이어지며 여기에는 세르비아누스라는 사람이 하드리아누스의 마차를 일부러 망가트렸다는 주장도 포함되어 있다. 그러나 이 주장은 신빙성을 의심해볼 필요가 있는데, 그 이야기의 출처는 하드리아누스 본인에게로 거슬러갈 것이고, 나중에 하드리아누스와 세르비아누스는 서로 으르렁거리는 사이가 되었기 때문이다. 묘하게도 두 사람은 매형과 처남 사이였다.

루키우스 율리우스 우르수스 세르비아누스는 하드리아누스의 누나인 파울리나와 결혼했다. 파울리나는 하드리아누스처럼 트라야누스의 사촌이었으므로 이 결혼은 야망과 권력에의 접근을 노린 결혼이었고, 총독이자 전집 집정관인 세르비아누스는 트라야누스의 측근 그룹으로의 진입을 노렸다. 세르비아누스와 하드리아누스 같이 결연한 두 남자가 서로 충돌하는 것은 당연한 일이었다.

하드리아누스는 트라야누스의 생존한 친족들 가운데 가장 가까운 남자 친족이었고, 일단 자식이 없는 트라야누스가 황제가 되자 하드리아누스는 그의 뒤를 잇기에 유리한 입장이었다. 그러나 확실히 정해진 일은 아니었다. 아우구스투스가 손자인 아그리파 포스투무스를 건너뛰고 양자인 티베리우스를 선택한 이래로 심지어 가까운 친족이라도 그 자리를 능력으로 따내야 한다는 것이 분명했다. 그리고 실제로 하드리아누스는 정치적, 군사적, 행정적 실력을 발휘함으로써 그 자리를 따냈다. 그러나 그것만이 전부는 아니었다.

하드리아누스의 출세는 궁정인들의 기술의 승리였다. 그는 트라야누스와 가까운 황실의 여인들을 사로잡았고, 그의 이전 후견인 아티아누스—이제는 근위대장이 된—와 트라야누스의 오른팔인 수라를 비롯한 많은 사람들에게 호의적인 인상을 심어주었다.

예나 지금이나 하드리아누스에게 가장 가까운 조력자는 이제 황제의 아내인 플로티나였다. 그녀는 트라야누스를 설득하여 하드리아누스에게 비비아 사비나를 신부로 안겨주었다. 사비나는 트라야누스의 누이인 마르키아나의 손녀였고, 트라야누스에게는 종손이 되므로 이 결혼으로 하드리아누스는 트라야누스에게 한층 더 가까워졌다. 사비나는 부유하고 유력한 가문 출신이었다. 그녀는 히스파니아와 로마는 물론 이탈리아의 다른 지역에도 개인적으로 노예를 소유하고 있었다. 어머니인 살로니아 마티디아와 할머니인 마르키아나는 황실의 일원으로 황제와 함께 살았고, 황제가 믿고 의지하는 가장 가까운 사람들이었다.

전도유망한 하드리아누스와 유리한 지위에 있는 사비나는 100년에 결혼했다. 하드리아누스는 장모 마티디아를 열렬히 흠모했다. 하드리아누스는 스물네 살, 사비나는 열네 살이나 열다섯 살이었다. 남편과 아내 사이의 열 살의 나이 차이는 로마 사회에 전형적이었다. 로마에서 결혼이 가능한 최소 연령은 여성은 열두 살, 남성은 열네 살이었다. 비록 여자들은 대체로 10대 후반에, 남자들은 20대 후반에 결혼했지만 원로원 계급 엘리트들, 특히 황실의 일원은 종종 그보다 더 일찍 결혼했다. 하드리아누스 같은 야심가는 분명히 사비나와 같은 신붓감과 결혼하고 싶었을 것이다.

하드리아누스는 신부가 자라나면서 그녀에게서 마음에 드는 점을 많이 발견했을지도 모른다. 물론 로마 황실의 인물 조각상은 미화되어 있고, 정치선전적인 성격을 띤다. 그래도 순전히 공상의 산물은 아닐 듯한데 조각상의 모델들은 사람들이 조각을 보았을 때, 누구를 묘사한 것인지 알아보기를 원했기 때문이다. 사비나를 묘사한 다양한 흉상과 전신상은 이목구비가 반듯한 호감 가는 얼굴과 가냘픈 목, 고전적인 코를 보여준다.[15] 그녀에게서는 온화한 분위기가 감돈다. 숱이 많고 웨이브가 진 머리는 하드리아누스에게는 분명히 마음에 들었고 어쩌면 그녀도 마음에 들어했을 그리스 스타일로, 이마 한가운데에서부터 빗어 넘긴 모습이다.

사비나는 글을 남긴 보기 드문 로마 여성이다. 사실, 남아 있는 글은 짤막하다. 그녀의 여행 동반자가 지은 짧은 4편에 시에 붙인 추기(追記)이다. 그러나 그 동행은 그리스 여성이자 지식인이었으므로, 사비나가 하드리아누스와 관심사를 공유했거나 적어도 그러려고 노력했음을 암시한다. 그 글은 또한 사비나가 부부의 위상과 업적에 대해서 남편이 느끼던 자긍심을 공유했음도 보여준다.

그래도 두 사람의 결혼은 연애결혼이 아니라 황실을 위한 결혼이었고, 신랑과 신부 사이에는 의견 차이가 있었다. 두 사람 사이에는 자식이 없었다. 하드리아누스는 여자들보다는 젊은 남자들을 선호했다. 풍문에 따르면, 부부는 서로를 싫어했다고 한다.[16] 또한 두 사람은 성관계를 맺기는 했지만 사비나가 임신하지 않도록 조심했다든가 하드리아누스가 사비나를 짜증을 잘 내고 성마른 여자라고 여겼고, 그래서 자신이 일반 시민이어서 이혼할 수 있었으면 좋겠다고 생각한다는 소문이 돌기도 했다. 그러나 풍문은 풍문일 뿐이고 정치적 배우자들이 침대에서는 잘 지내지 못하더라도 협력하는 경우는 없지 않다. 사비나와 하드리아누스 간의 불화에 대한 무성한 말에도 불구하고 협조와 화목의 증거도 존재하며, 하드리아누스는 아내에게 여러 가지 영예를 내려 보답했다. 그래도 사비나의 역할이 전적으로 편했을 리는 없다.

하드리아누스는 101-102년, 그리고 105-106년 두 차례에 걸친 트라야누스의 다키아 전쟁 동안 출세할 기회를 잡았다. 제1차 원정에서 트라야누스는 하드리아누스를 고위 참모 장교로 데려갔다. 하드리아누스는 전선에서 1년을 보냈고, 이때의 경험에 관해서는 하나의 이야기만이 전해진다. 하드리아누스가 포도주를 말술로 마시는 트라야누스의 습관을 따르게 되었고, 트라야누스가 여기에 대한 보상을 내렸다는 사실이다.[17]

하드리아누스는 105-106년의 제2차 다키아 원정에도 참가했는데, 이번에는 군단 사령관으로 복무했다. 그는 두 차례 원정에서 모두 서훈되었다. 비록 다른 사람들이 로마의 승리에 더 큰 수훈을 세웠지만 하드리아누스는 트라야누스로부터 상징적인 선물을 받았다, 그것은 트라야누스가 전임 황제 네르바로부터 받은 다이아몬드였다.[18] 그것은 성공의 징조인 듯했고, 하드리아누스는 징조들을 매우 중시했다. 비록 철학을 진지하게 공부하는 사람이었지만 그는 일생 동안 마법과 점성술에 관심이 많았다.

하드리아누스는 트라야누스 치하에서 계속 신속하게 출세했지만 야심만만한 젊은이가 원했을 만큼 신속하게는 아니었다. 106년부터 108년까지 그는 하(下)판노니아의 총독이었다. 108년 5월 그는 서른두 살에 콘술 수펙투스, 즉 보궐 집정관이 되었는데, 이는 구 귀족계급이 아닌 사람에게는 이른 승진이었다. 이야기에 따르면, 하드리아누스는 트라야누스의 가장 가까운 조언자 중의 한 명인 수라로부터 황제가 자신을 입양할 것이라는 말을 들었다고 한다.[19] 수라는 그 직후에 죽었기 때문에 이 이야기가 사실인지는 알려지지 않았다. 어쨌거나 트라야누스는 하드리아누스를 자신의 연설문 작성자로 임명하기는 했어도 입양하지는 않았다.

연설문 작성자는 황제의 신뢰를 받는 자리이지만 하드리아누스를 로마에 붙잡아두기에는 충분하지 않았다. 더 이르지는 않다고 해도 최소한 112년에 이르자 그는 아테네에서 살고 있었는데, 아마도 트라야누스의 허락을 받았으리라 추정된다. 황제는 유능한 젊은이를 동방 그리스에서 자신의 눈과 귀로 삼는 것이 유용하다고 여겼을지도 모른다 —그리고 어쩌면 권력에 대한 포부가 큰 이 야심가가 더 이상 근처에 얼씬거리지 않게 되어 안도했을 수도 있다. 아테네는 로마에 비하면 작았지만 그곳의 문화적 유산은 여전히 거대한 그림자를 드리우고 있었다. 파르테논 신전과 철학자들, 시가(詩歌)들 사이에서 하드리아누스는 그리스에 푹 빠져들었다. 아테네 시의 엘리트들은 그에게 아테네 시민이 될 것을 권했고, 이내 그는 그곳의 최고 행정관으로 선출되었다. 아테네에서의 이 체류는 하드리아누스가 로마의 패션에 그의 유명한 공헌을 한 시기인지도 모른다. 바로 수염 말이다. 그는 선례를 세웠고, 다음 한 세기 반 동안 후임 황제들은 그의 패션을 따랐다.

동방에서 새로운 대전쟁을 치르러 가는 길에 황제는 아테네에서 텁수룩한 젊은 사촌을 보고 깜짝 놀랐을지도 모른다. 플로티나와 마티디아를 비롯한 상당수의 궁정 사람들도 트라야누스와 함께 왔다.

카이사르와 마르쿠스 안토니우스처럼 트라야누스는 파르티아와 전쟁을 벌이기로 마음먹었다. 이 원정에 대한 이야기는 앞 장에서 이미 나왔다. 여기서는 플로티나가 영향력을 발휘하여, 하드리아누스를 트라야누스의 전쟁 참모부 안에 앉혔다는 이야기를 덧붙이는 것으로 충분하다.[20] 그러나 하드리아누스는 117년 시리아 총독이 되기 전에는 딱히 큰 권력을 휘두르지 않았던 모양인데, 이 직책도 플로티나에게 빚졌다는 말이 있었다. 그가 118년에 두 번째로 집정관에 임명된 것도 플로티나의 영향력 덕분이었다고 여겨졌다.

궁정의 사정에 정통한 사람들은 하드리아누스가 트라야누스를 승계할 것이라고 예측했는데, 특히 두 번째 집정관 임명 소식이 알려지자 다들 그렇게 내다보았다. 풍문에 따르면, 하드리아누스는 트라야누스의 해방민들에게 뇌물을 주고, 영향력이 많은 트라야누스의 남자친구들의 환심을 사고 있었다고 한다.[21] 그러나 황제는 하드리아누스를 입양하지도 그에게 카이사르 칭호나, 티베리우스와 티투스, 그리고 트라야누스 본인이 공식 후계자가 되었을 때에 얻었던 권력을 부여하지도 않았다. 시간이 흐르면서 트라야누스가 하드리아누스를 자신의 최고위 장군들 중의 한 명으로 임명하지도 않았다. 어쩌면 하드리아누스가 군사적 정복에 열성을 보이지 않아서 그러했을 수도 있다. 트라야누스와 달리 하드리아누스는 제국을 확대하기를 원하지 않았다. 바로 그 점 때문에 트라야누스는 그를 후계자로 지명하기를 망설였을 수도 있다. 게다가 그 엄격한 노(老)로마인은 자신의 이전 피후견인의 헬레니즘을 마뜩잖게 생각했을 가능성이 크다.

트라야누스가 다른 사람을 후계자로 지목하려고 한다거나 그 결정을 원로원에 맡길 계획이라는 소문이 있었다.[22] 혹자들은 심지어 알렉산드로스를 열렬히 숭상했던 그가 기원전 323년에 그 마케도니아 왕이 죽었을 때에 그러했던 것처럼 제위를 "가장 강한 자"에게 넘길 심산이라고 말했다. 그러나 강자가 제위를 차지하게 놓아둔 알렉산드로스의 결정은 50년간의 내전을 낳았기 때문에 트라야누스가 그 선례를 따르기를 원했을 가능성은 별로 없는 듯하다. 그러다가 위기가 찾아왔다.

승계 위기

우리가 앞에서 본 대로 어떤 사람들은 트라야누스가 임종 시에 하드리아누스를 입양했다는 이야기에 이의를 제기했다. 그러나 하드리아누스는 여기에 강력한 대답을 내놓을 수 있었으니 바로 동방의 로마 군단들이었다. 그는 그들에게 두 배의 상여금을 주는 영리한 행보를 보였고, 즉각적인 그들의 지지를 얻어냈다. 그는 원로원의 동의 없이 제위에 오른 것에 대해서 나중에 원로원에 사과했지만 나라를 황제가 없는 상태로 놔둘 수는 없었다고 말했다. 무력으로 정권을 장악한 또다른 황제인 베스파시아누스처럼 그는 군대에 의해서 추대된 순간을 새로운 치세의 출발점으로 계산했다. 117년 8월 11일이었다.

한편, 새로운 정권은 과거 트라야누스의 원수(元帥)들에 대한 암흑가 방식의 암살로 막을 열었다. 어떤 이들은 황제 권력의 경쟁 상대였던 반면에 어떤 사람들은 하드리아누스가 염두에 둔 방어적인 군사 정책을 불만을 표했다. 로마에서는 하드리아누스의 후견인이었던 아티아누스가 새 황제에 맞선 4인의 음모를 적발했다고 주장했다. 그들은 존재감이 막강한 인물들이었다. 트라야누스의 가장 가까운 지인과 플루타르코스가 칭송한 사람을 비롯하여 모두가 전직 집정관이었다. 그들은 재판 없이 처형되었고, 원로원은 이를 추인할 수밖에 없었다. 많은 의원들은 "4명의 전직 집정관 사건"으로 알려지게 된 일을 두고 새 통치자를 결코 용서하지 않았지만, 새 황제를 두려워하지 않은 사람은 거의 없었다. 아티아누스에 대해서 말하면, 하드리아누스는 그를 원로원 의원 신분으로 승격시켰으니 로마 기사들에게만 허용되는 직위인 근위대장 자리를 그만두어야 했다는 의미이다.

철학과 예술, 점성술을 그렇게 좋아했음에도 불구하고 하드리아누스는 무자비하고 폭력적이고 살인을 서슴지 않았다. 하지만 그는 정치가이기도 했고 그러므로 관계를 어떻게 개선해야 할지 알고 있었다. 로마에서 하드리아누스는 평민들에게 현금을 나눠주고 체납 기록을 불태워 없앴으며,

근사한 검투사 경기를 개최하고 대형 건축 프로그램을 개시했다.

그러나 하드리아누스는 헌정 체제에 바탕을 둔 통치라는 것을 믿지 않았다. 기번은 그를 멋지게 요약한다. "그는 탁월한 군주였다가 우스꽝스러운 소피스트였고, 또 시기심 많은 폭군이 되기도 했다."23

평화와 건축 프로젝트

하드리아누스만큼 많은 비전과 자신감을 가지고 집권한 황제도 별로 없었다. 그는 그야말로 전환적인 지도자가 되기를 원했다. 그는 자신을—처음에는 아니라고 해도 결국에는—제2의 아우구스투스로 생각하게 되었다. 정말이지 시간이 지나면서 그는 자신을 하드리아누스 아우구스투스라고 부르며 온전한 성명인 임페라토르 카이사르 트라야누스 하드리아누스 아우구스투스보다 그 이름을 더 선호했다. 그는 자신을 제국의 제2의 창건자로 생각했다.

실제로 그는 제2의 티베리우스였다. 트라야누스의 팽창 정책을 뒤집음으로써 그는 대체로 방어적인 티베리우스의 정책을 부활시켰다. 하드리아누스가 티베리우스보다 더 인문주의자였다고 해도 그는 티베리우스와 같은 원로원과의 불화를 그리고 이따금씩은 폭정도 피하지 않았다.

하드리아누스는 치세 초기에 동쪽과 서쪽에서 반란에 직면했다. 다키아와 도나우 강 유역, 마우레타니아(모로코) 그리고 브리타니아에서였다. 그는 어떤 지역들에서는 단호한 태도로, 어떤 지역들에서는 한발 물러남으로써 대응했다. 파르티아 제국에서 그는 트라야누스가 정복했던 얼마 남지 않은 영토들에서의 즉각적인 철수를 명했고, 파르티아 왕과 강화를 맺었다. 또한 다키아 동부 지역도 포기했다. 침입자들을 막기 위한 예방 조치로서 하드리아누스는 심지어 도나우 강을 가로지르는 트라야누스의 대교의 상부 구조물을 해체시켰다.

영토를 포기하는 것은 로마답지 않게 비쳤고, 많은 원로원 의원들은 여기에 격하게 반대했다. 정말이지 음모가 아니라 새로운 정책에 대한 이견이 4명의 전직 집정관이 목숨으로 대가를 치르게 된 진짜 이유일 것이다. 그러나 하드리아누스는 주장을 굽히지 않았다. 그가 판단하건대 제국은 트라야누스의 팽창 전쟁으로 힘이 바닥난 상태였다. 더욱이 그는 재무장이 가져올 이점을 인식했던 듯하다. 군사적, 경제적, 그리고 정신적인 재무장의 이점을 말이다.

비록 황제에게 반대파가 없지는 않았지만 로마 엘리트 계층의 대다수는 하드리아누스에게 동의했을 것이다. 새로운 영토의 정복을 위해서 전쟁을 벌일 수 있게 유인할 동기가 예전과 달리 더는 없었다. 오히려 전쟁의지를 꺾는 동기가 있었는데, 황제들은 개선장군들을 두려워하고 때로는 처형시켰기 때문이다. 성공적인 공직 경력을 쌓거나 원로원 의원이 되기 위해서 중요한 군사적 경험을 쌓아야 할 필요가 더는 없었다. 당대의 한 작가는 다음과 같이 썼을 때, 아마도 많은 이들을 대변했을 것이다. "내 시대에 하드리아누스 황제는……신성에게 바친 경의에서 대단히 종교적이었고, 다양한 신민들의 행복에 대단히 이바지했다. 그는 결코 자진하여 전쟁을 벌이지 않았다."[24]

트라야누스에게 로마는 초강대국이었고, 초강대국으로서 행동해야만 했다. 하드리아누스에게 로마는 연방이었다. 미국이나 러시아, 중국보다는 유럽연합과 더 비슷한 것 말이다. 하드리아누스는 속주의 엘리트 계층이 대등하게 정부에 참여하는 새로운 제국을 원했다. 그는 제국 곳곳의 도시 참사회원들에게 로마 시민권을 확대함으로써—전에는 행정관들에게만 제한된 혜택—그들의 충성을 얻어냈다.

하드리아누스만 놓고 보면, 그 엘리트들은 서방에서는 라틴어를, 동방에서는 그리스어로 말할 것이었다. 그렇다면 제국의 다른 토착 엘리트들은 어떤가? 아랍인, 켈트인, 다키아인, 이집트인, 게르만인, 유대인, 마우레타니아인, 누미디아인, 페니키아인, 시리아인과 여타 등등은 어떻다는 말인가? 그들은 동화되든지 아니면 배제되어야 할 것이었다. 하드리아누스는 사실상 그들에게 이렇게 말한 셈이었다. "너희들은 자유로울 권리가 없다. 너희들에게는 로마인이 될 권리가 있을 뿐이다. 그도 아니면 그리스인이 되든지." 그리스어는 제국의 동쪽 절반에서 지배적인 언어였다. 그리스어 음성은 하드리아누스, 즉 "꼬마 그리스인"의 귀에 음악처럼 들렸고 그는 그리스어를 편애할 작정이었다.

하드리아누스는 치세의 대부분 동안 제국의 동쪽 절반에 초점을 맞추었다. 그것은 그의 개인적인 선호만이 아니라 권력의 현실들을 반영했다. 로마는 무력과 정치 조직을 보유했지만 동방은 인력과 부, 도시들, 문화 그리고 지적, 영적 깊이를 보유했다. 이탈리아 바깥의 서방은 대도시가 몇 군데 없었고 비교적 저개발 상태의 후진적인 지역이었다. 가장 커다란 예외는 지중해 너머, 북아프리카 해안에 위치한 카르타고였다. 기원전 146년 제3차 포에니 전쟁에서 파괴된 카르타고는 율리우스 카이사르의 계획에 따라 아우구스투스가 로마 식민지로 재건했다. 하드리아누스 시대가 되자 카르타고는 서부 지중해 제2의 도시가 되었다. 그러나 제국의 도시 중심지는 동방에 있었고, 어느 사람들에게는 그 지역이 로마의 미래를 대변했다. 하드리아누스도 그 점을 전혀 의심하지 않았다.

율리우스 카이사르와 마르쿠스 안토니우스 모두 제국의 수도를 동쪽으로, 알렉산드리아나 심지어 트로이로 이전하고자 하는 유혹을 받았다. 하드리아누스는 아테네로 눈을 돌렸다. 하드리아누스는 모든 그리스 도시들을 좋아했지만, 그리스 세계의 다른 어느 곳보다 더 많은 시간을 보낸 아테네를 선호했다. 그는 이른바 밀교 의식, 아테네 시의 가장 엄숙하고도 배타적인 종교 의식에 입회했다. 그것은 죽음 뒤의 삶의 희망을 제공하는 비밀 의식이었다.

하드리아누스는 500년도 더 전인 페리클레스 시대 이래로 본 적이 없는 수준으로 아테네를 증축했다. 그는 그곳의 건설 붐을 후원했고, 아테네를 그리스 도시들의 새로운 범(汎)헬라스 동맹의 중심지로 만들었다. 오늘날 아테네를 찾는 방문객은 도서관과 저수조—이제는 공공 광장이지만 한때는 새로운 급수 체계의 일부였다—와 그리스 최대의 신전이었던 올림포스 제우스 신전의 거대한 원기둥들, 그리고 하드리아누스의 도시로 이름 붙여진, 신구역으로 이어지는 대리석 입구와 아치가 결합된 조형물(하드리아누스 개선문)과 같은 유적들에서 하드리아누스의 건축 프로젝트의 흔적을 찾아볼 수 있다. 그러나 아테네는 하드리아누스 건축 프로그램의 작은 일부에 불과했다.

신전과 빌라

하드리아누스는 오늘날 사람으로서보다는 장소의 이름으로 더 유명할지도 모른다. 그는 영국에서는 하드리아누스 방벽, 이탈리아에서는 하드리아누스 빌라로 가장 잘 알려져 있을 것이며, 이 두 가지는 가장 친숙한 사례들일 뿐이다. 로마 시에서는 산탄젤로 성으로도 알려진 하드리아누스 영묘가 유명하다. 하드리아누스라는 이름이 붙지 않은 그의 다른 건축 프로젝트로 넘어가면, 거대한 베누스와 로마 신전(Temple of Venus and Roma)이 한때 로마에 있었는데, 트라야누스의 건축 명인이었던 아폴로도루스[25]는 아마추어 건축가인 하드리아누스 본인이 직접 설계한 이 건물에 질색하여 글에서 그 신전을 혹평했다. 하드리아누스가 워낙 노하여, 얼마 지나지 않아서 아폴로도루스가 죽었을 때에 황제가 그의 처형을 명했다는 소문이

돌 정도였다. 그러나 영묘도 신전도 하드리아누스의 가장 중요한 건물은 아니다.

아우구스투스는 테베레 강의 굽이와 로마 시의 구도심 사이에 위치한 구역인 마르스 연병장에 자신의 흔적을 남겼다. 하드리아누스는 그 지역을 리브랜딩함으로써 새로운 아우구스투스라는 자신의 주장에 방점을 찍었다. 그는 그곳에 중요하지만 훼손된 건축물—모든 신들에게 바치는 신전, 바로 판테온—을 재건했으니 원래는 아우구스투스의 오른팔 아그리파가 지은 건물이었다. 그 결과, 고전고대로부터 전해지는 가장 잘 보존된 건물이자 세계에서 가장 아름다운 건물 가운데 하나가 탄생했다. 판테온 안에 서서 위를 올려다보면, 방문객은 돔이야말로 로마가 인류 문명에게 준 선물 가운데 하나임을 깨닫게 된다.

판테온은 구상에서의 천재성과 실행에서의 완벽함을 보여준다. 그것은 또한 황제의 풍부한 재정을 입증하는데, 이렇게 훌륭하고 내구성이 뛰어난 구조물은 값싸게 생겨나지 않았기 때문이다. 하드리아누스는 건축가로서는 너무 아마추어여서 세부적인 것까지 설계하지는 못했지만, 그 건물을 착상한 사람으로서 공로를 인정받을 만하다. 우리는 건축가의 이름을 모르지만 누구든 간에 그 사람은 벽돌과 대리석, 콘크리트를 통해서 제국의 통합을 상징적으로 표현하는 데에 성공했다. 로톤다(흔히 지붕이 돔 형태인 원형 건물/옮긴이)는 로마인들이 세계를 부르던 대로 "둥근 땅"을 생각나게 한다. 대리석 바닥의 격자나 구리를 입힌 천장은 로마의 군영이나 도시 또는 풍경의 규칙적인 패턴을 떠올리게 한다. 돔은 황제가 제국을 다스리듯 유피테르가 다스리는 천상을 상징한다. 7미터에 달하는 엄청나게 두꺼운 기단부에서부터 두께가 고작 0.6미터에 불과한 꼭대기에 이르기까지 이어지는 돔은 기술공학적 경이였다. 지름이 4.34미터인 판테온의 돔은 1436년에 피렌체의 두오모 성당이 지어질 때까지 1,300년 동안 세계에서 가장 넓은 아치형 천장이었다―그리고 바로 그 너비는 19세기 후반까지 어느 돔도 뛰어넘지 못했다.

하드리아누스는 단순히 "루키우스의 아들 아그리파가 세 번째로 집정관을 역임할 때에 이 건물을 짓다"라는 설명을 달아서 판테온에서 자기 이름을 뺐다. 이런 꼬리표는 뻔뻔한 겸손인데, 제국 건국의 아버지들 가운데 한 명의 위신을 빌렸기 때문이다.

하드리아누스는 예전에 어느 마을이 있던 자리에 건립된 하드리아누스의 도시, 즉 하드리아노폴리스(오늘날 터키의 에디르네)에 자신의 이름을 부여했다. 그곳은 로마 제국에서 하드리아누스의 도시라고 불린 여덟 곳 가운데 하나였고,[26] 오늘날의 지명에도 그 황제의 이름의 반향이 여전히 남아 있는, 유일한 곳이다(현재의 지명 '에디르네'로 정착되기 이전까지 서양에서는 '아드리아노플'이라는 지명이 일반적이었다/옮긴이). 불가리아와 그리스 경계 가까이, 유럽 쪽 터키에 위치한 이 도시는 역사적인 교차로 위에 자리를 잡고 있다. 콘스탄티누스 시대에서부터 시작되어 20세기에 이르기까지, 그곳은 378년 로마 제국의 가장 궤멸적인 패배를 비롯한 무려 16차례 대형 전투의 현장이었다. 군사사가 존 키건은 이곳 하드리아노폴리스를 가리켜 그곳을 차지하기 위한 "다툼이 지구상에서 가장 자주 벌어진 곳"이라고 불렀다.[27] 군인-정치가인 하드리아누스는 자신의 이름을 딴 도시의 그런 영예를 즐겼을지도 모른다.

하드리아누스의 "구조물" 중 하나는 법령과 관련이 있다. 그는 뛰어난 어느 젊은 법률가에게 법무관의 포고령, 즉 해마다 공포되는 로마법의 기본 원칙들에 대한 선언을 성문화하는 권한을 맡겼다. 비록 이론상으로 새 법무관은 매년 새로 시작할 수 있었지만, 실질적으로 대다수의 법무관들은 물려받은 전통에 거의 변화를 주지 않았다. 그러나 세월이 흐르면서 비일관성이 누적되었다. 이제 하드리아누스 덕분에 포고령은 분명하고 합리적인 하나의 법전으로 모두 통합되고 성문화되었다. 그것은 이후로 영구적인 칙령으로 알려지게 된다. 그것은 로마에, 사실은 법의 역사에 대대적인 개혁을 알렸다.

그러나 법은 건축만큼 하드리아누스를 좀처럼 흥분시키지 않았다. 티베리우스와 네로는 여흥을 위한 궁전을 지었지만 하드리아누스는 그들을 능가했다. 오늘날 우리가 하드리아누스의 빌라로 알고 있는 것은 사실, 베르사유처럼 왕실 전용의 고립된 체류지였다. "빌라"는 로마에서 말을 달려 3시간이 걸리는 대략 30킬로미터 떨어진 티부르(티볼리) 지역의 어느 숲이 우거진 골짜기의 120헥타르가 넘는 땅—폼페이 면적의 두 배이다—에 널찍하게 배치한 30개의 주요 시설을 가지고 있었다.

티부르의 건설 작업은 아마도 하드리아누스가 즉위했을 때부터 시작되어 치세 내내 이어진 듯하다. 로마의 권력과 제국의 다양성에 대한 인상을 불러일으키기 위해서 제국 전역으로부터 자재들을 가져왔다. 건물과 부속 토지는 각종 미술품과 조각, 정원과 우물, 수로와 분수들로 채워져 있었다. 하드리아누스는 일부 건축물을 자신이 설계했다. 빌라에는 그가 좋아하는 "호박들"[28]— 돔들—만이 아니라, 건축에서 S자형 커브를 사용한 최초의 사례로 알려진 것도 있었다. 그러니까 오목한 벽과 볼록한 벽이 구불구불하게 번갈아 이어지는 형태 말이다. 빌라의 전체적 배치는 절묘하며, 하드리아누스 자신처럼 복잡하고 독특했다. 다른 어느 황제도 하드리아누스만큼, 예술과 자연이 결합하여 영감을 제공하는 공간을 창조하려고 하지 않았다. 또한 빌라는 하드리아누스가 중요하게 여긴 제국의 엘리트들을 상징했다. 건축양식은 압도적으로 로마풍이지만, 그리스 미술로 가득 차 있었다. 이집트풍 테마도 두드러지는데, 이집트는 하드리아누스의 인생 이야기에서 중요한 역할을 운명이었다. 많은 노예들이 빌라를 유지, 관리했다. 로마 관리들과 병사들도 도처에 존재했다.

빌라에는 모든 것이 있었다. 궁전 외에도 식당용 별채들, 도서관, 목욕탕, 신전, 극장, 심지어 경기장도 있었다. 겨울용 난방 건물과 여름용 시원한 북향 건물도 있었다. 그곳은 하드리아누스에게 세상에서 물러나 쉴 수 있는 곳이자 방문객을 맞아들이고 그들을 감명시키는 장소였지만, 한편으로 그가 현실에 대한 감각을 상실할 수도 있는 장소였다.

티부르는 하드리아누스의 네버랜드였다. 그것은 대안적 로마, 원로원이나 민중이 없는 로마, 하드리아누스가 열렬히 좋아한 군 진지와 그리스의 폴리스가 하나로 합쳐진 것이었다. 이곳에서라면 그는 로마 시에 들어가지 않고도 그곳을 다스릴 수 있었고, 집을 떠나지 않고도 여행할 수 있었다. 여기에서 하드리아누스는 줄곧 방랑자로 남았다.

하드리아누스의 순행

아우구스투스 이래로 어떤 황제도 하드리아누스만큼 속주를 많이 여행하지 않았고, 결국에 그는 그의 전임자보다 훨씬 더 많은 영역을 다니게 되었다. 하드리아누스는 21년 동안 재위하여 티베리우스 이래로 최장 재위 기록을 세웠다. 그는 그 기간의 대략 절반을 길 위에서 보냈다. 120년부터 131년까지, 44세와 55세 사이 인생의 전성기 동안 그는 좀처럼 로마에 없었다. 121년부터 125년까지의 기간에는 로마의 북서부 속주들을 가로질러 크게 한 바퀴 돈 다음 동쪽으로 방향을 틀어 그리스와 소아시아로 갔다. 몇 년 뒤인 128년부터는 시칠리아와 북아프리카, 이집트 그리고 여타 동지중해 지역, 특히 그리스를 방문했다. 그 다음에는 시급한 사안을 처리하기 위해서 유다이아를 방문했다.

하드리아누스가 머나먼 여행을 떠나게 만든 것은 채워지지 않는 어떤 갈망이 아니라 제국을 밑바닥에서부터 철저히 개조하고 싶은 욕망이었다.

여행은 또한 하드리아누스가 보기에 언제나 요구하는 것이 많고 만족할 줄 모르는 원로원과 민중으로 둘러싸인 로마에서 벗어날 수 있는 하나의 방편이기도 했다.

황제의 비서들과 관료들, 시종들, 황제 주위를 맴도는 측근들, 황제의 아내와 아내의 수행원들까지 모두 합친 하드리아누스의 여행 수행단은 제2의 로마였다. 그것은 고대 세계의 에어 포스 원이었다. 그와 그의 수행단이 끊임없이 이동하는 모습은 틀림없이 장관이었을 테지만, 모두가 거기에 주눅이 든 것은 아니었다. 한번은 한 노파가 하드리아누스가 지나가는데 그에게 탄원을 하려고 앞길을 막았다.[29] 황제가 자신은 이런 이야기를 들을 시간이 없다고 말하자, 노파는 그렇다면 그는 더 이상 황제로 있지 말아야 한다고 대꾸했다. 황제는 그녀에게 사연을 설명할 기회를 허락했다.

어디를 가든지 하드리아누스는 로마의 군사 기지가 있는 곳으로 향했다. 황제의 비팽창 정책은 군을 절대적인 임전 태세로 유지할 것을 요구했다. 한 고대 작가는 "전쟁보다는 평화를 더 바랐지만, 그는 마치 전쟁이 임박한 듯이 병사들의 전투 능력을 언제나 우수하게 유지시켰다"라고 논평한다.[30] 게다가 하드리아누스는 군대를 사랑했다.

하드리아누스는 군영만 보면 가슴이 뛰는 상남자였다. 예를 들면, 북아프리카의 한 군단 주둔지를 방문했을 때, 그는 일련의 기동 훈련을 지켜본 뒤에 집결한 병사들에게 이렇게 밝혔다. "나의 부사령관 카툴리누스[그러니까 군단 사령관 퀸투스 파비우스 카툴리누스], 저 고귀한 사람의 탁월한 남자다움이 그 아래에서 복무하고 있는 제군들한테서 드러난다."[31] 그 다음 하드리아누스의 근위 기병대가 그가 찬탄하며 지켜보는 가운데 완전 군장을 갖추고 도나우 강을 헤엄쳐 건넌 일도 있었다.[32]

121년 로마를 방문한 뒤에 하드리아누스는 북쪽의 게르마니아로 향하여 혹독한 겨울을 태연히 맞이했다. 사비나 황후와 근위대장과 수석 비서관 같은 중요 인사들도 그와 동행했다. 그 비서관은 오늘날 작가로 더 잘 알려져 있는데, 그가 바로 로마 제국 황제들의 전기인 『황제 열전(De vita Caesarum)』의 저자 수에토니우스였다. 황실의 문서고에 접근할 수 있었던 수에토니우스는 유례없이 풍성한 문서상의 보고(寶庫)를 제공했다. 그의 저작은 기원전 100년의 율리우스 카이사르로 시작하여 98년 도미티아누스 황제의 사망으로 막을 내린다. 그보다 더 근래의 사건들은 너무 위험하여 건드릴 수 없었다.

하드리아누스가 게르마니아로 간 이유는 제국에 새로운 경계를 수립하기 위해서였다. 그것은 전임자들에 의해서 수립된 요새와 감시탑 네트워크를 대체하며, 끊김 없이 이어진 나무 방책(防柵)이었다. 이 나무 방책은 아마도 3미터 높이로 오늘날의 독일 남서부와 알자스, 스위스 지방에 대략 560킬로미터에 걸쳐 뻗어 있었다.

이것은 그 유명한 리메스(limes), 로마 국경선의 시작이었다. 2세기 전성기에 국경선은 브리타니아 북부에서부터 홍해에 이르기까지 4,800킬로미터 이상 뻗어 있었다. 국경선은 방벽, 망루, 요새, 해자, 도로 등으로 이루어져 있었지만, 전혀 체계적이지 않았다. 리메스가 고정된 로마의 국경 방어를 나타낸다면, 그것은 또한 권력의 한계를 증언했다.

게르마니아와 여타 지역에서 리메스는 검문소 역할을 했으나, 합동 침공 시도에 대한 진지한 장벽이 되지는 못했다. 그 주된 목적은 상징적이었다. 리메스는 제국이 어디에서 시작되어 어디에서 끝나는지를 보여주었다. 또한 로마의 팽창이 끝났음을 보여주었다.

여기에 딱 들어맞는 사례는 게르마니아 방문 뒤에 하드리아누스가 다음으로 들른 곳이자, 그의 치세 당시 건설된 가장 유명한 리메스이다. 바로 브리타니아의 하드리아누스 방벽이다.

하드리아누스 방벽

하드리아누스 방벽은 북부 잉글랜드의 풍광을 가로지르며 굽이굽이 이어진다. 북해 근처의 타인 강부터 아일랜드 해안의 솔웨이 퍼스까지 117킬로미터에 걸쳐 뻗어 있는 방벽은 로마 제국주의를 상징하는 전 세계적인 아이콘이자 그런 만큼 당연히 수백만 명의 관광객을 끌어모은다. 하지만 고대의 현실은 현대의 이미지가 실상과 다름을 보여준다.

하드리아누스와 그의 수행단은 그 방벽의 기공식을 위해서 브리타니아로 간 듯하다. 방벽의 축조는 실질적으로 도나우 강을 건너는 트라야누스 다리와 토목공학적 한 쌍을 이루며 하드리아누스 황제의 영광을 떨쳤다. 방벽의 동쪽 끝에는 하드리아누스의 이름을 딴 다리가 있었고, 그곳에서부터 일련의 감시탑과 요새들의 네트워크가 브리튼 섬을 가로질러 서쪽으로 이어졌으며, 신설된 방벽의 상당 부분은 햇빛 속에 환히 빛났다. 방벽은 로마의 힘을 상징했지만 게르마니아에서처럼 군사적으로 제한적인 역할만 했다. 어쩌면 가장 중요한 목적은 이전에 연합을 결성하여 로마에 맞서서 봉기했던 여러 브리튼 부족들을 분리시키는 것이었다. 117년 하드리아누스가 즉위하자마자 브리타니아 북부에서는 반란이 일어났다. 자세한 내용은 분명하지 않지만 심각했다는 사실은 알 수 있으며, 심지어 로마 군단 하나가 전멸했을 수도 있다.

방벽은 북쪽으로 이중의 도랑과 남쪽으로는 방벽 자체와 길을 비롯하여 삼중의 방어선을 구성했다. 그것은 다수의 적이 뚫고 들어오는 것을 막아주겠지만, 폭이 너무 좁아서 전투용 성곽 역할을 할 수는 없었다.

비록 방벽은 멀리서 보면 웅장해 보였지만 훈련을 제대로 받지 못한 사람들에 의해서 축조되어 가까이에서 보면 엉성하고 종종 조악했다. 그것은 유용성보다는 겉보기에 인상적인 효과를 주기 위해서 축조되었고, 후대의 황제 치하에서는 대대적인 재건축을 필요로 했다. 더 멀리 북쪽에 하드리아누스의 후임자에 의해서 축조된 볼품없어 보이는 뗏장 방벽이 훨씬 더 실용적이었다. 하드리아누스 방벽의 축성 자금 가운데 일부가 개인의 주머니로 흘러가지는 않았을까, 로마 관리들이나 현지 계약업자들이 자신의 잇속을 챙기지는 않을까 의심하지 않기란 쉽지 않다.

그러나 방벽을 축조하고 유지한 사람들은 심지어 오늘날에도 경탄을 자아낸다. 그들은 긴 방벽을 따라 설치된 일련의 요새화된 진지에서 살았다. 얼마 전에 고고학자들은 진흙 속에 고스란히 보존된 목재 서판을 줄줄이 발견했는데, 이것들은 로마의 진지 생활을 들여다볼 수 있게 해주었다. 서판에 소개된 생활상은 군사 기동 작전에서부터 계약업자들과의 거래와 생일 파티 초대에 이르기까지 다양하다. 이중 마지막 것은, 아마도 여성이 작성한 라틴어 문서 가운데 지금까지 남아 있는 가장 오래된 문서일 것이다. 초대장에는 다음과 같은 글이 적혀 있다.

"따뜻한 마음을 담아 당신을 초대하오니 반드시 와주시기 바랍니다. 당신이 참석한다면, 나의 하루가 더욱 즐거워질 것입니다……당신이 오기를 고대할게요, 누이가."[33]

병사들은 제국 전역 —바타비아(네덜란드)와 판노니아에서, 시리아와 아라비아 — 에서 왔고 종종 현지인과 결혼하여 자식을 낳았다. 그들은 혼종(混種)의 신들을 섬겼고 틀림없이 변질된 라틴어로 말했을 것이다. 그들은 20세기 후반이 오기 전까지는 영국 역사상 가장 다종족적인 사회를 구성했다.

브리타니아를 떠나기 전에 하드리아누스는 추문을 처리해야 했다. 그는 수에토니우스와 근위대장 그리고 여타 관리들을 해임했는데, 그들이 궁중 예법이 허용하는 이상으로 사비나와 허물없이 지냈기 때문이었다. 늘 그렇듯이 카이사르의 아내는 한 점 의혹의 여지가 없어야 했다. 신빙성이 있는지는 모르겠지만, 문헌들은 하드리아누스가 반쯤은 사비나와 이혼할 마음이었다고 말한다.[34] 우리가 그녀 쪽의 이야기를 들을 수만 있다면 얼마나 좋을까.

하드리아누스는 황후와 관련하여 그런 식으로 처신했다. 그러나 자신의 삶과 관련해서는 약간의 넉살 좋은 뻔뻔함을 용납했다. 예를 들면, 시인이자 역사가인 푸블리우스 안니우스 플로루스는 하드리아누스에게 짤막한 시가를 보냈는데, 대부분의 내용이 남아 있는 그 단가(短歌)는 황제의 긴 여행들을 놀린다.

나는 카이사르가 되고 싶지 않아,
브리튼인들 사이에서 떠돌아다니고
……사이에서 어슬렁거리며
스키타이의 겨울을 나는 카이사르가

하드리아누스는 기분 좋게 응답했다.

나는 플로루스가 되고 싶지 않아,
술집들을 떠돌아다니고
요리점들 주변을 어슬렁거리며
통통한 살찐 벌레들로 고생하는 플로루스가[35]

죽음의 정치

하드리아누스의 장모인 마티디아는 그가 황제가 된 지 2년만인 119년에 죽었다. 그는 장례식에서 추모 연설을 하여 장모를 기렸다. 그는 마티디아를 기리는 검투사 경기를 개최했고, 바로 그녀의 어머니, 즉 트라야누스의 누이인 마르키아나가 그런 영예를 누린 것처럼 그녀를 신격화했으며, 로마에 두 여성에게 바치는 신전을 지었다—이것은 로마 시 경계 내에서 신격화된 여성에게 바쳐진 신전이라는 점에서 최초였다. 하드리아누스는 장모를 신격화한 역사상 최초의 남성일지도 모른다. 그러나 그의 동기는 그저 가족에 대한 충심에 그치지 않았다. 그는 자신을 여신의 사위로 만듦으로써 황제로서의 정통성을 강화했으니, 그가 여신의 사위라는 사실을 마티디아의 신전을 지나가는 모든 로마인들이 떠올릴 수 있었기 때문이다. 자신의 어머니에게 수여된 영예들은 분명히 사비나를 기쁘게 했겠지만 그녀는 하드리아누스에게 또다른 여인이 있음을 알고 있었다.

그의 제2의 어머니 플로티나는 자신이 제위에 앉힌 남자 가까이에 계속 머물렀다. 그녀는 그에게 결코 너무 많은 것을 요구하지 않았는데, 그럴 필요가 없었기 때문이다. 그녀는 안락한 삶을 누리는 부유한 여성이었다. 플로티나는 하드리아누스로부터 존경을 받았고, 하드리아누스가 찍어낸 주화는 "신성한 트라야누스의 아우구스타, 플로티나"[36]라는 명각과 함께 그녀의 초상을 보여준다. 그리고 플로티나는 영민하지 않다면 플로티나가 아니었다. 드물게 무엇인가를 부탁할 때면 그녀는 하드리아누스의 마음에와 닿는 특별한 것을 청했다. 예를 들면, 아테네의 에피쿠로스 학당의 새로운 학장을 임명하는 사안에서 그녀는 황제의 도움을 구했다. 하드리아누스는 그녀의 신중한 처신을 높이 평가했고, 그녀가 죽은 뒤에 이를 두고 그녀를 칭송했다.

123년에 플로티나가 죽자 하드리아누스는 9일 동안 상복을 입었다. 그는 마티디아처럼 그녀도 신격화하고 트라야누스를 위해서 지었던 신전을 신성 트라야누스와 신성 플로티나에게 재봉헌했다. (하지만 과연 플로티나의 이름이 트라야누스의 원래 신전 설계도에 있었을까?) 하드리아누스는 화장한 플로티나의 유골을 트라야누스 기둥 기단부에 있었던 트라야누스의 유골 옆에 안치하게 했다. 그는 또한 플로티나의 고향 마을 네마우수스에 그녀를 기리는 대형 공공건물을 지었다. 사람들은 고인이 된 플로티나를 하드리아누스의 디바 마테르(diva mater), 즉 그의 "신격화된 어머니"[37]라고 부르기 시작했다.

하드리아누스가 마티디아와 플로티나에게 느낀 애정을 의심할 이유는 없겠지만 그는 왕조를 운영하고 있었지, 팬 잡지를 운영하고 있었던 것이 아니다. 어쩌면 "우리는 한 가족"이 그의 좌우명이었겠지만 여기서 가족이란 제위에 대한 하드리아누스의 권리에 의심의 여지를 남기지 않는, 트라야누스의 가족이었다. 게다가 수시로 아우구스투스와 아그리파를 언급함으로써 하드리아누스는 그가 초대 황제 가문의 적법한 계승자임을 암시했다.

하드리아누스의 죽음의 정치는 플로티나가 별세하기 전 해인 122년에 묘한 방면으로 방향을 틀었다. 황제가 총애하던 사냥용 말을 잃은 것이 바로 그때였다. 그 준마는 117년에 하드리아누스가 강화 협정을 협상한 바 있었던 야만족 왕이 바친 선물일 것이다. 스텝 지대에 있던 그 동물의 사육장의 이름을 따서 보리스테네스(드네프르 강의 또다른 이름)라고 이름 붙인 그 늠름한 말은 협상 때에 받았을 수도 있다. 보리스테네스가 갈리아 남부에서 죽었을 때, 하드리아누스는 아마도 본인이 직접 지은 운문을 새긴 비석을 갖춘 제대로 된 무덤에 묻어주었다.[38] 그것은 상식을 벗어난 추모였지만 보리스테네스의 무덤은 하드리아누스의 신민들에게 먼 곳의 야만족들이 그들의 황제에게 늠름하고 남자다운 선물을 주었다는 사실을 상기시킴으로써 정치적 기능을 했다.

하드리아누스는 사후 영예와 관련하여 항상 그렇게 후하지는 않았다. 누이인 파울리나가 130년에 죽었을 때에는 눈에 띄게 쩨쩨했다. 그러나 같은 해에 또다른 죽음은 하드리아누스에게 심오한 영향을 미치게 된다.

그리스인 청년

130년 10월 말에 스무 살의 어느 젊은이가 카이로에서 대략 340킬로미터를 거슬러가는 나일 강 상류에 빠져 죽었다. 그 익사가 사고였는지 자살이었는지—그리고 자살이었다면 그것이 사랑의 행위였는지 절망의 행위였는지—는 여전히 확실하지 않다. 그러나 그 뒤에 일어난 일은 지극히 분명하다. 별안간에 그리고 있을 법하지 않게도 그 젊은이는 신으로 선언되었다. 그는 사막에 도시가 들어서게 하고, 예배와 신전, 축제, 경기 그리고 동지중해부터 이탈리아까지 그리스-로마 예술의 걸작에 영감을 주고, 기독교가 마침내 그것에 종지부를 찍을 때까지 수세기 동안 지속된 새로운 종교의 초점이 되었다. 이는 고전기 미술과 국가가 주도한 그리스-로마 이교의 마지막 전성기 중의 하나였다. 그리고 섬뜩하고 의도하지 않은 방식으로 앞으로 나아갈 길을 가리켰다.

문제의 젊은이는 안티노우스였다. 그는 클라우디오폴리스(이스탄불에서 동쪽으로 대략 240킬로미터 떨어진 볼루) 출신으로, 플리니우스가 트라야누스에게 기독교도들에 관해서 서신을 썼던 그 비티니아에 있는 어느 속주 도시였다. 안티노우스는 매우 잘생겼고, 하드리아누스처럼 사냥을 좋아했다. 그것 말고 그에 관해서 알려진 것은 없다. 우리는 두 사람이 어떻게 만났는지 모른다. 안티노우스가 열세 살 때인 123년에 하드리아누스가 클라우디오폴리스를 지나가다 만났을 가능성이 가장 크기는 하다. 우리는 하드리아누스와 안티노우스가 육체적 관계를 맺었는지도 알지 못한다. 그러나 황제가 그 젊은이를 사랑했다는 것은 의심의 여지가 없다.

마르쿠스 안토니우스처럼 하드리아누스는 그리스인과 사랑에 빠졌다. 안토니우스는 클레오파트라를, 하드리아누스는 안티노우스를 가졌다. 두 경우 모두, 사랑에 푹 빠진 그들은 이집트로 향했다. 하드리아누스는 130

년 8월 무렵에 이집트에 도착했다. 로마 황제가 그 지방을 방문한 것은 아우구스투스와 베스파시아누스에 이어 하드리아누스가 세 번째에 불과했다. 하드리아누스는 로마의 가장 부유한 속주를 시찰하고 나일 강 중류에 새로운 그리스 도시를 수립함으로써 그 지역에 진출한 그리스 세력을 강화할 계획이었다. 건강이 이집트 여행의 또다른 이유였을 가능성도 있다. 후대에 쓰인, 그리고 물론 그에게 적대적으로 쓰인 한 출전에 따르면, 하드리아누스는 병이 들어 이집트를 찾았다고 한다.[39] 어쩌면 하드리아누스는 호흡기 질환을 겪었을 수도 있다. 궁극적으로는 그를 죽음에 이르게 한 만성 질환의 초기 단계였을 수도 있다. 이집트는 호흡기 질환 치료에 좋은 곳으로 명성이 높았다. 그러나 이런 것은 추측에 불과하며, 건강에 문제가 있었다고 해도 황제가 이집트에 발을 들이지 못할 만큼 심각하지는 않았다.

이집트에 도착하자마자 하드리아누스는 폼페이우스와 알렉산드로스 대왕의 무덤을 찾았다. 알렉산드리아에서 그는 도시 최대의 학문 기관인 무제움에서 토론에 참가했다. 하드리아누스는 소피스트들과 토론하는 것을(이라고 쓰고 '그들에게 이기는 것을'이라고 읽는다) 좋아했다. 당대의 웅변을 토하며 떠돌아다니는 지식인들 말이다. 소피스트들 가운데 한 명인 파보리누스는 그가 왜 하드리아누스와의 토론에서 하드리아누스가 이기게 놔두었는지를 깔끔하게 설명했다. "누가 군단 30개를 거느린 주군에게 반박할 수 있겠는가?"[40]

하드리아누스와 안티노우스는 알렉산드리아 바깥의 휴양지에서 함께 짤막한 휴가를 즐겼던 듯하다. 어쨌거나 둘 다 이집트 서사하라 사막에서 사자 사냥에 참가한 것은 확실하다. 안티노우스는 사냥 무리 가운데 있었고 하드리아누스는 그를 사자로부터 구해주고 그 짐승을 죽였다고 한다. 우리가 관변 미술 작품과 시를 믿을 수 있다면 말이다.[41]

하드리아누스는 다양한 관리와 학자, 시인, 이런저런 추종자들 —어쩌면 무려 5,000명에 달하는—을 비롯한 대규모 수행단을 거느리고 이동했다. 그들의 방문에 맞춰 음식을 준비한 이집트 도시들이 짊어진 부담에 관한 기록들이 남아 있다.[42] 안티노우스만이 아니라 사비나도 그와 동행했다. 적어도 2년 전에 하드리아누스는 그녀에게 아우구스타라는 존호를 내렸다. 이것은 황제로서 그의 정통성을 강화했을 뿐만 아니라 배우자에 대한 존경의 제스처이자 어쩌면 애정의 제스처였을 수도 있다. 황제의 수행단은 계속해서 나일 강을 따라 유유히 여행을 이어갔다. 도중에 피라미드와 여타의 관광 명소들을 들르면서 하드리아누스는 신관, 마법사들과 삶과 죽음의 문제들에 관해서 상의했다.

10월 22일 이집트에서는 연례 나일 강 축제가 열렸다. 10월 24일은 오시리스 신이 나일 강에서 죽은 것을 기리는 기념일이었다. 이집트 신앙에 따르면, 오시리스는 죽음을 이겨내고 부활하여 이 땅에 비옥함과 불멸을 가져왔다. 이 무렵에, 어쩌면 바로 그날에 안티노우스는 익사했으며, 그 장소는 하드리아누스가 신도시를 건설하려고 계획했던 나일 강 유역이었다. 일주일 만인, 10월 30일에 이르러 하드리아누스는 안티노우스의 시신이 강물에 쓸려 올라온 바로 그곳에 도시가 들어설 것이라고 공포했다. 원래는 틀림없이 그 도시의 이름은 하드리아노폴리스가 될 계획이었겠지만, 이제 도시는 다른 이름을 받았다. 안티노우스의 도시, 즉 안티노폴리스였다.

하드리아누스는 아마도 소실된 자서전에서[43] 안티노우스가 나일 강에 빠졌다고 적었고,[44] 그것으로 끝이었다—사고였다는 소리이다. 하지만 황제는 자살을 부인해야만 했을 것이다. 왜냐하면 이집트 풍습에서는 자살한 사람들에게는 불멸이 거부되었고, 하드리아누스와 그의 홍보 담당자들은 다름 아닌 죽은 청년의 불멸을 원했기 때문이다. 다른 고대 작가들은 의견이 달랐다.[45] 일부 사람들은 안티노우스가 하드리아누스에게 장수를 가져다주기 위해서 사심 없이 고결하게 스스로를 희생했다고 말하는 반면에 다른 사람들은 하드리아누스가 사회적으로 적절해 보이는 나이를 지나서도 둘 사이의 관계를 이어갈 것을 고집했기 때문에 안티노우스가 절망에 빠져 자살했다고 말한다. 이런 이야기들은 비록 악의적인 속설은 아니라고 해도 추측에 지나지 않는다. 그리스인도 로마인도 다른 누군가의 생명을 연장하는 마술적 방법으로 자기 목숨을 버리는 풍습은 없었지만 어쩌면 안티노우스는 그냥 정서적으로 불안정한 십대였을 수도 있다. 우리는 그가 왜 물에 빠져 죽었는지 영영 알 수 없을 것이다.

하드리아누스는 마치 아무 일도 없었던 것처럼 수행단과 함께 나일 강을 따라 계속 여행을 이어갔다. 그들은 한 이집트 파라오를 묘사한 유명한 거대 조각상을 방문했는데, 그리스인들은 그가 전설적인 에티오피아의 왕 멤논이라고 생각했다. 그 거대한 상은 독특한 고음을, 특히 새벽녘에 내는 것으로 유명했는데 암석의 이슬이 증발하면서 나는 소리로 추측되었다. 그곳에서 사비나의 여행 동반자이자 시인으로, 그리스와 로마의 혈통이 섞인 귀족 여성 율리아 발빌라가 4편의 시를 읊었다. 시는 거상을 방문한 하드리아누스와 사비나를 기념한다. 4편의 시는 나중에 보기에 가장 좋은 위치인 조각상의 왼쪽 발과 발목 부위에 새겨졌다. 사비나 본인도 같은 부분에 그리스어 산문으로 네 줄을 남겼다. 그녀는 다음과 같이 썼다.

사비나 아우구스타,
황제 카이사르 하드리아누스의
아내가 멤논의 소리를
한 시간 안에 두 번 들었다……[46]

짤막하고 딱딱하기는 하지만 이것은 드물고 귀하디귀한 것이다. 딱 한 번 황제의 아내가 발언한 것이다. 그녀는 자신의 지위와 업적을 만방에 알렸다. 그녀가 안티노우스의 죽음에 어떤 식으로든 감정을 느꼈을지라도 그것은 자기 마음속에만 담아두었다.

하드리아누스는 틀림없이 안티노우스의 죽음을 슬퍼했지만 어느 황제도 비극을 쓸모없이 내버려두지는 않는 법이다 아우구스투스가 카이사르를 기려 종교적 숭배 풍습을 만들었듯이, 하드리아누스도 안티노우스를 기리는 숭배 풍습을 만들었다. 아우구스투스는 밤하늘에서 목격한 혜성이 카이사르의 불멸을 입증한다고 주장했고, 하드리아누스는 하늘에서 발견한 새로운 별이 역시 안티노우스의 불멸의 증거라고 주장했다.

새롭게 신이 된 안티노우스는 신전과 사제들을 얻게 되었다. 그를 기려 그리스와 소아시아, 이집트, 이탈리아에서 경기들이 열렸다. 안티노폴리스에 있는 그의 무덤은 제단이었고, 티부르에도 그를 모신 신전이 있었다. 오늘날 100개가 넘는 안티노우스 조각상은 물론 그를 새긴 주화와 부조 조각이 남아 있으며, 틀림없이 한때는 다른 것들도 더 있었을 것이다. 아우구스투스와 하드리아누스 본인을 제외하면, 고전기 고대의 다른 어느 인물보다 안티노우스의 이미지가 더 많이 확인된다고 한다.[47] 비록 사람들은 처음에는 하드리아누스를 기쁘게 하려고 안티노우스를 숭배했지만 새로운 신은 진짜로 인기가 많았다.

하드리아누스의 누이 파울리나도 안티노우스와 비슷한 시기에 죽었지만 하사된 영예의 측면에서는 딱히 내놓을 만한 것이 없었다. 그는 안티노폴리스의 10부족(또는 대략 구역) 중의 한 부족의 이름으로 그녀를 기념했다.

일부 로마인들은 새로운 숭배 풍습을 비웃었다.[48] 그들은 하드리아누스가 살아 있는 그리스 청년을 사랑한 일보다 죽은 그리스 청년을 신격화한 일에 더 분개했다. 혹자들은 하드리아누스가 안티노우스의 죽음을 두고

"여자처럼 울었다"[49]라고 툴툴거렸다.

그러나 새로운 종교는 하드리아누스 편에서 보았을 때, 단순히 감상적인 행위에 그치지 않았다. 그는 세상이 변화하고 있으며, 동방 그리스가 미래를 위한 문화적 모델을 제공한다고 이해했다.

자신감이 넘치는 하드리아누스는 자신이 믿은 것처럼, 로마 세계가 부활의 약속을 제시하는 새로운 구세주 신을 결국에는 믿게 되었다고 해도 놀라지 않았을 것이다. 그러나 로마가 다시 깨어난 그리스의 영광 대신에 유대교에서 영감을 받은 이름 없는 기독교 종파를 선택했다는 사실을 알았더라면 깜짝 놀랐을 것이다. 예수는 안티노우스보다 대략 한 세기 전에 죽었지만 하드리아누스나 그의 신학자들이 안티노우스의 구원 능력에 대한 관념을 장려했을 때, 예수를 염두에 두었을 것 같지는 않다. 그러나 막상 그렇다고 해도 신학자들은 심지어 자신들에게도 그 점을 시인하지 않았을 수 있다. 하드리아누스는 트라야누스처럼 기독교도를 색출하지는 않았지만 황제 숭배를 공개적으로 거부한 자들은 여전히 기꺼이 처형시켰다.

사태는 계획한 대로 풀리지 않았다. 하드리아누스는 아테네를 내놓았지만 제국은 결국 예루살렘을 선택했다. 그러나 하드리아누스에게는, 예루살렘은 더 이상 존재하지 않았다. 사실, 그는 예루살렘을 정중히 장례를 치러줄 심산이었다.

유대 전쟁

하드리아누스는 로마에 맞선 새로운 유대인 반란을 촉발했다. 132년부터 135년까지 이어진 이 대규모 반란의 직접적인 원인은 예루살렘을 로마 도시로 재건립하기로 한 하드리아누스의 결정 때문이었을 것이다. 하드리아누스는 또한 유대교의 근간이 되는 풍습인 할례를 금지했지만 오직 반란에 대한 처벌로만 그러했을 것이다. 반란과 할례 금지 사이의 선후 관계는 불분명하다. 티투스가 70년에 도시를 파괴한 뒤에 예루살렘이 허허벌판이 되었다고 생각할지도 모르지만, 사실 여전히 그곳에는 사람들이 거주하고 있었다. 고대에는 종종 소수의 사람들이 "파괴된" 도시들에서 계속해서 살아갔다. 그러므로 로마 군단 1개가 예루살렘에 기지를 두고 있었고 그 뿐만 아니라 유대인들도 계속해서 그곳에서 살았다. 비록 성전은 파괴되었지만 7개의 유대교 회당이 존재했다.

트라야누스와 하드리아누스는 처음에는 유대인들을 향해 더 우호적인 정책을 시사했고, 심지어 성전의 재건을 허락했을 수도 있다. 그러나 아일리아 카피톨리나 건축 계획이 130년에 공표되면서 그 모든 것에 종지부가 찍혔다. 새로운 도시는 격자상으로 구획되고 하드리아누스(아일리우스)와 유피테르(카피톨리누스의 유피테르에서 나온 카피톨리누스)의 이름을 딴, 전적으로 로마식 도시가 될 것이었다.

반란은 극적이고 격렬하게 터져나왔다. 반란군은 무기를 주조하고, 동굴을 요새와 피난처로 이용하여 봉기를 세심하게 준비했다. 그들은 독립을 선언하고 자신들의 선언이 빈말이 아님을 보여주었다. 그들은 유다이아 속주에서 넓은 지역을 로마인에게서 **빼앗아** 3년 동안 다스렸다. 그들은 법안을 통과시키고, 주화를 발행하고, 무엇보다도 전쟁을 이어갔다.

66년부터 70년까지 일어났던 반란과는 달리, 유대인들은 하나로 뭉쳐 있었다. 그들의 지도자는 별의 아들 시몬이라는 뜻의 시몬 바르 코크바라는 별명을 얻은 카리스마적이고, 무자비하며 유능한 인물이었다. 이 별명은 성서의 예언을 가리킬 수도 있고 하드리아누스의 점성술사들이 안티노우스가 죽은 뒤에 발견한 새로운 별 또는 그 둘 다를 가리킬 수도 있다. 바르 코크바는 이스라엘의 왕이라는 칭호를 얻었고 그의 주화는 자유와 구원을 알렸다. 유대인들은 그가 메시아일 것이라는 희망을 품었다. 로마인들은 이런 안보에 대한 위협에는 대규모의 대응이 따른다고 보았는데, 특히 반란군의 공격으로 로마군이 손실을 입어 군단 1개나 어쩌면 2개의 해체를 가져오자 로마의 우려는 더욱 커졌다.

하드리아누스는 후진적인 유대교 신앙으로부터 해방시켜주겠다는 자신의 제의를 거부한 반란자들을 배은망덕하다고 여겼을지도 모른다. 아일리아를 짓기로 결정하기 전에 어쩌면 그는 그리스화된 유대인들에게 이야기했을 것이고, 그들은 대다수의 유대인들은 헬레니즘을 두 팔 벌려 끌어안을 것이라고 그를 안심시켜주었을 것이다. 안타깝게도 대단히 다른 현실이 기다리고 있었다. 하드리아누스는 중동에서 외부의 개혁가들에 대한 저항의 강도를 과소평가한 최초의 서방 정치가가 아니며, 그 마지막 서방 정치가도 아니었다.

황제가 퇴짜를 맞으면 오뉴월에도 서리가 내리는 법이다. 하드리아누스는 비상조치를 취했다. 그는 다른 속주들에서 유다이아로 병력을 급파하고 이탈리아에서 병사를 징발했는데, 이는 다른 황제들은 피하려고 애쓴 인기 없는 정책이었다. 그는 최고의 장군인 브리타니아의 총독 섹스투스 율리우스 세베루스를 파견했다. 하드리아누스는 심지어 전선을 몸소 방문했을 수도 있는데, 그것은 상황이 얼마나 심각했는지를 보여준다. 로마의 전략은 동굴에 숨은 반란군에 맞선 길고도 힘든 게릴라 진압 작전이었다. 적당한 때가 되자 로마군은 예루살렘 바로 남서쪽에 위치한 베타르에 있는 바르 코크바의 본거지를 포위했다. 135년 말 그곳이 함락되자 반란이 시작되고 3년 넘게 이어져온 조직적 저항도 막을 내렸다. 바르 코크바는 죽었고 그의 머리는 하드리아누스에게 보내졌다고 한다. 소탕 작전은 유다이아에서 계속되었다.

아돌프 히틀러와 달리 하드리아누스는 유대인을 절멸하려고 나서지 않았다. 그래도 로마 황제들 가운데 가장 문명인이라는 자가 홀로코스트가 벌어지기 전까지는 유대인의 역사에서 어쩌면 최악이었을 학살을 자행했으니, 문헌들은 58만 명의 유대인이 목숨을 잃었다고 주장한다.[50] 늘 그렇듯이 그 숫자는 가감해서 받아들여야 하지만 추가적으로 많은 수가 노예로 끌려갔으므로 인명 피해는 분명히 엄청났다.

반란 이후로 유대인은 유다이아—이제는 시리아 팔레스티나로 이름이 바뀌었다—에서 소수집단이 되었다. 유대인들은 예루살렘과 인근 지역으로의 접근이 금지되었는데, 1년에 딱 하루는 제외되었다. 그날은 성전 파괴 기념일로, 그들이 예루살렘으로 와서 슬퍼하는 것이 허락되는 날이었다.

그러나 하드리아누스는 유대인들의 땅에서 그들의 삶을 결코 파괴하지 않았다. 유다이아에서 온 피난민들로 인구수가 증가하면서 갈릴리와 다른 북부 지역의 유대인들은 여전히 상당히 많았으며 심지어 유다이아에도 계속해서 소수의 유대인들이 존재했다. 하드리아누스의 박해는 대표적인 랍비들을 겨냥했지만 이는 순교자를 낳기도 했다. 『탈무드』는 이 순교를 "신의 이름을 거룩하게"[51] 하는 일로 간주했고, 그러므로 이는 이스라엘 민족을 강화시켰다.

한편, 종교로서 유대교는 유대교 회당과 교사들을 통해서 융성했다. 로마인들은 유대인에게 집회의 자유를 허용했고, 하드리아누스의 후임자는 결국에 할례 금지를 완화했다. 그러나 아일리아 신도시는 성전이 조만간 재건될 것이라는 생각을 어렵게 만들었다. 랍비 전승이 하드리아누스를 가리켜 "그의 뼈가 썩어버리기를!"[52]이라고 말하며 저주한 것도 당연하다.

죽음이 황제를 찾아오다

134년에 이르자 하드리아누스는 로마로 돌아왔다—아니 그보다는 티부르 빌라로 돌아왔다. 그는 이미 병자였다. 의사와 점성술사, 마법사들과 상담한 것 외에도 황제는 계속해서 제국의 공무를 돌보았고, 종종 소파에 누운 채로 돌보았다.[53] 136년에 이르자 그의 의제에서 가장 시급한 항목은 승계였다. 하드리아누스는 트라야누스가 그러했던 것처럼 그 문제를 임종 자리까지 끌고 가거나 자신이 죽은 뒤에 다른 사람들의 손에 맡겨둘 생각이 없었다.

136년에 출혈로 죽을 뻔한 뒤에 하드리아누스는 루키우스 케이오니우스 콤모두스를 후계자로 지명하고 아들로 입양했다. 엘리트 계층은 이런 조치에 하나같이 반대를 표명했는데,[54] 서른다섯 살인 케이오니우스는 하드리아누스가 곁에 두기를 좋아한 잘생긴 젊은 귀족들 가운데 한 사람이라는 점 말고는 딱히 내세울 것이 없었기 때문이다.

누구도 하드리아누스의 종손 페다니우스 푸스쿠스보다 이 결정에 더 반발한 사람이 없었으니, 하드리아누스의 누이 파울리나의 손자인 페다니우스는 자신이 제위 계승자로 지명될 것이라고 기대하고 있었던 것이다. 하드리아누스는 페다니우스의 불만을 위협적이라고 느꼈고, 사실 워낙 큰 위협을 느낀 탓에 페다니우스를 처형시켰다. 다시금 하드리아누스는 폭정의 성향을 내보였다. 게다가 하드리아누스는 그 야심만만한 젊은이를 지지했다는 이유로 이제는 페다니우스의 할아버지에게로 공격의 방향을 돌렸다. 그 사람은 다름 아닌 하드리아누스의 오랜 라이벌 세르비아누스였다. 세르비아누스는 134년에 집정관을 역임할 만큼 유력인사였지만 황제를 거역하고도 무사할 수 있을 만큼 막강하지는 못했다. 비록 아흔 살이었지만 그는 자결을 강요당했다. 죽기 전에 그는 하드리아누스가 너무 괴로워서 죽고 싶지만 죽을 수도 없을 만큼 병에 시달리게 되리라고 저주를 퍼부었다.

마침 그 다음 137년에 죽은 사람은 사비나였다. 그녀는 대략 쉰두 살이었다. 예상대로 항간에 떠도는 이야기는 하드리아누스가 그녀를 독살했거나 자살하도록 몰아갔다고 말한다.[55] 그녀의 죽음에 대한 그의 반응은 그가 그녀를 눈앞에서 없애고 싶어했다고는 거의 시사하지 않는다. 사비나의 승천—하드리아누스는 그녀를 신격화했다—은, 날개 달린 여성의 손에 이끌려 하늘로 올라가는 사비나를 하드리아누스가 지켜보고 있는 광경을 묘사한, 섬세한 대리석 부조에 기록되어 있다.[56] 그것은 우아하고 감동적인 장면이다. 주화들과 부조 조각도 사비나의 신격화와 승천을 기록하고 있다.

그리고 하드리아누스의 후계자인 케이오니우스에게도 모든 것이 순조롭지만은 않았다. 사실 그는 결핵으로 죽어가고 있었고, 138년 새해 첫날에 세상을 떠났다. 이제 하드리아누스는 뒤를 이을 사람으로, 장년의 남성인 쉰하나의 아우렐리우스 안토니누스—138년부터 161년까지 제국을 다스릴 훗날 안토니누스 피우스 황제—를 선택했다. 그러나 하드리아누스는 제국을 거의 자신만큼 나이든 사람의 손에 넘기고 싶지 않았다. 그래서 그는 안토니누스에게 두 청년을 입양하라고 강력히 요구했다. 한 명은 루키우스 베루스로 죽은 케이오니우스 콤모두스의 아들이었고, 다른 한 명은 마르쿠스 안니우스 베루스로 안토니누스의 처조카이자 하드리아누스의 먼 친척이었다. 열여섯 살의 마르쿠스는 재능이 있고 유망하며 하드리아누스의 지적 관심사를 공유했다. 이것은 복잡한 승계 계획이었지만, 많은 사람들은 황제가 줄곧 마르쿠스를 점찍고 있었다고 생각한다. 하드리아누스에게 케이오니우스와 안토니누스는 임시로 제위를 채울 사람들이었고, 루키우스 베루스는 예비용이었다는 소리였다.

하드리아누스가 새로운 판테온에 겸손하게 자기 이름을 제외했다면 그는 자신의 무덤 하드리아누스 영묘로 이를 상쇄했다. 아우구스투스의 영묘의 문은 닫혔고, 그래서 플라비우스 왕조의 황제들과 트라야누스와 마찬가지로 하드리아누스도 새로운 안식처를 찾았는데, 그것도 멋지게 해냈다. 그는 테베레 강 너머 바티칸 들판에, 언젠가 성베드로 대성당이 들어설 자리에서 그리 멀지 않은 곳에 웅장한 묘를 건설했다. 그는 영묘로 이어지는 다리를 새로 놓아서 건너가는 사람들에게 장관을 선사했다. 능묘는 방대한 복합 건물로서, 계단식 원통형 건물 두 채가 최고급 대리석이 늘어선 사각형 기단부에서 솟아오른 형태였다. 그런 형태는 계단 모양으로 쌓인 황실의 화장용 장작단을 상기시켰다. 그 유사성은 로마인의 마음에 황제의 영혼이 신들에게 올라가는 화장 의례를 연상시켰을지도 모른다. 그 웅장함에서 하드리아누스 영묘는 테베레 강 건너편으로 대략 800미터 떨어진 정면에 자리한 아우구스투스 영묘에 버금갔다. 하드리아누스 영묘는 오늘날에도 그 자리에 있다. 수세기 동안 교황과 로마 귀족들에 의해서 사용된 그 건물은 이제 카스텔 산탄젤로 박물관으로 알려져 있다. 방문객은 이곳에서 고대 건축물의 핵심부를 지금도 볼 수 있다.

138년, 영묘는 병이 말기에 이른 하드리아누스를 맞을 준비를 끝냈다. 심지어 호화로운 시골 영지가 제공하는 안락함 속에서도 그는 호흡에 어려움을 겪었다. 황제는 동맥 경화와 심장 질환의 결과로 코에서 출혈이 심했고 다리와 발에 체액이 쌓여갔다. 상태가 악화되면서 그는 마법과 주문을 시도했다. 그것들도 아무 소용이 없자, 하드리아누스는 죽음만이 자신을 고통에서 해방시켜줄 것이라는 결론에 이르렀다. 자신의 영혼을 육체의 "손님이자 동료"[57]라고 묘사한 자는 모든 것을 내려놓을 준비가 되었다. 그는 시종들에게 자신을 죽여달라고 애원했고 심지어 돈을 주고 죄를 묻지 않겠다고 약속했지만 모두가 거절했다. 아무리 그래도 그는 로마 황제였으니 누가 황제를 기꺼이 죽이려고 하겠는가?

마침내 황제의 사냥 조수인, 야만족 전쟁 포로이자 힘세고 용기 있기로 유명한 노예가 황제를 죽여주기로 동의했다. 하드리아누스는 젖꼭지 아래에 물감으로 선을 그려 의사가 타격을 가하라고 조언해준 부위를 표시해주었지만 심지어 그 야만족 노예마저 막판에 거부했다. 하드리아누스가 자살 시도를 그만두지 않을 것을 알고 있던 후계자 안토니누스는 단검을 치워버렸다. 이제 하드리아누스는 의사에게 독을 요구했지만 의사는 거부했다.[58] 예순두 살의 하드리아누스는 나이가 들었지만 노쇠하지 않았다. 한 고대 작가는 "노년에도 그는 여전히 기력이 넘치고 튼튼했다"라고 평가했다.[59] 그러나 황제는 쇠약해지고 있었다.

하드리아누스는 죽고 싶었지만 다른 사람의 손을 빌려 목숨을 끊으려고 한 그의 필사적인 시도들은 모두 수포로 돌아갔다. 그러므로 그는 세르비아누스의 저주를 실현했다.[60] 마침내 하드리아누스는 종말이 다가오고 있음을 알았다. 이제 그는 철학적인 달관의 상태에 도달했다.

기력이 다해가고 있던 황제는 다음과 같은 짤막한 시를 지었다고 한다.

> 흙으로 된 이 몸뚱이의 손님이자 동료인
> 오 유쾌한 작은 영혼아, 너는 이곳을 떠나
> 이제 어디로 가려느냐?
> 벌거벗고 초라하게 송장처럼
> 예전 같은 농담과 유희도 없이 어디로 가려느냐?[61]

아니물라 바굴라 블란둘라(Animula vagula blandula). 라틴어 원문의 첫 행(자연스러운 흐름을 위해서 우리말 번역에서는 둘째 행에 옮겼다/옮긴이)은 마치 그 위대한 황제가 어린 시절로 돌아간 듯이 단순한 전래 동요 같은 운율을, 그러나 정련된 방식으로 보여준다. 그는 어떤 짓궂은 현실주의를 과시한다. 자신을 눈앞에서 기다리고 있는 것에 대한 달관한 초연함 말이다. 아니면 황제는 초연한 척 허세를 부리고 있었던 것일까?

138년 7월 10일, 하드리아누스는 죽었다.

그가 세상을 떠났을 때, 사람들은 그를 미워했고[62] 많은 사람들이 전직 집정관들 그리고 페다니우스와 세르비아누스의 살인을 기억하며 하드리아누스를 두고서 험한 말을 했다고 한다. 그는 로마의 그의 영묘가 아니라 그가 죽은 곳에서 가까운 나폴리 만의 어느 곳에 묻혔다. 새로 즉위한 황제 안토니누스는 하드리아누스 신격화에 대한 동의를 받아내려고 원로원과 싸워야 했다. 원로원에 남은 권한이 얼마 있지 않았지만, 신격화에 대한 승인은 얼마 남지 않은 권한 중의 하나였다. 죽은 지 1년이 지나서야 하드리아누스의 재는 마침내 그가 선택한 로마의 무덤에 안치되었다. 139년 장중한 장례 행렬이 엄숙하게 횃불을 밝힌 가운데 영묘의 나선형 경사로를 따라서 이동하여 영묘의 중심부에 그의 유해를 안치했다. 거기서 그는 사비나의 재와 합쳐졌다.

유산

어떤 측면에서 하드리아누스는 황제로서 하지 말아야 하는 것을 보여주는 사례이다. 그는 어느 정도는 아랫사람들에게 위임해야 했음에도 불구하고 본인이 몸소 너무 많은 순방을 다닌 탓에 지칠 대로 지쳐버렸다. 비록 유전적 요인이나 순전히 우연적인 요소가 그의 발병에 더 중요할 수도 있지만, 장기간의 여행이나 음주로 병이 생겼을 가능성이 있다. 또한 불필요하게 속주의 사안에 관여하여 유다이아에서 끔찍한 전쟁을 불러일으켰다.

하드리아누스는 그다지 공명정대하지 못한 상황에서 즉위하여 중요인사 네 명을 살해하는 것으로 치세를 시작했고 그리하여 원로원이 그를 미워하고 두려워하게 만들었다. 그는 동료 귀족들보다는 일반 사람들에게 더 자애로웠고 귀족들 사이에서의 무능이나 바보짓을 너그럽게 참아주지 않았다. 그는 멜랑콜리하고 변덕스럽고, 경쟁심이 심한 성향이 있었다.

그의 비판가들은 황제를, 철학부터 회화까지 생각할 수 있는 모든 분야에 손을 대고 자신을 능가하는 사람을 못 견디는, 잘난 척하는 사람이자 과시가 심한 사람이라고 묘사했다. 속주 출신으로 원로원까지 진출한 가문 출생인 역사가 카시우스 디오는 하드리아누스와 같은 원로원의 적들과 열렬히 대립했다. 그는 황제에 관해서 이렇게 썼다. "모든 것에서 모두를 능가하고 싶었던 만큼 그는 어떤 방면에서든 특출한 자들을 미워했다."[63] 어떤 이들은 세부 사항에 대한 관심으로 본 것을 다른 이들은 괜한 참견으로 보았고, 어떤 이들은 규율이라고 여긴 것을 다른 이들은 경직성이라고 보았으며, 어떤 이들은 관대함으로 칭송한 것을 다른 이들은 위세 떨기라고 비난했다. 그러나 이 모든 것들을 저울질한 결과는 커다란 위업이다.

하드리아누스는 새로운 아우구스투스, 제국의 제2의 창건자를 자처했으며, 어떤 의미에서는 그가 맞았다. 아우구스투스처럼 그는 로마 시를 증축했다. 두 사람 모두 로마법과 관행을 합리화하고 체계적으로 정리했다.

그들 모두는 속주 곳곳을 순방했고 근본적인 변화를 촉진했다. 둘 다 속주 엘리트들에게 기회를 제공했지만 하드리아누스는 아우구스투스보다 훨씬 더 문호를 개방했다. 하드리아누스는 헬레니즘을 고취시킨 반면 아우구스투스는 그 근본에서부터 로마인이었다. 둘 다 많은 도시들을 건립했으며 다른 황제들은 필적할 수 없을 정도로 자신들의 이미지를 제국 도처에 각인시켰다.

그러나 어떤 측면에서 하드리아누스는 아우구스투스와 정반대였다. 그리고 좋은 쪽으로 정반대였다고 결론을 내릴 수도 있을 것 같다. 비록 그들

모두 평화를 증진했지만 아우구스투스는 "끝이 없는 제국(Imperium sine fine)"을 옹호했고 지속적인 정복 전쟁들로 자신이 뜻한 바가 무엇인지를 보여주었다. 티베리우스처럼 하드리아누스는 로마가 충분히 채워진 강대국이라고 생각했다. 그는 트라야누스가 정복했던 중동과 동부 다키아에서 철수했고, 방벽과 참호를 구축했으니 정해진 경계 범위 내에서는 평화 정책의 신호였다. 아이러니하게도 아우구스투스는 그다지 군인은 아니었던 반면, 하드리아누스는 군 생활을 사랑했다.

정치에서 두 사람은 많은 차이점을 보인다. 하드리아누스는 아우구스투스처럼 실용적인 천재였지만 원로원을 회유할 인내심이 없었다. 하드리아누스 안에서는 밖으로 뚫고 나오려는 칼리굴라나 네로가 감지된다. 어쩌면 트라야누스도 그 점을 느꼈을 것이고, 그래서 하드리아누스를 후계자로 지목하기 전에 망설일 이유가 하나 더 있었는지도 모른다.

하드리아누스는 분신이나 믿을 만한 오른팔이 없었다. 아우구스투스가 아그리파를, 베스파시아누스가 티투스를, 또는 트라야누스가 수라를 신뢰한 것처럼, 하드리아누스가 신뢰한 사람은 없었다. 하지만 하드리아누스는 재능 있는 자들을 진급시켰다. 그는 이집트 총독으로 철학자를 임명했고, 수석 비서관으로 학자를, 법률 개혁가로 법학자를, 소아시아의 카파도키아(오늘날의 터키) 총독으로 역사가이자 군사 이론가를 골랐다. 이 사람들은 모두 지식인이었지만 근위대의 수장으로는 백인대장에서 시작하여 높은 자리까지 올라온 거친 사내를 골랐다. 하드리아누스는 개방적이었지만 그의 아래에서 일하기 쉬운 사람이 아니었다. 그는 수석 비서관과 근위대장을 해임했다.

하드리아누스는 자부심이 지나치고 문화와 기술 분야(건축, 시, 노래, 리라 연주, 수학, 군사학, 철학, 소피스트 논법)에서 자신의 다재다능함을 자랑한 반면 아우구스투스는 처신이 더욱 신중했다. 얼마 되지 않는 예외

중의 하나로, 하드리아누스는 재건한 판테온에 아그리파의 이름을 새겨넣고 자신의 이름을 제외했지만 아그리파라는 이름이 결국에는 그를 아우구스투스 시대와 결부시켰기 때문에 결과적으로는 자신의 공적을 쌓은 셈이었다.

아우구스투스는 개인적인 삶을 결혼과 자식, 손주들을 중심으로 꾸린 반면에 하드리아누스는 대체로 동성애자의 삶을 살았고, 하드리아누스 시대의 일부 로마인들을 아연실색케 한 것처럼 아우구스투스 역시 아연실색했을, 그리스 청년과의 연인 관계를 유지했다.

많은 사람들이 하드리아누스 시대를 로마 제국 전성기라고 평가한다. 하드리아누스는 제국을 평화롭고 번영하고 더 개방적으로 만든다는 목표를 달성하는 데에 대체로 성공했다. 하드리아누스 치하에서 로마와 동방 그리스는 문화 생산이 융성하고 예술이 만개했다. 고대 세계로부터 지금까지 전해지는 가장 유명한 기념물들 가운데 일부가 그의 시대 작품이다. 그 모든 작품들 위를 맴돌고 있는 것은 하드리아누스의 얼굴이다. 그는 고대 예술에서 가장 자주 묘사된 황제일 뿐만 아니라 가장 매력적인 황제이기도 하다. 잘생기고 지적이며, 동정적일 때도 있고 무서울 때도 있고, 수염을 기른 얼굴이 철학자처럼 보이지만, 군인다운 풍모가 있고, 표정은 수수께끼에 싸여 있다.

하드리아누스는 후임자에게 풍성한 유산을 남겼다. 안토니누스 피우스 치하에서 제국은 하드리아누스 치하에서보다 오히려 더욱 평화롭고 번영했다. 마르쿠스 아우렐리우스는 하드리아누스의 국경 정책을 이어나가면서 치세를 시작했지만, 그의 뜻을 가로막는 다른 사태가 전개되었다.

그것은 놀라운 일이 아닐 수도 있다. 하드리아누스는 온갖 성공에도 불구하고 어떤 불길한 예감을 불러일으키기 때문이다. 그는 그리스-로마 엘리트주의와, 실속보다는 보여주기의 측면이 더 강했던 국경 방어시설들을 내놓았다. 반란은 진압했지만 반란의 생존자들은 영적으로 여전히 굳건했으며, 새로운 종교를 선보였지만 그 종교의 호소력은 아직 시험 받지 않았다. 이교의 부흥은 단명하게 되었다. 국경의 방어체계는 그 너머에서 살던 적들을 물리치지 못할 운명이었다. 로마인들도 끝없는 팽창이라는 오랫동안 가려운 데를 긁지 않는 자제력을 길게 발휘하지 못할 것이었다.

마르쿠스 아우렐리우스 청동 기마상

VII

마르쿠스 아우렐리우스
철학자

이 장은 동상과 책에 관한 이야기이다. 이 두 가지가 다른 모든 로마 황제들과 마르쿠스 아우렐리우스를 가르는 차이를 설명하기 때문이다.

이 동상은 포로 로마노 위로 솟은 고대의 카피톨리누스 언덕인 캄피돌리오 언덕으로 발걸음을 옮기는 수백만 명의 로마 관광객들에게 잘 알려져 있다. 그곳에서 그들은 청동을 입힌 유명한 기마 인물상과 만난다. 마르쿠스 아우렐리우스이다. 위엄 있고 꼿꼿하며 실물 크기보다 살짝 더 큰 그는 침착하게 말에 걸터앉아 있다. 조화로운 설계로 그 자체가 르네상스 시대의 걸작인 광장을 향해 오른팔을 뻗은 황제는 비길 데 없고 손에 잡힐 듯한 평정을 뿜어낸다. 비록 민간인 복장을 하고 있지만 그는 승리를 상징한다. 원래 이 기마상은 이제는 역사 속에 잊힌 어느 야만족에 대한 승리를 상징하는 것이었다. 오늘날 마르쿠스는 다른 종류의 승리를 대변하는 듯하다. 인간의 영혼마다 자리 잡고 있는 무질서와 어둠의 힘들에 맞선 승리를 말이다.

말에 올라탄 사람의 얼굴을 더 자세히 살펴보자. 기왕이면 바로 옆에 자리한 박물관으로 들어가서 원본 동상을 보는 것이 좋다. 광장 위에 서 있는 것은 복제품이다. 매끄러운 피부에 눈을 크게 뜨고, 동글동글 말린 머리카락과 긴 턱수염으로 덮인 마르쿠스의 얼굴은 비잔틴 성상화(聖像畵)의 고요함과 속세를 벗어난 영성을 담고 있다. 그것에서는 그를 묘사한 또다른 고대 초상에서 엿보이는 염세가 느껴지지 않는다.[1] 뺨에 살이 처지지도 않았고, 눈언저리가 푹 꺼지거나 작은 주름이 잡히지도 않았다. 말 위의 남자는 전성기이며 말의 주인답게 완벽하게 자신을 통제하고 있다. 아니 어쩌면 주인이라는 말은 틀린 표현일 수도 있다. 그는 마치 자연의 주인인 만큼 자연의 일부인 듯이 자신의 말과 하나가 된 듯하다. 이는 우리가 "우주를 하나의 물질과 하나의 영혼으로 이루어진, 살아 있는 하나의 존재로 생각해야"[2] 한다고 쓴 사람에게 잘 어울린다. 그 풍부한 표현에서 마르쿠스 기마상은 앞으로 기다리고 있는 로마를 맛보게 해준다. 그 권력이 칼보다는 정신에 거하게 될 영원한 도시를. 그리고 이것은 우리를 그 책으로 데려간다.

마르쿠스는 책을 낸 유일한 로마 황제가 아니다. 아우구스투스부터 혹은 율리우스 카이사르도 황제에 포함시킨다면, 카이사르부터 시작해서 다른 황제들도 책을 냈다. 그러나 카이사르의 논평들과 4세기 황제 율리아누스의 연설문과 서한, 에세이를 제외하면 황제들의 책들 중에서 전해지는 것은 없다. 카이사르와 율리아누스의 저작은 대단히 흥미롭지만, 어느 것도 마르쿠스의 책이 그런 것처럼 독자의 마음을 울리지는 않는다. 고대 세계의 다른 어느 통치자도 마르쿠스처럼 자신의 영혼을 드러내 보이지 않는다. 사실 역사에서 그와 같은 일을 하는 통치자는 극소수에 불과하고―적어도 모든 것을 털어놓는 우리 시대에 이를 때까지는 말이다―심지어 우리 시대에 이르러서도 그런 사람은 거의 없을지도 모른다. 마르쿠스는 한 명의 인간으로서 여전히 우리에게 살아 있다.

마르쿠스는 자기계발서를 쓴 유일한 황제이다. 그는 그런 목적을 염두에 두거나 심지어 출판을 의도하고 책을 쓰지 않았다. 그는 혼자만 간직할 생각이었다(이 부분에 대해서는 나중에 자세히 이야기하겠다). 그럼에도 불구하고 그의 『명상록(Ta eis he'auton)』은 오늘날 수백만의 독자들이 아끼는 베스트셀러이자 대통령과 장성들, 그리고 할리우드에서도 가장 좋아하는 책으로 손꼽힌다. 로마 제국 시대에 쓰인 모든 책들 가운데 『명상록』은 오늘날 독자층에서 신약성서에만 뒤질 뿐이다.

마르쿠스는 서양의 역사에서 기록된 철인왕(哲人王)에 가장 가깝다. 하드리아누스도 그리스 철학에 손을 대기는 했지만 마르쿠스는 그리스 철학, 특히 스토아 철학과 함께 살고 숨 쉬었다. 그러나 로마의 다른 스토아주의자들과 달리 마르쿠스는 이 그리스 신조를 로마인의 렌즈로 바라보았다. 그는 스토아 철학을 남자다움, 원칙, 책임감을 함양하는 비법으로 보았다.

마르쿠스는 하드리아누스가 뿌린 씨앗을 거두었다. 그는 로마 문화를 그전 어느 때보다 그리스적으로 만들었다. 그는 또한 커다란 방향 전환을 상징하는 사람이다. 기원후 1세기에 스토아 철학자들은 황제에 맞선 엘리트 계층의 반항에 주요한 원천을 제공했다. 도미티아누스가 로마에서 철학자들을 추방한 지 70년 만에 이제 철학자가 제국을 지배하게 되었다.

사실, 그것은 짧막한 순간에 불과했다. 후대의 한 차례 예외를 제외하면[3] 마르쿠스는 로마를 다스린 처음이자 마지막 철학자였다. 마르쿠스가 철학자에만 그쳤던 것도 아니다. 그는 황제였다. 그는 때로 가혹하거나 변덕스럽기도 했다. 또한 계급 구분을 강화했다. 그의 치세 동안 지방에서는 기독교도에 대한 박해가 심해졌고, 마르쿠스는 이에 대해서 분명히 어느 정도 책임이 있다. 장군으로서는 뛰어나기보다는 성실했다. 그러나 마르쿠스는 위대했으니, 다른 어느 황제보다도 정의와 선(善)에 대한 헌신으로 다스렸기 때문이다. 그는 인류애를 목표로 삼았고, 잔인성을 피해갔으며, 보통 타협을 추구했다. 그는 의무를 지도 원리로 삼았다. 그는 국내에서 법을 집행하고 개혁을 실시하는 데에 전념하고 싶었지만, 대부분의 재위 기간 동안 외국에서 전쟁을 치르며 보냈다. 이것은 그에게 커다란 고통이었지만 그는 불만을 오직 일기에만 털어놓았다. 공개석상에서 그는 단단한 반석이었다.

그래야만 했다. 로마는 마르쿠스 치하에서 전례 없는 재앙을 겪었다. 외적에 맞선 양면 전쟁과 북부 이탈리아와 그리스 침공에 덧붙여서 로마는 처참한 유행병의 창궐과 그에 따른 인력 부족은 물론이고 자연재해와 무리한 재정 확대도 겪었다. 마르쿠스와 같은 강인한 성품의 사람만이 그런 위협들에 대처할 수 있었을 것이다. 그렇다고 그가 완벽하게 대처했다는 뜻은 아니다.

마르쿠스 아우렐리우스는 황제로서 19년간 로마를 다스렸지만 그는 길이길이 기억될 인물이다.

선택받은 자

마르쿠스는 121년 4월 26일 로마에서 태어났다. 그의 집안은 트라야누스와 마르쿠스의 먼 친척인 하드리아누스처럼 "스페인 마피아"에 속했다. 그의 조상들은 로마로 건너왔고 마르쿠스는 그곳에서 자랐다. 출생 당시 이름은 마르쿠스 안니우스 베루스였다. 그는 황가에 입양되면서 마르쿠스 아우렐리우스라는 이름을 취했다.

다른 많은 로마인들처럼 마르쿠스도 일찍이 세 살에 아버지를 여의었다. 원칙적으로는 그의 할아버지가 그의 계부의 도움을 받아 양육할 책임이 있었다. 실질적으로는 어머니 도미티아 루킬라가 커다란 역할을 했다.

마르쿠스는 어머니의 집에서 십대 후반까지 살았다.

도미티아 루킬라는 신분이 고귀하고 부유했다. 그녀의 재산에는 로마 바깥에 있는 커다란 벽돌 제조소도 있었다. 교육을 잘 받은 그녀는 라틴어뿐만 아니라 그리스어도 읽을 줄 알았다. 마르쿠스가 어렸을 때에도 그녀는 그의 침상에 앉아 저녁 식사 전에 그와 대화를 나누곤 했다. 마르쿠스는 『명상록』에서 "신에 대한 두려움과 관대함, 나쁜 짓을 하는 것뿐 아니라 그런 짓을 할 생각을 품는 것 자체를 삼가도록 가르치고 더 나아가 부자들의 생활 습관을 멀리하고 소박한 삶을 살도록"[4] 가르쳐준 어머니에게 고마움을 내비친다. 비록 훌륭한 도덕관을 심어주고 유순한 품성을 기르도록 교육한 할아버지에게 먼저 감사하고, 그 다음으로 겸손하고 남자답다는 평판을 남겨주신 아버지에게 감사하기는 하지만 마르쿠스는 어머니에 관해서 할 말이 훨씬 많았다.[5] 그토록 많은 로마 남성들처럼 마르쿠스는 자신을, 중요한 측면에서 어머니에 의해서 빚어지고 형성된 사람으로 그린다.

138년, 하드리아누스가 안토니누스를 아들이자 후계자로 입양하고 안토니누스로 하여금 루키우스 베루스와 마르쿠스를 입양하게 하면서 마르쿠스의 삶은 바뀌었다. 그해 말에 안토니누스가 즉위한 이후 마르쿠스도 팔라티노 언덕의 왕궁으로 들어갔다.

마르쿠스는 여러 명의 개인교사를 두었는데, 저명하고 학식이 있는 이들이 많았다. 가장 유명한 사람은 당대의 가장 위대한 라틴어 웅변가 마르쿠스 코르넬리우스 프론토였다. 베르베르 혈통의 북아프리카인이자 로마 시민인 프론토는 로마에서 변호사로 큰 재산을 모았다. 안토니누스 피우스는 그를 자신의 양자 마르쿠스와 베루스의 개인교사로 임명했다. 그와 마르쿠스 사이에 오간 다수의 서신을 포함하여 프론토의 서신들은 오늘날까지 전해진다. 편지들은 진지하고 재능이 뛰어나며, 때로는 자유분방하고, 심지어는 무분별하고, 시골 생활을 사랑하는 젊은이로서 미래의 황제를 보여준다. 그는 포도 수확을 거들기도 하고 말에 올라타서 그저 장난으로 딱한 목동의 양떼를 흩어버린다.[6] 서신은 마르쿠스의 주관적인 시각에서 프론토의 중요성을 과장하는 경향이 있었다. 다른 교사들이 젊은 마르쿠스에게 더 큰 영향을 미쳤지만 그들에게 받은 서신이나 보낸 서신은 남아 있지 않다.

마르쿠스와 프론토는 서로에게 소년애의 양식화된 언어로 편지를 썼다. 소년애란 성인 남자와 소년 간의 사랑이다. 그들은 서로를 얼마나 사랑하는지에 관해서 끊임없이, 때로는 야단스러운 어조로 썼다.[7] 이 가운데 일부는 상호 아첨에 가깝고, 일부는 고전기 그리스인들의 호모에로틱한 언어를 흉내 내면서 편지 작성자의 능력을 과시하고 있다. 마르쿠스와 프론토가 육체적 관계를 맺었을지는 고사하고 정말로 서로 사랑하는 사이였을 가능성은 별로 없다. 만약 정말로 서로 사랑했다면, 마르쿠스의 어머니나 아니면 부유한 로마 집안의 가솔을 이루는 교육을 받은 노예들이 읽어볼 수도 있는 편지에서 그렇게 표현하지는 않았을 것이다. 엘리트 로마인들은 동성애 관계를 못마땅해했고, 미성년 로마 시민이 연루된 관계들은 법적으로 기소할 수도 있었다. 『명상록』에서 마르쿠스는 소년들을 쫓아다니는 일은 그만두는 것이 낫다는 의견을 밝혔다.[8]

프론토는 마르쿠스 아우렐리우스가 수사학자가 되기를 원했다. 현대 미국 문화에서 이것에 딱 대응하는 것은 없다. 법학 전문대학원에 다니기 전까지 유럽에서 자라서 문학적 박식을 자랑하는 화려한 수사에, 유식한 인용과 난해한 표현들을 참기 힘들 만큼 많이 섞어서 구사하는 아이비리그 출신의 변호사를 상상하면 그나마 비슷할 것이다. 다년간 수사학을 공부한 끝에 마르쿠스는 그런 영예를 사양했다. 그 대신에 그는 철학도가 되기로 했다. 오늘날과 마찬가지로 고대 로마에서도 철학자란 심오한 논쟁에 참여하는 지식인이었지만, 조금 다른 존재이기도 했다. 고대인들에게 철학은 살아가는 데에 지침을 제공했다. 철학자는 구루(guru)와 성직자의 중간쯤 되는 존재였다.

철학자를 제위 후계자로 두는 것은 역설처럼 비칠 수도 있다. 로마에서 철학은 황제들에 대한 지지가 아니라 그들에 대한 반대로 가장 유명했다. 실제로 마르쿠스를 가르친 철학 교사들 가운데 가장 중요한 인물은 도미티아누스에게 처형된 철학자의 후손이었다. 그러나 네로와 베스파시아누스, 도미티아누스 이후의 황제들은 더 이상 철학자들을 탄압하지 않았다. 로마인들은 이제 타키투스가 말한 대로, "우리가 마음에 드는 대로 생각해도 되고 우리가 생각하는 바를 표현해도 되는 드문 시대의 행복"[9]을 누렸다.

비록 마르쿠스의 철학은 절충적이었지만 그에게 주로 영향을 미친 철학은 스토아 철학이었고, 그것은 다시 로마 엘리트 계층에서 가장 인기 있는 철학이었다. 스토아 철학은 세계가 이성적 원칙, 즉 만물을 지도하는 로고스(Logos)로 다스려진다고 가르쳤다. 미덕을 추구함으로써 선한 사람은 본성에 따라 살아갈 것이다. 이 엄격한 신조는 우주의 선함과 섭리에 의한 다스림과 더불어 인류의 형제애에 대한 믿음으로 완화되었다.

스토아 철학은 그리스에서 유래했지만 그 엄격함은 옛 로마적 기질에, 또한 그 보편주의는 로마 제국주의에 매력적으로 다가왔다. 황제들 치하에서 스토아 철학은 남녀 로마인들에게 황제에게 저항할 용기와 이유 또한 심어주었는데, 더 높은 권력에 굴종하면 내면적 타락이 뒤따른다는 것을 입증해주었기 때문이다. 그러나 스토아 철학은 군주정 자체를 거부하지 않았고 오직 전횡적이고 타락한 군주정만 거부했다. 생각이 열려 있고, 온건하고, 법을 준수하고, 공익을 우선하고, 신민들을 존중하는 훌륭한 황제는 철학자일 수도 있다.

그러므로 철학자 마르쿠스는 별종이라기보다는 완성형이었다. 철학으로 이치를 깨우친 그는 앞선 네 명의 현제(賢帝)의 약속을 완수했다.

하드리아누스처럼 마르쿠스도 에픽테토스 철학을 우러러보았다. 에픽테토스는 그리스인 스토아 철학자로, 그 자신의 신체와 신분이 육신의 한계를 가르쳐준 만큼, 물질보다 정신의 우월성을 강조할 이유가 차고 넘치던 인물이었다. 그는 절름발이였다. 소아시아 출신으로 과거에 노예였던 그는 마침내 자유를 얻기 전까지 네로의 해방민의 소유였다. 철학자가 된 뒤로 에픽테토스는 도미티아누스에 의해서 유배당했고 심지어 도미티아누스가 죽은 뒤에 로마로 무사히 귀환할 수 있게 되었을 때에도 유배지에 머무르는 쪽을 택했다. 에픽테토스는 조용한 지방의 삶을 선호했던 것 같다. 그 철학자는 내면의 자유를 얻는 것이 중요하다고 역설했다. 그의 가르침은 마르쿠스에게 지대한 영향을 미쳤다.

훗날 프론토를 회상하면서 마르쿠스는 프론토보다는 다른 철학 스승들이 자신에게 더 많은 영향을 미쳤다고 썼다. 그는 프론토의 수사학 교습에 관해서도 할 말이 없었다. 사실 마르쿠스는 수사학이 철학보다 열등하다고 비판했다. 그 대신에 그는 프론토 덕분에 폭정—그 시기심과 이중성, 위선—에 관해서 그리고 이른바 귀족계급 사이에 부성애의 결여에 관해서 알 수 있게 되었다고 감사한다.[10] 어쩌면 이는 마르쿠스를 기만적인 화술의 달인보다는 솔직한 화자로 만들어준 데에 프론토에게 가만히 고마움을 표시하는 방식이었으리라.

안토니누스 피우스

안토니누스는 속주 행정이나 군 복무 경험이 거의 없었지만, 하드리아누스는 쉰하나의 후임자가 오래 집권하리라고 기대하지 않았다. 하드리아누스가 진정으로 원한 사람은 마르쿠스였는데, 마르쿠스가 친족이었을 뿐만 아니라 비상하게 강직한 품성을 지녔기 때문이었다. 그러므로 하드리아누스는 그에게 입양 전의 가명(家名)인 베루스를 변형한 베리시무스, 즉 "가장 올곧은 자"라는 별명을 붙여주었다. 마르쿠스는 이런 칭찬에 답례하지 않은 듯한데, 『명상록』에서 그가 친구와 가족들에게 보낸 긴 감사 목록에서 하드리아누스는 빠져 있기 때문이다.

안토니누스는 하드리아누스보다 더 길게 23년간 재위하여 모두를 놀라게 했다. 사실 안토니누스는 아우구스투스 이래로 어느 황제보다도 오래 다스렸다. 한번은 마르쿠스의 어머니가 기도를 드리고 있는 모습을 본 어떤 사람이 자기 아들이 제위에 오를 수 있도록 황제를 어서 죽게 해달라고 빌고 있는 것이 틀림없다고, 안토니누스에게 재치 있는 농담을 던졌다고 한다.[11] 황제의 반응은 알려져 있지 않다. 어쨌거나 마르쿠스는 마흔 살까지 기다려서야 즉위할 수 있었다.

안토니누스는 남부 갈리아에 뿌리를 둔 부유한 로마인 집안 출신으로, 그의 가문은 베스파시아누스를 일찍부터 지지하여 정치적 위명을 얻었다. 그는 유복한 안니아 갈레리아 파우스티나―대파우스티나―와 결혼하여 더욱 부유해졌다. 부부의 재산에도 불구하고, 안토니누스는 하드리아누스가 그를 입양하자마자 자신의 새로운 지위 때문에 나가는 비용들을 걱정하기 시작했다. 얼마 지나지 않아 대파우스티나가 가계 지출에 인색하다고 남편에게 불평하자 안토니누스는 "어리석은 여인이여, 이제 제국을 얻었으니 우리는 전에 가지고 있던 것마저도 잃어버린 거야"[12]라고 대답했다고 한다.

안토니누스는 라틴어로 "충성스러운"이나 "충실한"을 뜻하는 피우스라는 별명(agnomen: 첨가명이라고도 한다. 업적이나 특징, 개성 등을 가리키며 흔히 별명이라고 번역되지만 본명의 일부이다/옮긴이)을 취했다. 이 이름은 양부인 하드리아누스에게 신격화의 영예를 부여하지 않고자 했던 원로원에 강력하게 촉구하여 결국 뜻을 관철한 일을 가리키는 것이기도 했고, 다른 한편으로는 더 일반적인 차원에서 가족 구성원과 가족 가치에 대한 안토니누스의 헌신을 천명하는 것이었다. 그는 황제가 되었을 때, 아내에게 아우구스타의 칭호를 하사하는 흔치 않은 조치를 취했을 뿐만 아니라 황후를 묘사한 주화의 수를 크게 늘렸다.

그러나 전반적으로 안토니누스는 보수주의자였다. 비록 그는 딱히 건설자는 아니었지만, 자신이 로마의 과거에 걸맞은 황제임을 공포하는 건축물을 하나 세웠다. 그는 신격화된 하드리아누스 신전을 판테온과 맞닿아 있는 마티디아와 마르키아나의 신전 옆에 건립했다. 로마를 걷는 사람은 순식간에 아그리파(판테온 위에 새겨진), 마티디아, 마르키아나, 그리고 하드리아누스의 이름을 연달아 볼 수 있었을 것이다. 여기에서 의도하는 결론은 하드리아누스의 충실한 양자인 안토니누스는 아우구스투스만큼이나 로마를 다스릴 정통성이 있다는 것이었다.

안토니누스는 원로원을 대단히 중시했고, 종종 포악했던 하드리아누스와 달리 원로원과 훌륭한 관계를 유지했다. 그는 하드리아누스의 장기 순방을 이어가지도 않았다. 사실 황제가 된 뒤로 안토니누스는 이탈리아를 두 번 다시 떠나지 않았다. 하드리아누스와 달리 검약한 안토니누스는 건축 프로젝트는 자제했지만, 현실주의자였기 때문에 로마 평민들과 군대에는 수시로 돈을 뿌렸다. 148년 그는 로마 창건 900주년을 맞이하여 경탄할 만한 경기들을 개최했다. 비록 우리는 로마 시의 실제 창건 날짜를 모르지만, 당시에 로마는 일반적으로 기원전 753년 4월 21일에 건립되었다고 믿어졌다. 돈이 많이 나가는 이런 지출의 결과, 안토니누스는 일시적으로 로마 주화의 은 함유량을 줄여야 했다.

당대의 유명한 연설문으로 판단하면, 속주 엘리트 계층은 황제의 부재에도 도외시된다는 느낌을 받지 않았다. 소아시아 북서부 출신으로 로마 시민인 부유한 그리스인 아일리우스 아리스티데스는 로마로 와서 안토니누스 앞에서 연설했다. 그는 로마의 평화의 위대함에 초점을 맞추었다. 아리스티데스는 로마가 수백만의 사람들과 시민권을 공유하는 동인(動因)이 된 공정함을 칭송했다. "폐하는 온 문명 세계가 마치 하나의 도시국가인 듯이 공무를 돌봅니다"라고 말했다.[13] 그는 제국 내에 전쟁을 과거지사로 만들었다고, 또한 농업과 무역, 공공건축을 장려한다고 로마인들을 찬미한다. 그와 동시에 로마는 방벽보다 더 좋은 어떤 것으로 국경을 보호한다. 바로 로마 군대이다. "온 땅이 하나의 정원처럼 아름다워졌다"고 아리스티데스는 주장했다.[14]

안토니누스는 군사와 관련한 사안들에는 별로 흥미가 없었으니 아마 그 연설을 듣고 무척 기뻐했을 것이다. 휘하의 장군들은 다키아와 마우레타니아에서 국경 문제들을 처리했다. 주요한 군사적 활동은 브리타니아에서 이루어졌는데, 그곳에서 안토니누스의 장군들은 반란을 진압하고 스코틀랜드 남부로 진출하여 더 남쪽에 있는 벽돌 방벽인 하드리아누스 방벽에 짝을 이루는 뗏장 방벽인 안토니누스 방벽을 축조했다. 그러나 추가적인 영토 확장 시도는 아무래도 너무 야심찬 일이라고 결론을 내렸는지, 로마는 완공된 지 10년이 채 되기도 전에 방벽을 포기했다.

마르쿠스는 『명상록』에서 안토니누스를 칭송하며, 그를 제국의 필요에 헌신적이며, 정력적이고 근면하며, 이성적이고 믿음직하고, 영예에 무관심하고 아첨에 좌우되지 않으며, 관용적이고 인정 많고, 차분하지만 단호한 사람이라고 불렀다.[15] 요컨대 그는 무엇에도 꺾이지 않는 사람이었다. 그러나 마르쿠스는 군사 문제에 관해서는 아무런 언급도 하지 않는데, 로마 황제에 관해서는 이례적인 침묵이며—아마도 찬사가 아닐 것이다. 국경 너머로 전운이 감돌고 있었으나, 돌이켜보았을 때 안토니누스는 로마를 대비시키기 위해서 아무것도 하지 않았다.

정의로운 내치(內治)

안토니누스는 161년 3월 7일 시골의 자택에서 사망했다. 그의 마지막 말
은 **평정**(平靜)[16]—다시 말해서, 압박을 받는 중에도 차분한 마음을 유지
하는 것이었다고 한다. 그것은 후임자에게 건네는 좋은 조언이었다.

　여러 가지 측면에서 마르쿠스는 제위에 훌륭하게 준비된 사람이었다.
그는 일류의 수사학과 철학 교습을 받았고 그때까지 로마를 다스려온 어
느 누구 못지않게 좋은 품성을 지녔다. 황제가 되기 전에 그는 로마의 중
요 직책을 두루 맡아보았다. 그러나 눈에 훤히 보이는 결점들도 있었다.
안토니누스는 마르쿠스를 이탈리아의 자기 곁에 꽉 붙잡아두었다. 마르쿠
스는 안토니누스의 치세 23년 동안 단 이틀 밤만 그의 곁에서 떨어져 지냈
다고 한다.[17] 즉위할 때까지 마르쿠스는 군대를 통솔하거나 속주를 통치해
본 적이 없었다. 놀랍게도 그는 이탈리아를 떠난 적이 한번도 없었다. 그
와 대조적으로 아우구스투스는 스물한 살이 될 때까지 상당한 군사적, 외
교적 경험을 쌓았다.

　하드리아누스는 안토니누스로 하여금 마르쿠스와 루키우스 베루스, 두
사람을 입양하게 했지만, 안토니누스는 분명히 마르쿠스를 황제로 삼을
심산이었다. 그러나 마르쿠스는 베루스를 공동 통치자로 삼아서 많은 사
람들을 놀라게 했다. 마르쿠스가 통치의 상위 파트너였다. 그가 더 연장자
이자 더 존경을 받았으며, 대제사장 직책을 단독으로 맡고 있었다. 베루스
는 비록 네로나 도미티아누스처럼 포악하지는 않지만 사치를 좋아하는,
경량급 인물이라는 마땅한 평판을 누리고 있었다. 그래도 공동 황제는 처
음 있는 일이었다.

마르쿠스가 왜 공동 통치자를 두기로 했는지는 논쟁이 분분하다. 어쩌면 하드리아누스의 소망을 존중하고 싶었을지도 모르고 아니면 마르쿠스가 정말로 원한 것은 황제가 아니라 철학을 추구할 수 있는 시간이었을지도 모른다. 황제가 된 후에도 그는 여전히 철학 강의에 참석했다. 마르쿠스가 막강한 베루스의 가문을 두려워하여, 바깥의 싸움이 안으로 번지게 하기보다는 베루스 가문을 자기편으로 끌어들여서 모두가 불만 없이 지내는 쪽이 낫다고 생각했을 수도 있다. 그러나 진짜 이유는 철학자로서 마르쿠스가 황제의 임무는 한 사람이 감당하기에 너무 많다는 사실을 분명히 알아차렸을 것이라는 점이다. 그렇다면 마르쿠스는 시대를 앞서간 셈이다. 마르쿠스 바로 다음으로 제위를 이은 황제들은 그의 관행을 따르지 않았지만, 한 세기가 조금 흐른 뒤에는 두 명의 황제를 두는 것은 표준이 되었다.

또다른 요인은 마르쿠스의 건강이었을 수도 있는데, 그의 건강은 나이가 들면서 점점 나빠졌다. 그가 보인 증상들로는 흉통과 복통, 토혈, 어지럼증 등이 있었다. 황제는 역사상 가장 유명한 의사들 중 한 명, 즉 로마에서 활동한 그리스인 갈레노스의 진료를 받았다. 한번은 갈레노스가 늙어가는 마르쿠스를 치료한 뒤에 황제가 그를 두고 "의사들 중에 첫째요, 철학자들 중에 유일무이하다"[18]라고 공언했다.

황제의 장기적인 건강관리를 위하여 갈레노스는 만병통치약, 즉 다양한 천연 성분을 합쳐 알약으로 만들어서 포도주와 함께 처방했다. 그 알약에 갈레노스가 마지막으로 첨가한 성분은 아편이었다. 그 의사가 환자를 중독시킬 만한 양의 아편을 첨가했을 가능성은 상당히 유력하지만 확신할 수는 없는 일이다.

마르쿠스는 황제로서 초기에 인기를 누렸다. 하드리아누스와 달리 그는 권모술수를 부리는 궁정인이 아니었다. 그는 솔직하고 숨김이 없었다. 적어도 정치가치고는 말이다. 마르쿠스는 사려 깊었지만, 그 자신의 평가에 따르면 재치 있지는 않았다.[19] 그는 이견과 심지어 모욕도 용인했다. 그는 매우 열심히 일했다. 치세 초기에 마르쿠스는 프론토에게 긴장을 풀기 어렵다고 썼는데, 물론 모든 업무에 성실하게 임하는 그의 태도를 생각하면 쉽게 이해가 된다.

마르쿠스는 법과 관련하여 대단히 세심하고 신중한 황제로 드러났다. 그는 노예 해방, 미성년자와 고아에 대한 후견인 지정, 그리고 속주의 지방 행정을 위한 시 참사회 선정 문제에 특히 관심이 많았다. 그는 단호하지만 사리에 맞는 태도로 명성을 얻었다. 전임자처럼 마르쿠스는 가능하면 언제나 노예의 자유에 유리한 쪽으로 판결했다.

마르쿠스는 원로원에 대한 존중을 나타내기 위해서 특별히 노력했다. 그는 그 기관의 사법 권한을 확대하고 황제가 결정할 권리가 있는 사안들에서도 원로원의 의견을 따랐다. 그는 로마에 있을 때면 반드시 원로원 모임에 참석했다. 어느 원로원 의원에 대한 중범죄 혐의가 제기되면 물밑에서 증거를 검토한 뒤에 대중에게 공개했다.

마르쿠스는 다른 방식으로도 로마 민중의 사랑을 받았다. 그는 전문 밀고자들을 상대하지 않았다. 빈곤 아동에 대한 복지 대책을 개선하고 곡물 공급에 세심한 주의를 기울였다. 로마 거리를 청결하고 좋은 상태로 유지, 보수했다. 이탈리아의 도시 참사회들에 공석이 없게 하고, 참사회가 효과적으로 작동하도록 힘썼다. 그러나 마르쿠스가 한 일들 가운데 하나는 아마 인기가 없었을 것이다. 유혈을 질색하던 그는 자신이 관전하는 경기의 검투사들에게 무딘 검을 쓰게 했다.[20] 그러나 사람들은 피를 원했다.

전임자처럼 마르쿠스는 검약을 실천했다. 마찬가지로 그는 군대 비용이 다른 우선 사항들을 집어삼킨다는 사실을 금방 깨달았다. 그러므로 그가 안토니누스처럼, 하지만 하드리아누스와는 달리 건설을 별로 하지 않은 것은 놀랄 일이 아니다. 로마에서 마르쿠스는 안토니누스의 신격화를 기리는 기념 기둥과 한두 개의 개선문을 세웠다. 지금도 로마에 서 있는, 마르쿠스의 군사적 성공을 축하하는 기둥을 마르쿠스나 그의 후임자가 언제 건설하기 시작했는지는 알 수 없다. 전승 기념 기둥은 마르쿠스가 죽은 지 10년도 더 넘어서 완공되었다. 마르쿠스의 유명한 기마상은 다른 몇몇 황제들이 세운 것에 비하면 소박했다. 청동 기마상은 게르만 부족들에 대한 승리를 축하하며, 아마도 마르쿠스 치세 말이나 그 직후에 세워졌을 것이다.

어느 결혼의 초상

하드리아누스처럼 마르쿠스 역시 황실로 장가를 갔지만, 마르쿠스는 그보다는 한 단계 더 신분 상승을 했다고 말할 수 있다. 하드리아누스는 황제의 종손과 결혼한 반면 마르쿠스는 황제의 딸과 결혼한 것이다. 비록 하드리아누스가 마르쿠스를 그의 종국적인 후임자로 지목하기는 했어도 안토니누스는 하드리아누스가 죽은 뒤에 그 지명을 철회할 수도 있었다. 그 대신에 그는 마르쿠스에게 자신의 딸을 주어 이를 더 분명히 했다. 마르쿠스는 안토니누스의 아내의 조카였다.

마르쿠스의 신부 안니아 갈레리아 파우스티나는 궁전에서 살면서 그곳의 특권을 누리지 않았던 때를 거의 기억하지 못했다. 왜냐하면 그녀가 여덟 살에 아버지가 황제가 되었기 때문이다. 어머니 대파우스티나는 매우 부유한 여성으로, 안토니누스가 즉위하자 아우구스타의 칭호를 받았다. 2년 뒤, 파우스티나가 열 살에 어머니가 죽고 여신으로 선포되었다. 안토니누스는 죽은 아내를 기려 파우스티나의 딸들로 알려진 빈곤층 소녀들을 위한 자선기관을 설립했다. 대파우스티나를 기리는 신전도 포로 로마노의 가장자리에 곧 들어설 것이었다.

5년 뒤에 파우스티나는 마르쿠스와 결혼했다. 그는 스물네 살, 그녀는 열다섯 살이었다. 그로부터 2년 뒤, 첫 아이로 딸을 낳은 직후 파우스티나의 아버지는 딸에게 아우구스타 칭호를 수여했다. 마르쿠스는 카이사르였을 뿐이므로, 파우스티나가 남편보다 신분이 높았다. 그러나 안토니누스는 딸에게 헌신적이었다. 그는 딸이 없는 로마의 궁전에 사느니 차라리 딸과 함께 황량한 섬에 유배되어 사는 것이 낫다고 말했다.[21] 임종 시 안토니누스는 나라와 딸을 마르쿠스에게 맡겼다. 그는 161년 3월 7일에 눈을 감았다.

마르쿠스가 즉위하자, 파우스티나는 어머니의 뒤를 이어 황후가 된 최초의 로마 여성이 되었다. 마르쿠스가 집권한 지 6개월 뒤에 그녀는 아들 쌍둥이를 낳아서 네로의 아내 포파이아 이래로 남편이 황제로 재위하는 동안 자식을 낳은 최초의 황후가 되었다. 첫 아이를 낳고 14년 뒤에도 파우스티나는 여전히 아이를 낳고 있었다. 최종적으로 그녀는 14명의 자식을 낳았다. 그것은 대단한 기록이었으며, 황실의 선전기구는 주화들에서 이런 사실을 두드러지게 부각시켰다.[22] 절반이 넘는 자식들이 어려서 죽었으니,[23] 영아 사망률이 높던 세계를 상기시키는 암울한 지표이다.

젊은 파우스티나는 신분이 고귀하고 부유하며 아이를 많이 낳았을 뿐만 아니라 그녀의 흉상들이 보여주듯이 아름답기도 했다.[24] 주화에 새겨진 이미지들은 그녀를 사랑과 성의 여신 베누스 그리고 승리와 연관지었다.[25] 금욕적인 마르쿠스는 육체적 사랑에 대한 관심을 생식에 한정했을 것이다. 그는 불필요하게 일찍 동정을 잃지 않았다고 자부한 바 있다. 부부가 의견이 갈린 신체 기관은 가슴만이 아니었다. 두 사람은 머리를 두고도 생각이 달랐다. 파우스티나는 정치를 남편에게 맡기지 않았다. 그녀는 다름 아닌 마르쿠스가 지지한 몇몇 고위 인사들에 맞서서 궁중암투를 벌었다. 파우스티나는 즐기며 살면서 자기 뜻대로 하고 싶어했다. 매사가 진지한 마르쿠스는 일밖에 몰랐다. 두 사람의 관계가 편했을지는 의심스럽다.

풍문 내기를 좋아하는 로마의 사람들은 결혼 생활에 불만스러운 파우스티나가 귀족들만이 아니라 하층민들과도 줄줄이 바람을 피운다고 입방아를 찧었다. 친구들은 마르쿠스에게 그녀가 해변의 별장에 머무는 동안 검투사와 선원들하고 동침한다고 말했다. 그 친구들은 파우스티나를 처형하지 않을 작정이면 이혼이라도 하라고 부추겼다. 그는 "만약 아내를 내보낸다면 그녀의 지참금도 돌려줘야 하는 법이라네"[26]라고 대답했다고 한다. 그러니까 제국, 그가 장인으로부터 물려받은 것을 돌려주어야 한다는 말이었다.

다른 사람들은 몰랐다고 해도, 마르쿠스는 제국이 가족 사업이라는 점을 이해했을 것이다. 권력자들은 악의적인 소문을 끌어당겼고, 로마의 여성혐오 정도를 감안하면 권력 있는 여성일 경우에는 이런 일이 두 배로 심했다. 게다가 만약 소문들이 사실이라면 황제의 자식들의 적법성에 의혹이 생길 것이었다. 그러므로 마르쿠스는 아내의 부정에 관한 이야기들을 부인할 이유가 충분했다. 어쨌든 간에 황제는 파우스티나에게 정말로 애정을 느꼈다. 그는 그녀를 『명상록』에서 순종적이고 다정하며 꾸밈이 없다고 묘사했다.[27]

마르쿠스는 자식들을 끔찍이 사랑하는 사람이었다. 예를 들면, 그는 어린 딸 파우스티나를 두고 "청명한 하늘, 휴일, 가까이에 있는 희망, 실현된 소망, 전적인 기쁨, 탁월하고 흠잡을 데 없는 자랑거리"[28]라고 불렀다. 그는 책에서 아이를 잃는 고통에 관해서 여러 차례 언급한다.[29]

악순환

얼마 지나지 않아 외정(外政)이 마르쿠스의 관심을 가족들에게서 다른 곳으로 돌렸다. 정말이지 반복되는 전쟁이 재위 내내 그밖의 모든 일에 그늘을 드리웠다. 끊이지 않는 전쟁은 그를 본국에서는 밝은 햇살에 싸여 있는 계몽된 개혁가에서, 변경에서는 외침에 시달리며 고투를 벌이는 황혼의 전사로 탈바꿈시켰다. 그리고 군사적 배경이 거의 없는 사람이 어쩔 수 없이 야전 사령관이 되게 했다. 자연히 그는 여러 잘못들을 저질렀다.

양면 전쟁은 제국의 지속적인 안보 문제였고, 로마는 마르쿠스 아우렐리우스 치세기에 이 문제와 최초로 맞닥뜨리게 되었다. 첫 번째 위기는 로마의 허약성을 감지한 파르티아가 있는 동방에서 찾아왔다. 물론 그들은 군사적 인물이 마지막으로 제국을 이끈 이래로 수십 년이 흘렀다는 사실을 알고 있었다. 그들은 아르메니아를 공격하여 그곳의 친로마파 지배자를 몰아내고 대신에 친파르티아파 지배자를 앉혔다. 로마 장군이 반격에 나서자 파르티아인들은 그의 군단을 전멸시켰고 장군은 자결했다. 파르티아인들은 다음으로 시리아를 침공했고, 그곳의 총독은 패주했다.

황제가 친히 교전 지역으로 가야 할 만큼 상황이 심각했다. 마르쿠스와 베루스 누구도 군사적 경험이 없었지만, 베루스가 더 젊고 육체적으로 더 튼튼했으므로 마르쿠스는 그를 파견했다. 누구도 로마에서 베루스의 부재를 아쉬워하지 않았을 것이고 그가 귀환하여 마르쿠스를 위협할 공산도 없었다. 베루스는 동방에서 다소간 군대의 명목상 수장 역할을 하며 노련한 장군들이 실제 사령관으로서 지휘할 예정이었다.

파르티아에 맞서기 위해서 마르쿠스는 군단 3개와 로마 서부 전선의 다른 병력을 불러들였다. 이는 도나우 강 북쪽에서 호시탐탐 기회를 엿보고 있던 적을 유혹했기 때문에 불가결하지만 위험한 조치였다. 그러나 로마에는 전략적 예비 병력이 없었고, 이런 근본적인 허약성으로 인해서 황제는 필요에 따라 군단 병력을 이동시키는 것 말고는 다른 도리가 없었다.

그 3개 군단들은 효과적인 것으로 밝혀졌다. 파르티아 전쟁은 4년이 걸렸지만 완전한 승리를 가져왔다. 로마는 아르메니아를 재정복하고 새로운 왕으로 대단히 적절한 인물을 앉혔다. 로마 원로원 의원이면서 파르티아 왕족의 혈통을 타고나기도 한 사람을 앉힌 것이다. 그 다음 로마인들은 메소포타미아로 깊숙이 밀고 들어가서 파르티아 왕궁을 불태우고 수치스럽게도 로마에 우호적이던 한 도시를 약탈했다.

164년 마르쿠스는 베루스에게 딸 루킬라를 신부로 내주었다. 그녀는 당시 열네 살이었던 반면 남편은 서른세 살이었다. 소녀는 로마에서 동방까지 먼 길을 가야 했고, 그곳에서 결혼이 이루어졌다. 그러나 그때는 전시였으므로 모두가 얼마씩은 희생해야 했다. 어쩌면 위로 차원에서 마르쿠스는 그녀를 결혼 즉시, 심지어 아직 아이를 낳기도 전에 아우구스타로 삼았는데 이는 아이를 낳은 뒤에야 그 칭호를 받았던 그녀의 어머니에게는 없었던 일이었다.

파르티아는 그후 30년 동안 로마에 다시 도전하지 않았다. 그러나 서부 전선은 '이상 없다'가 아니었다. 166-167년, 게르만족이 도나우 강을 따라 자리한 로마 속주들을 공격했다. 그것은 로마 역사에서 획기적인 사건이었다. 로마는 지난 수십 년에 걸쳐 게르만족으로부터 심각한 위협을 받지 않았지만, 이제 게르만족이 폭발적으로 활동하기 시작했다. 그들은 수세기 동안 계속해서 간헐적으로 제국을 위협하게 되며 서방에서 결국 제국을 무너뜨리게 된다. 설상가상으로 166-167년의 침략자들은 더 멀리 북쪽의 다른 민족들의 이동 때문에 떠밀려온 자들이었다. 그것은 역사적으로 엄청나게 중대한 대규모 이주의 시작이었다.

침략자들은 서방에서의 로마 군사력이 감소한 이점을 노렸다. 마르쿠스는 동방에 있는 베루스에게 군단 3개가 합류하면서 생긴 공백을 새로운 군단 2개를 일으켜 메우려고 했다. 그러나 신생 군단은 경험이 없었고, 인원이 불충분했다.

마르쿠스가 침공에 대응할 수 있기 전에 새로운 문제가 167년에 제국을 강타했다. 바로 역병이었다. 고대 문헌들은 역병이라고 부르지만, 천연두로 추정된다. 현대 역사가들은 이를 안토니누스 역병(Antonine plague)이나 대역병(Great Pestilence)이라고 부른다. 고대 세계는 대규모 유행병을 많이 겪어왔다. 이번 유행병이 최악의 사례들 가운데 하나인지 아니면 그저 가장 잘 기록된 사례인지는 분명하지 않다. 정확한 사망률은 알 수 없지만, 대략 50만 명이나 어쩌면 수백만 명의 사람들이 죽었다.

질병이 중앙 아시아에서 시작되어 처음에는 동쪽의 중국으로 확산되었다가 중동으로 이어지는 비단길을 따라 이동했다고 추정할 만한 근거가 있다. 로마 병사들은 메소포타미아에서 이 병에 처음 걸린 다음 제국 전역으로 가져갔고, 무역상들도 병을 전파시켰다. 로마의 평화에 영광을 가져온, 그 잘 닦인 도로와 안전한 바다가 이제는 치명적인 전염 경로가 되었다. 그것은 보편 제국에 퍼진 보편 유행병이었고, 우리가 그에 관해서 가장 많이 알고 있는 고대 유행병이다. 이집트와 소아시아, 갈리아, 게르마니아, 이탈리아 그리고 특히 로마에서—결국에 모든 길은 그곳으로 통했다—그 병이 야기한 괴로움과 죽음에 관한 보고들이 지금까지 남아 있다.

로마에서는 사정이 너무 나빠져서 유명한 의사 갈레노스조차 전염을 우려하여 소아시아의 고향으로 떠날 정도였다.[30] 한편 동방의 그리스 도시들에서는 사람들이 아폴로의 보호를 구하는 운문을 출입구 위에 새겼지만[31] 흔히 정반대의 효과를 낳았는데, 어쩌면 사람들이 신의 보호를 과신하여 조심하지 않았기 때문일 수도 있다. 질병에서 살아남은 한 생존자는 통곡과 신음소리, 죽은 자들이 문 앞에 쓰러져 있던 광경, 그리고 노예들이 병에 걸려 모두 죽어서 의사들이 간병인 역할도 해야 했던 사실을 기억했다.[32]

마르쿠스는 167년에 북쪽으로 가고 싶었지만 전염병에 대처하기 위해서 로마에 머물렀다. 168년 그는 마침내 전선으로 떠났고 베루스도 합류했다. 이탈리아 바깥으로 떠난 마르쿠스의 첫 여정은 일시적으로 질서의 회복을 가져왔다. 귀환길에 두 황제는 북부 이탈리아에 잠시 들렀다. 갈레노스가 그곳에서 그들에게 합류했고,[33] 유행병이 맹위를 떨치고 있음을 발견했다. 마르쿠스와 베루스는 소규모 병사들과 함께 로마로 돌아왔다. 군대의 대부분은 북쪽에 머물렀고 겨울이 찾아와서 병을 이겨내기가 더욱 힘겨워졌기 때문에 병사들 대부분이 죽었다. 갈레노스는 간신히 목숨을 부지해 빠져나왔다. 베루스는 더 운이 없었다. 그는 169년 초 로마로 귀환하는 도중에 아마도 천연두로 숨을 거두었다. 마르쿠스는 로마로 시신을 운구해왔고, 하드리아누스 영묘에 매장한 뒤에 베루스를 신으로 선언했다.

그 사이 북부 전선에서의 위기는 계속되고 있었다. 로마는 유행병이 돌기 전에도 병사가 부족했는데 천연두 때문에 병력은 더욱 줄어들었다. 정부는 신병을 징발해야 했지만, 그러자니 비용이 많이 들었다. 그래서 로마는 불만족스러운 해법에 기댈 수밖에 없었다. 다시금 안토니누스 치하에서처럼 마르쿠스는 주화의 은 함유량을 줄였다. 더 나아가 국가는 노예와 검투사, 이른바 비적(그러니까, 어쨌거나 폭력배들), 그리고 그리스 도시들의 경찰력에 눈길을 돌려 그들을 보조군으로 입대시켰다.

마르쿠스의 딸 루킬라는 불과 스무 살에 남편 베루스를 잃었다. 마르쿠스는 그녀를 원로원 의원이자 전직 집정관 티베리우스 클라우디우스 폼페이아누스와 재혼시키고 싶어했다. 시리아 출신인 그는 쉰 살이었다. 이 결혼은 공동 황제의 아내라는 지위에서 커다란 신분 하락인 것 같았고,

루킬라와 그녀의 어머니 파우스티나 둘 다 반대했다.[34] 그러나 결국 마르쿠스가 이겼다. 루킬라는 새 남편과 아들을 낳았고, 아들은 공직 생활을 이어가다가 여러 해 뒤에 후대의 어느 황제의 명으로 처형당했다.

169년 가을에 마르쿠스는 북쪽으로 돌아갔다. 이듬해 봄에 그는 도나우 강 너머로 대규모 공세를 개시했다. 공세는 어처구니없는 소동으로 막을 열었다. 황제는 신들의 지원을 얻고자 강에 사자 두 마리를 바치는 데에 동의했는데, 그 짐승들이 강 건너편으로 헤엄쳐간 다음, 건너편에 있던 적군에 두들겨 맞아 죽은 것이다. 그리고 전투는 로마군이 대패를 당하고 눈물 속에 막을 내렸는데, 어쩌면 사상자가 2만 명에 달했을 것이다. 적군은 남은 로마 군대의 측면으로 우회 기동하여 북부 이탈리아로 쳐들어가는 데에 성공했다. 그들은 북부 이탈리아의 도시 한 곳을 불태우고 다른 한 곳을 포위했다. 다른 침략자들은 그리스를 침공하여 남쪽의 아테네 외곽까지 내려와 그곳의 밀교 사당을 파괴했다.

거의 300년 만에 처음으로 외적이 이탈리아를 침공했다. 로마의 국경 방어가 실패한 것이다. 돌이켜보면 놀랄 일이 아니었다. 도나우 강 전선에서는 병력 수가 감소해왔다. 대역병으로 로마는 어디에서나 힘이 약해졌다. 마르쿠스 본인은 군 사령관으로서 경험이 없었다. 병사들 다수는 여전히 새파란 신병이었고, 심지어 전선의 고참병들 역시 긴 평화의 세월 동안 전투 경험을 별로 쌓지 못했다.

이듬해인 171년에는 상황이 나아지기 시작했다. 마르쿠스의 새 사위 폼페이아누스가 이끄는 로마 군대가 침략자들을 이탈리아에서 몰아내고 도나우 강변의 전투에서 그들을 몰살시켰다. 그 사이 마르쿠스는 게르만 사절들과 협상을 하고, 제국을 위협하는 부족들이 서로에게 등을 돌리게 하려고 애쓰면서 전선을 지켰다. 172년 그는 도나우 강 너머로 새로운 침공을 개시했다. 그는 175년이 넘어서까지 도나우 강 건너편에서 전역을 이어갔다.

이 시절 동안 로마는 두 차례 기적을 경험했고, 정치선전은 이를 눈에 띄게 과시했다.[35] 먼저 번개가 쳐서 적군의 공성 기구가 파괴되었다. 그 다음 더운 여름에 지친 어느 로마 군단이 적에게 포위되었고, 물이 없어서 항복해야 할 지경이 이르렀는데, 갑자기 하늘에서 비가 쏟아져서 그들을 구했다. 이교도와 기독교도들은 누구의 기도가 하늘에 통했는지를 둘러싸고 즉각 격론에 빠져들었다.[36]

마르쿠스는 도나우 강 너머, 즉 오늘날의 헝가리, 체코, 슬로바키아 지역에 새로운 속주 두 개를 세울 생각이었다. 목적은 적을 봉쇄하고, 로마의 방어선을 줄이는 동시에 쉽게 건너올 수 있는 강 경계선을, 북쪽 멀리 카르파티아 산맥의 더 방어하기 쉬운 육상 경계선으로 대체하는 것이었다. 하지만 새 속주들은 이미 부담을 받고 있는 로마의 자원들에 무리가 되었을 것이다. 마르쿠스의 계획은 그가 죽으면서 함께 묻혔다.

마르쿠스는 야만족을 상대하기 위한 다른 계획에서 더 큰 성공을 거두었다. 그는 이탈리아를 포함하여 게르마니아(오늘날의 독일 남서부와 알자스)에서부터 다키아(루마니아)에 이르기까지 제국 전역으로 야만족들을 흩어놓았다. 비록 많은 이들이 유화 정책을 비판하고, 제국 경계 내로 위험한 야만족을 들여놓았다고 그를 공격했지만 마르쿠스는 다르게 생각했다. 그는 자신이 적군을 로마 농부로 탈바꿈시킴과 동시에 절실한 인력 공급원을 제공했다고 믿었다.

175년 마르쿠스는 도나우 강 너머에서 살고 있던 게르만 부족들과 합의에 도달했다. 그것은 강화라기보다는 휴전에 가까웠는데, 로마가 결코 적을 제압하지 못했기 때문이었다. 그래도 적군은 로마 포로들을 반환하기는 했다. 또한 로마군에서 복무하도록 8,000명의 기병을 마르쿠스에게 내주었다. 기병 대다수는 브리타니아로 가서 변경(邊警) 근무를 했다. 근래의 놀라운 발굴로 판단하건대 그 기병들 가운데 일부는 여자였다. 고고학자들은 하드리아누스 방벽 근처에서 한 쌍의 여성 유골을 발견했는데,[37] 이 군대 소속의 기병들이었던 것 같다. 비록 로마인들은 여자의 군 복무를 허용하지 않았지만 이른바 야만족들 몇몇은 이를 허용했다. 그리스와 로마인들은 그들을 아마존(고대의 전설상의 여전사들/옮긴이)이라고 생각했다.

마르쿠스는 타고난 군인이 아니었지만 직무를 수행했다. 그렇게 하는 것이 그의 의무였고, 그는 누구보다도 의무에 헌신하는 사람이었다. 그는 『명상록』에서 이렇게 썼다. "매 순간 명심하며 어떤 행동을 하든 로마인답고 남자다운 성격의 확고함을 보여주고, 꾸밈없지만 분명한 위엄을 갖추며, 자유와 정의와 사랑하는 마음을 유지하라. 다른 모든 생각들은 떨쳐버려라."[38]

마르쿠스는 임무를 수행했지만 그것을 즐기지는 않았다. 그가 사적으로 분명하게 밝힌 대로 그는 전쟁과 정복을 좋지 않게 생각했다. 사실 그는 승자를 도적에 비유한다. "거미는 파리를 잡으면 의기양양해한다. 누군가는 불쌍한 토끼를 잡으면, 누군가는 그물로 작은 물고기를 잡으면, 누군가는 멧돼지를 잡으면, 누군가는 사르마티아인[게르만 부족들 가운데 하나]을 잡으면 의기양양해한다. 그들의 생각을 살펴본다면 이들도 도적이 아닌가?"[39]

전쟁은 마르쿠스는 물론 파우스티나에게도 희생을 가져왔다. 그녀는 국고를 충당하기 위해서 비단과 보석 일부를 팔아야 했다. 설상가상으로 그녀는 마르쿠스와 함께 전선에서 지내야 했다. 그들이 기지로 삼았던 카르눈툼과 시르미움(각각 오늘날의 오스트리아와 세르비아에 있다)은 둘 다 속주 수도였을 수도 있고 훗날에는 전성기를 누리게 될 것이지만, 그 당시에는 어둡고 싸늘한 제국 변두리에 있는 주둔지의 작은 도시에 불과했다.

그곳은 로마의 궁전에서 한참 떨어져 있었다. 150년 전에 대아그리피나가 게르마니아와 시리아에서 남편인 게르마니쿠스를 보필했던 이래로 황실의 어느 여인도 전쟁이 진행 중인 전선의 군 본부에서 살았던 적은 없었다. 174년에 마르쿠스는 파우스티나에게 진지의 어머니(Mater Castororum)[40]라고 이름 붙여 그런 칭호를 보유한 최초의 황후로 만들었다. 그 칭호는 위기의 시기 동안 대중의 사기를 북돋았지만 파우스티나가 포기해야 했던 각종 안락에 비하면 형편없는 보상이었을 것이다.

어쨌거나 파우스티나는 진지의 어머니라고 불리는 마지막 황후는 아니었다. 비상 상태와 변경지대의 침공은 앞으로 매우 흔한 일이 된다.

반란

아비디우스 카시우스는 베루스의 파르티아 전쟁에서 가장 성공적인 장군이었다. 그는 주시해야 할 자, 기사계급의 아들로 태어나서 원로원 의원이 됨으로써 아버지를 능가한 사람이었다. 베루스 아래에서 아비디우스는 메소포타미아의 파르티아 대도시 두 곳을 정복했다. 이후로 그는 보궐 집정관과 그의 고향 속주인 이집트 총독을 지냈다. 마침내 그는 로마 동부의 모든 속주를 관장하는 특별 명령권(imperium)을 얻었다. 이와 같은 성공은 누구라도 자만하게 만들 수 있으며, 아비디우스처럼 자기 자신을 알렉산드로스 대왕의 뒤를 이은 시리아 왕들의 후손이라고 여기는 사람에게는 특히나 그럴 가능성이 컸다.

175년 그는 스스로 황제라고 칭했다. 이집트와 시리아 같은 중요 속주를 비롯하여 동쪽 지역 대부분의 지지를 받는 심각한 반란이 일어난 것이다. 이것은 모든 황제들의 딜레마를 상기시킨다. 다른 누군가에게 영광스러운 군사적 과제를 맡기면 그는 너의 제위를 차지하려고 할지도 모른다!

그러나 어느 황제도 모든 곳에서 모든 일을 할 수는 없으며 야전 사령관으로서 유능하게 복무할 수 있는 충분한 군사적 재능을 가진 황제는 거의 없었다. 아우구스투스처럼 보기 드문 황제들만이 자신이 군대를 통솔하면서도 황제가 공로를 차지하게 놔두는 믿음직한 친구를 두었다.

그러나 다른 식으로 아비디우스의 반란은 유별났다. 문헌들은 파우스티나가 그에게 편지를 써서 반란을 부추겼다고 말한다. 문헌들에서 많이 보이는 경악스럽고 여성혐오적인 혐의 제기의 또다른 사례처럼 들리지만, 이번만큼은 학자들도 그럴듯하다고 생각한다. 물론 확실하게 입증된 바는 없다. 이러니저러니 해도 마르쿠스는 건강이 좋지 않았다. 파우스티나는 자신과 자식들의 미래에 관해서 걱정할 이유가 실제로 있었다. 유일한 생존 아들인 콤모두스는 열세 살에 불과했고 누이인 루킬라의 남편에게 존재가 묻힐 위험이 있었다. 어쩌면 파우스티나는 아비디우스에게 만일 마르쿠스가 죽는다면 그를 지지하겠다고 쓴 것이었는데, 아비디우스는 마르쿠스가 이미 죽었다는 뜻으로 생각하고 오해한 것일 수도 있다.

그리하여 반란은 계속되었다. 마르쿠스의 옛 그리스인 교사이자 아테네 최대의 갑부는 아비디우스에게 딱 한마디의 말만 쓴 편지를 보내서 자신의 견해를 밝혔다. 에마네스(emanēs), "당신 미쳤군!"[41]이라는 뜻의 그리스어였다. 한편 저 먼 시르미움에서 마르쿠스는 지지세력을 끌어모아 반란을 진압하기 위해서 동쪽으로 진군할 채비를 갖추었다. 하지만 그가 출발하기 전에 한 백인대장이 아마도 마르쿠스가 여전히 살아 있다는 소식을 들었는지, 아비디우스를 죽여서 반란을 종식시켰다. 반란은 고작 3개월하고 6일을 갔다.

마르쿠스는 운이 좋았고 복수를 원하지 않았다. 그는 사람들이 아비디우스의 잘린 머리를 보내왔을 때에도 보지 않겠다고 거절했다. 또한 아비디우스의 서신들을 불태워도 좋다고 허락한 것이 틀림없는데—어쩌면 이를 개인적으로 지시했을 수도 있다—그 가운데는 파우스티나가 보낸 편지가 많이는 아니라고 해도 분명히 있었다.

반란은 끝났지만 마르쿠스는 그럼에도 불구하고 동쪽으로 가기로 했다. 동방의 신민들에게 황제가 몸 건강히 집안을 잘 다스리고 있고, 그의 뒤를 이을 튼튼한 아들도 있음을 보여주는 것이 현명할 듯했다.

여신

175년 말 마르쿠스가 이끄는 황실의 행렬이 중앙 아나톨리아 고원 남단(오늘날 터키 중남부), 산자락에 위치한 어느 소읍에서 멈추었다. 그들 뒤로 대략 24킬로미터가 떨어진 곳에는 바로 근래에 트라야누스와 하드리아누스 치하에서 멋진 수도교들로 꾸며진 크고 부유한 티아나 시가 있었다. 그들 앞으로는 지중해로 이어지는 산길인 이른바 킬리키아 관문이 있었다. 수세기 전에 알렉산드로스 대왕의 군대가 페르시아 제국을 정복하러 가는 길에 이 경로를 택했다.

이동 중인 무리는 작지 않았다. 아내와 아들, 그리고 적어도 딸 한 명에 덧붙여 황제 곁에는 그의 이른바 동반자들(그의 최측근 자문들)과 야만족 병력 한 무리를 비롯한 대규모 분견대가 있었다. 파견단의 목적은 동방에서 불편한 관계를 개선하고, 그곳의 믿음직한 신민들과 충성이 의심스러운 신민들 모두에게 황제가 건재함을 보이고, 반란자들을 처벌하는 것이었다.

결혼 생활에서 무슨 일이 오가는지는 두 당사자들 말고는 알 수 없는 법이다. 그러나 마르쿠스는 반란을 조장하는 데에 파우스티나가 했을 수도 있는 역할과 관련하여 분명히 아내를 용서했던 듯하다. 그렇지만, 죽음의 운명이 로마의 길을 따라서 그 칙칙한 소읍으로 찾아왔다. 어느 대저택에서가 아니라 바로 이곳에서 파우스티나, 아우구스타이자 진지의 어머니이자 안토니누스 피우스의 딸이자 마르쿠스 아우렐리우스의 아내이자 콤모두스의 어머니는 죽음을 맞이했다.

문헌들은 파우스티나가 자결했을 가능성을 암시하지만[42] 그럴 가능성은 별로 없는 듯하다. 마흔다섯 살이던 그녀는 그때까지 14명의 자식을 낳았고 어쩌면 또 임신 중이었을 수도 있다. 게다가 통풍을 앓고 있었다. 아비디우스의 반란의 여파는 그녀에게 스트레스를 안겼다. 그러므로 자연사가 더 그럴듯하게 보인다.

공개석상에서 마르쿠스는 비탄에 잠겨 보였으며, 『명상록』에서 파우스티나에 대한 그의 개인적인 칭송은 그가 실제로 아내의 죽음을 슬퍼했음을 확인해준다.[43] 홀아비가 된 황제는 원로원에 세상을 떠난 아내를 신격화해줄 것을 요청했고, 그녀가 이제는 하늘의 별들 가운데 있음을 나타내는 주화를 찍었다.[44] 한편, 그는 원로원에게 음모에 가담했다고 의심받는 자들은 벌하지 말 것을 청하여, 아내가 연루되었다고 여겨지는 반란 음모를 더 이상 논의하지 않기로 했다. 그는 의원들에게 "여러분 가운데 어느 누구도 나의 재위 동안 나나 여러분의 투표로 죽임을 당하는 일이 없기를 바란다"고 썼다.[45] 그는 모든 것을 잊고 용서하기로 결심했던 것이다.

파우스티나는 주변 배경이 아무리 초라할지라도 그녀가 죽은 그곳에서 화장되었다. 그러나 이제 그곳은 결코 초라하게 남지 않으리라! 그녀가 세상을 떠난 마을은 한 도시가 얻을 수 있는 최고의 지위, 즉 로마 시민들의 식민지라는 지위를 수여받았다. 파우스티노폴리스—파우스티나의 도시—라는 새로운 이름과 새로운 여신을 기리는 신전도 얻었다.

그녀는 물론 이런 영예들을 좋아했겠지만 원로원이 그녀를 기려 로마에 내린 영예들을 더 마음에 들어했을 것이다.[46] 여기에는 로마 시에서 결혼하는 모든 신랑신부가 그녀를 기려 제물을 바쳐야 하는 제단도 있었다. 그녀의 어머니와 마찬가지로 가난한 소녀들을 지원하는 자선기관이 파우스티나를 기려 설립되었다. 수혜자들은 새로운 파우스티나의 소녀들이라고 불렸다. 원로원은 하드리아누스가 건립한 대신전인 베누스와 로마 신전에 파우스티나와 마르쿠스의 은으로 된 조각상을 세울 것을 명했다. 무엇보다도 최고의 영예는 파우스티나 황금상으로, 이 조각상은 마르쿠스가 참석한 때에 맞춰 콜로세움으로 실려와서 로마에서 가장 저명한 여성 인사들이 주변에 모두 착석한 가운데 평소 그녀가 경기를 관전하던 특별 구역에 설치되었다.

그 사이 아비디우스 카시우스가 일으킨 반란의 여파를 정리하는 작업이 계속되었다. 새로운 법률이 제정되어 자신의 출신 속주의 총독으로의 재직하는 일이 금지되었다.[47]

남쪽 이집트를 향해 가는 길에 마르쿠스는 반란자 아비디우스를 지지했던 팔레스티나 속주에 들렀다. 로마 쪽의 한 문헌은 황제가 그곳의 유대인들이 걸핏하면 서로 다투는 것을 보고는 도나우 강 전선의 야만족들보다 더하다고 밝혔다고 말한다.[48] 한편, 『탈무드』는 마르쿠스가 랍비 유다 1세를 접견했다고 암시한다.[49] 그는 족장이었을 뿐만 아니라, 유대교 전통에서 지금까지도 가장 영향력 있는 문서인 구전 율법들을 집대성한 『미쉬나(Mishnah)』를 편찬한 장본인이었다. 철학적인 마르쿠스가 박식한 랍비와 대화를 나누는 모습이 쉽게 그려진다.

동방을 떠나기 전에 마르쿠스는 아테네를 방문했는데, 거기에서 콤모두스는 하드리아누스를 좇아 밀교에 입문했다. 마르쿠스는 170년에 파괴된 사당을 재건하도록 했고 이로써 사실상 모든 일이 정상으로 되돌아온 것을 축하했다. 또 짬을 내어 아테네에 4명의 철학 교수도 임명했다.

공동 황제

176년 마르쿠스는 로마로 귀환했다. 그는 베루스의 이전 자리를 채우도록 콤모두스를 공동 황제로 삼기로 했다. 콤모두스는 열다섯 살에 불과했지만 전쟁과 역병의 시대는 긴 사춘기를 허락하지 않았다. 그는 이미 아버지를 동행하여 북부전선과 동방을 방문했으므로 어리지만 얼마간의 통치 경험이 있었다. 게다가 마르쿠스는 승계를 대비시켜야 할 책임을 인식하고 있었다. 그러나 콤모두스가 그 책무를 감당하지 못할 가능성은 진지하게 고려하지 않았던 것 같다.

로마에 있는 동안 마르쿠스는 노예들과 관련하여 중요한 판결들을 내렸는데, 한손으로는 내주고 다른 손으로는 빼앗는 격이었다. 그는 주인의 유언을 통해서 자유를 허락받은 노예들의 경우 그들을 계속 노예로 묶어 두려고 하는 제3자로부터 보호했다. 같은 식으로 그는 속주 총독과 여타 관리들, 그리고 치안력에 노예 주인들이 도망 노예를 찾는 것을 도우라고 지시했다. 뒤숭숭한 당대의 분위기가 그러한 도망 노예의 수를 증가시켰을 수도 있다.

기독교도들은 로마의 곤경들에 대한 희생양으로 몰려, 검투사들이 군대에 징집되어 부족해지자 그 부족분을 메우게 될 위험이 있었다. 경기장에서 이제는 검투사들을 찾기 힘들어졌기 때문에 원로원은 현지 당국들이 기결 범죄자들을 사들여 검투사로 쓰는 것을 허용했다. 그렇다면 로마인들은 기결 범죄자 공급을 어떻게 늘렸을까? 기독교도에 대한 고소가 증가했던 것 같다.

그러므로 로마의 현실은 질병과 침공, 박해라는 우울한 사실들로 이루어져 있었다. 도나우 강 전선에서는 적들이 공격을 재개하여 제국에 암울한 기운을 더했다. 그래도 마르쿠스가 전장으로 복귀하기 위해서 178년

8월에 로마를 다시금 떠날 때에는 플라톤의 아테네 학당의 빛나는 한 장면을 보는 듯했다. 후대의 한 문헌이 설명한 대로 대단한 대표단이 황제 주변으로 몰려들었다.

> 마르쿠스는 지혜와 온유함, 학식을 지녀서 카이사르로 임명한 아들 콤모두스와 함께 마르코만니족에 맞서 군대를 이끌고 막 떠나려 할 때, 전역에 나서지 말거나 전장으로 떠나지 말아달라고 간청하는 철학자들 무리에 둘러싸였다. 그들은 떠나기 전에 대단히 어렵고 난해한 철학상의 몇몇 논점들을 설명해달라고 황제에게 청했다.[50]

마르쿠스는 로마를 떠나기 전에 원로원과 전통 종교에 대한 존중도 표시했다. 그는 황제로서 어느 원로원 의원의 죽음도 초래하지 않겠다고, 카피톨리누스 언덕에서 맹세했다. 또한 적의 영토에 대한 로마의 공격이 정당함을 상징하는, 피 묻은 창을 던지는 오래된 의식도 거행했다.

마르쿠스의 싸움이 얼마나 명예로웠든 간에 그 전쟁은 힘들고 실망스러웠다. 전선에서 다시금 1년 반을 보내며 고군분투했음에도 그는 최종적인 승리를 거두지 못했다.

『명상록』

이 힘든 시절에 대한 개인적 기록이 남아 있다. 마르쿠스는 172년부터 180년까지의 기간 동안 여러 장소들 가운데 특히 북부 전선의 막사 안에서 홀로 앉아서 『명상록』을 썼다. 제2권에는 "그란 강, 콰디족 사이에서", 제3권은 "카르눈툼에서"라는 제목이 붙어 있는 반면, 다른 권들에는 장소가 명시되어 있지 않다.

그는 『명상록』을 대중을 위해서가 아니라 자신을 위해서 썼다. 이것은 사적인 비망록이었다. 고대의 한 편집자는 그 책을 『자신에게』라고 불렀다. 『명상록』은 근래의 제목이다. 누구도 이 비망록이 결국에 어떻게 세상에 나올 수 있었는지는 정확히 모른다. 아마도 마르쿠스의 친구들이나 그의 해방민들 중 한 명이 원고를 간직했다가 유포했을 것이다. 감상적이기는 하지만, 그 후보로 거론되는 가장 인기 있는 인물은 마르쿠스의 딸 코르니피키아이다. 마르쿠스의 마지막 생존 자식이었던 그녀는 마르쿠스가 죽은 이후 오랜 세월이 지나 후대의 황제에 의해서 자살을 강요받았다. 그녀의 마지막 말은 과연 그 아버지의 딸이라고 할 만했다. "하찮은 육신에 갇혀 있던 가련하고 불행한 나의 영혼이여, 자유롭게 떠나가 네가 마르쿠스 아우렐리우스의 딸임을 저들에게 보여주어라!"[51]

마르쿠스는 『명상록』을 라틴어가 아니라 그리스어로 썼다. 그리스어는 철학의 언어였지만 라틴어는 예전의 많은 로마 철학자들에게 유용하게 잘 쓰였다. 『명상록』에서 그리스어의 사용은 제국의 동쪽 절반의 위신이 점차 커지고 있음을 보여주는 또다른 지표였다.

『명상록』은 고대 스토아 철학의 마지막 주요 저작이며, 오늘날 가장 사랑받는 저작이다. 작품이 유쾌한 어조이기 때문은 확실히 아니다. 책의 초점은 종종 인간의 삶의 무상함과 죽음에 맞춰져 있다. 우리의 삶은 날아가는 제비처럼 찰나적이라고 마르쿠스는 말한다. 심지어 과거의 위인들도 모두 가버렸다. 아우구스투스와 그의 궁정은 사라졌고 알렉산드로스 대왕과 그의 말을 보살피던 사람도 모두 흙으로 돌아갔다.

인생의 도전들에 맞서는 법에 관한 마르쿠스의 조언은 심약한 이들에게는 맞지 않다. 그는 이렇게 쓴다. "파도가 끊임없이 밀려와 부딪히는 바위곶처럼 되어라. 파도가 몰아쳐도 곶은 끄떡 않고 서 있고, 주변의 물거품이 일던 바다는 진정된다."[52]

그러나 마르쿠스는 위엄과 성취를 위한 비결을 제시한다. 그는 다음과 같이 쓰면서 자연 세계에 대한 깊은 존중과 섭리에 대한 깊은 믿음을 드러 낸다.

네게 당면한 일을 올바른 이성을 따라 진지하고 차분하게 무엇에도 한눈 팔지 않은 채 열심을 다해 행하며, 네 안의 신성한 부분을 지금 당장이라 도 돌려주어야 할 것처럼 순수한 상태로 지킨다면, 네가 이를 고수하면서 아무것도 바라지 않고 아무것도 두려워하지 않고, 본성에 따른 너의 현재 행동과, 네가 입 밖에 내는 모든 말에 영웅적 진실이 담겨 있음에 만족한 다면, 너의 삶은 행복할 것이다. 그리고 아무도 너의 그런 삶을 가로막을 수 없다.[53]

마르쿠스는 또한 그가 다스리는 제국의 경계를 뛰어넘어 바라보며 더 넓은 세계에 대한 놀라운 존중을 보여준다. 고대 스토아 철학은 강한 세계 시민주의의 요소를 품고 있는데, 마르쿠스는 그것을 잘 표현한다. "그러나 나의 본성은 합리적이고 사회적이다. 그리고 나의 도시와 나라는 내가 안 토니누스인 한, 즉 아우렐리우스인 한 로마이지만 내가 한 인간인 한 그것 은 곧 세계이다."[54]

어쩌면 다른 무엇보다도 마르쿠스가 너무도 인간적이기 때문에 우리에 게 호소력을 지니는 것일 수 있다. 그는 종종 용기와 남자다움의 필요성에 대해서 이야기하지만 자신의 약점들을 시인한다. 그는 아침에 침대에서 일어나기 싫어한다. 또 자신이 궁정 생활의 화려한 의식과 거짓, 아첨에 유혹을 느끼고 있음을 알고 있었고 그 유혹을 떨쳐내기 위해서 끊임없이 몸부림쳤다.

그러나 그의 가장 커다란 결점은 분노였다. 마르쿠스는 성미를 다스리는 데에 애를 먹는다고 거듭해서 거리낌 없이 인정한다. 그는 자신의 주변 사람들이 천박함과 결점들로 끝없이 실망을 안겨주는 존재들이라고 느꼈다. 그러나 그는 화를 억눌러야 한다는 것을 알았다.

한마디로 마르쿠스는 우리에게 멀리 떨어진 생명 없는 동상이라기보다는 우리가 알고 기꺼이 우러러볼 수도 있는 누군가로 느껴진다. 그는 우리에게 박물관의 예술 작품이 아니라 상담가나 심지어 친구로서 말을 건다.

콤모두스

마르쿠스는 인생 말년의 대부분을 보낸 곳에서 삶을 마감했다. 황제는 로마의 도나우 강 전선, 아마도 시르미움이나 그 근처에서 59번째 생일을 조금 앞둔 180년 3월 17일에 세상을 떠났다. 마르쿠스는 병을 앓고 있었는데, 어쩌면 천연두나 암일 수도 있다. 한 문헌은 마르쿠스가 몸이 아프기는 했지만, 역시 전선에 와 있던 콤모두스에게 잘 보이려고 의사들이 황제를 죽였다고 주장한다.[55] 문헌의 작가는 이 정보를 믿을 만한 권위자에게서 들었다고 주장하지만, 확신할 수는 없다. 마르쿠스의 시신은 화장된 뒤 재가 되어 로마로 돌아와 하드리아누스 영묘에 안치되었다.

두 개의 속주를 새로 만드는 것이 일생의 과업이었다고 한다면 마르쿠스는 과업을 이루지 못했다. 그의 아들이자 후임자는 게르만족과 화평을 맺고 로마로 복귀하는 편을 선택했다. 그러나 마르쿠스는 북부 전선에서 로마에 향후 50년간의 평화를 벌어줄 만큼 적에게 충분한 타격을 입혔다. 그의 휘하에서 싸웠던 다른 사람들처럼 그는 고대의 어느 작가가 칭송한 대로 "공공선을 위한 아름다운 죽음"[56]을 맞았다.

후대의 문헌들은 원로원과 로마 엘리트 계층의 시각을 대변하여 마르쿠스를 매우 좋게 기억했다. 한 작가는 이렇게 쓴다. "그는 모든 미덕과

지고의 성품을 지닌 인간임을 보여주었고, 공적인 재난들에 맞서 하나의 수호자처럼 불려 나왔으니, 정말이지 그가 그 시대에 태어나지 않았다면 단번에 나라 전체가 무너지고 말았을 것이다."[57]

의문의 여지없이 마르쿠스는 로마 황제들 가운데 가장 인도적이고, 그의 글 덕분에 가장 인간적이었다. 그러나 가장 성공적이지는 않았다. 그는 철학자였지만 황제로서 평가받아야 한다.

마르쿠스는 그의 시대나 준비 과정에서 운이 없었다. 그는 직면한 위기들에서 지독히도 운이 없었다. 사실 로마 역사상 그보다 더 심각한 문제들을 목격했던 황제도 거의 없었다. 마르쿠스는 황제에게 필요한 전문 기술적인 지식과 경험이 부족했다.

그러나 그는 원칙과 지적인 규율, 그리고 의무감을 갖춘 한 인간이 난국에 맞서 어떻게 훌륭하게 대처할 수 있는지를 보여주는 빛나는 사례이다. 마르쿠스의 치세는 로마에 전환점이 되었다. 당대의 어느 사람이 표현한 대로 마르쿠스의 죽음과 더불어 황금의 시대는 쇠와 녹의 시대로 대체되었다.[58] 전쟁과 질병의 시대를 황금기라고 부르는 것은 이상하지만 마르쿠스의 온화한 성품과 그가 원로원을 대우하던 방식(언제나 엘리트 계층의 출전에 중요한 요소)은 그것들을 대체한 것과 비교할 때에 특히 빛난다.

마르쿠스는 82년 만에 처음으로 양자에게 권력을 승계하지 않은 황제였다. 양자 대신에 그의 친자가 그를 대체함으로써, 콤모두스는 로마 역사상 처음으로 태어날 때부터 제위가 확보된 황제였다. 콤모두스보다 앞선 황제들 중 어느 누구도 십대가 되기 전부터 자신이 제국을 통치할 운명임을 알았던 사람은 없었다. 콤모두스는 자신의 권력을 당연하게 여겼는데, 이 점이 그가 왜 권력을 남용했는지를 설명하는지도 모른다.

즉위 당시 열여덟 살에 불과했던 콤모두스는 엄격성과 책임감에 대해서 벅찰 만큼 높은 기준을 세운 아버지의 짐에서 갑자기 벗어난 십대처럼 행동했다. 그는 북쪽에서 마르쿠스의 전쟁을 포기하고 협상에 의한 평화에 만족했다. 그는 로마로 돌아와 통치권을 다른 사람들에게 넘기고 자신은 철학과 정반대의 것에 투신했다. 바로 유혈 스포츠였다. 원기왕성하고 잘생겼으며, 허영심이 많은 콤모두스는 헤라클레스 신과 자신을 동일시했다. 그는 검투사로서 자신의 실력에 자부심으로 느꼈고, 실제로 경기장에서 검투사로 싸웠다.

콤모두스는 군대에 상여금을 너그러이 지급하고, 원로원 계급에게 과세하고 화폐를 평가 절하하여 마련한 자금으로 민중을 위해서 자주 경기를 개최함으로써 군과 민중 양측에게 계속 인기를 누렸다. 하지만 로마 엘리트 계층은 그들의 목숨과 재산을 위협하고, 또 그들의 품위 의식을 모욕하는 퇴폐적인 망나니를 참지 않을 작정이었다. 그를 암살하려는 음모가 여러 차례 있었지만 실패했고, 곧장 잔혹한 탄압을 불러왔다. 마침내 그의 정부와 그와 가장 가까운 관리들이 주도한 음모가 성공을 거두었다. 그들의 명령을 받아 콤모두스의 레슬링 상대인 어느 검투사가 192년 12월 31일, 새해 전야에 욕탕 안에서 그를 목 졸라 죽였다.

마르쿠스 가문의 통치는 종말을 맞았다. 오현제의 시대는 마르쿠스의 죽음과 함께 그보다 12년 먼저 막을 내려서 제정 체제가 얼마나 쉽게 부서질 수 있는지를 상기시켰다. 마르쿠스가 깨닫게 되었듯이 로마의 통제 바깥에 있는 힘들은 지속적인 위험을 제기했다. 그것은 국경 너머 수백 킬로미터 떨어진 곳의 야만족들의 이주와 멀리서 발원한 유행병, 그리고 파르티아의 왕조적 야심으로 인해서 거듭 제기되는 도전들에서 오는 압력이었다.

마르쿠스의 치세는 또한 로마 제국은 그 본질상 군사 군주정이라는 사실을 상기시켰다. 황제가 현명한 칙령과 계몽된 법률을 아무리 많이 반포하든, 원로원과 얼마나 좋은 관계를 유지하든 종국에 그는 군대에 의존했다. 어느 황제도 쿠데타나 반란으로부터 결코 안전하지 못했다. 유능한 황제가 앞에 버티고 있고, 전력을 갖추어 국경을 방어할 준비가 된 군대가 없다면 어느 국경도 결코 확고하지 않았다.

철학자가 제위에 앉아 있다는 것은 축복이었고, 그가 훌륭한 장군으로 탈바꿈할 수 있을 만큼 다재다능한 철학자라면 특히 그러했다. 하지만 시대는 또한 자기 가족들에 관해서도 가차 없는 사람을 요구했다. 더 냉정하고 모진 통치자라면 콤모두스 같은 아들을 제쳐두고 후임자로 더 나은 사람을, 이를테면 사위인 폼페이아누스를 골랐을지도 모른다. 그러나 그러했다면 내전으로 이어지고도 남았을 것이다. 로마의 왕조 체제는 어느 정도까지만 융통성이 있었다.

실제로 내전은 콤모두스의 바보짓 뒤에 어쨌든 찾아왔다. 그것은 길고도 피비린내가 났다. 내전은 또다른 위상의 인물을 제위에 앉혔지만, 그는 마르쿠스만큼의 폭넓은 비전의 소유자가 아니었다. 그러한 위대한 인물이 다시 등장하기까지는 한 세기가 넘게 걸렸다. 그 사이에 일련의 재앙들이 들이닥쳐 네르바와 마르쿠스 사이에 있었던 좋았던 시절이, 신화는 아니라고 해도 까마득한 기억처럼 느껴지게 되었다.

셉티미우스 세베루스 흉상

VIII

셉티미우스 세베루스
아프리카인

콤모두스의 피살에 뒤이은 해인 193년은 때로 다섯 황제의 해(Year of Five Emperors)로 알려져 있다. 그해는 100년도 더 넘어 로마에 다시 찾아온 내전을 알렸다. 약 125년간 제위 승계는 비록 항상 올바르게는 아니라고 해도 비교적 평화롭게 이루어졌다. 69년 네 황제의 해 이래로 누구도 로마로 진군하여 제위를 찬탈한 적은 없었다. 그러나 69년은 193년에 비하면 약과였다. 네로의 죽음 이후 왕조 교체는 18개월 만에 결정된 반면, 콤모두스 사후에 평화가 회복되기까지는 4년이 걸렸다. 싸움은 197년까지 이어졌다.

궁극적으로 로마는 새로운 통치자, 셉티미우스 세베루스를 얻었다. 그의 통치는 하나의 역설이었다. 그는 자기중심적이고 무례하며, 저속했지만 기민하고 능수능란하기도 했다. 직업 군인이 아니었음에도 불구하고 전임자들 누구보다도 정부를 군사화했다. 대내적으로는 계몽된 법률 개혁에 독재와 숙청을 결합한 한편, 대외적으로는 국고를 소진시키는 전쟁을 일으켰다. 그는 로마의 종족적 역사에서 그리고 어쩌면 인종적 역사에서도 새로운 단계를 대변했다. 세베루스는 로마 최초의 아프리카인 황제이며 로마에 최초로 중동 출신의 황제들을 선사한 왕조를 창건했다.

아웃 오브 아프리카

루키우스 셉티미우스 세베루스는 145년 4월 11일, 지중해 연안 도시 렙키스 마그나에서[1] 태어났다. 오늘날의 서부 리비아의 트리폴리에서 서쪽으로 대략 130킬로미터 떨어진 곳이다. 그곳은 아프리카의 로마 제국 대도시들 가운데 하나였다. 당시는 안토니누스 피우스 치하에서 로마의 평화가 절정에 달했을 때이고 아프리카는 그 전성기를 온전히 누렸다.

렙키스는 페니키아(오늘날의 레바논)에서 온 이민자들이 건립한 부유한 무역 중심지로, 리비아의 토착민인 베르베르인들도 거주하는 오래된 도시였다. 카르타고가 로마에 멸망당하기 전까지 렙키스를 지배했다. 이후로 렙키스는 세베루스가 태어날 때까지 300년간 로마의 도시였다.

라틴화된 엘리트 계층이 도시를 지배했지만 그들 중 다수는 세베루스처럼, 히브리어와 아람어와 밀접하고 카르타고는 물론 페니키아에서도 통용된 언어인 포에니어를 구사한 선조를 두었다. 세베루스는 그리스어, 라틴어와 더불어 포에니어를 썼다. 로마에서 사람들은 그의 촌스러운 억양을 조롱하고는 했다. 그의 아버지 쪽 집안은 두 명의 원로원 의원을 비롯하여 로마에 강한 연고를 둔 부유한 집안이었다. 그들은 아마도 토착 귀족층 출신이었던 것 같지만, 트라야누스가 렙키스를 식민시(植民市, colonia)로 선언하여, 그곳의 모든 자유 시민에게 로마 시민권을 부여하면서 신분이 상승했다.

세베루스의 아버지 푸블리우스 셉티미우스 게타는 정치적 경력을 추구하지 않았다. 안타깝게도 그의 어머니 풀비아 피아는 이름 말고는 알려진 것이 거의 없다. 부부는 세베루스 말고도 아들과 딸을 하나씩 더 두었고, 두 사람도 세베루스처럼 로마 제국 내 황실에서 높은 지위에 올랐다. 풀비아 피아가 많은 로마의 어머니들처럼 훗날 자식들이 출세하도록 뒷바라지했는지는 추측해볼 수 있을 따름이다. 그녀의 선조들은 아프리카로 건너와서 현지 사람들과 통혼한 이탈리아 정착민들이었을 것이다. 그녀는 세베루스의 어린 시절 친구인 가이우스 풀비우스 플라우티아누스와 친척이었을 가능성이 있다. 항간에 떠도는 이야기들은 세베루스와 가이우스가 한때 연인이었다고 하지만, 로마의 풍문이란 원래 그렇게 이야기하는 법이다. 아우구스투스와 아그리파처럼 두 사람은 일생의 협력자가 되었다. 앞선 단짝과 달리 두 사람의 우정이 행복하게 끝나지는 않았지만 말이다.

세베루스는 로마 최초의 아프리카인 황제였다. 그러나 로마 최초의 흑인 황제였을까? 우리는 당대의 다양한 증거들에도 불구하고 알 수 없다. 어느 문헌에서는 그의 피부색이 어두웠다고 적고 있지만,[2] 세베루스의 사후 수세기가 지나서 쓰인 것이며 다른 사안들에 관해서는 명백한 오류를 담고 있다. 당대의 한 초상은 그의 피부를 어두운 색으로 묘사하지만,[3] 예외적인 사례인 데다가 남자는 피부를 어둡게 여자는 피부를 하얗게 묘사하는 경향이 있는 이집트 전통에서 나온 작품이다. 세베루스가 혼혈이었을 수는 있지만―이탈리아와 중동 사람 그리고 어쩌면 리비아 토착 베르베르인의 혈통을 타고난―역시 추측의 문제이다. 그런 경우에 흔히 그렇듯이, 고대의 출전들은 우리가 알고 싶어하는 것을 가르쳐주지 않는다.

로마 제국 소속의 아프리카는 한 세기 전에 히스파니아가 그러했던 것처럼 점차 그 위상이 커지면서 세베루스의 일생 동안 전성기를 맞았다. 아프리카는 200년 무렵에, 그 출신을 알 수 있는 로마 기사계급과 원로원계급 가운데 대략 15퍼센트를 제공했다. 이때가 되자 원로원은 더 이상 이탈리아인들에 의해서 지배되는 기관이 아니라 제국 전체를 대표했다.

155년부터 235년까지 살았던 카시우스 디오보다 변화를 더 잘 상징하는 사람도 없다. 로마 원로원 의원이자 아버지도 원로원 의원이었던 디오는 이탈리아에 별장을 보유하고 있었지만 원래는 니카이아의 그리스어권 도시(오늘날의 이스탄불에서 가깝다)에서 나고 자랐다. 그러나 그리스인 디오는 자신을 온전한 로마인이라고 느꼈으니, 그 자체가 로마가 속주 엘리트들을 제국으로 통합하는 데에 성공했음을 보여주는 지표이다. 로마의 역사에 매혹된 디오는 22년이 넘는 기간에 걸쳐 80권짜리 방대한 로마 역사서를 써냈다. 공화정 후기와 제국 초기를 다룬 부분은 온전히 남아 있지만, 41년부터 229년까지를 다룬 부분은 후대의 축약본으로만 전해진다. 디오는 세베루스를 개인적으로 알았고 그에 대해서 엇갈린 심정을 품고 있었다.[4] 그는 세베루스의 지능과 근면성, 분별력과 검약에 찬사를 보냈지만 그가 원로원을 대한 방식은 개탄했다. 로마가 쇠퇴기에 접어들었다고 믿었던 디오는 어쩌면 이것저것 고려했을 때에 세베루스의 결점들을 눈감아줄 용의가 있었을 것이다.

세베루스는 어렸을 적에 렙키스에서 그리스어와 라틴어로 교육을 받았다. 그의 학업은 열일곱 살에 공개 웅변으로 마침내 마무리되었다. 마르쿠스 아우렐리우스와 달리, 세베루스는 이후로 정규 교육을 이어가지 않았고 이를 아쉬워했다. 디오는 그를 말수는 적지만, 머릿속에 아이디어가 많은 사람으로 묘사한다.[5] 세베루스는 생각이 깊고 약삭빠르며 전략적이었다. 긴 수염을 길렀지만 철학자라기보다는 행동파였다.

그러나 디오는 세베루스가 시간을 내어 공부를 했다고 주장한다. 처음에 그는 황제가 되기 전 정치 경력에 잠시 휴식기가 찾아왔을 때, 아테네에서 머무는 동안 공부를 했고, 또 나중에는 황제가 되고 나서 오후에 정기적으로 그리스어와 라틴어 토론에 참여했다고 한다. 결국에 그는 자서전을 써낼 만큼 학식과 교양을 쌓았다. 그 책은 교양 있는 식자층만이 아니라 폭넓은 독자층을 겨냥했던 것 같다. 내용은 단 한 자도 남아 있지 않지만 다른 문헌들에서 암시되는 바에 따르면 꿈과 징조들, 그리고 전쟁에 대한 서술이 담겨 있었던 것 같다. 우리는 제위를 찬탈한 사람에게 정통성을 부여하는 하나의 수단으로서 대중의 사고에서 징조의 중요성을 과소평가해서는 안 된다.

세베루스는 법에 특별히 관심이 많았다. 어렸을 적에는 법정 놀이를 하고 놀았다고 한다.[6] 황제가 되어서는 전시가 아닐 때에는 아침마다 정기적으로 송사를 다루었다. 그의 법률가들은 로마법의 성문화에 핵심 역할을 했다. 그는 보통은 군인들을 선호했지만 휘하의 최고의 법률가들 중의 한 명을 근위대장으로 임명하기도 했다.

신체적으로 세베루스는 키가 작지만 힘이 세고 곱슬머리에 콧날이 짧았다. 그는 힘든 육체노동을 할 줄 알았다고 한다.

젊은 세베루스가 야심이 있었다는 것은 확실하다. 다른 자질들은 시간이 지나면서 점차 드러나게 된다. 그는 정력적이고,[7] 호기심이 많고,[8] 직설적이었다.[9] 또한 재치 있고 과단성이 있었다.[10] 그는 화를 잘 내고[11] 때로는 난폭해지기도 했다. 비판가들은 그를 무자비하고 기만적이라고 생각했지만[12] 세베루스는 스스로를 전혀 낮잡아보지 않았다.[13]

열여덟 살에 세베루스는 로마로 갔다. 그의 사촌 가운데 한 명이 원로원 의원이었는데, 그는 세베루스와 그의 형제가 의원이 되도록 주선했다. 당시에 마르쿠스 아우렐리우스가 제위하고 있었고, 황제는 젊은 세베루스에게 지울 수 없는 인상을 남겼다.

그의 경력은 로마 엘리트 계층 사이에서 출세를 노리는 젊은이의 전형적인 모습을 여러 측면에서 보여준다. 그는 시리아에서 군단장으로, 갈리아 북서부(갈리아 루그두넨시스/옮긴이)에서 총독으로 재직하는 등, 로마와 속주에서 정치적, 행정적 요직을 맡았다. 마흔다섯 살에 집정관에 오르고 이듬해에는 도나우 강변에 위치한 전략적인 변경 속주인 상(上)판노니아의 총독이 되었다. 마르쿠스는 북부 전선에서 전쟁을 치르는 중에 그곳을 근거지로 삼았고, 『명상록』의 일부를 그곳에서 집필했다. 세베루스는 총독으로서 군단 3개, 대략 1만8,000명의 병력을 통솔했다. 그 덕분에 중앙 정부가 무너졌을 때, 그는 요주의 핵심 인물이 될 수 있었다. 그리고 그는 영리하고 유능하며, 인맥이 좋은 동반자의 도움을 받았다.

시리아 여인

세베루스는 젊은 시절에 난봉꾼이었을지도 모른다. 그는 간통죄로 법정에 섰지만 스스로를 잘 변호했다. 그 다음 로마 제국 소속 아프리카 출신의 여성과 결혼했는데 아내의 집안은 카르타고 출생의 로마 시민들이었다. 그녀가 죽었을 때 둘 사이에는 자식이 없었던 듯하며, 홀로 된 세베루스는 새로운 신붓감을 찾아 동쪽으로 눈길을 돌렸다.

185년 세베루스는 율리아 돔나와 결혼했다. 그녀는 아랍인을 뿌리로 둔 주민들이 사는 부유한 시리아 도시인 에메사(오늘날의 홈스)의 유복하고 막강한 집안의 딸이었다. 그녀의 조상들 중에는 로마에 병합되기 전에 그 도시를 다스렸던 자들도 있었다고 한다. 그녀의 아버지는 말 그대로 "산신(山神)"이라는 뜻의 이름을 가진, 그 지방의 신 엘라가발루스(Elagabalus)를 섬기는 사제였다. 엘라가발루스는 도심에 위치한 신전에서 원뿔 모양의 검은 돌의 형태로 숭배되었다. 그녀의 집안사람들은 그리스어를 제2언어로 쓰는 아람어 원어민이었고, 모두 로마 시민이었다.

옛날에 야심만만한 로마 남성들은 공화정 시대부터 내려오는 유서 깊은 귀족 가문으로 장가들고 싶어했다. 이제 그들은 동방의 명문가 출신 신부들을 기꺼이 맞이하게 되었다. 제국 행정관과 로마 원로원 의원을 배출하고, 돔나의 아버지가 분명 그러했듯이 딸들에게 풍성한 지참금을 안겨줄 수 있는 가문들 말이다.

돔나는 아름다웠다. 순전히 억측인 어느 설에 따르면, 심지어 그녀는 밀로의 비너스, 다시 말해서 현재 파리의 루브르 박물관에 전시되어 있는 저 유명한 그리스 대리석 조각상의 모델이었을 수도 있다.[14] 한편, 우리에게는 돔나를 묘사한 조각상과 주화들이 많이 있다.[15] 이 이미지들은 얼굴이 넓적하고, 물결치는 풍성한 머리칼을 자랑하는 여성을 보여준다. 가르마를 타서 양옆으로 넘긴 머리는 때로 목덜미 부근에서 땋아서 정리되어 있다. 다양한 가체들은 머리장식의 일부였을 것이다.

돔나는 권력이 어떻게 작동하는지를 알았고, 또한 그것을 휘두르는 것을 좋아했다. 그녀는 아이도 많이 낳았다. 두 명의 아들을 안겨줌으로써 그녀는 분명히 남편에게서 자신의 가치를 높이고 영향력을 증대했다. 그녀 덕분에 세베루스 가문은 왕조를 세울 기회를 잡았다. 그것도 로마 최초의 리비아-시리아 출신 지배 가문을 말이다.

그녀는 교양 있는 여성이었다. 아람어와 그리스어 외에 라틴어도 할 줄 알았는데 아마도 유창하지는 못했을 것이다. 황후로서 돔나는 긴밀하지는 않지만, 철학자와 수학자, 법학자들이 포함되었을 지식인 집단을 자신 주변으로 끌어모았다. 그들 중 한 명인, 로마에 정착한 어느 그리스인 문인[16]은 돔나에게 현인 또는 철학자라는[17] 칭호를 주었다. 돔나의 강력한 권유로 그는 1세기 어느 그리스 철학자이자 기적을 행하는 자에 관한 책을 썼다. 보수적인 관점의 이 책은 군주들에게 일종의 안내 역할을 한다. 아니 이 경우에는 여(女)군주들에게라고 해야겠다.

한마디로 돔나는 아주 훌륭한 결혼 상대자였고, 세베루스가 그녀와 사랑에 빠졌다고 해도 놀랄 일은 아닐 것이다. 그녀의 여러 재능들은 눈앞에 놓인 권력 투쟁에서 그에게 뛰어난 자산이 될 수밖에 없었을 것이다.

다섯 황제의 해

193년 다섯 황제의 해는, 124년 만에 일어난 로마 최초의 내전이었고 225년도 더 전에 일어난 내전 이래로 가장 길고 폭력적인 내전이었다. 그러나 온갖 드라마가 펼쳐졌음에도, 193년에는 상황이 싹 정리되지 못했다. 새로운 황제가 아무런 도전도 받지 않고 다스리기까지는 4년이 걸렸다.

이야기는 콤모두스가 살해된 192년 12월 31일에 시작된다. 시해 음모에 관해서 귀띔을 들은 푸블리우스 헬비디우스 페르티낙스는 바로 그날 밤에 원로원에 의해서 황제로 지명될 준비가 되었다. 그는 경력상 완벽한 자격을 갖춘, 확연하게 비귀족적인 배경의 사람이었다. 로마 제국이 때때로 대변하기도 했던 기회 사회의 실례로서 페르티낙스보다 더 좋은 사례를 찾기도 힘들 것이다. 많은 입신 출세자들처럼 페르티낙스는 지배계급, 이 경우에는 원로원의 작동방식에 흠잡을 데 없이 적응했다.

페르티낙스는 이탈리아 북서부의 해방민의 아들로 태어났다. 학교 교사로 시작하여, 군대에서 장교로 임관하려다 실패하고, 마르쿠스 아우렐리우스의 전쟁 전날 밤에 마침내 장교 자리를 얻어냈다. 계속해서 라인 강과 도나우 강 전선에서 공을 세우고 브리타니아 총독으로 명성을 쌓았다. 그리하여 그가 마르쿠스 아우렐리우스의 찬사와 콤모두스의 심복 가운데 한 명의 증오를 산 것은 인정할 만하다.

원숙한 인물인 페르티낙스는 황제가 되었을 때에 거의 일흔 살이었다. 수염을 길렀고, 주화의 초상들을 보면 나이든 사람답게 볼이 홀쭉하고 얼굴에 주름이 있다.[18]

이제 페르티낙스가 황제로 있으니 원로원의 많은 사람들은 로마에 다시금 좋은 정부가 복귀했다고 생각했다. 하지만 그는 너무 야심찬 사람으로 드러났고, 곧장 근위대와 정면충돌했다. 콤모두스는 근위대에 전혀 간

섭하지 않았는데 이제 페르티낙스가 규율을 회복하려고 나선 것이다. 현금이 없었던 그는 즉위할 때 근위대에 전임자들보다 더 적은 상여금을 주었다. 근위대는 페르티낙스를 살해하는 것으로 대응했다. 그의 재위는 석 달을 채 가지 못했다.

폭력은 이제 소극으로 바뀌었다. 두 원로원 의원이 각자 군침 도는 상여금을 제시하여 근위대의 환심을 사려고 경쟁하면서 지독히 꼴사나운 광경이 연출되었다. 더 높은 값을 부른 사람이 황제로 간택되었다. 150년 전에 근위대가 클라우디우스를 제위에 앉힌 이래로 그들에 의해서 옹립된 최초의 황제 율리아누스였다. 율리아누스는 노련한 속주 총독이었지만, 그의 "임명"을 둘러싼 상황들로 인해서 그는 누구의, 심지어 자신이 매수한 근위대원들의 신용도 얻지 못했다.

이제 사건의 무대는, 제국의 권력이 갑자기 가시 범위에 들어온 속주들로 전환되었다. 3명의 속주 총독이 저마다 제위를 노렸다. 시리아 총독 페스켄니우스 니게르는 도나우 강 전선에서 작은 군사적 성공을 거둔 바 있었다. 이탈리아인인 그는 로마의 평민들로부터 강한 지지를 받았지만, 그 점을 제외한다면 그의 근거지는 동방에 있었다. 니게르가 황제로 선포되자, 그를 지지해 진군할 태세를 갖춘 군단은 10개에 달했고 그는 파르티아인들의 지지도 받았다.

클로디우스 알비누스는 브리타니아의 총독이었다. 브리타니아에는 군단이 3개밖에 없었지만 그들은 산전수전을 겪은 노련한 병사들이었고, 알비누스는 갈리아에도 추종세력이 있었다. 세베루스처럼 그는 아프리카(오늘날의 튀니지) 출신이었고 니게르처럼 도나우 강 지역에서 군사적 성공을 거두었다. 그러나 그는 결국에는 세베루스를 지지하기로 결정했다. 기민한 세베루스는 알비누스에게 카이사르 칭호를 주어 자신의 후계자로 지명하고 그를 니게르와 떨어뜨렸다.

세베루스는 한때 시리아에서 페르티낙스 아래에서 복무했었고, 자기 자신을 근위대의 순교자가 된 그 황제의 복수자라고 생각했다. 페르티낙스가 살해되고 12일 뒤에 세베루스는 도나우 강변에서 병사들에 의해서 황제로 선포되었다. 그는 라인 강 주둔 병력과 더불어 16개 군단의 충성을 받았다. 디디우스 율리아누스는 때가 되자 살해되었다. 새 통치자는 황제로 선포된 지 딱 두 달 뒤인 6월 9일 로마에 입성했다. 자신의 속주에서부터 무려 1,182킬로미터 떨어진 거리를 달려온 것이다. 세베루스의 강점 가운데 하나는 속도였다.

세베루스는 이제 아우구스투스가 되었고, 돔나가 아우구스타로 선포된 것도 이때일 것이다. 그는 의원을 일체 처형하지 않겠다고 원로원에 맹세했다. 그러나 그는 군대를 이끌고 로마로 입성하여 자신의 지배의 군사적 기반을 분명히 했다. 디오는 세베루스의 입성을 잊을 수 없게 묘사한다.

내가 여태 목격한 것들 가운데 가장 빛나는 장관이 연출되었다. 도시 전체가 꽃과 화환, 월계수로 꾸며지고 화려하게 색색으로 장식되었다. 또 곳곳에 횃불이 밝혀지고 향이 타올랐다. 흰옷을 걸치고 환한 미소를 짓는 시민들은 상서로운 징조를 외쳐댔고, 갑옷을 갖춰 입은 눈에 확 띄는 병사들도 무슨 축일의 행렬에 참가한 사람들처럼 여기저기로 이동했다. 마지막으로 우리 원로원 의원들이 장중하게 행진했다. 군중은 마치 그[세베루스]가 이런 행운으로 사람이 어떻게 변하기라도 했다는 듯이, 그를 보거나 그가 무슨 말을 하는지 들어보려고 서로 밀치락달치락했다. 일부 사람들은 높은 위치에서 그를 얼핏 볼 수라도 있을까 서로를 들어올렸다.[19]

세베루스처럼 이탈리아에 연고가 딱히 없는 사람이 어쩌다 황제가 될 수 있었을까? 답은 군단 16개이며, 그 군단들은 심지어 그들의 사령관보다도 더 이탈리아와 연고가 없었다. 그들 대다수는 북서부 유럽 출신이었다. 이탈리아인들은 오랜 평화에 익숙해져 있었다. 한 당대인은 이렇게 잘 표현한다. "오랫동안 무기와 전쟁을 경험하지 않은 이탈리아의 남자들은 농사와 평화로운 활동에 몰두했다."[20]

세베루스는 페스켄니우스 니게르에 맞서 전쟁을 벌여야 했기 때문에 로마에 오래 머물지 않았다. 또한 비열하게 행동할 줄 알았던 그는 자기 자식들은 안전하게 지키는 동안 니게르의 자식들은 인질로 삼았다. 그뒤 동방에서 니게르에 맞선 2년간의 무력 충돌은 니게르의 죽음과 세베루스의 완승으로 마무리되었다. 그는 그 다음 파르티아 영토를 공격하여 오늘날 시리아와 터키 국경지대에 걸쳐 있던 경계 국가를 병합하고 새로운 속주를 설치했다. 그렇게 함으로써 그는 그곳의 니게르 지지세력에게 복수하고 부유한 지역을 제국에 추가했으며, 내전으로 동포 로마인들을 죽였다는 비판을 상쇄했다. 그러나 그는 인질로 오래 붙잡아둔 니게르의 자식들을 처형하는 일도 서슴지 않았다.

세베루스 같이 무자비한 사람이 지지자인 클로디우스 알비누스와 틀어지는 것은 불가피했다. 두 맞수는 전쟁에 돌입했고, 갈리아에서 절정에 달한 전투에서 세베루스는 하마터면 목숨을 잃을 뻔했다. 결국에는 그의 병사들이 승리하여 클로디우스를 죽였고, 세베루스는 그의 머리를 로마로 보내서 창에 꽂아 효시했다. 그는 클로디우스의 아내와 아들들도 처형했다. 197년 초에 내전은 마침내 막을 내렸다.

세베루스는 자신이 통치하기 위해서 치러야 할 대가와 적지 않은 의원들이 자신의 경쟁상대에게 보냈던 지지를 똑똑히 인식한 가운데 드디어 로마로 귀환했다. 비록 35명의 의원들을 사면했지만 29명의 처형을 명령했으니, 몇 년 전에 원로원 의원 누구도 처형하지 않겠다던 그의 맹세는 무의미했다. 게다가 그는 적어도 10명의 다른 의원들도 다른 사안으로 처형했다. 한 당대인은 그의 치세를 피비린내 나던 티베리우스의 치세에 비교하는 한편[21] 세베루스 본인은 공공연하게 자신을 공화정 후기의 잔혹한 군인 정치가 가이우스 마리우스와 독재관 술라[22](루키우스 코르넬리우스 술라 펠릭스)와 비교했다. 그러나 더 나은 비교 대상을 세베루스가 역시 거론했는데, 점잖은 정치가로 정착하기 전까지 100명이 넘는 원로원 의원들을 죽인 아우구스투스였다.[23] 아우구스투스처럼 세베루스는 길고도 유혈이 낭자한 내전을 치렀다.

페르티낙스를 살해하고 제위를 경매에 붙였던 근위대를 벌하기 위해서 세베루스는 수백 명의 근위대원들을 죽이고 나머지는 해임했다. 전통적으로 근위대는 이탈리아에서 모집했지만, 세베루스는 그들을 자신의 외지 출생 군단병들로 대체했는데, 다수는 아마도 도나우 강 지역 출신이었을 것이다. 로마인들이 보기에, 특히 귀족들이 보기에 새로운 근위대원들은 미개인들이었다.

여기에 화룡정점으로 세베루스는 근위대의 규모를 두 배로 늘렸다. 그는 로마 소방대도 두 배로 늘리고 로마의 치안 병력의 수는 세 배로 늘렸는데 두 기관 모두 준군사 조직이었다. 그는 로마 시 동남쪽의 주둔지에 배속되어 있는 특수 부대―궁수와 첩자 등등―의 수도 늘렸을지 모른다. 게다가 그는 로마 남쪽의 알바 언덕, 아피아 가도를 따라 있는 어느 소읍에 1개 군단의 영구적인 주둔지를 설치했다. 오랜 세월을 버티도록 건설된 병영의 유적들은 지금도 소도시 알바노 라치알레 전역에, 교황들의 여름 별장으로부터 아피아 가도를 따라 흩어져 있다.

세베루스는 로마 안팎에 존재하는 병력의 수를 약 1만1,500명에서 다 합쳐서 3만명가량으로 증강시켰다. 그의 목적은 어느 정도는 군사적이었는데, 새로운 병력은 변경의 다양한 지점들에서 제기되는 도전들에 신속하게 대응하기 위해서 로마에 절실했던 기동 예비부대의 핵심을 제공했기 때문이다. 후대의 황제들도 이런 노선을 따라서 더 많은 조치를 취하게 된다. 그러나 세베루스가 가져온 변화들은 정치적 효과도 낳았으니, 수도가 마치 군사적인 죔쇠에 조여 있는 듯한 느낌을 주었던 것이다.

세베루스에게 강한 군대와 강한 국가는 같은 것이었다. 그는 군단 3개를 창설하여, 그 수를 30개에서 33개로, 군단병 수를 대략 50만 명으로 늘렸다. 군단병들 사이에서 도나우 강 유역과 발칸 반도 출신 병사들의 비중이 커졌다.

더욱 일반적인 차원에서 세베루스는 군을 편애했다. 그는 한 세기 이상 만에 군단의 초봉을 인상했다. 또 병사들의 결혼을 허락했는데 다수의 병사들은 이미 오래 전부터 규정을 어겨가며 결혼해온 실정이었다. 더 커지고, 보수를 더 잘 받는 군대는 비용이 많이 들었고, 황제는 비용을 마련하고자 통화 가치를 절하했다. 마르쿠스와 콤모두스도 그렇게 하기는 했지만 세베루스는 통화 가치를 그보다 훨씬 더 많이 낮추었다. 단기적으로는 로마는 이런 압력을 흡수할 수 있을 만큼 강했지만, 다음 세대가 걷잡을 수 없는 인플레이션으로 그 대가를 지불하게 된다.

세베루스는 트라야누스 이래로 최대의 군사 팽창주의 황제가 되었다. 이 점에서 그는 마르쿠스 아우렐리우스의 자취를 따랐지만, 마르쿠스는 새 속주를 건설하는 데에 성공하지 못했고 또한 오로지 로마에 대한 침략에 대응하는 차원에서 제국을 확대하고자 했다. 세베루스는 마르쿠스보다 팽창의 구실이 없었다. 그는 유프라테스 강 너머 동쪽에 두 개의 속주를 창설했다. 아프리카에서는 로마의 속주들의 경계를 남쪽으로 확대했다. 브리타니아에서는 섬 전체를 정복하려고 했다. 그는 로마에 있는 개선문에 새겨진 비문이 당당히 밝힌 대로 과연 제국을 확대한 인물이었다.

아이러니하게도 세베루스는 강한 군사적 배경을 가지고 있지 않았다. 193년 이전에는 거의 전적으로 문민 관리의 경력을 밟았던 것이다. 군대를 통솔하기는 했어도 평시 역할에 한정되어 있었다. 그는 어떤 전쟁에서도 싸운 적이 없었다. 전사보다는 관료에 더 가까웠다. 그러나 마르쿠스처럼 세베루스도 상황에 의해서 전사 역할을 떠맡게 되었고, 열성적으로 전사로 변신해갔다. 마르쿠스와 달리 그는 외적과의 전쟁이 아니라 내전에서 처음으로 피를 보았다. 그 결과 세베루스는 일종의 로마인 카우디요(caudillo), 즉 현대 라틴아메리카 역사를 장식해온 군사 실력자들에 가까워졌다. 아니면 회사를 살리기 위해서 가차 없이 구조조정을 실시하고 싹 뜯어고치도록 불려나온 새 CEO라는 비유가 더 적절할 수도 있다.

내전은 폭력적이기는 해도 사람들이 사회적 경계를 뛰어넘을 수 있게 해준다. 예를 들면, 195년 무렵에 갈리아에서는 어느 학교 교장이 로마 원로원 의원 행세를 하여 세베루스를 지지하는 소규모 군대를 일으켜 진짜로 승리를 거둔 뒤에 황실로부터 연금을 받으며 여생을 보냈다. 그것은 아무리 좋게 표현해도 참 뻔뻔하다 싶은 일이었지만, 세베루스는 뻔뻔할 정도로 넘치는 자신감을 마음에 들어했다.

195년 4월 세베루스는 가장 무도한 전임자들조차 하지 않은 일을 했다. 자기 자신을 입양시킨 것이다! 그는 자신을 마르쿠스 아우렐리우스의 아들로 삼았는데, 원로원이나 당연히 죽은 지 오래인 마르쿠스의 의사는 상관없이 자기 혼자 그렇게 했다. 또한 큰아들의 이름을 카라칼라에서 마르쿠스 아우렐리우스 안토니누스로 바꾸고 그를 카이사르로 임명하여, 카라칼라(계속 이 이름으로 부르기로 하자)를 후계자로 삼았다. 같은 시기에 세베루스는 마르쿠스의 아들 콤모두스의 신격화를 공표하여, 아무도 애석해하지 않는, 저세상에 간 황제의 원로원 내 적들을 격분시켰다. 그러나 병사들은 자신들에게 후하게 돈을 뿌린 콤모두스를 열렬히 떠받들었으므로 분명히 이 조치를 반겼을 것이다.

로마의 어느 재담가는 세베루스가 마르쿠스 아우렐리우스에게서 아버지를 찾아내서 축하한다고 말했는데,[24] 이는 비꼬는 칭찬이자 속물근성의 멋진 사례이다. 왜냐하면 그 말은 세베루스의 친아버지의 변변찮은 태생을 환기시키기 때문이다. 그러나 세베루스의 행보는 단지 눈 가리고 아웅이 아닌 심각한 일이었다. 로마인들은 중단 없이 이어지는 하나의 황실이라는 세습 승계를 믿고 싶어했다. 기왕이면 혈통 세습이 좋겠지만, 반드시 그것을 요구하지는 않았다. 그들은 지극히 실용주의적인 사람들인지라 입양도 쉽게 받아들였다. 세베루스의 "입양"은 너무 뻔뻔한 거짓말이어서 일부는 수용하기 힘들어했지만, 대다수의 사람들은 내전에서 평화로 가기 위해서 이 정도 대가는 치를 만하다고 여겼다.

세베루스는 자신의 지배의 군사적 기반을 끊임없이 상기시켰다. 한 가지 표시를 예로 들면, 그는 아내 돔나에게 진지의 어머니라는 칭호를 내려서 그 칭호의 유일한 보유자였던 마르쿠스 아우렐리우스의 아내이자 콤모두스의 어머니 파우스티나를 상기시켰다. 세베루스의 집은 로마 군대였고, 군대는 세베루스의 집이었다라고 그 칭호는 말해주었다. 몇몇 군단병들은 심지어 돔나를 개인적으로 만났는데, 그녀가 브리타니아부터 이라크까지, 여러 해에 걸쳐 세베루스의 전쟁과 순방에 함께했기 때문이다.

세베루스는 로마 정부에 충격을 가져왔다. 그는 원로원과 속주 총독, 군단장 자리에 동포 아프리카인들의 출세를 적극 도모했다. 또한 새로운 제국 행정의 균형추를 원로원에서 기사계급으로 이동시켰다.

전쟁, 정치, 살인

돔나는 동부 지중해 출신 엘리트들과의 연락책으로서 로마에서 세베루스에게 소중한 존재였다. 그녀는 197년에 남편이 파르티아와의 전쟁을 재개하기 위해서 로마를 떠났을 때에도 역시 소중했는데, 그녀에게는 동부와의 연줄이 있었기 때문이다. 이번에도 그녀는 남편의 여정에 합류했다.

세베루스는 파르티아를 공격할 세 가지의 이유가 있었다. 그는 서부에서 클로디우스와 싸우느라 자신이 부재한 동안 로마의 동부 영토를 침공한 파르티아에 보복할 필요가 있었다. 또 자신의 영광을 원했다. 그리고 원로원보다는 군대를 상대할 때가 분명히 골치가 덜 아팠을 것이었다. 이 전쟁은 트라야누스 이래로 로마 최초의 대형 정복전쟁이었고, 세베루스는 자신이 빛나는 발자취를 따르고 있음을 사람들에게 끊임없이 상기시켰다.

세베루스는 이라크를 침공하여 수도(오늘날의 바그다드 인근)를 약탈하고, 이라크 북부 지방을 병합하여 메소포타미아 속주로 명명했다. 그리하여 상실했던 트라야누스의 속주를 되살렸다. 그러나 트라야누스처럼, 두 차례나 포위전을 벌였음에도 불구하고 중요한 요새 도시를 함락하는 데에는 실패했다. 그래도 그는 승전을 선언하고서 파르티쿠스 막시무스라는 칭호를 취했는데 대략 파르티아의 대승자라는 뜻이다.

세베루스는 파르티아의 수도 함락을 정치선전의 대형 성공 사례로 탈바꿈시켰다. 그는 수도 함락 날짜를 트라야누스의 즉위 100주년인 198년 1월 28일에 맞추었다. 또한 그날을 카라칼라가 공식적으로 아우구스투스, 즉 공동 황제로 지명된 날로 만들었다. 한마디로 황제는 군사적 성공에서 정치적 이득을 최대한 짜냈다.

소원을 빌 때에는 조심해야 하는 법. 세베루스는 소원을 이루었지만 그가 기대하던 결과는 아니었다. 새로운 메소포타미아 속주는 제국의 과잉팽창이었고, 로마에 이익이 되지 않았다. 당대의 한 비판가는 신설 속주의 유지 비용과 그곳이 로마를 끌어들인 새롭고 위험한 갈등에 관해서 불만을 표시했다.[25] 그러나 여러 해 동안 시리아에 머물고 이집트로 먼 길을 떠났다가 202년에 세베루스가 로마로 마침내 귀환하자, 원로원은 그에게 개선식을 치러줄 것을 의결했다. 그러나 그는 개선식을 사양했는데 통풍으로 몸이 너무 아파 개선 행렬의 전차에 서 있을 수도 없었기 때문이다.

건강 문제에도 불구하고 그는 202년과 203년에 가족과 북아프리카를 방문했는데 여기에는 렙키스로의 금의환향도 포함되었다. 세베루스는 오늘날에도 볼 수 있는 대리석 기념물들을 비롯하여 고향 도시에 대대적인 도시 재개발 사업을 후원했다. 203년 세베루스와 가족은 로마로 돌아와 대규모 건설 프로그램과 각종 축제들을 기획했다. 같은 해에, 파르티아를 상대로 한 승전을 축하하는 세베루스와 카라칼라 개선문도 봉헌되었다.

개선문은 확실하게 전통에 속하는 것이었지만 세베루스는 자신의 개선문을 관례적이지 않은 장소에, 다시 말해서 아우구스투스를 기리는 기념 건물들 옆에 세워서 전임자의 영광을 함께 누렸다. 새로운 개선문에 새겨진 부조는 이례적일 만큼 직설적이고 잔혹한 군사적 승리의 장면들을 묘사하고 있으며 이전의 로마 개선문들과는 다르다. 늘 그렇듯이, 세베루스는 한 발은 고상한 과거에 다른 한 발은 폭력적인 현재에 담고 있었다. 내전에서의 승리가 그에게 제국을 안겨주었듯이 외국과의 전쟁에서 거둔 승리는 그의 왕조의 존속을 정당화한다고 세베루스는 말하고 있었다. 그는 제국을 확장시켰다고 자랑스러워했다.

로마의 다른 건축 프로젝트 중에는 화재로 파괴되었던 신전들의 재건과 황궁의 대대적인 증축, 황궁 근처에 별도의 파사드 건설도 있었다. 이 기념물은 황실 사람들을 당시에 알려진 일곱 개의 천체들 가운데에 묘사하고 있으며, 마치 천체들도 새로운 왕조를 인정한다고 말하는 듯하다.

다른 기념행사들도 열릴 예정이었는데, 가장 눈에 띄는 것은 대략적으로 로마 역사의 또다른 한 세기가 마무리된 것을 축하하는 204년의 백년제였다. 이것은 백년제를 처음 개최한 황제 아우구스투스를 상기시키는 또다른 사례였다. 하지만 새로운 수법도 가미되어 이번에는 로마에 이 시기부터 쓰이기 시작한, 새로운 표현인 성스러운 도시라는 명칭이 붙었다.

영원한 도시라는 명칭은 아우구스투스 시대로 거슬러가며, "가장 성스러운"이라는 형용사형은 이미 여러 황제들을 묘사할 때에 쓰이고 있었다.[26] 그러므로 다음 단계로 도시 자체를 성스럽다고 지칭하는 것은 당연한 결론이었다. 오늘날 로마를 성스러운 도시라고 지칭하는 것은 기독교를 가리키지만 원래 그 표현은 이교에서 나왔다.

그러나 많은 권력을 자신의 근위대장 플라우티아누스에게 기꺼이 위임한 측면에서 보면, 세베루스는 아우구스투스보다는 티베리우스를 더 닮았다. 플라우티아누스는 소싯적 친구로서 황제와 어디든 함께 다니며 그를 속속들이 아는 2인자였지만 신뢰할 수 없는 인물이었다.

티베리우스 치하의 비양심적 근위대장 세야누스처럼 플라우티아누스는 자신만의 권력 기반을 닦아서 궁극적으로 대권을 거머쥘 작정이었다. 군인과 민간인 양쪽에서 부지런히 인맥을 쌓은 그는 커다란 부도 축재했고 많은 재산은 다시금 새로운 친구들을 끌어들이고 정적들은 제거할 수 있는 영향력을 가져다주었다. 그는 끊임없이 돔나를 헐뜯었다. 플라우티아누스의 권력은 202년에 당시 열네 살이던 카라칼라에게 딸을 시집보냈을 때에 정점에 달했다. 이 결혼에서 기대하는 바는 최소한 플라우티아누스의 손자가 언젠가 황제가 된다는 것이었지만, 그가 자신의 패를 제대로 구사하기만 한다면 카라칼라를 제거하고 세베루스의 뒤를 이을 수도 있는 일이었다. 카라칼라와 그의 어머니는 플라우티아누스와 그의 집안을 두려워하고 미워했으니 이는 당연히 행복한 결혼이 아니었다.

그러나 플라우티아누스는 자신의 힘을 과신하다가 큰코다치고 말았다. 로마의 경기장을 찾은 관중은 그의 야심에 관해서 큰소리로 불만을 표시했다. 그는 자신의 청동상이 세베루스의 청동상보다 더 높이 올라가게 했다. 황제도 이를 알아차리고 심기에 거슬리는 몇몇 동상들을 없애도록 지시했다. 205년 세베루스의 형제는 죽어가면서 유언으로 플라우티아누스를 조심하라는 말을 남겼다. 같은 해에 열여섯 살이던 카라칼라는 플라우티아누스가 세베루스를 죽일 음모를 꾀했다고 고발하는 데에 성공했다.

205년 1월 22일 카라칼라는 오만한 근위대장을 로마 황궁에서 처형했다. 그 다음 그는 플라우티아누스의 수염 한 뭉치를 아내—플라우티아누스의 딸—와 어머니 돔나가 기다리고 있던 다른 방에 가져다주라고 시켰다. 수염을 전달하러 온 사람이 "여기 플라우티아누스를 대령했소"[27]라고 말하자 한 여인은 경악했고 한 여인은 기뻐했다. 그런 다음 카라칼라는 아내와 이혼하고 그녀를 외딴 섬으로 유배시켰다.

이 지저분한 가문 간의 복수극의 흔적은 사람들이 종종 못 보고 지나치는 어느 기념비에 남아 있다.[28] 로마의 어느 한적한 거리에 서 있는 그 대리석 아치는 204년에 세베루스의 재위 10주년을 기념하여 소[牛] 거래상과 금융업자들이 헌정한 것이다. 그것은 분명 세금 우대 조치 같은 보답을 기대하고 내놓는 선거 자금 기부의 로마 버전—사업가 집단이 황실에 경의를 표하며 바치는 선물—이었다.

기념비는 각종 테마들이 장식적이고도 적절하게 결합하여 빽빽하게 조각되어 있다. 로마 군단의 기장(記章)과 로마 제국을 상징하는 독수리, 전쟁 포로들, 헤라클레스—우시장의 신으로, 곤봉과 사자 가죽을 들고 있다—와 목부(牧夫)들이 소떼를 몰고 가는 광경, 희생 제물을 도살하기 위한 도끼와 칼, 이 모든 것들이 기념비를 장식하고 있다. 여기에서 가장 커다란 이미지는 황실 가족이다. 아치의 내벽에 부조로 새겨진 세베루스와 돔나는 정면 자세로 아래를 내려다보고 있다. 토가를 걸친 황제는 희생 제물을, 돔나는 진지의 어머니를 상징하는 물건을 들고 있다. 반대편 벽에는 큰아들 카라칼라가 역시 신들에게 희생 제물을 바치고 있다.

더욱 자세히 들여다보면 심하게 훼손된 흔적이 보인다. 한때 카라칼라의 아내와 장인 플라우티아누스가 카라칼라의 동생 게타와 더불어 부조에 묘사되어 있었지만, 세 사람 모두 나중에 위신이 실추되거나 유배당하거나 살해된 뒤에 조각에서 깎여나갔다.

카라칼라

208년 세베루스와 돔나, 두 사람의 아들들, 그리고 그들을 수행하는 무리는 지금이 또 한 차례의 정복전쟁을 벌일 마지막 기회이자 앙숙인 두 명의 제위 후계자들을 화해시킬 기회라는 희망을 품고 브리타니아로 향했다. 두 소년은 워낙에 서로 지지 않으려고 들어서 한번은 카라칼라가 동생과의 전차 경주에서 넘어져 다리가 부러진 적도 있었다. 그는 게타를 죽여버리겠다고 위협했다.

세베루스는 그 위협이 빈말이 아니라고 느낀 모양이다. 적어도 혹자들은 황제가 덮개를 씌운 가마에 실려 전쟁터로 가야 할 정도로 건강이 좋지 않았지만, 두 소년의 관심을 다른 곳으로 돌릴 수 있을 것이라고 기대하여 원정에 나서기로 했다고 생각했다. 그러나 그것은 헛된 기대였다. 카라칼라는 계속해서 게타를 위협했을 뿐만 아니라 한번은 칼레도니아(스코틀랜드)에서 적과 담판을 짓기 위해서 세베루스 옆에서 말을 타고 가다가 다름 아닌 세베루스에게 칼을 들었다. 황제의 부하들이 그 광경을 보고 큰소리로 외친 덕분에 카라칼라를 막을 수 있었다. 나중에 황제는 본부로 돌아와서 아들을 호되게 꾸짖었지만, 아무런 처벌도 내리지 않았다. 세베루스는 콤모두스를 제거하지 않았다고 마르쿠스 아우렐리우스를 탓할 때가 심심찮게 있었는데 화가 나서 카라칼라를 죽이겠다고 종종 위협하기는 했어도 사랑 때문인지 실용주의 때문인지 실행에 옮기지는 않았다.

황제는 승리의 월계관을 꿈꾸며 브리타니아 원정을 시작했다. 그는 섬 전체를 정복하리라는 희망을 품고 스코틀랜드에서 두 계절 동안 전쟁을 치렀지만 잡히지 않는 적과 험한 지형에 막혀 교착 상태에 빠졌다. 그 다음 병이 들어 몇 달간 숙영지에 머물러야 했다. 10년간 병과 힘든 생활로 기진맥진한 예순여섯의 황제는 이제 여전히 지는 싸움을 하고 있었다. 세베루스가 부하들을 독려하기 위해서 산악 전역에서 눈과 비를 맞아가며 말을 달리는 것쯤은 아무렇지 않게 생각했던 시절은 가버렸다. 그러나 이 작은 남자는 여전히 일을 하고 싶은 욕구가 컸다. 그는 숨을 몰아쉬며 부관들에게 "자, 할 일이 있다면 이리로 가져오게"[29]라고 말했다.

카라칼라와 게타가 그를 보좌했다. 율리아 돔나도 가까이 있었다. 본국에서 수백 킬로미터 떨어진 전선에 있었음에도 불구하고 그녀는 평소와 같았다. 진지의 어머니[30]라는 칭호는 괜히 얻은 것이 아니었다. 남편 못지않게 결연한 돔나는 브리타니아 원정에서 그의 변함없는 동반자였다.

통풍에 시달려 몸을 움직일 수 없게 된 황제는 우울하게 자리에 누워 죽음을 맞이하고 있었다. 마침내 끝이 가까워지자 세베루스는 가까이로 아들들을 불렀다. 그의 마지막 말은 정확히 "화목하고, 병사들을 살찌우고, 다른 사람들은 모조리 경멸해라"였다고 한다.[31] 유언은 그만의 특징을 고스란히 담고 있다. 간결하고, 직설적이며, 현명하고 시니컬한 동시에 희망적이다.

이 말을 남기고 세베루스는 211년 2월 4일 세상을 떠났다. 북아프리카의 햇살 가득한 지중해 해안, 대리석 열주들이 늘어선 부유한 도시의 한가운데에서 태어난 남자는 머나먼 에보라쿰(오늘날의 요크), 안락함과는 거리가 먼 브리튼 섬 북부의 군영 도시에서 생을 마감했다. 황실의 장례—병사들이 바친 선물들로 장식된 장작단, 그 둘레를 보조를 맞춰서 도는 엄숙한 행렬, 갑옷을 입힌 시신과 그것에 불을 붙이는 두 소년—는 겨울의 음울한 기운을 몰아냈다. 자주색 단지에 세베루스의 유골을 담는 마무리도 감동적이었다. 유골 단지는 나중에 로마로 돌아와 하드리아누스 영묘에 안치되었다. 이야기에 따르면, 세베루스는 죽기 전에 유골 단지를 가져오게 시켰다고 한다. 황제는 단지를 만져본 다음 "너는 이 세상이 담을 수 없었던 자의 뼈를 담게 될 것"[32]이라고 말했다고 한다.

세베루스는 스코틀랜드를 정복하지 못했지만 왕조를 수립하는 데에 성공했다. 카라칼라가 아버지의 뒤를 이어 황제가 되었고, 처음에는 게타와 통치를 공유했다.

"카라칼라"는 사실 별명이다. 카라칼라는 카라칼루스(caracallus)라는 무거운 모직 군용 망토에서 나온 말로, 세베루스는 북부 유럽의 로마 병사들이 카라칼루스를 두르고 다니는 모습을 보고는 그것을 동방의 군대로 가져왔다. 카라칼라는 율리우스 바시아누스로 태어났지만 앞에서 언급한 대로 그의 아버지가 마르쿠스 아우렐리스 가문으로 스스로 "입양된" 뒤, 마르쿠스 아우렐리우스 안토니누스가 되었다.

카라칼라를 묘사한 주화와 조각상들은 뭉툭한 이목구비에 강인해 보이는 인물을 보여준다.[33] 그는 곱슬머리에 짧게 깎은 수염과 툭 튀어나온 코, 굵은 목을 지녔다. 그를 보면 "순한"이라는 단어는 떠오르지 않는다.

돔나는 이제 두 황제들의 어머니였다. 그녀는 연속성의 표지이자 조언자로서 중요한 역할을 했다. 시간이 지나면서 카라칼라는 어머니에게 자신의 서신과 탄원서에 대한 답변 작성을 맡겼다. 여태껏 황실의 어느 여인도 그런 직책을 맡은 적은 없었고 이는 확실히 돔나의 교양과 어쩌면 그보다 더 중요하게도 카라칼라가 중요한 임무를 믿고 맡길 수 있는 사람이 얼마나 적었는지를 증언한다.

그러나 카라칼라는 어머니의 간청을 듣지 않았다. 아버지가 죽고 1년이 채 지나지 않아서 그는 동생을 살해하도록 병사들을 보냈다. 황궁에 있었던 게타는 목숨을 구하려고 어머니의 품으로 도망쳤지만, 결국 어머니의 품 안에서 살해되었다. 그때 돔나도 손에 상처를 입었다. 그녀는 틀림없이 마음이 무척 괴로웠겠지만 의무감이나 아들에 대한 사랑 또는 권력에 대한 사랑에서 아니면 그 세 가지 이유가 모두 작용해서였든지 간에 계속해서 카라칼라의 조언자 역할을 했다. 한편, 카라칼라는 커다란 상여금으로 근위대의 환심을 산 다음 정적들을 숙청했다. 일반적인 측면에서는 아버지의 조언을 실행하여 병사들에 대한 경비 지출을 늘렸다.

카라칼라는 기민하고 언변이 좋고 야심만만했지만 동시에 감정적이고 충동적이며 폭력적이었다. 그는 신체 활동을 좋아했다. 적이 많았는데 이는 놀랄 일이 아니다. 동생의 살해를 지시한 사람을 대체 누가 믿을 수 있겠는가?

카라칼라는 치세의 대부분을 처음에는 북부 유럽에서, 나중에는 동방에서 군사 원정을 수행하며 보냈다. 스스로 새로운 알렉산드로스 대왕이라고 생각한 그는 파르티아 왕의 딸과 혼인을 협상했고 협상이 수포로 돌아가자 정복 전쟁을 준비했다. 하지만 그는 대체로 두 가지의 비군사적 행위로 기억된다.

오늘날 보면, 카라칼라의 최대 업적은 211년에 포고된 콘스티투티오 안토니아나(Constitutio Antoniana), 즉 (카라칼라의 공식 명칭을 따라 이름 붙인) 안토니누스 법령을 통해서 로마 시민권을 제국의 모든 자유민들에게 확대한 것이다. 이전에 로마는 보상으로서 제국의 눈에 든 특정한 지역 공동체나 저명한 현지 관리들에게 시민권을 확대했지만, 자유민들 가운데 시민은 소수집단이었을 것이다. 이제 자유로운 모든 로마인은 시민이었다. 인류 역사상 시민권이 그렇게 널리 공유된 적은 없었다.

그러나 로마의 엘리트 계층은 카라칼라가 늘어난 군비를 마련하기 위해서 실시한 대폭적인 세금 증가에 더욱 주목했다. 한 당대인에 따르면, 시민권 확대의 목적은 시민에게만 부과되는 상속세로부터 세수를 증대하는 것이었다.[34] 수십 년에 걸쳐서 시민-비시민 구분의 중요성은 희미해졌다.

로마 세계에서 더 중요한 구분은 공식적으로 호네스티오레스(honestiores)라고 하는 부유한 특권층과 후밀리오레스(humiliores)라고 하는 미천한 빈곤층 간의 구분이었다. 전자의 집단은 시민이든 아니든 법과 관행상으로 다양한 특권들을 누린 반면 후자의 집단은 법과 관행상으로 어려움을 겪었다. 한마디로 로마는 시민권이 중요시되지 않게 되자, 비로소 시민권을 확대한 것이다.

한편으로 카라칼라는 도시 빈민층으로부터 지지를 얻기 위해서 대규모 건설 프로젝트를 단행했다. 오늘날에도 거대한 유적으로 관광객들을 즐겁게 해주는 카라칼라 욕장은 로마 최대의 건설 프로젝트 중의 하나였다. 세베루스가 공사를 계획했고 카라칼라가 완공했다. 이 대형 복합건물은 여러 체육관과 수영장, 도서관(하나는 라틴어, 하나는 그리스어)을 갖추고 있었다. 또한 수준 높은 예술 작품들이 건물 곳곳을 장식했다. 카라칼라 욕장은 무료로 모든 대중에게 개방되었다. 건설자들은 토대를 다지기 위해서 50만 세제곱미터 이상의 흙을 나르는 것에서부터 높이 12미터에 무게가 대략 100톤이 나가는 기둥들을 세우는 데에 이르기까지, 어마어마한 토목공학적인 도전들에 직면했다. 그러나 공사는 1만2,000명에서 2만 명으로 추정되는 노동자들을 동원하여 6년 만에 완공되었다.

돔나는 카라칼라를 동행하여 동쪽으로 갔고, 아들이 동쪽으로 더 진격하는 동안 시리아에 자리를 잡았다. 그러다가 217년 4월 카라칼라가 암살되었다. 근위대장 마르쿠스 오펠리우스 마크리누스가 황제의 살생부에 자신의 이름이 다음 순서로 올라 있는 것을 알아차리고는 선수를 친 것이다. 카라칼라가 모욕을 준 어느 병사가 마크리누스의 사주를 받아 황제를 찔러 죽였다. 마크리누스는 손을 써서 시해범을 제거한 다음 자신은 전혀 모르는 일이었다고 잡아뗐다.

이 소식에 크게 상심한 데다가 몸도 좋지 않았던 듯한 돔나는 자결했다.

병사들에 의해서 황제로 옹립된 마크리누스는 고작 1년을 재위했다.

돔나의 언니인 율리아 마이사가 자기 가문을 다시 제위에 복귀시키기로 결심했다. 주화에 새겨진 그녀의 초상들은 매력적이고 기품 있는 여성을 보여준다.[35] 율리아 마이사의 머리 모양은 동생처럼 물결치는 머리결을 자랑하지만 목 뒤쪽으로 작게 말아서 고정한 형태이다. 어떤 초상들에서는 왕족의 상징인 머리띠 왕관을 쓰고 있다.

마이사가 점찍은 제위 후보자는 자신의 손자, 즉 그녀의 딸의 아들인 바리우스 아비투스 바시아누스였다. 바시아누스는 열네 살에 불과했다. 로마에서 자라기는 했지만 지금은 시리아의 에메사에서 살고 있었고, 현지의 신인 엘라가발루스를 섬기는 사제였다(그리고 바시아누스는 역사에 엘라가발루스라는 그 이름으로 알려져 있다). 표면상으로는 황제로 그다지 유망한 인재는 아닌 듯했지만, 결연했던 마이사는 사비를 들여 병사들의 지지를 샀다. 그녀는 엘라가발루스가 카라칼라의 사생아라고 주장하면서 218년에 병사들로 하여금 그를 황제로 옹립하게 했다. 짤막한 내전 끝에 마크리누스는 패배하여 살해되었고 엘라가발루스가 로마에 입성하여 제국을 다스릴 길이 열렸다.

텔레비전의 역사 드라마에 등장하는 어느 막후의 여성 실력자도 이제 로마 무대에 발을 내디딘 두 사람에 맞먹지는 못할 것이다. 마이사와 그녀의 딸이자 엘라가발루스의 어머니인 율리아 소아이미아스는 새 황제와 함께 로마로 갔다. 그것은 잘된 일이기도 했는데, 새 황제가 로마에 엘라가발루스 신을 숭배하는 종교를 확립하는 데에 여념이 없는 동안, 이 두 사람이 정부를 운영했기 때문이다. 주화에 새겨진 초상을 보면, 엘라가발루스는 목이 굵고 월계관이나 머리띠 왕관을 쓰고, 흉갑을 두른 시원시원하고 건강한 청년으로 보인다.[36] 그는 군 사령관처럼 씩씩하게 앞을 바라보고 있다. 하지만 그것은 희망사항일 뿐! 대리석 흉상은 고수머리에 콧수염

을 기르고 영묘한 기운을 풍기는 호리호리한 십대 소년을 묘사한다.[37]

엘라가발루스는 자신이 섬기는 이국적인 신을 로마 만신전에서 친숙한 외피인 태양신으로 재포장한 다음 이제 그를 무적의 태양신이라고 부르기 시작했다. 처음에 사람들은 탐탁지 않다는 반응을 보였지만 엘라가발루스가 로마의 주신(主神)인 유피테르를 자신의 신으로 대체하고 싶어하자 분노의 광풍이 몰아쳤다. 엘라가발루스는 자신의 소망을 스스럼없이 드러냈다. 팔라티노 언덕에 신전을 지어 새로운 신에게 바쳤고, 그의 신을 상징하는 원뿔 모양의 검은 돌을 들고 로마 시내를 행진하고, 제단 주변을 돌며 춤을 추었다. 여론은 이 모든 행태에 반발했다. 그가 베스타 처녀와 결혼했다든가 관습을 대놓고 무시하면서 수동적인 파트너로서 동성애 행각을 벌였다든가 등등, 적대적인 고대 문헌들이 그가 했다고 주장하는 다른 행위들에 대해서는 신빙성에 무게를 두지 않는 편이 가장 좋을 것이다.

어쨌든 간에 엘라가발루스는 인기가 없었다. 감정이 개입하는 것을 용납하지 않는 마이사는 왕조를 구하기 위해서 그를 대체해야 한다고 결심했다. 그녀는 또다른 딸인 율리아 아비타 마마이아와 마마이아의 열세 살짜리 아들 세베루스 알렉산데르에게 눈길을 돌렸다. 엘라가발루스는 세베루스 알렉산데르를 후계자로 입양하기로 동의한 뒤에 다시 마음을 바꾸려고 했지만 이미 늦어버렸다. 222년 근위대는 엘라가발루스와 소아이미아스를 살해하고 그들의 시신을 토막 낸 다음 엘라가발루스의 시신을 테베레 강에 내던졌다. 그는 4년 동안 재위했다.

로마는 제위에 좀더 관습적인 인물이 앉게 되어서 공식적으로는 안도했다. 물론 그는 열세 살 소년에 불과했고, 즉위 당시 열일곱 살이었던 네로에게 아그리피나가 휘두른 권력보다도 더 많은 권력을 그의 어머니가 아들에게 행사했겠지만 말이다. 새 황제의 치세 초기에 찍힌 주화는 엘라가발루스가 그러했던 것처럼 군인이자 왕답게 차려입은 알렉산데르를 보여주고 있지만 알렉산데르는 실제 그 나이답게 아주 어려 보인다.[38] 나중에 찍힌 몇몇 주화에서는 턱수염을 기르고 있다.[39] 토가를 걸치고 있는 흉상은 소년기와 다 장성한 어른 사이의 얼굴을 보여준다.[40] 마마이아는 그녀의 집안 특유의 물결치는 헤어스타일로,[41] 일부 주화들에서는 골을 지어 매우 정교하게 정리한 헤어스타일로 묘사된다. 머리띠 왕관을 쓰고 있을 때도 있다. 그녀는 왕족답고 위엄 있어 보인다.

마마이아는 아우구스투스, 진지, 원로원, 그리고 조국의 어머니 아우구스타라는 공식 칭호를 누렸다. 비공식적으로는 그녀가 제국을 운영했다. 그런 일은 로마에서 퍽 특이한 경우였지만, 그래도 모자(母子)는 로마가 전쟁에서 지기 시작하기 전까지는 인기가 있었다. 군사적 재능과는 거리가 먼 알렉산데르는 새로운 사산조 페르시아에 맞서 동방에서 도통 진전을 보지 못했다. 전임자들과 비교할 때에 사산 왕조는 더 잘 조직되어 있고, 더 위협적이며, 군사 기술에서 더 요령이 있고, 타격을 받아도 금방 세력을 회복했다. 서방에서 알렉산데르는 라인 강 유역을 자주 침범하는 게르만족과 싸우는 대신에 그들을 매수하기로 했다. 울분을 느낀 라인 강 유역의 병사들은 그곳의 군단 사령관 중의 한 명을 황제로 지명했다. 그 다음 235년에 마마이아와 세베루스 알렉산데르를 살해했다.

결론

셉티미우스 세베루스가 창건한 왕조는 중간에 또다른 북아프리카인 마크리누스의 재위로 생긴 1년의 공백기를 빼고 세베루스 알렉산데르가 죽을 때까지 42년간 이어졌다. 율리우스-클라우디우스 왕조의 99년보다 짧고 안토니누스 왕조(안토니누스 피우스, 마르쿠스 아우렐리우스, 루키우스 베루스, 콤모두스)의 54년보다도 짧지만 플라비우스 왕조의 27년에는 두 배에 가깝다. 235년 이후로 다음 70년 동안은 누구도 그보다 오래 다스린 왕조를 세우지 못한다. 그러므로 그러한 왕조의 건립은 진짜 위업이다.

세베루스 본인은 거의 18년을 다스렸다. 그의 치세는 마르쿠스 아우렐리우스가 죽은 다음 세기 동안의 어느 황제보다 길었다. 그는 콤모두스의 폭정과 뒤따른 내전 이후 제국에 안정을 회복했다. 마르쿠스를 본보기로 삼은 세베루스는 철학 연구를 후원하고 로마법의 황금시대를 열었다. 그러나 그의 역사적 평판 문제로 돌아오면 군인이 개혁가를 압도한다. 세베루스는 본인의 의도만큼이나 상황에 의해서도 최초의 진정한 군인-황제였다. 그는 무력으로 집권했고, 재위 기간 대부분을 해외 원정에 보냈으며, 원로원을 노골적으로 무시했고, 군대의 위상을 치켜세우는 데에 누구보다 비상한 노력을 기울였다. 그리고 그는 미래를 예고하는 자였다.

에드워드 기번이 보기에, 세베루스는 원로원을 무시하여 제국을 "쇠퇴와 몰락으로 몰아간 주요 장본인"[42]이었다. 그러나 계몽주의 시대에, 벼락출세자와 외부인들에게 딱히 공감하지 않고 글을 쓴 기번은 속물이었다. 19세기와 20세기 서구 제국주의의 전성기에 글을 쓴 다른 학자들은 이른바 그 야만인에게 그보다 더 혹독한 평가를 내렸는데, 아프리카인 황제에 대한 어떤 편견을 분명히 간과할 수 없다.

세베루스가 죽은 뒤에 서방 제국은 250년간 더 이어진다. 그의 많은 행위들은 비록 전통을 거스르기는 했어도 필요한 것이었다. 로마가 점점 비군사적인 색채를 띠게 된 것은 맞지만 군사적 위기는 문민 통치를 사치로 만들었다. 게다가 세베루스는 자신의 가문에 정통성을 부여하고 대중의 인기를 얻는 데에 역점을 두었기 때문에 군대에 쏟는 관심만큼 대중 홍보에도 많은 관심을 쏟았다. 마지막으로 새로운 사람들에게 엘리트층의 문호를 개방함으로써 그는 로마를 더 약화시킨 것이 아니라 강화시켰다.

세베루스는 그저 제위를 찬탈하지만은 않았다. 그는 왕조를 창건했다.

세베루스 왕조는 군사적 혼란상뿐만 아니라 다문화적 계몽을 선보인 로마 최초의 가문이었다.

세베루스는 로마 최초의 아프리카인 황제였고 아내인 율리아 돔나는 시리아인으로 확실히 비로마계였다. 세베루스는 로마의 최고위직과 군단에 속주 출신의 새로운 피를 수혈했고, 그리하여 로마의 종족적, 인종적 다양성의 역사에서 새로운 전기를 마련했다.

세베루스 왕조의 로마에서 폭력이 걷잡을 수 없이 급증하기 시작한 것은 맞다. 세베루스는 아우구스투스나 베스파시아누스의 내전에 트라야누스의 팽창주의 정책과 티베리우스의 경찰국가 기구를 결합했다. 하지만 그 당시는 무엇이든 척척 해내는 법을 아는 야심 많은 남녀들을 위한 순간이었다.

다수의 전임자들처럼 세베루스는 원로원의 친구가 아니었다. 그는 원로원을 숙청하고 도미티아누스나 콤모두스보다 더 많은 의원들을 처형했다. 행정과 군의 최고위직을 기사계급, 즉 위신과 신분에서 원로원 계급 바로 아래에 위치한 부유한 엘리트 계층으로 채웠다. 그러나 이 점은 원로원 의원들에 대한 적대감보다는 자격 있는 의원이 부족했거나 일부 의원들이 공직에 나가지 않으려고 했던 현실을 반영했을 수도 있다. 그는 근위대의 규모를 두 배로 늘리고 로마 바깥에 군단 1개를 영구 주둔시킴으로써 언론의 자유를 심하게 위축시켰다.

그러나 이 같은 군사주의자는—경력 초기에는 변호사였던—로마법에 커다란 관심을 보였다. 그는 수세기 동안 전해져온 법을 집대성한 탁월한 법률가들을 임명했다. 세베루스 치세 동안 명확해진 법적 원칙 가운데 하나는 "황제는 법에 구속받지 않는다"[43]였다. 그것은 새롭다기보다는 솔직한 규정인데 바로 그 규정이 아우구스투스부터 시작하여 로마 황제들의 모든 치세를 특징지어왔기 때문이다. 그런 선언이 얼마나 실효성이 있든

간에 세베루스와 카라칼라는 법에 따라 살겠다고 약속했다. 굳이 그럴 필요가 없었는데도 말이다.

세베루스 왕조와 더불어 찬란한 다문화주의와 계몽된 전제정은 범죄 가문의 도덕률과 만났다. 어쩌면 제정 로마는 줄곧 그러했을지도 모르며, 이 왕조의 유일한 잘못은 냉엄한 현실을 위장하기 위해서 더욱 열심히 노력하지 않았다는 것이 아닐까? 비록 혹자들은 세베루스가 자신을 아우구스투스에 비교하는 것을 보고 말도 안 된다고 외쳤지만 그는 로마의 초대 황제보다 더 야심만만하거나 무자비하지 않았다. 그는 그보다 덜 세련되었을 뿐이다.

세베루스는 군사 영역에서 아니 그보다는 군사와 정치가 결합하는 지점에서 가장 심각한 족적을 남겼다. 로마 정부의 민간적 색채를 줄이고 군사적 색채를 강화하는 경향들은 오랫동안 조용히 심화되어오다가 마침내 세베루스 치하에서 하나로 합쳐졌다. 군대는 더 많은 권력을 얻고 돈이 더 많이 들게 되었으며, 이로 인해서 로마의 재정에 큰 부담을 안기고 이후 커다란 불안정을 가져오는 계기가 되었다. 군대의 급여를 올리고, 전쟁을 벌이고, 대형 공공건축 프로그램을 실시함으로써 세베루스는 로마의 정부 예산에 부담을 안겼다. 자금 마련을 위해서 과세하는 대신에 그와 후임자들은 통화 팽창 정책을 실시했고, 이는 궁극적으로 로마 경제에 처참한 결과를 낳았다. 마찬가지로 군대와 최고위 제국 행정은 더 다채로워졌다. 그 결과는 주변부의 평범한 사람들이 중심으로 쏟아져 들어오는 더 거칠고 더 조야한 로마였지만 더 민주적인 로마이기도 했다.

비록 황실의 여성들이 로마 역사의 모든 시기마다 커다란 영향력을 행사했지만 율리우스-클라우디우스 왕조 이래로 어느 왕조도 세베루스 왕조의 여성 같은 막강한 여성은 목격한 바 없었다. 돔나는 리비아 이래로 아마 가장 막강한 황후였을 것이다. 돔나의 언니 마이사는 근위대에 버금가는 킹메이커였고, 돔나의 조카인 소아이미사는 배후의 권력자였으며, 또다른 조카인 마마이아는 로마의 체제가 허용하는 한에서 섭정에 근접했다.

세베루스 왕조는 큰 생각을 좋아했다. 새로운 대형 욕장이나 로마 시의 개조, 또는 고향 도시 렙키스 마그나의 재건이든 간에 파르티아 군사 원정이나 원로원 숙청, 로마에 새로운 신을 도입하는 일이나 로마 시민권의 확대(물론 시민권 확대는 선물이자 부담이었다)이든 간에 말이다.

셉티미우스 세베루스는 미래의 모습을 가리켰다. 그는 제국의 먼 지역에서 온 일련의 군사적 인물들 가운데 최초였을 뿐이다. 또한 그가 황실에 비전통적인 신을 섬기는 여성을 둔 마지막 황제도 아니다. 그는 대다수의 전임자들보다 더 자신의 권력 기반을 지속적인 군사적 성공에 두었지만 군인-황제는 로마에 표준이 될 것이었다. 그는 심란한 가족들을 둔 폭력적인 남자이자 그와 어울리지 않게도 법의 지배를 좋아하는 성향이 있는 사람이었다. 심지어 전쟁을 하면서도 그 법적 측면을 강조하는 법률 형식주의적인 사고틀을 가진 로마인들에게는 그것이 그렇게 모순적으로 느껴지지 않았을 수도 있다. 세베루스는 강한 군대와 강한 국가를 결합했다. 그와 같은 부류의 사람들 속에서 나중에 디오클레티아누스와 콘스탄티누스가 나오게 된다.

그들은 체제를 구하기 위해서 강압적 수단을 써서라도 사람들이 정신을 차리게 만드는 무자비한 자들이기도 할 것이었다. 그러나 그들은 체제를 엄청나게 변화시키는 대가를 치러야 했다.

디오클레티아누스 안토니아누스 주화

IX

디오클레티아누스
위대한 분리자

디오클레티아누스 황제는 직업 군인이었다. 귀족이 아닌 그는 발칸 반도의 가난한 환경에서 성장하여 출세했고, 이를 입증하듯이 매너가 투박했다. 한번은 병사들이 모여 있는 앞에서 경쟁자를 찔러 죽인 적도 있었고, 반란을 일으킨 어느 도시 전체를 말의 무릎까지 오는 피의 강물에 빠뜨리겠다고 위협한 적도 있었다. 하지만 그가 한 말들 중에서 가장 유명한 말은 채소에 대한 찬사이다.

"자네가 살로나에서 우리가 직접 기른 양배추를 볼 수만 있다면 그것을 결코 유혹이라고 생각하지 않을 걸세."[1] 그것이란 오늘날 아름다운 크로아티아 해안에 위치한 지방 도시 살로나 외곽으로 3년 전에 은퇴했던 사람에게 권좌로 복귀해달라는 요청이었다. 이례적인 요청이었지만 하기야 은퇴 자체가 전례 없는 일이었다. 그는 군대 앞에서 제위를 내어준 다음 일개 시민으로 살았다.

디오클레티아누스가 칼을 멀리 치우기는 했지만 양배추에 대한 언급은 너무 극구 사양하는 것처럼 들려서 본심이 의심스러울 정도이다. 이를테면 영화 「대부」에서 토마토를 가꾸는 늙은 돈 콜레오네처럼, 디오클레티아누스가 자신이 고르고 고른 후임자, 즉 자신의 사위이자 디오클레티아누스의 유일한 손자의 아버지가 어려운 정치적 대립에 직면했을 때, 그에게 정세를 기민하게 평가하는 조언을 해주지는 않았을까 궁금해진다. 아무런들 은퇴한 황제가 시국에 전혀 무관심했을까? 루이스 캐럴의 바다코끼리처럼 디오클레티아누스는 분명히 양배추뿐만 아니라 왕들에 대해서도 이야기했을 것이다. (루이스 캐럴의 시 "바다코끼리와 목수[The Walrus and the Carpenter]"의 한 대목을 가리킨다. 바다코끼리가 말했어. "자, 이제 얘길 나눌 때야. 구두와 배와 봉랍에 대해, 양배추와 왕들에 대해 얘기해보자."/옮긴이)

디오클레티아누스는 장기 재위한 로마 황제들 가운데 한 명이자 매우 중요한 황제들 가운데 한 명이다. 그는 21년을 다스렸다. 그보다 더 유명한 후임자 콘스탄티누스와 더불어 디오클레티아누스는 로마를 멸망시킬 뻔한 위기를 종식시켰다. 비록 매우 변화된 형태라고 할지라도 그는 제국의 생존을 허락하는 새로운 경로를 위한 토대를 놓았다. 그러나 우리에게는 이 위대한 인물에 대한 좋은 사료가 별로 없다.

디오클레티아누스는 몸집이 크고, 대담하며, 잔혹하고, 질서가 잡힌 사람이었다. 기교는 그의 방식이 아니었지만 시대는 기교를 요청하지 않았다. 그 시대는 군사적 완력과 기민한 정신, 무쇠 같은 의지, 절대적인 자신감을 요구했다. 디오클레티아누스는 이 모든 것에 딱 들어맞았다.

조각상은 주름진 이마에, 이목구비가 날카롭고 턱수염을 길렀으며 표정에서 경계를 늦추지 않는 남자를 보여준다. 한 대리석 흉상은 거친 깡패를 묘사하고 있지만 눈은 신성한 영감을 받는 듯이 위를 향하고 있다.[2] 디오클레티아누스라고 추측되는 한 검은 현무암 흉상도 역시 눈길을 끄는데, 늙어가고 있지만 원기 넘치는 사람을 보여준다.[3] 팽팽한 입술은 결단력을 뿜어내는 한편 강렬한 눈매는 그와 정면 대치하고 싶지 않은 상대라는 느낌을 준다.

디오클레티아누스는 로마 제국을 재편했고, 정말로 제국을 구했다. 하지만 그는 분리를 통해서 그렇게 해나갔다. 흔들어서 탈탈 털어낸 다음 다시 조립하는 방식이었다. 그는 동과 서로 제국을 분리하고 양 제국에 각각 황제와 부황제를 두었지만 그들 모두는 한 사람에게 보고할 의무가 있었으니, 그 한 사람은 바로 디오클레티아누스였다. 또한 로마인과 야만인, 군인과 민간인, 구매자와 판매자, 그리고 무엇보다도 이교도와 기독교도를 분리했다. 그는 진짜로 어느 정도 성공을 거두었다. 그 성공이 비록 완벽한 조화나 그가 가장 원했던 결과는 아니라고 해도 말이다. 그러나 그는 지난 세대들보다 더욱 강하고 더욱 잘 생존할 수 있는 제국을 남겼다.

디오클레스에서 디오클레티아누스로

디오클레티아누스는 245년경 12월 22일에 태어났다. 그는 달마티아—오늘날의 크로아티아—출신으로, 어쩌면 스팔라툼(현재의 크로아티아 스플리트) 근처 살로나 시 태생일 수도 있다. 그는 그리스어로 "제우스의 영광"이라는 뜻의 디오클레스로 태어났다. 제우스는 로마인들이 유피테르라고 부르는 신이다. 그의 집안은 가난했다. 아버지는 서기이거나 어쩌면 원로원 의원의 해방민이었을 수도 있다. 어머니의 이름은 디오클레아였다고 한다.

직업 군인이었던 디오클레스는 리더십에 재능이 있었다. 그는 사병 계급에서 장군으로 진급하여 도나우 강 전선의 군대를 지휘했다. 그 다음 283년에 동부 원정에 나선 마르쿠스 아우렐리우스 카루스 황제 곁에서 복무했다. 마흔이 채 되지 않은 나이에 디오클레스는 한 세대 전에 프라이토르 근위대와 별도로 창설된 엘리트 부대인 황제의 호위부대의 지휘관이었다.

카루스는 고작 한 해를 다스린 뒤 283년에 죽었다. 그러나 그 1년간 그는 이라크의 사산조 페르시아의 수도를 함락하는 엄청난 성공을 거두었다. 심한 폭풍우가 몰아친 뒤에 황제는 막사 안에서 숨을 거두었다. 자연사였을 수도 있고, 전투에서 입은 부상의 후유증 때문이거나 아니면 번개에 맞아서일 수도 있다. 그전에 카루스는 현명하게 자신의 아들들을 공동 통치자로 임명해두었다. 공동 황제는 전례가 없지는 않았지만, 이례적인 일이었다. 마르쿠스 아우렐리우스와 셉티미우스 세베루스 모두 공동 통치자를 임명했고, 아우구스투스와 베스파시아누스는 각자 권력을 후계자와 자신의 아들에게 위임했다. 어떤 경우에도 동방과 서방으로 제국의 공식적인 분할은 없었다. 카루스의 아들 중의 한 명인 누메리아누스(마르쿠스 아우렐리우스 누메리아누스)는 군대와 함께 메소포타미아에 있었고, 그곳에서 황제로 선언되었다. 동생인 마르쿠스 아우렐리우스 카리누스는 서부에서 게르만 부족에 맞선 전투를 승리를 이끌었고, 그곳에서 이미 황제로 인정받았다.

로마 군대는 사산조 페르시아에 맞서 승리를 거두기는 했지만 검증되지 않은 새로운 통치자 아래에서 싸움을 이어가는 위험을 감수하지 않기로 결정했다. 그래서 군대는 서쪽을 향해 진군했다. 누메리아누스는 외부와 차단된 마차 안에 머물고 있었는데, 그의 참모들의 말에 따르면 눈에 염증이 생겨서 햇빛과 바람에 눈을 노출시키면 안 되기 때문이었다. 하지만 며칠 뒤, 병사들은 고약한 냄새를 맡았다. 그들이 마차를 열어보니 누메리아누스가 죽어 있었다. 참모들은 그의 죽음을 자연사로 돌렸지만 많은 사람들은 피살을 의심했다.

누가 그를 대신할 것인가? 명백한 선택지는 아리우스 아페르라는 이름의 근위대장으로, 그는 누메리아누스의 장인이기도 했다. 그러나 또다른 더 인상적인 후보자가 등장했다. 권력을 휘두르는 법을 아는 억세고 무자비하며 노련한 지휘관이 나타난 것이다. 284년 11월 20일, 누메리아누스의 선임 장교들로 구성된 협의회는 아페르를 무시하고 대신에 디오클레스를 선택했다. 평범한 이름, 디오클레스로 태어난 사내는 이제 좀더 라틴어풍의 디오클레티아누스로 변신했다.

신임 황제는 번창하는 도시 니코메디아 외곽 언덕에서 군대의 경례를 받았다. 프로폰티스 해(현재의 마르마라 해)의 어느 만 꼭대기에 위치한 이 도시는 오늘날의 이스탄불에서 그다지 멀지 않다(오늘날 니코메디아는 이즈미트로 알려져 있다). 디오클레티아누스는 자신은 누메리아누스를 배반하거나 죽이지 않았다고 맹세한 다음 누메리아누스의 죽음은 아페르가 저지른 죄라고 공언하고는 칼을 빼들고 군대 전체가 지켜보는 앞에서 그를 처형했다. 디오클레티아누스가 거짓말을 하고 있었고, 실은 누메리아누스의 살해 모의에 가담했다는 추측이 있다. 그렇다면 그는 입막음을 하려고 아페르를 죽인 셈이다.

디오클레티아누스가 거짓말을 하고 있었다면, 그는 결백을 극구 주장해야 했을 것이다. 한 문헌은 목격자의 진술이라고 주장하며, 디오클레티아누스가 아페르를 칼로 찌르면서 고전 서사시 베르길리우스의 「아이네이스」의 한 대목을 인용했다고 말한다[4]─군인치고는 다소 문학적인 퍼포먼스이다. 동일 문헌은 디오클레티아누스가 한번은 멧돼지를 죽인 뒤에 황제가 될 것이라는 예언을 들었다고 말한다. 디오클레티아누스가 근위대장을 죽인 뒤에 주목했겠듯이, 아페르는 라틴어로 멧돼지라는 뜻이다.[5]

로마는 이제 막 뛰어난 새 지도자를 얻었다. 디오클레티아누스는 지독히도 현실적이고 폭력적일 뿐만 아니라 에너지와 야심, 비전을 갖춘 사람이기도 했다. 로마를 거의 몰랐음에도 그는 철저하게 로마적이었으니, 로마란 이제 하나의 도시라기보다는 군대였고, 로마 군대는 그의 집이었다. 같은 식으로 그는 생각이 좁은 군인이 아니라 기민한 정치적 전략가였다. 우리는 위대한 군인들의 지적 능력을 과소평가하는 경향이 있다. 디오클레티아누스를 상대할 때에 그러했다가는 치명적인 결과를 맞을 것이니, 그는 그야말로 정치 9단이었다.

그의 온전한 칭호는 거창하기 그지없는 임페라토르 카이사르 가이우스 아우렐리우스 발레리우스 디오클레티아누스 아우구스투스였다. 그러나 디오클레티아누스 같은 현실주의자는 병사들에 의해서 황제로 옹립된다는 것은 기껏해야 수렵 면허 발급과 같은 정도라는 것을 이해했다. 그는 싸우고 정치 공작을 벌임으로써 그 칭호를 획득해야 할 것이었다. 누메리아누스의 동생 카리누스는 제국의 서부 지역을 다스렸고, 자신이 유일한 정통 황제라고 주장했다. 디오클레티아누스는 그를 향해 재빨리 진군했다. 그들은 285년 봄에 세르비아의 어느 전장에서 맞붙었고 카리누스가 이겼다가—결국 졌다. 어느 설명에 따르면, 한 장교가 카리누스를 살해했는데 카리누스가 그의 아내를 유혹했기 때문이다.[6] 그 장교가 디오클레티아누스의 하수인이었을 가능성도 똑같이 존재한다. 카리누스의 병사들은 이제 디오클레티아누스를 황제로 받아들였다. 디오클레티아누스는 그 지역의 통제권을 확보한 이후 정통성을 획득하기 위한 캠페인의 다음 단계로 넘어갔다. 그는 알프스 산맥을 넘어 이탈리아 가서 아마도 난생처음으로 로마를 방문했다.

그 시대의 로마 원로원은 정치적으로나 군사적으로 직접적 권력을 거의 행사하지 않았지만 한 가지 예외가 있었다. 군대가 선택한 황제를 인정하는 법안을 통과시키기 위해서는 원로원의 지지가 여전히 필요하다는 점이었다. 게다가 원로원은 여전히 어마어마한 간접적인 권력을 보유했다. 의원들은 막후에서 밀어주거나 음모를 꾸밀 수도 있었다. 더욱 중요하게도 원로원은 정치에서 부와 돈의 힘을 대변했는데 의원들이 어마어마한 수준의 부자들이었기 때문이다. 당시의 원로원은 오늘날의 월스트리트나 실리콘밸리와 같았지만, 거기에 더해서 현대의 재단이나 대학교처럼 세금 면제라는 추가적 이점도 누렸다. 원로원 의원들은 자신들의 지갑을 열거나 닫음으로써 야심만만한 정치인의 운명을 좌우할 수 있었다.

디오클레티아누스는 이 모든 것을 알고 있었고 그래서 로마로 갔다. 로마를 짧막하게 방문하는 동안 그는 청탁을 주고받고 친구를 만들었다. 예를 들면, 근래에 군인들에게 돌아갔었던 집정관 자리에 핵심 의원들을 임명하는 식이었다. 어쨌거나 당분간 원로원은 그의 편이었다.

디오클레티아누스는 로마에서 꾸물거리지 않았다. 군사적 시험부터 시작해서 엄청난 도전들이 제국 앞에 버티고 있었고, 그는 이제 이 도전들로 눈길을 돌렸다. 그는 다음 10년의 대부분을 도나우 강 전선과 동부에서 보내게 된다.

3세기의 위기

디오클레티아누스의 최초이자 최대 업적은 폭력의 악순환에 갇혀 있던 제국에서 안정을 회복한 것이다. 그의 위업이 얼마나 대단한 것인지를 이해하려면, 그가 등장하기 이전의 반세기를 잠깐 살펴보아야 한다.

알렉산데르 세베루스의 살해와 디오클레티아누스의 즉위 사이의 50년은 위기와 위기 뒤의 느린 회복기였다. 로마는 이전에도 여러 차례 위급한 사태들과 직면해왔지만, 이 정도의 규모로는 아니었다.

240년 무렵부터 줄곧 로마의 적들은 동서, 양쪽에서 경계선 너머로 밀고 들어오고 있었다. 갈리아 지방과 오늘날의 요르단 지방 모두 독립을 선언했다. 3세기 중반의 야심만만한 황제 데키우스(가이우스 메시우스 퀸투스 데키우스)는 오늘날의 불가리아에서 게르만 침략자들에 맞서 싸우다가 전사했다. 데키우스의 아들이자 공동 통치자가 먼저 죽었는데, 여기에 데키우스는 병사 하나를 잃는 것은 그리 중요하지 않다고 의연하게 말했다고 한다.[7] 가장 커다란 충격은 몇 년 뒤인 260년에 발레리아누스 황제(푸블리우스 리키니우스 발레리아누스)가 사산조 페르시아의 왕에게 생포되었을 때에 찾아왔다. 페르시아 왕은, 패배한 발레리아누스가 말을 탄 자신 앞에 엎드리고 있는 광경을 묘사한 부조를 [이란의] 한 암벽에 새기게 했다. 인근의 석조물에 새겨진 비문은 페르시아 왕이 발레리아누스와 그의 장교들을 직접 사로잡았으며, 이란으로 보내진 그들은 그곳에서 죽었다고 신나게 자랑했다. 이 일은 로마인들에게 엄청난 굴욕이었다.

양면 전선에서 침공과 반란에 맞서느라 로마는 한계점에 다다랐다. 패전을 거듭했고 다키아 속주의 대부분은 영영 포기되었다. 국방비를 마련하기 위해서 황제들은 통화 가치를 낮추었지만 그 결과는 대형 인플레이션이었다. 이것만으로도 충분하지 않다는 듯이, 그 세기 중반에 대규모 유행병이 다시 창궐하여[8] 15년간 제국 전역에서 맹위를 떨쳤고, 이로써 로마의 병력 수급의 문제가 더욱 심각해졌다. 그 다음 240년대의 가뭄으로 그동안 농업을 축복해온 유리한 기후도 끝이 났다.[9]

인구가 특히 도시에서 급감했다. 한편, 침공 위험으로 인해서 많은 도시들이 새로운 방어 시설을 짓거나 기존 시설을 증축했다. 로마 자체가 대표적인 사례였다. 오늘날 로마 시를 찾는 방문객들이 볼 수 있는 두꺼운 성벽은 270년부터 275년까지 재위한 아우렐리아누스 황제(루키우스 도미티우스 아우렐리아누스)가 처음 축조한 것으로 나중에 중세와 근대 초를 거치며 여러 차례 개조되었다.

로마의 대표적 문제는 정치적 불안정이었다. 암살과 내전이 정부의 안정성을 흔들었다. 세베루스 알렉산데르가 살해된 235년과 284년 사이에,

일부는 재위 기간이 매우 짧았다고 해도 무려 20명이 제위를 거쳐갔다. 평균 재위 기간은 3년이 채 되지 않았다.

그러나 제국은 다시 일어섰으니, 이는 로마의 회복 탄력성을 입증하는 것인 동시에 제국의 적들 사이의 분열과 허약성의 징후이기도 하다. 회복은 발레리아누스의 아들이자 공동 통치자인 갈리에누스(푸블리우스 리키니우스 에그네티우스 갈리에누스) 치세 동안 시작되었는데, 갈리에누스는 253년부터 268년까지, 15년이라는 보기 드문 장기 집권을 하는 동안에 일련의 개혁을 단행했다. 그는 고위 군 통수권에서 원로원 의원들을 배제하고 직업 군인들로 대체했다. 더욱이 그는 새롭고 덜 야심찬 국방 정책을 시작했다. 로마인들은 이제 변경 지역의 많은 부분을 적에게 내어주고 방어 모드로 전환했다. 변경 인근의 요새화된 도시들이, 적들이 로마 영토 내로 더욱 깊숙하게 침입하는 것을 막기 위한 기지 역할을 하는 방식이었다. 로마는 또한 후방의 전략적 지점들에 기동 군대를 집중시켜서 유사시에 이동시켰다.

이런 새로운 정책들 덕분에 갈리에누스는 게르만족 침략자들에게 패배를 안길 수 있었다. 그의 후임자들은 침략자들을 확실하게 저지하고 갈리아와 동방을 모두 재정복했다. 그들은 수도를 정복하고 메소포타미아 속주(이 경우에는 이라크가 아니라 오늘날의 터키 동남부에 해당하는 비교적 작은 지역을 가리킨다)를 재수립하여 사산조 제국에 달콤한 복수를 하기도 했다.

갈리에누스는 원로원 귀족계급 출신이었지만 그의 후임자들은 모두 자수성가한 군인들, 바로 그 자신이 창출한 직업 군대의 소산이었다. 이 황제들 가운데 어느 누구도 정치적 안정을 재확립할 수 없었다. 사실, 그들 가운데 가장 성공적이었던 사람들은 급사했고, 종종 비명횡사했다.

디오클레티아누스만이 질서를 회복할 수 있었다.

로마를 지배한 전사 집단

디오클레티아누스가 이해했듯이, 권력을 유지하기 위해서는 권력을 누군 가와 공유할 필요가 있다. 그래서 그는 권력 공유도 통 크게 했다. 황제로 지명된 지 1년 만에 그는 함께 일할 동료 직업 군인을 골랐다. 그보다 몇 살 연하인 막시미아누스(마르쿠스 아우렐리우스 발레리우스 막시미아누 스)라는 사람이었다. 오늘날의 세르비아에 해당하는 지방 출신 잡화상의 아들인 막시미아누스는 디오클레티아누스처럼 일반 사병에서 시작하여 진급했다. 두 사람은 군대에서 함께 복무했고, 막시미아누스는 디오클레 티아누스가 황제로 옹립되던 날, 아마 니코메디아 밖에 같이 있었을 것이 다. 처음에 디오클레티아누스는 막시미아누스를 카이사르—그의 대리이 자 후계자—로 임명하여 갈리아로 파견했다. 그 다음 디오클레티아누스 는 막시미아누스를 아우구스투스, 즉 공동 황제로 임명하고 그에게 서방 을 맡겼다. 디오클레티아누스의 통치는 대체로 제국에서 가장 부유하고 인구가 밀집한 지역인 동방에 한정되었다.

막시미아누스일 수도 있는 한 대리석 흉상은 우락부락한 얼굴과 움푹 들어간 눈, 홀쭉한 볼과 기민하고 무엇도 믿지 않는다는 듯한 표정을 보여 준다.[10] 생전에 그의 비판가들은 그가 사납고, 거칠고 미개하다고 했다.[11]

비록 디오클레티아누스는 공동 통치자를 지명한 첫 번째 황제는 아니 지만 여기서 대단히 특이한 점은 그가 두 사람을 추가로 카이사르로 임명 하기로 한 것이었다. 그는 293년 3월 1일에, 집권한 지 8년이 조금 지나 이를 단행했다.

그 8년 동안 전쟁의 북소리는 계속 울렸고, 디오클레티아누스는 싸움과 협상, 장거리 이동으로 이루어진 지독히 힘든 여정을 이어갔다. 예를 들 면, 290년 단 한 해만도 그는 하루에 16킬로미터를 이동한 것으로 추정된다.[12] 그는 수년 동안 멀리 떨어진 작전 지역을 오가면서 도나우 강, 이집트, 동부 변경에서 군사 원정을 이끌었다. 그는 유프라테스 강부터 아라비아 사막까지 동부 전선에 일련의 요새 구축을 지휘했다. 사산조 페르시아와는 휴전을 협상했다. 또한 막시미아누스와 만나서 갈리아 북서부에서 반란을 일으키고 브리타니아에서도 분리 움직임을 주도하고 있는 반란 사령관에 맞서 정책 공조를 조율했다. 그 사이에 실시하고 싶은 국내 개혁 조치들도 살펴야 했다.

할 일이 그렇게 많으니 디오클레티아누스가 도움을 요청한 것도 당연하다. 게다가 유능한 사람들과 권력을 공유하는 것은 그들이 반란을 일으킬 마음을 먹지 못하게 하는 방편이기도 했다. 그것은 친구를 가까이 두라, 하지만 적은 더 가까이 두라는 원칙의 훌륭한 사례였다.

두 카이사르는 두 아우구스투스를 보좌하며 대체로 군사적 역할을 맡았다(이하에서는 아우구스투스를 정황제[正皇帝]의 줄임말 '정제'로, 카이사르를 부황제[副皇帝]의 줄임말 '부제'로 표기한다/옮긴이). 서방에서는 플라비우스 발레리우스 콘스탄티우스가 정제 막시미아누스의 부제가 되었다. 콘스탄티우스는 전직 속주 총독이자 막시미아누스의 근위대장이었다. 동방에서는 역시 디오클레티아누스의 근위대장이었을 가능성이 있는 갈레리우스(가이우스 갈레리우스 발레리우스 막시미아누스)가 부제가 되었다. 네 남자 모두는 발칸 반도의 가난한 소년이었다가 로마 군대에서 출세했다. 그리고 넷 중 누구도 로마에서 살지 않았다. 그들은 전선에서 더 가까운 거처를 택했다. 그들은 터키 북서부, 게르마니아, 이탈리아 북부, 시리아, 그리스 북부에서 살았다. 전쟁과 반란에 대처하느라 항상 이동 중이었던 네 황제는 어쩌다 여름 협의회에서 만날 때를 빼면 거의 만날 일이 없었다. 그들은 주로 서신이나 사자를 보내서 연락을 주고받았다.

네 통치자는 때로 테트라크(tetrarchs : 문자 그대로 "네 통치자"라는 뜻이다)로 불리며 이 체제를 테트라키(tetrarchy : "4인 통치")라고 부르기도 하지만 이것은 근대에 만들어진 용어이다. 고대인들은 그 표현을 쓰지 않았다. 게다가 네 통치자는 동등하지 않았다. 디오클레티아누스가 일인자였다. 그는 새로운 두 가지 칭호를 만들어냄으로써 이를 분명히 보여주었다. 디오클레티아누스는 자신을 요비우스(Iovius)—즉, 신들의 왕 유피테르(유피테르의 다른 이름은 '요베[Jove]'이다/옮긴이)—라고 칭했다. 그는 막시미아누스에게 헤르쿨리우스, 즉 유피테르의 아들 헤라클레스라는 칭호를 주었다. 이 시기에 나온 제국의 주화들은 조화와 합의를 강조하고 있지만, 디오클레티아누스에 대한 충성이 우선이라는 것은 분명하다. 고대의 한 웅변가가 표현했듯이 제국은 "분할되지 않은 유산"[13]으로 남았다.

실제로는, 또한 일상 업무 차원에서는 막시미아누스와 콘스탄티우스가 서방을 다스리고 디오클레티아누스와 갈레리우스가 동방을 다스렸지만 제국의 공식적인 분할은 없었다. 디오클레티아누스가 제국의 전체적인 전략을 수립하고 최종 결정을 내렸다. 그러나 실질적 의미에서 로마 제국은 분할되었다. 디오클레티아누스는 로마의 문제들이 한 사람이 처리하기에는 너무 크다는 점을 인식했다. 이후 로마 역사 동안 제국은 보통 두 명의 황제를 두게 되었다.

억척 어멈과 마르스의 짝 : 4인 통치체제의 황실 여성들

아우구스투스로 거슬러가는 로마의 표준 절차를 따라서 디오클레티아누스는 혼인을 이용해서 정치적 관계를 다졌다. 그는 막시미아누스의 딸과 부제인 콘스탄티우스를 결혼시켰고, 이를 위해서 콘스탄티우스는 원래의 아내와 이혼을 해야 했다. 또한 결혼이 성사된 뒤에는 막시미아누스로 하여금 콘스탄티우스를 아들로 입양하게 했다. 군인-정치가인 콘스탄티우스는 경력의 많은 부분을 군사 원정으로 보냈고, 나이가 들어가면서도 딱히 전장을 떠나고 싶어하는 기미를 보이지 않았다.

한편 디오클레티아누스는 유일한 자식 발레리아를 부제 갈레리우스에게 시집보냈고, 역시 그를 아들로 입양했다. 발레리아의 초상을 담은 주화들은 다소 남자 같은 얼굴에 정교하게 땋은 머리를 이마 위로 올린 젊고 예쁜 여성을 보여준다.[14] 그녀는 작은 머리띠 왕관을 쓰고 있다. 그녀와 갈레리우스 사이에는 딸이 있었는데, 막시미아누스의 아들과 어린 나이에 이미 혼약을 맺었다.

목동이었던 갈레리우스는 군에 입대하여 역시 사병에서 진급했다. 그는 키가 크고 억셌다. 물론 그에게 적대적인 한 고대 문헌은 그가 위협적이고 상스럽다고 말한다.[15] 그는 애완동물로 곰을 길렀고, 자신이 식사를 하는 동안 곰들한테 먹이로 범죄자들을 주었다고 한다.

디오클레티아누스의 정책들에서 황실 결혼의 중요성에도 불구하고 우리는 네 통치자의 아내들에 관해서는 답답할 만큼 아는 것이 별로 없다. 디오클레티아누스는 아우렐리아 프리스카와 결혼했다. 나중의 사건들이 보여주게 되듯이 그녀는 충실하고 씩씩한 어머니였지만, 아내로서 그녀의 역할에서 관해서는 거의 기록된 바가 없다. 그녀는 가장 고결한 여성이라는 칭호를 보유했고, 디오클레티아누스는 살로나의 유피테르 신전에 그녀의 조각상을 세웠지만[16] 아우구스타라는 칭호는 주지 않았다. 왜 주지 않았는지 그 이유는 분명하지는 않지만 어쩌면 동료 황제들의 아내들의 기분을 상하게 하지 않으려고 그러했을 수도 있다.

반대로 갈레리우스의 어머니는 술수에 능한 인물로 눈에 띈다. 로물라는 아들들의 생애와 공적 이미지에서 큰 비중을 차지하는 아티아나 아그리피나와 같은 로마 어머니들 중의 한 명이었다. 나중에 갈레리우스가 은퇴하여 머문 대저택의 이름에도 그녀의 이름을 따랐는데, 이 빌라는 오늘날의 세르비아에 해당하는 갈레리우스의 고향 땅에 지어졌다.

로물라는 대단히 신심이 깊은 이교도였다고 한다. 갈레리우스는 그녀가 뱀의 모습을 취한 전쟁의 신 마르스와 관계를 맺어 자신을 낳았다고 주장했다.[17] 이 주장은 자신의 어머니가 뱀의 모습을 한 아폴론 신과 관계를 맺었다는 아우구스투스의 정치선전을 연상시킨다. 갈레리우스가 은퇴한 별장 안에 유피테르 신과 모신에게 바치는 신전을 지었을 때, 그는 물론 어머니에게 영예를 바치고 있었다.

디오클레티아누스와 세 동료 황제들은 군대 시절부터 이미 의형제 무리였다. 이제 그들은 결혼으로 결합된 한 가족(아니면 적어도 두 가족)이었다. 원래는 동방 로마에 있었지만 이제는 베네치아 산마르코 대성당 외벽을 장식하고 있는 네 황제의 유명한 집단 조각상은 그들이 투사하는 이미지를 보여준다.[18] 그들은 두 명씩 짝을 지어 서 있는데, 선임자들은 수염이 있고, 하위 파트너들은 수염이 없는 모습이다. 모두 무거운 갑옷을 걸치고, 도나우 강 지역 양식의 모직 모자를 쓰고 있다. 그들의 칼자루 끝에는 야만족 느낌이 나는 동그란 독수리 머리 모양의 장식이 있다. 각자 한 손은 동료의 어깨에 두르고 한 손은 칼자루에 얹고 있어서, 언제든지 서로를 보호하면서 외부의 적에 맞서 싸울 태세임을 암시한다.

조각상은 황제를 표현할 때에 사용되는 돌인 이집트에서 나오는 귀한 반암으로 제작되었다. 표현 양식은 전혀 고전적이지 않다. 뭉툭하고 육중한 인물들은 다소 중세 초기의 것처럼 보이기도 한다. 그러나 그 조각상은 예술이 더욱 단순한 형태를 띠는 3세기 로마 조각에서 나타나는 큰 변화들을 전형적으로 보여주는 사례이다.

"많은 땀으로 이룩한 평화"

세 동료가 각자 자리를 지키고 있던 293년 봄, 이제 디오클레티아누스가 전(全) 전선에서 진격을 개시할 차례였다. 그동안 그는 변경지대에 병력을 증강하고, 국경 요새들을 강화해왔다. 이전의 로마 요새들에 비해서 디오클레티아누스가 지은 요새들은 더 작고, 더 두껍고, 접근하기가 더 어려웠다. 이런 요새망은 동부와 서부의 다양한 변경지대와 해안 지대에서 지금도 발견된다.

셉티미우스 세베루스 치하에서 33개였던 군단의 숫자는 디오클레티아누스 치하에서 50개로 증가했지만 군단당 병력의 수는 더 적었다. 디오클레티아누스가 군대 규모를 늘렸는지는 분명하지 않지만 병력 모집 목표를 달성하기 쉽게 만든 것은 확실하다. 그는 공화정 시절 이래로 최초로 연례 징병제를 재도입했다. 또한 현역병이나 퇴역병의 아들들이 입대하도록 요구했다.

디오클레티아누스는 전사였지만 그가 시키는 온갖 일을 처리하는 사람은 갈레리우스였다. 갈레리우스는 도나우 강의 전선을 방어하고 이집트에서 반란을 진압한 다음 사산조 페르시아의 아르메니아 침공에 대처하기 위해서 동쪽으로 파견되었다. 그 사이, 297년에 디오클레티아누스는 이집트에서 일어난 또다른 반란에 대응하러 그곳으로 가야 했다. 긴 포위전 끝에 그는 물 공급을 차단하여 알렉산드리아를 함락했다.

같은 해에 갈레리우스는 사산조 제국에 대패를 당했다. 화가 난 디오클레티아누스는 그에게 수모를 안겼다.[19] 이집트를 떠나서 시리아로 향한 디오클레티아누스는 안티오크 시로 입성할 때, 갈레리우스가 자줏빛 어의를 걸친 채 자신의 전차 옆에서 1.6킬로미터가 넘는 거리를 뛰어가게 했다.

그러나 갈레리우스의 굴욕은 오래가지 않았다. 발칸 지역에서 새로운 병사들을 끌어모은 그는 298년의 전투에서 사산조 페르시아를 격퇴했다. 심지어 왕의 아내와 누이, 자식들을 모조리 포함한 사산조 왕실의 하렘을 손에 넣기까지 했다. 갈레리우스가 지금의 이라크 땅으로 남진하는 동안 디오클레티아누스는 터키 남부의 과거 로마 영토를 재정복했다. 하렘 반환을 협상 카드로 삼은 디오클레티아누스는 사산조 페르시아의 왕과 협상을 벌여, 탈환한 영토에서 로마의 주권을 인정한다는 약속을 받아냈고, 로마의 이 커다란 승리는 거의 40년간 지속될 강화 조약으로 이어졌다. 이제 디오클레티아누스는 갈레리우스를 두 팔 벌려 맞이했다. 그후로 갈레리우스를 치열한 싸움이 기다리고 있는 도나우 전선으로 파견했다. 실제로 갈레리우스는 다음 10년의 많은 기간을 그곳에서 전역을 수행하며 보내게 된다.

한편 서방 제국에서는 막시미아누스가 열심히 일하고 있었다. 그는 갈리아와 히스파니아, 아프리카의 반란자들을 진압하고 육상에서는 다양한 게르만 침략자들을, 해상에서는 해적들을 몰아냈다. 그러나 통제 불능의 브리타니아 탈환에 실패했다. 그 임무는 콘스탄티우스에게 떨어졌고, 콘스탄티우스는 296년에 브리타니아 해(오늘날의 잉글랜드 해협)를 건너가 오랜 기간 이어지던 그곳 섬의 반란을 드디어 진압했다. 그가 말을 탄 채 런던에 입성하던 순간을 기념하는 황금 메달이 지금도 남아 있다. 메달의 명각(銘刻)은 콘스탄티우스를 영원한 빛의 회복자로 찬미한다.[20]

14년 동안 쉴 새 없이 전쟁을 치른 끝에 298년에 이르자 디오클레티아누스와 공동 통치자들은 마침내 국경지대들을 안정시켰다. 그들은 이른바 야만족들을 격퇴하고 도륙하여, "많은 땀으로 이룩한 평화"[21]를 수립한 공로를 차지했다. 이제는 내부를 개혁하고, 이미 한창 진행 중이던 정책들을 갈고닦고 확대할 차례였다.

큰 정부

디오클레티아누스의 계획들은 돈이 많이 들었다. 끊임없이 이어지는 전쟁으로 인해서 군이 가장 비싼 가격표가 붙은 물건이었지만 그외에 대형 건설 프로젝트도 있었다. 국경 요새와 도로 건설 외에도 네 황제는 저마다 최소 하나의 궁전이 필요했고, 종종 여러 개가 필요할 때도 있었다. 디오클레티아누스는 로마 시도 무시하지 않았다. 그는 처참한 화재로 불탄 원로원 의사당을 재건했고(재건된 그 의사당은 오늘날에도 포로 로마노에 여전히 서 있다), 개선문을 세웠으며(오늘날에는 더 이상 남아 있지 않다), 로마 역사상 최대의 욕장인 거대한 디오클레티아누스 욕장을 건설했다. 이후로, 4만 제곱미터가 넘는 디오클레티아누스 욕장의 다양한 잔해들은 2채의 르네상스 교회(하나는 미켈란젤로가 설계했다)와 주요 고고학 박물관, 전시관 및 천문관, 그리고 앞의 건물들 못지않게 중요한 현대 로마의 주요 광장들 중의 하나로 개축되었다.

또다른 값비싼 지출 항목은 디오클레티아누스가 제국에 부과한 새로운 행정 구조였다. 속주의 수가 50개에서 대략 100개로, 두 배로 확대된 것이다. 그는 또한 속주들을 12개의 새로운 권역들로 묶어서 관구(管區, diocese : 기독교 교회에서는 행정 영역 단위를 가리켜 오늘날에도 이 용어를 쓴다)라고 하고 각 관구마다 행정 장관을 두었다. 거의 모든 직책들이 기사계급에게 돌아가면서 원로원 의원들은 사실상 속주 통치에서 배제되었다. 새로운 체제의 목적은 세금 징수와 각종 법률 및 규정의 시행을 더 용이하게 만드는 것이었다.

그동안 제국의 역사를 통틀어 이탈리아는 줄곧 세금에서 면제되었으나 더 이상은 아니었다. 디오클레티아누스는 이탈리아 반도를 다른 속주와 다를 것 없이 취급했다. 심지어 로마 시도 세금을 내야 했고—이 모든 것들 가운데 가장 매정한 조치로—원로원 의원들도 세금을 내야 했다. 분개심과 반발심이 쌓여가기 시작했다.

더 커진 군대의 요구 사항들을 충족하기 위해서 정부는 제국의 다양한 장소들에 병기창을 설립했다. 이 조치는 자연히 현지 주민들에 대한 세금 부과로 이어졌다. 제국 행정은 또한 매우 멀리까지 미쳤다. 예를 들면, 어느 행정 기록은 298년 9월에 한 이집트 대장장이가 현지 병기창에 일하러 나타나지 않았다는 것을 보여준다.[22] 이집트 총독은 그를 붙잡아 구류하고, 그와 그의 연장들을 자기 앞으로 가져오라고 지시했다.

그러나 이 모든 정책들은 이제 거의 무가치해진 통화를 배경으로 하여 이루어졌다. 이미 셉티미우스 세베루스 치하에서 로마 은화의 실제 은 함유량은 50퍼센트에 불과했다. 260년대에 이르자 일부 주화들의 실제 귀금속 함유량은 2-3퍼센트에 불과했다. 당연히 이는 재정 위기로 이어졌다. 늘 그렇듯이, 디오클레티아누스는 여기에 대한 대응 방안이 하나 아니 실은 여러 가지가 있었다.

먼저 배경 지식으로서, 불확실한 위기 시절에 제국 곳곳의 농부들이 독립성을 포기하고 현지 영주들에게 보호를 구했음을 고려할 필요가 있다. 과거 자유 토지 보유농이었던 그들은 소작인이 되었다. 이제 디오클레티아누스는 그런 상황을 법적으로 확실하게 못 박아 그들을 임차인으로 영구히 토지에 묶어두고자 했는데, 한곳에 정착한 노동자들이 여기저기 돌아다니는 노동자보다 과세하기가 더 쉬웠기 때문이다. 화폐보다는 현물로 내는 새로운 세금 체계가 수립되었다.

그러나 병사들은 화폐로 봉급을 받아야 했으므로 인플레이션 문제를 회피할 수는 없었다. 294년 무렵에 디오클레티아누스는 금화 무게를 늘리고, 신뢰할 수 있는 새로운 은화가 자리를 잡게 하고, 동화 주조를 개혁했다. 이런 가상한 노력에도 불구하고 동화는 여전히 과대평가되어 있었으며, 인플레이션은 걷잡을 수 없었다. 그래서 301년에 정부가 나서서 실질적으로 동화 가치를 절반으로 깎는 칙령을 발효했다.

몇 달 뒤에 디오클레티아누스와 동료들은 유명한, 가격상한에 관한 칙령(Edict on Maximum Prices)을 내려 임금과 가격에 제한을 가하는 대대적인 정책을 단행했다. 칙령의 서문은 시사하는 바가 컸다. 탐욕과 폭리를 취하는 일을 규탄한 뒤 네 통치자는 최고 임금과 가격을 설정했다. 그들은 가격 상한을 위반하는 자는 죽음으로 다스리겠다고 천명했다.

그들은 단 한번의 거래로 봉급 전부와 상여금까지 날린 병사들의 사례들을 인용하면서, 군대에 관한 특별한 염려를 표명했다. 군대에 지급되는 돈은 세금에서 나오므로, 칙령에 따르면 폭리를 취하는 불한당들은 개인들뿐만 아니라 사회 전체를 속이고 있었던 것이다.

칙령은 병아리콩부터 겨자, 염소부터 뇌조까지, 대리석 석공과 낙타몰이꾼에 대한 보수부터 수의사와 학교 교사에 대한 보수까지, 1,000가지가 넘는 상품과 용역에 가격을 설정했다. 목표는 야심찼지만 가격상한제는 실패할 수밖에 없었다. 결국에 시장에서는 상품들이 자취를 감춘 반면에 암시장은 성행했다.

격식 차리기

디오클레티아누스와 세 공동 통치자의 집단 조각상이 암시하듯이, 황제는 자기표현에 대단히 신경을 썼다. 사실 디오클레티아누스 치하에서 황실은, 일체의 공화주의적 가식을 벗어버리고 최고로 오만한 군주도 제집처럼 느낄 만한 공간으로 변모했다. 이미 여러 전임자들이 궁정 의례를 늘렸지만 디오클레티아누스는 훨씬 더 나아갔다.

디오클레티아누스는 종종 금실로 수놓은 자색 어의에 비단신을 착용하고 보석 장신구를 달았다. 고대인들에게 자주색은 왕의 색깔이었다. 초기 황제들은 자주색을 걸치는 것을 삼갔고, 하드리아누스와 그의 후임자들은 자주색을 더 많이 이용하기는 했지만 누구도 디오클레티아누스만큼 열성적으로 착용하지는 않았다. 그는 또한 공개석상에서 자신을 주인(dominus)이라고 부를 것을 강하게 요구했다. 그의 치세에 지어진 황궁들은 모두 웅장한 알현실을 갖추고 있으며, 알현실은 황제를 찾은 방문객들에게 근사한 인상을 심어주도록 배치되어 있었다. 또한 황제는 고전기 작가들이 전제정의 신호로 경멸한 인물들에 둘러싸여 있을 때도 있었다. 그들은 바로 내시들이었다.

내시는 초창기부터 로마 제정에서 일정한 역할을 해왔지만 일반적으로 그들의 역할은 작았다. 로마인들은 내시들을 외국의 독재정과 결부시켰지만 디오클레티아누스 치하에서는 로마 정부의 신용을 얻게 되었다. 그들은 흔히 아르메니아나 페르시아 출신의 해방민이었다. 이제 내시들은 황실의 요직을 차지했고 종종 황제에 대한 접근을 좌우하기도 했다.

황제에게 가까이 다가갈 수 있는 한 가지 경우는 황제가 도시에 입성할 때로, 보통은 웅장한 의식이 거행되는 자리였다. 그런 자리는 궁중 알현과 더불어 송덕문(panegyric), 즉 찬양의 연설을 바칠 기회가 될 수도 있었다. 이전 치세들에서도 과장이 심했던 이 연설들은 디오클레티아누스 치하에서 아첨의 새로운 수준을 보여주었다. 예를 들면, 301년에 디오클레티아누스와 막시미아누스는 메디올라눔(지금의 밀라노)의 궁전에서 모임을 개최했다. 한 연설문 작성자는 소리 높여 외쳤다. "두 분의 신성한 얼굴을 우러러볼 수 있도록 밀라노의 궁전으로 입궁이 허락된 이들이 두 분을 보았을 때, 그리고 일반적으로 한 사람에게 올리는 공경의 관례가 신과 같은 한 쌍의 얼굴 앞에서 갑자기 혼란이 빠졌을 때 경건한 두 분의 태도는 얼마나 대단한 광경을 허락하였는지요!"[23]

위의 작가는 두 통치자가 궁을 나와 가마를 타고 시내를 지날 때면 이들을 보려고 많은 인파가 거리로 쏟아져 나오거나 2층 창문에 몸을 기대는 바람에 건물들이 흔들릴 지경이었다고 말한다. 그는 사람들이 조금도 겁내지 않고 기쁨에 차서 소리쳤다고 쓴다. "봤어? 디오클레티아누스를 봤어? 막시미아누스를 봤어? 둘 다 여기 있어! 함께 있다고! 정말 가까이 있구나! 화목하게 담소를 나누는 모습을 봐! 참 빨리도 지나가는군!"[24]

제국은, 리비아가 여봐란듯이 남편 아우구스투스의 모직 토가를 물레로 손수 짜던 시절이나 티베리우스 치하의 원로원이 남성들에게 비단옷을 법으로 금지시켰던 시절로부터 참으로 먼 길을 왔다. 지금 로마를 다스리는 발칸 출신의 억센 군인들은 다른 세상에서 온 사람들이었다. 그들은 이제 부와 권력을 쥐고 있었고, 그것을 과시하기를 즐겼다.

대박해

디오클레티아누스가 종교적 박해에 시간과 에너지를 쏟았다는 것이 이상하게 느껴질 수도 있다. 사실, 그와 같은 군인이라면 오히려 소련의 독재자 이오시프 스탈린처럼 "교황은 사단을 얼마나 많이 가지고 있지?"[25]라고 묻지 않았을까 짐작할 수도 있을 것이다.

그러나 로마인들은 현대인들과 다르게 신은 죽었다는 믿음의 분위기 속에서 자라지 않았다. 반대로 대다수의 로마인들은 제국의 불운들을 신의 노여움의 분명한 신호로 보았다. 신들이 로마에 화가 났다는 것이었다. 신들은 달랠 필요가 있었고, 국가는 로마인들이 "신들의 평화"[26]라고 부른 것을 회복해야 했다. 그렇지만 어떻게?

어느 사람들에게 대답은 "새로운 신들과 함께"였다. 여러 비참한 고통을 안긴 3세기의 위기는 옛 신들에서 새로운 신들로의 개종을 부추겼다.

다종다양한 외국 종교들과 어떤 경우에는 새로운 종교들이 제국의 첫 몇 세기 동안 동쪽에서 로마로 유입되었다. 3세기 로마의 종교 시장은 다채로운 모자이크와 같았다. 숭배자들은 영생의 비밀을 약속하는 그리스 밀교들 중에서 하나를 고를 수도 있었고, 사제들이 마치 오늘날의 하레 크리슈나(Hare Krishna) 교단처럼 의상을 걸치고 기도를 읊조리며 거리를 행진하지만 여기에 스스로에게 채찍질을 하는 고행까지 결합된 이집트의 여신 이시스 숭배를 선택할 수도 있었다. 또한 남자들만 섬기는 미트라 신 숭배도 있었는데 태양신과 마초 상징이 결합된 미트라교의 입교자들은 일부 미국 대학들의 남학생 클럽 모임들을 연상시키는 지하실에서의 황소 희생 제의에 참가했다. 아니면 페르시아에서 수입된 똑똑이들의 종교인 마니교는 어떤가? 마니교는 빛과 어둠 간의 대결이라는 이원론적 방식으로 세상을 바라보았다. 유대교도 많은 개종자들을 끌어당겼고, 엄격한 율법보다는 그 신학과 유서 깊은 경전을 더 좋아하는 동조자들은 개종자보다도 더 많았을 것이다.

마지막으로 구원과 의식(儀式), 공동체, 그리고 엄격한 제약들은 배제한 채로 유대교의 혜택을 제공하는 기독교가 있었다. 기독교에 대한 공식적인 차원의 적대는 기독교 교회가 퍼져나가는 것을 막지 않았다. 사실 로마 정부는 기독교를 대체로 가만 두었다. 박해는 간헐적이고 국지적이었으며, 비교적 드물었다. 물론 잇달아 찾아온 재앙들로 휘청거리던 황제들이 신들에게 제물을 바치지 않는 기독교도들에게 박해를 개시했던 250년대는 예외였다. 그러나 박해는 사실상의 관용이라는 이전의 상황으로 금방 되돌아갔다.

기독교는 자비와 공동체를 강조함으로써 추종자를 얻었다. 교회는 여성과 노예들에게 열려 있었다. 종말론적이고 혁명적인 경향들에도 불구하고 기독교는 대체로 주류가 되었다. 부유층과 지식인들은 물론 심지어 로마 병사들도 개종하기 시작했다.

기독교도들은 소수집단이었고, 동부와 북아프리카에 집중되어 있었다. 그러나 그들은 제국 전체 인구의 10퍼센트를 구성했고, 이는 결코 적은 수가 아닌 데다가 특히나 대다수의 기독교도들은 로마 문명의 중추인 도시들에 살고 있었다. 같은 식으로, 기독교도들은 일반적으로 다른 사람들과 달라 보이지 않았고, 행동도 같았다. 그들은 특별한 복장을 하거나 게토에서 살지 않았고, 시신을 따로 매장한다든가 다른 언어를 말하지도 않았다. 그들은 같은 이웃, 살림을 꾸리거나 사업에 종사하는 여자, 교사, 변호사, 혹은 옆 막사의 병사였다. 그들을 다른 로마인과 구분하는 유일한 차이는 신전과 각종 제전들에 나오지 않고, 자기들의 교회(대체로 민가)에서 예배를 드리고, 황제를 위하여 신들에게 제물을 바치지 않으려는 성향이었다.

디오클레티아누스는 그런 성향에 주목했고, 그것이 의무 태만이라고 생각했다. 그는 새로운 종교로 신들의 평화를 구하는 그런 사람이 아니었다. 달마티아의 한미한 배경에서 태어난 그는 오히려 외부자의 열정을 가지고 옛 로마 신들에게 더욱 헌신했다. 그는 자신이 옛 신들에게 희생 제물을 바치는 것은 물론이고, 그렇게 하지 않는 자들을 박해하기로 결심했다. 이미 얼마간 그런 생각을 품고 있었을 수도 있지만 그는 페르시아와의 전쟁이 드디어 마무리된 298년에 가서야 움직였다. 어쩌면 디오클레티아누스는 점점 나이가 들어가면서 자신 뒤에 남을 유산을 생각하며, 권좌에서 내려올 시간이 다가오기 전에 신들의 환심을 사고 싶었는지도 모른다. 어쨌거나 그는 303년에 행동에 나섰다.

먼저 디오클레티아누스는 새롭고 다를 뿐만 아니라 페르시아에서 유래했기 때문에 의심을 사는 마니교도들에게로 눈을 돌렸다. 마니교도들은 사악한 독사와 같다고 황제는 말했다.[27] 그 다음 그는 기독교도로 눈길을 돌렸다.

디오클레티아누스는 특히 군대에서 점점 커져가는 교회 세력을 두려워하고 싫어했다. 그는 본능적으로 그것을 분쇄하려고 나섰다. 여기에서 그는 동료인 갈레리우스의 강력한 지지를 받았다. 실제로 일부 문헌들은 박해가 사실 갈레리우스의 아이디어였다고 말한다. 한 가지 흥미로운 가능성은 갈레리우스를 뒷받침한 원동력이 이교의 신들에게 강한 믿음을 가졌던 그의 어머니 로물라에게서 왔다는 것이다.[28] 기독교 교회가 고대에 맞닥뜨렸던 최악의 박해의 배후에 구릉지대인 세르비아 농촌에서 온 여성이 있었다는 것은 적어도 가능한 일이다.

기독교도들이 대박해(Great Persecution)라고 부르는 사건은 303년과 304년에 반포한 일련의 칙령들로 일어났다. 처음의 칙령은 고위직의 기독교도들과 더불어 성직자를 겨냥했다. 그 다음 정권은 평범한 기독교들로도 고개를 돌려서 이교의 신들에게 제물을 바칠 것을 요구했다. 교회들이 철거되었고, 성전들이 압수되었다. 디오클레티아누스는 기독교도들을 군대에서 몰아내는 데에 특히 관심이 많았다.

한 기독교 문헌에 따르면, 박해는 디오클레티아누스 왕궁 근처 니코메디아의 한 기독교 교회의 파괴와 더불어 303년 겨울에 시작되었다.[29] 문헌의 저자는 갈레리우스가 박해에 대한 황제의 열의를 부채질하고자, 디오클레티아누스의 왕궁에 불을 내고는 기독교도들에게 죄를 뒤집어 씌웠다는 혐의를 제기한다. 디오클레티아누스는 미끼를 물었는지 시종들에게 자백을 받아내기 위해서 그들을 고문했지만 소득이 없었다.

디오클레티아누스는 심지어 자기 아내와 딸까지 의심했다고 한다. 이런 주장이 사실이든 아니든 간에, 어쩌면 그런 의혹 때문에 그가 아내와 딸에게 신들에게 제물을 바치라고 명령했는지도 모른다.[30] 그들은 분명히 기독교도는 아니었지만 기독교도들에 대한 공감을 표시했을 수는 있다.

기독교도들은 다양한 방식으로 박해에 반응했다.[31] 어떤 이들은 은신했고, 어떤 이들은 관리들에게 뇌물을 주었으며, 어떤 이들은 희생 제물을 바치는 데에 동의했고, 또한 어떤 이들은 거부하고 신앙 때문에 처형당했다. 기독교 문헌들이 이야기하는 대로 순교자들이 생겨났다. 27년간 군대에 몸을 담고 7차례 원정에 참가한 율리우스라는 한 퇴역병은 신들에게 향을 피워 올리는 대신에 처형되는 쪽을 선택했다. 오늘날의 알제리에서 살았던, 자식이 있는 한 부유한 부인도 제물을 바치기보다 처형을 선택했다. 오늘날의 튀니지에서 활동한 펠릭스 주교는 경전들을 내주기를 거부하여 쉰여섯 살의 나이에 처형당했다.

기독교도에게는 끔찍한 시절이었다. 박해는 10년 동안 띄엄띄엄 이어지면서 커다란 고통을 야기했지만 궁극적으로는 실패했다. 순교자 측의 확고부동함이 한 가지 이유인 한편, 일부 비기독교도 관계 당국이 박해를 꺼린 것도 또다른 이유이다. 과연 얼마나 많은 로마인들이 실제로 어떤 범죄도 저지르지 않은 동료 시민들에게 기꺼이 사형을 선고했겠는가? 브리타니아와 갈리아에서 콘스탄티우스는 교회를 부수는 일에 국한하고 그 밖에 기독교도들은 건드리지 않았다. 그만이 디오클레티아누스의 칙령을 완화한 유일한 공직자는 분명 아니었다.

순교자가 많지는 않았지만 순교는 기독교도의 의식 속에 커다란 비중을 차지하게 되었고, 아마도 비기독교도들의 찬탄을 이끌어냈을 것이므로, 기독교는 박해 뒤에 더욱 강력하게 부상했다.

로물라로 말하면, 그녀는 죽어서 그녀의 이름을 딴 갈레리우스의 영지에 특별히 지어진 영묘에 묻힌 다음 여신으로 선언되었다.[32] 그녀의 운명으로부터 그녀가 앞장서서 옹호했던 이교가 곧 박해를 받게 되리라는 사실은 짐작하기 쉽지 않으리라.

양배추와 왕들

디오클레티아누스는 은퇴한 최초이자 유일한 로마 황제였다. 더욱 놀라운 점은 그가 제위에서 내려온 다음 거의 10년간 평안히 살았다는 사실이다.

그는 왜 자리를 떠났을까? 문헌들은 황제의 건강이 나빠졌다고 말하지만 다른 황제들은 뇌졸중과 심장병, 통풍에도 아랑곳하지 않고 계속 권좌를 고수했다. 약 400년 전에 독재관 술라가 독재관 직위에서 물러난 이래로 어느 로마 권력자도 자발적으로 권력을 내놓은 적은 없었고, 율리우스 카이사르는 독재관들은 은퇴할 수 없는 법이라고 주장하며 술라의 은퇴를 정치적 무식(無識)의 행위라고 부른 바 있다.[33] 그러나 디오클레티아누스가 정치를 배우지 않은 것이 아니었다. 그는 충성스러운 동료 통치자들이 조금이라도 기미가 보이는 순간 언제든 충성을 거두리라는 것을 잘 알았다. 그들은 저마다 자줏빛 어의를 탐냈고, 그것을 얻기 위해서 싸울 터였지만 디오클레티아누스는 후임자를 자신이 고르고 싶어했고, 그것을 죽은 뒤에 할 수는 없는 노릇이었다. 그는 권력을 넘기고 물러난 다음 자신이 여전히 살아 있을 동안 필요할 때면, 한 발 옆으로 떨어져서 조종하는 것이 낫다고 생각했을 것이다.

막시미아누스와 콘스탄티우스는 둘 다 유능하고 야심만만했지만 디오클레티아누스는 갈레리우스를 선호했다. 갈레리우스는 10년이 넘게 디오클레티아누스의 충복이자 군사 업무의 집행자 노릇을 해왔다. 또한 디오클레티아누스의 딸 발레리아의 남편이자 디오클레티아누스의 손자의 아버지였다. 그러므로 황제는 다가올 중요한 날을 대비했다.

300년 무렵에 디오클레티아누스는 자신의 출생지인 달마티아의 스팔라툼, 살로나 인근에 자신만의 은퇴자 전용시설을 짓기 시작했다. 여전히 상당히 웅장하게 남아 있는 유적은 보통 디오클레티아누스 궁전이라고 불리지만 그 건물은 단순한 궁전 이상이었다. 일반적인 은퇴자 전용시설에 비하면 디오클레티아누스 궁전은 이를테면 동네 은행과 포트 녹스(미국 켄터키 주의 군 기지로 지하에 연방 금괴 저장소가 있어서 엄중한 방어시설을 자랑한다/옮긴이)만큼 차이가 났다.

디오클레티아누스 궁전은 대략 215×180제곱미터의 면적을 아우르며 수천 명을 수용했다. 담으로 에워싸인 궁전은 요새화되어 있으며, 로마 군영처럼 네 구역으로 나뉘어 있고 작은 무기 제조소도 있었다. 궁전 안에는 신전과 영묘도 있었다. 앞선 황제들과 달리 디오클레티아누스는 자신의 영묘를 로마에 짓지 않았다.

궁전은 또한 돌로 새겨진 이데올로기적 선언이었다. 궁의 네 부분은 네 통치자를 나타내며, 그들은 사실상 지상을 걷는 신이었다. 넷 중 가장 중요한 사람은 물론 유피테르의 아들 디오클레티아누스였다.

막시미아누스는 은퇴에 대한 디오클레티아누스의 열의를 공유하지 않았다. 그는 권좌에 머무르고 싶었고 또한 아들 막센티우스가 자신의 뒤를 잇도록 예비해주고 싶었다. 그러나 디오클레티아누스는 거부했다. 그는 막시미아누스로 하여금 권좌에서 물러나고 막센티우스도 승계에서 배제하도록 강요했다. 새로운 두 정제는 동방에서는 갈레리우스, 서방에서는 콘스탄티우스가 될 것이었다. 새로운 두 부제는 플라비우스 발레리우스 세베루스와 막시미누스 다이아가 될 것이었는데 둘 다 발칸 출신 군인이고 갈레리우스와 연결되어 있었다. 다이아는 그의 조카였다.

세심하게 기획한 공식 의례를 통해서 디오클레티아누스와 막시미아누스는 305년 5월 1일 같은 날에 각각 니코메디아와 메디올라눔에서 퇴위했다. 그들은 자줏빛 어의를 내놓고 일개 시민의 복장을 걸쳤다.

두 사람은 새로운 칭호인 선임 정제(Senior Augustus)라는 칭호를 얻었다. 퇴위 이후에도 권위를 유지하기 위한 시도였지만 이것은 통하지 않았다.

네 남자들이 싸우기 시작하면서 「밴드 오브 브라더스」는 순식간에 「왕좌의 게임」으로 바뀌었다. 사태가 정리되고 마침내 결론이 나기까지는 20년이 걸렸지만, 결론이 정해졌을 때에는 서양 문명의 역사 가운데 가장 크고도 극적인 변화 중의 하나로 이어졌다.

306년 7월 25일 디오클레티아누스가 퇴위하고 1년이 조금 지나, 서부의 정제 콘스탄티우스가 죽었다. 우연히도 그는 셉티미우스 세베루스처럼 브리타니아 에보라쿰에서 죽음을 맞이했다. 콘스탄티우스의 병사들은 즉각 쿠데타를 일으켰는데 분명 오래 전부터 기획했었을 것이다. 디오클레티아누스가 선택한 부제를 새로운 통치자로 수용하는 대신에 그들은 콘스탄티우스의 아들 콘스탄티누스를 정제로 선언했다. 콘스탄티누스는 이 선언을 협상 카드로 삼았다. 갈레리우스와의 협상 끝에 그는 정제 대신에 부제라는 더 낮은 칭호를 수락했지만, 그에게는 여전히 커다란 신분 상승이었다.

디오클레티아누스의 승계 계획을 어그러트리는 다음 문제는 몇 달 뒤에 찾아왔다. 10월 28일에 로마 시가 사실상 반란을 일으켰는데, 그것은 대체로 일반인들에게 세금을 매기려는 시도에 대한 분노로 촉발된 것이었다. 근위대는 지나간 옛날을 상기시키는 움직임을 보이며, 다시 떨치고 일어나서 새로운 황제를 지명했다. 그들은 은퇴한 정제 막시미아누스의 아들 막센티우스를 새로운 황제로 선언했다. 근위대는 막센티우스에게 이제는 구닥다리가 된 프린켑스(제1시민) 칭호를 선사했다. 막센티우스는 은퇴한 아버지를 불러들여 그를 다시금 정제라고 선언했다.

아들의 지지세력을 넓히기 위해서 막시미아누스는 정략결혼을 추진했다. 그는 자신의 딸을 콘스탄티누스에게 주고 그를 정제로 인정했다. 그 대가로 콘스탄티누스는 막시미아누스를 정제로 인정하고 막센티우스도 부제로 인정했다.

이 다음에 벌어진 일은 누구보다도 이 사태를 열심히 주시했던 관찰자마저도 헷갈리게 만들었다. 막센티우스는 갈레리우스의 딸과 결혼했지만 갈레리우스는 그 젊은이의 권력 놀음에 격하게 반발했다. 동방의 근거지에 있던 갈레리우스는 세베루스를 이탈리아로 파견해서 막센티우스와 맞붙게 했지만 세베루스는 패하여 붙잡혀 갇혔다가 결국 처형되었다. 다음에는 갈레리우스가 직접 공격에 나섰다가 역시 패했지만 적어도 그는 무사히 도망쳤다. 이 추한 다툼은 308년에 아버지가 자기 아들을 권좌에서 몰아내려다가 실패하는 사태로 이어졌다.

이 시점에 막시미아누스는 우리가 이 장의 첫머리에서 본 대로 디오클레티아누스에게 호소했다. 308년 11월에 두 사람은 카르눈툼 회담에 참석했다. 거기에서 막시미아누스는 디오클레티아누스를 설득해 권력에 복귀하게 하려고 애썼다. 전직 황제는 현명하게 요청을 거절했다. 그는 요새 같은 자신의 궁전의 담 안으로 돌아가는 이유로 채소를 들었지만, 실은 안전한 그곳에서 지내면서 배후에서 사태에 영향력을 행사할 수 있었기 때문이다. 막시미아누스는 두 번째로 정제의 위치에서 물러나야 했지만 여전히 권력을 잡고 싶어서 몸이 근질근질했다. 이제 그는 사위인 콘스탄티누스와 다투었고 심지어 그를 암살하려고 했다. 이제 콘스탄티누스는 더 이상 참을 수 없었고 310년에 막시미아누스로 하여금 스스로 목숨을 끊게 했다.

그 사이 갈레리우스도 가만히 있지 않았다. 그는 정치선전과 왕조적인 수법으로 자신의 입지를 강화하고자 했다. 디오클레티아누스는 아내 아우렐리아 프리스카에게 아우구스타 칭호를 내리지 않았으나, 갈레리우스는 이제 아내이며 디오클레티아누스의 딸인 발레리아에게 그 칭호를 수여했다. 그는 한 속주의 이름을 그녀의 이름을 따서 지었다. 갈레리우스는 동료 통치자들에게 자신이 우월하다는 것을 과시하고자 했으나, 그들은 물론 동의하지 않았다.

같은 해인 308년에 갈레리우스는 로마에 있는 막센티우스의 수중에서 마침내 권력을 뺏어낼 희망을 품고 또다른 발칸 출신의 군인을 서방의 정제로 임명했다. 갈레리우스의 오랜 군 동료이자 페르시아에 맞선 전쟁에서 휘하 장군 중의 한 명이었던 그의 이름은 발레리우스 리키니아누스 리키니우스였다. 그는 늘 그렇듯이 발칸 출신의 가난한 소년에서 군대 내 진급의 사다리를 밟아온 자였다. 그러나 노련한 지휘관조차도 로마의 단단한 성벽을 뚫을 수는 없었고 그는 막센티우스를 자리에서 몰아내는 데에 실패했다.

그러나 갈레리우스는 311년 말에 암으로 세상을 떠났다. 비록 다른 이들은 박해 정책을 유지하지만 죽기 전에 그는 기독교도들에 대한 박해 조치를 철회했다. 갈레리우스가 왜 한 발 물러섰는지는 불분명하지만 혹자들은 그가 병에 걸리자 기독교도들의 신은 아무런 힘이 없다는 확신을 재고하게 되었다고 말했다.

이제 콘스탄티누스, 막센티우스, 리키니우스, 다이아 이 네 사람이 로마 제국의 한 부분씩을 차지하고 있었다. 그들의 무력 대치는 다음 장에서 해소될 것이다. 그 사이 디오클레티아누스와 그의 가족의 운명을 살펴보자.

디오클레티아누스가 언제 어떻게 죽었는지는 분명하지 않다. 그는 311년과 313년 사이의 어느 때에 병이나 자살로 생을 마감했다. 그가 죽자 그의 미망인과 딸—갈레리우스의 미망인—은 살해되었다. 디오클레티아누스는 가족의 안전을 지키지 못했지만 제국을 구원하고 정부를 개편했다.

아우구스투스 이래로 로마 정부를 그렇게 극적으로 변모시킨 사람은 없었다. 디오클레티아누스는 제국 정부를 분할하는 전례를 세웠다. 4인 통치체제가 그의 은퇴 뒤로 오래 살아남지 못한 것은 사실이다. 마찬가지로 4세기의 대부분에, 한 사람이 아닌 두 사람이 제국을 동시에 다스리게 되는데 이는 로마의 문제들은 한 사람이 감당하기에는 너무 크다는 디오클레티아누스의 주장이 옳았음을 시인하는 셈이다.

디오클레티아누스는 또한 로마 시의 권력을 종식시켰다. 도시는 두 번 다시 제국의 수도 역할을 하지 못하게 된다. 디오클레티아누스처럼 대다수의 황제들은 이제 발칸 지역과 군부에서 나오게 되며 그 영원한 도시와의 인연은 더욱 약화된다.

디오클레티아누스 덕분에 로마 군대는 군비 지원을 더 잘 받고, 새로운 도로와 요새들의 네트워크를 갖춘 국경지대에 더 철저하게 배치될 수 있었다. 그는 또한 동방에서 두 세대 동안 지속될 페르시아와의 평화를 샀다. 역시 디오클레티아누스 덕분에 제국 행정은 어느 때보다 커지고 개입적 성격을 띠게 되었다. 그는 이 모든 정책의 재정을 뒷받침하고자 과세 부담을 증가시켰다. 그는 농민들을 토지에 묶어두는 과정을 강화하고 성문화했다.

그의 성공들은 여기까지이다. 이제 그의 실패들도 보자. 격렬한 시도에도 불구하고 그는 기독교의 성장을 막지 못했다. 제국을 자신의 사위와 가족의 수중에 두는 데에도 실패했다. 적들이 부상하고 있었고, 궁전을 둘러싼 단단한 담도 그들로부터 가족을 구하지는 못했다.

디오클레티아누스의 후임자로서 궁극적으로 승리한 자인 콘스탄티누스는 얼핏 보기에는 그렇게 과거와의 단절이 아니었다. 최초의 기독교도 황제로서 콘스탄티누스가 극명한 변화를 대변하는 것은 맞다. 그러나 그는 정부와 군대, 경제와 관련하여 대단히 디오클레티아누스처럼 행동했다. 콘스탄티누스는 디오클레티아누스의 가장 가까운 동료 두 명, 바로 콘스탄티우스와 막시미아누스로부터 내려오는 왕조를 창건했다. 돌이켜 보면, 디오클레티아누스와 콘스탄티누스의 치세는 로마 제국을 개혁하고 그리하여 구원하게 되는 단일한 공동 사업에 가까웠다.

콘스탄티누스 흉상

X

콘스탄티누스
기독교인

로마 카피톨리니 박물관의 안뜰,[1] 로마 시에서 가장 신성한 이교의 장소라고 할 수 있는 이곳의 한복판에는 아이러니하게도 로마 최초의 기독교도 황제 콘스탄티누스의 거대 흉상이 서 있다.[2] 콘스탄티누스의 개종의 의미는 과소평가할 수 없다. 그의 개종은 크고 작은 방식으로 세계를 바꾸었다. 그의 개종은 우리에게 로마의 주인으로서 그리스도, 휴일로서의 일요일, 유럽에서 인구가 가장 많은 도시인 이스탄불—로마의 위상을 가리게 될 도시—을 선사했다. 사실 개종은 다음 1,700년 동안의 유럽 역사에서 너무 중요한 순간이어서 콘스탄티누스를 로마 황제, 즉 카이사르와 아우구스투스의 계승자로 보기보다는 중세—신앙의 시대—의 사람으로 생각하기가 더 쉬울 정도이다. 그러나 그 흉상은 그가 로마 황제였음을 상기시켜준다.

콘스탄티누스 흉상은 통치자에게 걸맞고, 모든 고대사 연구자들에게 잘 알려진 인상적인 기념물이다. 한때 그것은 실물 크기보다 큰 전신상의 일부였다. 두상만 3미터가 넘는다. 핏줄이 불거진 근육질의 오른팔과 쭉 편

손가락 하나가 달린 오른손,[3] 그리고 발 하나를 비롯해 석상의 다른 부분들도 일부 남아 있다. 그러나 우리의 시선을 사로잡는 것은 흉상이다. 최초로 수염을 기른 황제 하드리아누스가 한때 그러했듯이 콘스탄티누스는 전임자들과 근본적으로 달라 보인다.

콘스탄티누스는 움푹하고 끝이 갈라진 턱에 수염이 없고, 잘생기고 젊지만, 또한 우람하고 강해 보인다. 머리숱은 풍성하고 목은 두툼한 근육질이다. 눈길은 신성한 영감을 구하며 위를 향하고 있다. 하지만 이런 특징들은 새롭기는 해도 몇 세기 전의 모델들을 상기시킨다.

콘스탄티누스는 어느 모로 보나 로마인이었다. 군인이며 정치가, 건설자였다. 무자비하고 외골수였지만, 가장 성공적인 황제들은 다들 그러했다. 야심만만하고 권력에 굶주렸으며, 뛰어나고, 영민하고, 영성적이고, 폭력적이었다. 그는 전사이자 행정가, 대중홍보의 천재이자 종교적 환영을 보는 사람이었다. 그가 왕성한 에고를 지녔다면 그 역시 새로운 것은 아니었다.

그는 자신을 아우구스투스에 비견했지만 아우구스투스는 자신을 로물루스에 비견했고, 두 황제는 모두 자신들의 전신을 알렉산드로스 대왕이라고 생각했다. 아우구스투스처럼 콘스탄티누스는 옛것 가운데 최상을 보존하려고 애쓰면서 변화를 끌어안았다. 아우구스투스처럼, 처음에는 폭력을 동원했다가 나중에는 주로 평화적이고 점진적인 방법들로 돌아섰다. 그는 병사들을 챙겼지만 여성들에게도 주의를 기울였고, 어머니와 긴밀한 관계를 맺은 점에서 황실의 친숙한 패턴을 따랐다. 그는 왕조를 개창하기를 염원했으며 이 점에서 대다수보다 더 성공을 거뒀다.

콘스탄티누스는 로마인이자 기독교인이었다. 우리는 기독교의 유일신과 구원의 약속에 로마 이교의 전통적인 제국주의를 결합하여 자신의 업적을 묘사하는 방식에서 이를 볼 수 있다. "이 신의 권능을 우군으로 삼아나는 구원에 대한 확실한 희망을 가지고 오케아노스(그리스, 로마 신화에서 이 세상을 감싸고 있다는 거대한 강. 대양의 의인화/옮긴이)의 기슭들로부터 시작하여 전 세계를 차츰차츰 일으켰다."[4]

콘스탄티누스는 피의 사람이자 신의 사람이었다. 로마와 신들과의 관계를 재정립하는 것을 우선 과제로 삼았다는 점에서 역시 콘스탄티누스는 선례를 따랐다. 그러나 그의 정책이 초래한 결과들은 혁명적인 것으로 드러났다.

콘스탄티누스는 역사상 가장 커다란 성공 스토리 가운데 하나였다. 어쩌면 그것이 가장 로마다운 점이었을 수도 있다.

권력 부상

콘스탄티누스는 273년 2월 27일에 나이수스(오늘날의 세르비아의 니시)에서 태어났다.[5] 그가 태어났을 때 누구도 속주의 수도에서 태어난 이 아기가 언젠가 세상에서 가장 중요한 도시가 될 도시를 건립하게 되리라고는 짐작하지 못했을 것이다. 콘스탄티노플은 그의 탄생지에서 남동쪽으로 대략 730킬로미터 떨어져 있었으니 말이다. 사람들은 그가 제국의 종교와 문화에 획기적인 변화를 시작하리라는 것도 짐작하지 못했으리라.

콘스탄티누스가 태어났을 당시, 오늘날의 불가리아 출신인 그의 아버지 콘스탄티우스는 로마 군의 하급 장교였다. 콘스탄티누스의 어머니 헬레나는 남부끄럽지 않지만 그렇다고 신분이 높지도 않은, 터키 북서부의 주요 군용도로에 위치한 작은 여관 주인의 딸이었다. 콘스탄티우스는 아우렐리아누스 황제를 따라 군사 원정에 참가했을 272년 당시에 그곳에서 헬레나를 만났다. 그는 그녀와 사랑에 빠져 결혼했고[6] 아홉 달 뒤에 콘스탄티누스가 태어났다.

콘스탄티우스는 금방 출세하여 콘스탄티누스가 열 살이 되었을 때 이미 속주 총독이었다. 콘스탄티우스는 이제 아들에게 훌륭한 교육을 시킬 수 있는 자원이 있었고 교육은 특히 라틴어 문학에 중점을 두었지만 철학과 그리스어도 포함하고 있었다. 콘스탄티누스는 또한 아버지처럼 군인으로 길러졌다.

아버지가 서부 제국의 통치자인 정제 막시미아누스의 딸과 결혼하기 위해서 헬레나와 이혼했을 때에 콘스탄티누스는 아마 십대 초반이었을 것이다. 콘스탄티우스는 콘스탄티누스에게 줄곧 가깝게 남았고, 위대하고 빛나는 미래를 그리며 아들을 챙겼다. 그래도 이혼은 분명 타격이었을 것이다. 우리로서는 헬레나가 아들을 보호하고 기르기 위해서 얼마나 큰 노력을 기울였을지 짐작해볼 수 있을 뿐이다.

그녀는 그의 인생에서 가장 중요한 인물 중의 한 명이었으며 다음 30년 동안 줄곧 그런 인물로 남았다. 리비아와 아그리피나, 그리고 율리아 돔나 같은 이전의 많은 로마 어머니들처럼, 헬레나는 황제의 성년기 삶에서 커다란 역할을 한다.

293년에 콘스탄티우스가 부제로 임명되었을 무렵에 콘스탄티누스는 동쪽으로 보내졌다. 이제 스무 살이 된 그는 페르시아를 침공한 군대에서 복무하고 이집트에서 반란을 진압했다. 그 다음에는 니코메디아에 있는 디오클레티아누스의 궁정으로 들어갔다. 부제 콘스탄티우스의 큰아들로서 그는 언젠가 아버지의 뒤를 이을 것이라고 기대되었다.

물론 콘스탄티누스는 좋은 결혼을 했다. 300년이 되기 얼마 전에 그는 미네르비나라는 여성과 결혼했다. 그녀는 디오클레티아누스의 조카라는 것이 설득력 있는 정설이다. 그들은 크리스푸스라는 아들을 하나 두었다.

303년 대박해가 시작되었을 때, 콘스탄티누스는 여전히 니코메디아 궁정에 있었다. 아버지처럼 기독교도에 대한 불관용에 반대하기는 했지만 틀림없이 자신의 출세가도를 생각해서 잠자코 있었다.

디오클레티아누스의 궁정은 힘의 정치를 배우는 학교였다. 궁정에서 터득한 다른 교훈으로는 야심차고 재능이 충분한 자에게 무엇이든 가능하다는 것이 있었다. 디오클레티아누스 본인이 한미한 신분에서 최고 권력의 자리까지 오르지 않았던가? 콘스탄티누스는 출생과 교육 면에서 그보다 훨씬 더 큰 이점들을 갖추고 있었다. 그래도 이 교훈에는 한 가지 중요한 경고가 따라 붙었다. 무엇이든 가능하다. **만약** 그 사람이 하늘의 총애를 받는다면 말이다. 그 점은 고려할 필요가 있었다. 일부 역사가들은 그가 어머니의 도움을 받았다고 생각하는데, 그녀는 재능 많은 아들 곁에 있기 위해서 근처로 옮겼고 신들에 대한 그의 시각을 형성했을 수도 있다.

운명의 남자

305년, 갈레리우스는 디오클레티아누스를 설득하여 승계 방안을 바꾸게 함으로써 젊은 콘스탄티누스의 계산을 뒤집어버렸다. 디오클레티아누스와 막시미아누스가 정제의 자리에서 물러났을 때, 오랫동안 계획되어온 대로 갈레리우스는 동방을, 콘스탄티우스는 서방을 맡았다. 그러나 디오클레티아누스는 콘스탄티누스(콘스탄티우스의 아들)와 막센티우스(막시미아누스의 아들)를 부제로 임명하는 대신에 막시미누스 다이아(갈레리우스의 조카)와 세베루스(갈레리우스의 군대 측근)를 임명했다. 이것은 갈레리우스의 요청에 따른 180도 계획 변경이었다. 거부당한 두 명 모두 이를 묵묵히 받아들이려 하지 않았으니 그러기에는 둘 다 너무 야심이 많았다.

콘스탄티누스는 니코메디아를 떠나 서쪽으로 가서 브리타니아에 있는 아버지에게 합류했다. 앞의 장에서 언급한 대로 콘스탄티우스가 이듬해 그곳에서 세상을 떠나자 콘스탄티누스는 아버지를 대신하여 자신이 서방의 통치자이자 새로운 정제라는 병사들의 옹립을 수용했다. 병사들은 세습 원칙을 인정하는 경향이 있었으므로, 콘스탄티누스가 자연스러운 선택지였고, 게다가 콘스탄티우스는 죽기 전에 아들을 지지했었다. 무엇보다도 콘스탄티누스는 아버지의 생애 마지막 해에 하드리아누스 방벽 너머의 브리타니아 북부에서 병사들과 함께 전역을 수행함으로써 그들의 존경을 얻어냈다. 물론 콘스탄티누스는 동유럽과 근동에서 전투 경험을 이미 과시한 바 있다. 그는 다른 이점도 가지고 있었다. 바로 브리타니아에서 콘스탄티우스의 충성스러운 부관 역할을 한 게르마니아 왕의 지지였다.

몇 달 뒤에 로마에서 막센티우스가 스스로 아버지의 후임자라고 칭했다. 갈레리우스는 두 사람을 막으려고 했지만 이탈리아에서 두 차례의 군사 원정이 실패한 뒤 콘스탄티누스와 막센티우스를 비록 정제가 아닌 부제라고 해도 인정하는 수밖에 없었다. 그는 군대 내 또다른 친구 리키니우스를 정제이자 서방의 통치자로 지명했다.

그 사이에 콘스탄티누스는 권력을 공고히 다졌다. 아버지처럼 그는 수도를 오늘날의 독일 남서부에 있는 아우구스타 트레베로룸(오늘날의 트리어)에 두었다. 제국 초기에 번창한 도시였던 트리어는 275년에 게르만 부족들에 의해서 파괴되었지만 콘스탄티우스와 콘스탄티누스는 도시를 새로운 정점으로 끌어올렸다. 콘스탄티누스는 그곳에 궁전을 지었는데 그중 알현실이 나중에 교회로 쓰이면서 지금까지도 남아 있다. 건물은 길쭉하고 크며, 천장이 높이 솟은 홀인데 안쪽 끝에 있는 후진(後陣, apse : 보통 성당이나 교회에서 현관으로 들어섰을 때 정면으로 보이는 안쪽 깊숙한 곳의 반원형 공간. 이곳에 제단이나 성물함 등을 둔다/옮긴이)에는 한때 왕좌가 놓여 있었다. 두 줄로 배치된 큰 원형 창으로는 빛이 쏟아져 들어온다. 원래는 다색의 대리석들로 장식되었던 건물의 내부는 지금 보이는 것과 달리 화려했다. 그러나 제국의 이전의 알현실들보다는 더 단순했는데, 열주가 늘어서 있지 않았기 때문이다. 알현실은 그 삭막하지만 위엄 있는 분위기로 초기 교회 건축에 선례를 제시했다.

콘스탄티누스는 아우구스타 트레베로룸에서 아버지의 속주였던 브리타니아, 갈리아, 히스파니아를 다스리는 한편, 라인 강 변경에서 일어난 게르만 침략자들과의 전투들에서는 승리를 거두었다. 비록 로마 제국은 콘스탄티누스의 생애 내내 전략상 방어 상태에 있었지만, 황제들은 습격과 약탈을 하고 누가 이 구역의 두목인지를 현지 주민들에게 보여주고자 종종 국경을 넘어 외국 영토를 침입하기도 했다. 황제로서 콘스탄티누스는 성공적인 여느 로마 통치자들과 마찬가지로 몸소 군대를 이끌었다. 그는 원정에서의 승리들로 얻은, 게르만족을 네 차례 격파했음을 가리키는 게르마니쿠스 막시무스 IIII와 같은 칭호를 자랑스러워했다.

한편, 제국 내부로 돌아가면, 콘스탄티누스는 경쟁자들과 거래를 함으로써 자신의 입지를 강화했다. 미네르비나가 죽고 홀아비였던 콘스탄티누스는 이제 막센티우스의 누이 파우스타(플라비아 막시마 파우스타)와의 결혼을 추진했다. 파우스타는 콘스탄티누스보다 스무 살 넘게 어렸으며, 주화의 초상들로 보건대 트로피 와이프로 여겨져도 될 만큼 예뻤고 자식들을 낳음으로써 왕조의 이해관계에도 이바지했다.

막시미아누스와 막센티우스는 이제 콘스탄티누스를 정제로 인정한 한편 콘스탄티누스는 새 처남을 부제로, 장인을 선임 정제로 인정했다. 콘스탄티누스와 막센티우스 두 사람은 브리타니아부터 북아프리카까지, 자신들이 지배하는 영토에서 종교적 관용과 더불어 대박해 동안 몰수된 기독교 자산의 복구를 선언했다.

그러나 막시미아누스는 콘스탄티누스와 반목했고 그를 암살하려고 했다. 310년, 속이 뒤집힌 콘스탄티누스는 막시미아누스에게 스스로 목숨을 끊도록 강요했다. 우리로서는 이 일로 파우스타가 얼마나 마음고생을 했는지 짐작만 할 수 있을 뿐이다.

한편, 이듬해 제국의 또다른 죽음이 권력 다툼을 이동시켰다. 갈레리우스가 암으로 죽은 것이다. 네 사람이 이제 제국의 지배를 공유하고 있었지만 그들 간에는 신뢰가 거의 없었다. 동방에서는 리키니우스와 다이아가 권력 투쟁에 갇혀 있었던 한편, 서방에서는 콘스탄티누스와 막센티우스가 경계의 눈초리로 서로를 바라보았다. 312년에 새로운 일단의 제휴가 이루어졌다. 콘스탄티누스는 막센티우스와 다이아에 맞서 리키니우스와 손을 잡은 다음 행동에 나서 이탈리아를 침공했다. 콘스탄티누스는 베테랑 병사들을 지휘하는 전사였던 반면, 세력이 훨씬 약한 막센티우스는 로마의 강한 성벽 뒤에서 포위전을 견딜 채비를 했다. 이제 남은 것은 궁극의 목표물, 바로 로마였다.

밀비우스 다리

밀비우스 다리는 로마 북쪽의 테베레 강을 가로지른다. 기원전 206년에 처음 건설되어 종종 재건된 현재의 다리는 고대의 석재를 얼마간 간직하고 있었다. 옛날 네로가 어렸을 적에 그곳은 야밤의 모험 행각을 위한 공간이었고 오늘날에도 연인들을 끌어당기는 장소이다. 그러나 이곳은 312년 10월 28일 콘스탄티누스가 막센티우스를 무찌르고 로마를 정복한 밀비우스 다리 전투로 가장 잘 알려져 있다. 기원전 31년 9월 2일 악티움 해전의 승리가 아우구스투스의 권력을 확고히 매듭지은 이래로 밀비우스 전투는 로마 제국의 가장 결정적인 군사 활동이었다.

전투는 사실 다리 위에서가 아니라 다리 북쪽의 지상에서 펼쳐졌다. 우연히도 콘스탄티누스의 군대는 리비아의 교외 대저택이 서 있었던 언덕 바로 아래에 집결했다. 그 시점에 이르자 콘스탄티누스는 이미 연달아 승리를 거둔 상태였으니 걱정이 태산 같던 막센티우스는 자신의 왕권의 각종 상징들(왕홀, 왕관, 휘장, 어의 등을 말한다/옮긴이)을 팔라티노 언덕에 묻기까지 했다. 그것들은 2006년에 고고학자들에 의해서 발굴되었다. 발굴된 유물 가운데 최고는 막센티우스의 왕홀로, 지금까지 유일하게 발견된 로마 제국의 왕홀이다. 제국의 왕홀들은 흔히 60센티미터에서 90센티미터에 이르는 상아 막대기 끝에 구(球)나 독수리 머리 장식이 달린 것이었다. 막센티우스의 왕홀은 지구를 나타내는 푸른 구체가 황금빛 놋쇠 합금 죔쇠로 막대기에 맞물린 형태이다.

콘스탄티누스를 로마 시 가까이로 접근하지 못하게 하려고 막센티우스는 통행이 불가능할 만큼 밀비우스 다리의 상당 부분을 철거했다. 그러다가 마음을 바꿔서 로마 시 바깥으로 진격하여 콘스탄티누스와 맞서 싸우기로 하고, 대체물로 부표를 설치했다. 막센티우스는 군사를 이끌고 전투에 나섰지만 참패를 당했다. 그후 그는 성벽 안으로 돌아가서 안전을 구하려고 했지만, 몰려드는 피난민들에 떠밀려 다리 아래로 떨어졌고 갑옷의 무게에 눌려 익사하고 말았다. 그의 시신은 나중에 물가로 떠밀려왔다.

막센티우스와 콘스탄티누스는 처남 매부 지간이었지만 두 사람은 전혀 주저하지 않고 끝장을 볼 때까지 싸웠다. 콘스탄티누스는 병사들이 막센티우스의 잘린 머리를 창에 꽂아 로마 시내 곳곳으로 들고 다닐 때에도 반대하지 않았다. 머리는 나중에 북아프리카의 막센티우스 지지자들에게 그의 죽음을 입증해주기 위해서 보내졌다. 남편의 명령으로 오빠와 아버지가 죽임을 당했으니 파우스타에게는 또 한 번의 타격이었다.

콘스탄티누스의 로마 정복보다 더 중요한 것은 그가 그 정복으로 한 일이었다. 그는 자신이 이제 기독교 교회의 친구임을 세상에 알렸다. 사실, 본인이 기독교도였다.

콘스탄티누스가 어떻게 이런 입장에 도달하게 되었는지 그리고 기독교도라는 것이 그에게 대체 무엇을 의미했는지는 매우 흥미로운 이야깃거리이며 역사가들 사이에서도 논쟁이 분분하다.

콘스탄티누스의 개종

312년이 되기 수년 전부터 콘스탄티누스는 기독교도에 대한 박해 칙령의 실행을 거부했다. 이 부분에서 그는 아버지를 따랐는데 아버지는 기독교도가 아니었다. 그러나 헬레나는 기독교도였을 수도 있다. 콘스탄티누스의 생애를 다룬 우리의 가장 중요한 사료는 그렇지 않다고 말하며, 황제가 어머니를 기독교로 개종시켰다고 주장한다.[7] 하지만 나중의 교회역사가들은 헬레나가 그를 기독교도로 길렀다고 말한다.[8] 이 저자들 모두에게는 각자의 속셈이 있으며, 진실이 어느 쪽에 있는지 말하기는 어렵다.

만약 콘스탄티누스가 어머니의 개종을 원했다면 최소한 기독교가 그에게 굉장히 중요했다는 것은 분명하며, 그가 어머니의 종교적 소속에 신경을 썼다면 그녀가 그에게 (정치적으로는 물론 정서적으로) 굉장히 중요했다는 것도 분명하다. 헬레나는 나중에 콘스탄티누스의 치세에서 로마 세계의 기독교화에 핵심적인 역할을 하게 된다.

밀비우스 다리 전투가 벌어지기 2년 전인 310년에 콘스탄티누스와 그의 군대는 오후의 하늘에서 극적인 광경을 목격했다. 햇무리, 즉 태양 둘레의 둥근 테두리를 본 것이다. 햇무리는 갈리아의 어느 아폴론 신전 근처에서 발생했다. 아폴론은 태양신이지만 신전은 또다른 로마의 신성인 무적의 태양(솔 인빅투스[Sol Invictus])도 찬양하는 것으로 여겨졌다. 무적의 태양신은 콘스탄티누스의 아버지 콘스탄티우스가 가장 좋아한 신이었는데, 아우렐리아누스의 동방 원정 당시 그 지역의 한 태양신이 시리아의 어느 전투에서 황제에게 승리를 약속했을 때인 비교적 근래에 로마에 유입되었다.

젊은 콘스탄티누스는 자신이 그 태양신과 특별한 관계가 있다고 믿었지만 갈리아 하늘의 이 놀라운 광경을 어떻게 이해해야 할지 알 수 없었다. 그는 기독교 주교들을 비롯한 다양한 마법사들에게 물어보았다. 주교들은 그 환영이 태양신이 아니라 그리스도로부터 나온 표식이라고 확실하게 말해주었다. 이미 기독교도들은 그리스도를 태양과 결부시켰다. 복음서에서 예수는 자신을 "세상의 빛"[9]이라고 묘사하며, 마태오는 예수의 얼굴이 태양처럼 빛났다고 말한다.[10] 초기 기독교도들은 그리스도를 영적인 광명의 원천으로 보았다.

콘스탄티누스를 개종하도록 설득한 마지막 요인은 그리스도가 꿈에 나타나서 그에게 적군과 맞설 때에 보호막으로 이용하도록 한 표식을 보여준 일이었다. 콘스탄티누스는 이제는 잘 알려진 초기 기독교의 상징을 그의 개인 군기(또는 그 위)에 새겨넣었다. 그리스 문자 카이(χ)와 로(ρ), 즉 그리스도(Christ)를 가리키는 라틴어 CHR에 대응하는 것이었다. 이 일은 아마도 콘스탄티누스가 이탈리아로 건너오기 전 아직 갈리아에 있을 때에 일어났던 듯하다. 콘스탄티누스가 자신을 기독교도라고 부른 것은 이때부터였다. 나중에 밀비우스 다리 전투가 벌어지기 전에, 그는 병사들에게 방패에 카이-로 상징을 새기라고 명령했다. 그리고 로마로 입성한 뒤에 자신의 기독교 신앙을 재천명했다.

콘스탄티누스는 진정한 개종자였을까? **진정**과 **정치가**라는 단어는 보통 함께하지 않지만 그가 진정한 개종자였다고 생각할 만한 이유가 있다. 고대인들은 꿈과 징조를 진지하게 받아들였다. 이전의 황제들은 확실히 그러했고, 그들은 점성술사에게 문의도 했다. 현대 서양인들은 언제나 "진짜 동기"를 찾지만 우리는 종종 종교적 동기부여의 현실성을 인식하지 못한다.

콘스탄티누스가 권력을 얻기 위해서 종교를 이용해먹은 시종일관 냉소주의자였을 가능성도 있다. 그러나 312년에 기독교로 개종하는 것이 영리한 행보였을까? 사후적으로 보면, 그렇게 보이는 것 같다. 그러나 그 당시에 이교도가 다수였던 제국이 기독교도 황제를 용인하리라는 것을 보장하는 것은 아무것도 없었다. 고도의 위험 부담 능력이 있는 사람—아니면 신이 자신을 하나의 사명을 위해서 선택했다고 믿는 사람—만이 콘스탄티누스처럼 행동할 것이다. 일찍이 314년에 콘스탄티누스는 자신이 인간사를 잘 다룬다는 전제로 하느님이 자신에게 인간사의 향배를 맡겼다고 말했고,[11] 그는 후년에 자신의 사명에 대한 테마를 다시 꺼내들었다.

콘스탄티누스는 개종한 뒤에도 수년간 다양한 방식으로 계속 이교도처럼 행동했다. 예를 들면, 여전히 그는 자신의 새로운 신 그리스도와 옛 신 무적의 태양신 간의 관계를 정립해야만 했다. 그는 처음에는 왜 두 신을 모두 섬기면 안 되는지 이해하지 못했다. 그가 발행한 주화들에는 가끔 '무적의 콘스탄티누스 황제의 동반자인 무적의 태양신께'[12]라는 명각과 함께 태양신의 이미지를 새기는 것이 수년간 계속되었다.

그러나 콘스탄티누스는 인구의 절대다수가 이교도였고, 특히 군대에서 기독교도는 확연한 소수집단이었던 제국의 통치자였다. 대박해 동안 기독교도 개개인들은 자신들의 원칙을 위해서 순교자로 죽었다. 하지만 더 폭넓은 이교도층에 도달하기 위해서는 옛 신들과 새로운 신 사이의 차이점을 흐리는 것이 유용할 수도 있었다.

밀비우스 다리 이후로 10여 년 동안 콘스탄티누스는 동방의 지배자 리키니우스와 대치했는데, 리키니우스는 기독교를 용인하기는 했지만 본인이 기독교를 끌어안지는 않은, 콘스탄티누스의 위험한 경쟁자였다. 이교도인 리키니우스는 콘스탄티누스에 맞서 다수파의 종교를 이용할 수도 있었다. 324년에 리키니우스를 물리쳐서 단독 황제가 된 뒤로 콘스탄티누스는 좀더 여유가 생겼지만 그래도 여전히 만만하지 않은 반기독교 다수 세력과 맞섰다. 수학을 할 줄 모르는 통치자들은 살아남을 수 없으며, 콘스탄티누스는 언제나 훌륭한 학생이었다.

312년 이후에도 콘스탄티누스는 심지어 이교도도 얼굴을 붉힐 만한 살인과 유혈에 발을 담갔다. 개종이 사람을 성인군자로 만드는 것은 아니다. 콘스탄티누스는 분명히 복음을 전파했고 교회를 찬란하고 더욱 안전하게 만들었다. 아무렴, 그 정도면 그는 기독교도가 맞다.

로마 시의 기독교화

312년 10월 말, 콘스탄티누스의 로마 입성은 그의 첫 로마 방문이었다. 그는 마흔 살 가까이 되었고, 노련한 군인이자 그 영원한 도시를 방문하기 전에 이미 제국 서부의 상당 부분을 지배하고 있었다. 콘스탄티누스가 여태 그곳을 구경하지 않고도 권력의 정상부에 도달할 수 있었다는 사실은, 당시 로마의 위상에 관한 꽤 많은 것을 말해준다.

콘스탄티누스는 로마에 단 두 달만 머물렀지만 도시의 이교도 엘리트 계층의 환심을 사고 그곳의 기독교 공동체에 각종 은전을 베풀기에는 충분했다. 막센티우스는 열성적인 건설자였고 콘스탄티누스는 공공 행정과 쇼핑 용도의 거대한 바실리카를 비롯하여 그가 남긴 프로젝트들을 물려받아 완공했다. 오늘날 우리는 바실리카라고 하면 교회를 생각하지만 원래 바실리카는 공공건물이었다.

콘스탄티누스는 막센티우스의 엘리트 기병 부대를 폐지하고, 마침내 프라이토르 근위대를 해체함으로써 패배한 정권의 군사력의 기반을 파괴했다. 근위대는 밀비우스 다리 전투에서 심한 인명 손실을 겪었기 때문에 어차피 인원이 얼마 남아 있지도 않았다. 근위대는 아우구스투스에서 시작되었지만 디오클레티아누스가 그 역할을 축소시켰고 이제 콘스탄티누스가 마침내 그들의 장기 공연을 끝냈다. 여기서, 근위대장 세야누스의 권력부터 클라우디우스와 네로를 황제로 선택할 때에 근위대의 결정적인 역할과 페르티낙스를 살해하고 제위를 최고 입찰자에게 팔아치운 일까지, 근위대원들이 로마의 역사에 미친 영향을 잠시 생각해보는 것도 좋을 것이다.

콘스탄티누스는 근위대를 황제를 호위하는 다른 엘리트 부대로 대체했다. 그는 자신의 주변을 지키며 말썽을 처리하는 새로운 정예 기병 연대—치세 말에 이르러는 2,500명에 달했다—를 창설했다. 이 가운데 40명은 황제의 호위병 역할을 하도록 선발되었다. 마치 수세기 전 로마 공화정 시절에 공직을 구하는 자들이 흰색 토가를 걸친 것처럼, 이 친위부대원들은 그들이 입은 흰색 튜닉 때문에 칸디다티(candidati)라고 불렸는데, 여기에서 후보자를 의미하는 영어 단어인 캔디데이트(candidate)가 나왔다.

콘스탄티누스는 로마를 더 기독교 도시를 만드는 과정을 곧장 개시했지만 조심스럽고 외교적인 방식으로 접근했다. 새로운 바실리카에 십자가를 세운 것—로마의 정통 토박이들에게는 인기 없는 조치—을 제외하면, 그는 기독교 주제의 건축 프로젝트 일체를 도심에서는 자제했다. 그 대신에 일련의 교회들을 로마 시 변두리와 황실 소유지에 세웠다. 그중 최대 규모는, 지금도 존재하는 산 조반니 인 라테라노 대성당이다. 이는 최초의 대형 기독교 교회였다. 콘스탄티누스 이전의 기독교도들은 보통은 단순한 건물들, 때로는 민가에서 서로 만남을 가졌었다. 비록 문헌들은 별도의 교회들을 언급하기도 하지만 우리는 그 건물들의 생김새에 관해서는 아무것도 모른다. 기존의 초기 교회들이 어떤 모습이었든지 간에 콘스탄티누스는 분명히 더 웅장한 건물을 지었다.

라테라노 대성당은 입구부터 원래의 후진까지의 총 길이가 대략 90미터에 달하는 거대한 건물이었다. 콘스탄티누스가 세운 모든 로마 교회들과 마찬가지로 오직 내부만 웅장하고 화려했다. 바깥은 평범하고 소박하여 외부 사람들의 감정을 해치지 않으려고 그런 것이 아닐까 싶을 정도이다. 이후 여러 차례의 개축에도 불구하고 오늘날 라테라노 대성당을 찾는 방문객들은 로마 제국 후기 건축에서 전형적인 5줄짜리 육중한 측랑 구조를 여전히 볼 수 있다. 바실리카 교회는 바실리카 행정 관청을 닮았다. 콘스탄티누스 시대에 로마를 찾은 사람이라면 양자 사이의 건축학적 유사성을 보면서, 이제 국가와 교회가 연계되어 있다는 분명한 교훈을 얻어갔을 것이다. 다른 세부사항도 눈에 띈다. 콘스탄티누스는 막센티우스의 정예 기병 부대 본부를 철거한 자리에 새로운 교회를 세웠다. 메시지는 오해의 여지없이 분명했다. 바로 새 시대가 밝았다는 뜻 말이다.

라테라노 대성당 옆으로는 부자의 저택이 있었는데, 콘스탄티누스의 소유였다. 그는 그 저택을 밀티아데스 교황에게 선물했고, 이 집은 다음 수세기 동안 교황들의 관저가 되었다. 교황은 로마의 주교였다. 그는 이미 베드로와 바울의 계승자로서 특별한 지위를 차지하고 있었다. 콘스탄티누스는 밀티아데스와 그의 후임자인 교황 실베스테르 1세에게 존경을 표했지만, 교회에 황제의 최고 권력을 행사하는 데에 주저하지 않았다. 콘스탄티누스 시대의 교황들은 중요하기는 했어도 후대 교황들의 권력에는 훨씬 미치지 못했다.

콘스탄티누스는 또한 로마 시 외곽에 성인들과 순교자들에게 바치는 성소를 짓는 데에 에너지를 쏟았다. 가장 유명한 것은 테베레 강 서쪽의 바티칸 지구, 기독교 전통에서 베드로의 묘소로 여겨지는 장소에 세운 구(舊) 성 베드로 대성당이었다. 대성당은 1,000년 넘게 제자리를 지켰지만 보수가 제대로 되지 않아 결국 황폐해졌다. 1506년과 1626년 사이에, 오늘날 우리가 보는 웅장한 르네상스 양식의 바실리카가 지어져 콘스탄티누스의 교회를 대체하게 되었다.

처음에 콘스탄티누스는 교회의 수장이라기보다는 그 기관의 친구에 좀 더 가깝게 행동했다. 그의 기독교 건축 프로젝트는 본질적으로 개인적인 자선 행위였지 국가의 정책이 아니었다. 로마에서 콘스탄티누스의 공적 얼굴은 말하자면, 이교도들의 감정을 해치지 않는 것이었다.

가장 좋은 공식 사례는 로마에서 적어도 오늘날 로마를 찾은 관광객들에게는 가장 유명한 콘스탄티누스의 기념물이다. 바로 그의 이름을 새긴 채 콜로세움 옆에 서 있는 개선문이다. 그것은 3년 전에 밀비우스 다리 전투에서의 승전을 기념하기 위해서 원로원이 지은 것이었다. 개선문에 공공연한 기독교적 요소는 없다. 사실, 그 시대의 방문객은 개선문의 중앙 아치 너머로 먼발치에 이교의 상징―콘스탄티누스의 원래 수호신인 태양신의 거대 석상―이 우뚝 솟아 있는 모습을 볼 수 있었다.

개선문은 일련의 부조들로 장식되어 있다. 일부, 특히 개선문을 위해서 특별히 의뢰하여 제작한 것들은 이탈리아에서 콘스탄티누스의 군사적 승리들과 로마 입성 장면, 그가 로마 민중에게 현금을 나누어주는 모습 등을 보여준다. 다른 부조들은 이전의 제국 기념물에서 떼어온 것이다. 트라야누스, 하드리아누스, 마르쿠스 아우렐리우스의 기념물들에서 가져온 이 작품들은 전쟁과 수렵, 이교 희생 제의의 장면을 보여주며 심지어 안티노우스도 살짝 등장한다. 옛 예술 작품의 존재는 개선문이 이전 작품들을 재활용해야 할 만큼 대단히 촉박하게 건설되었다는 사실을 암시하지만 콘스탄티누스를 로마의 제국적 전통 안에 위치시켰다.

개선문의 봉헌 비문만이 유일하게 기독교적 해석에 적합하지만 이교적인 해석도 가능하다. 비문은, 원로원과 로마 민중은 개선문을 콘스탄티누스 황제와 그의 승전들에 바치노니 그가 영혼의 위대함과 "신의 영감"[13]에 의해서 움직였기 때문이라고 말한다. 후자의 표현은 그리스도만이 아니라 유피테르나 무적의 태양신을 가리킬 수도 있다. 이 비문과 더 짤막한 비문

두 가지는 콘스탄티누스를 폭정의 해방자이자 평화의 창건자라고 언급하는데 모두 전통적인 로마식 명칭이다.

동방 정복

313년 콘스탄티누스는 메디올라눔에서 리키니우스와 정상 회담을 개최했다. 그들은 제국을 분할하기로 합의했다. 콘스탄티누스는 이복누이 콘스탄티아(플라비아 율리아 콘스탄티아)를 리키니우스와 혼인시킴으로써, 로마의 전통적인 방식대로 리키니우스와의 거래를 매듭지었다. 이 만남은 유명한 밀라노 칙령으로 가장 잘 알려져 있다. 이 명칭은 잘못된 것인데, 그것은 칙령도 아니고, 밀라노에서 공표되지도 않았다. 그것은 리키니우스가 동방의 근거지에서 나중에 발표한 서신이었다.

서신은 중요하기는 해도 역사가들이 때로 그렇게 부각시키는 것만큼은 아니다. 서부 제국은 이미 종교의 자유를 누리고 있었고 대박해 동안 기독교도들로부터 몰수된 자산의 복구도 이루어졌다. 311년에 죽기 전에 박해자 갈레리우스는 한 발 물러서 관용 정책을 회복시켰다. 다이아만이 311년까지 자신이 대부분을 지배한 동부 제국에서 기독교 박해를 이어나갔다. 이제 리키니우스는 그런 관용 정책들을 다이아의 영역까지 확대하기로 약속했다.

리키니우스는 이내 전투에서 다이아를 격파하고 동방의 지배권을 손에 넣으면서 이 약속을 지킬 수 있게 되었다. 다이아는 자결했다. 이제 네 사람이 아닌 두 사람이 제국을 다스렸지만, 그것만으로는 콘스탄티누스와 리키니우스에게 충분하지 않았다. 그들은 각자 너무 야심이 크고 서로를 의심했다. 그들은 316년과 324년 사이에 일련의 내전에서 맞붙었다. 언제나 앞장서서 이끄는 사람인 콘스탄티누스는 이 내전의 첫 번째 전투에서 부상을 입었다.

라인 강과 도나우 강 변경지대에서의 싸움에도 대처해야 했고 전술적 실책도 저질렀지만, 콘스탄티누스는 하드리아노폴리스에서 리키니우스를 무찔렀다. 그 다음 콘스탄티누스의 아들 크리스푸스가 에게 해 입구에 위치한, 유럽과 아시아를 분리하는 좁은 해협인 헬레스폰투스에서 리키니우스의 함대에 승리를 거두었다. 최후의 전투는 324년 9월 18일, 오늘날 이스탄불의 아시아 지역에 있는 크리소폴리스(현재 터키의 위스퀴다르)에서 벌어졌다. 종교적 대비는 극명했다. 한쪽에서는 리키니우스가 이교 신들의 이미지들을 내걸었고, 다른 한쪽에서는 콘스탄티누스가 기독교의 카이-로 이미지가 새겨진 군기를 휘날렸다. 콘스탄티누스는 정면 공격을 감행할 만큼 자신감이 넘쳤고 완승을 거두었다. 부하 병사들 다수가 살육당한 리키니우스는 남은 병사들을 거느리고 도망쳤다.

콘스탄티아는 이제 패배한 남편과 이복 오빠 사이에서 중재자 역할을 했다. 리키니우스와 그들의 아들 리키니우스 2세는 모든 권력을 잃겠지만 목숨을 보전하는 것으로 합의가 이루어졌다. 부자는 국내 유배에 처해졌다. 콘스탄티아는 콘스탄티누스의 집안으로 반갑게 돌아와 궁정의 권력자가 되었다.

콘스탄티아만이 콘스탄티누스의 집안에서 위세가 대단한 여성은 아니었다. 아내인 파우스타는 324년 아우구스타 칭호를 받았다. 같은 시기에 헬레나도 아우구스타 칭호를 받았다. 두 막강한 여성이 황제 곁에 바짝 붙어 있으니 경쟁관계는 불가피했고, 갈등은 지속적인 위험이었다.

주화의 초상들은 헬레나를 수려한 용모의 위엄 있는 여성으로 보여준다.[14] 그녀는 왕족의 상징인 머리띠 왕관과 수수한 외투를 걸치고 있다. 파우스타도 주화의 초상에서 침착하고 기품 있는 모습이다.[15] 고전기 그리스 조각상과 같은 아름다운 옆얼굴을 보여줄 때도 있다. 정성스레 정리한 머리 위에는 때로 머리띠 왕관이 얹혀 있기도 하다. 헬레나와 파우스타 둘 다 주화의 뒷면에서는 서 있는 모습이다. 헬레나의 주화에는 예복을 입은 채 올리브 가지를 늘어트리고 있는 여성의 모습과 안전이라는 명각이 새겨져 있다. 파우스타의 주화에는 파우스타의 모성을 가리키는 표시로서, 두 아이를 안고 있는 여성의 모습과 희망이라는 명각이 새겨져 있다.

기독교 제국을 향하여

리키니우스를 패배시킨 뒤에 콘스탄티누스는 더 공공연하게 기독교도가 되었다. 326년에 황제 즉위 20주년을 기념하여 로마를 방문했을 때에는 처음으로 유피테르에게 제물을 바치기를 거부했고 이는 세간의 항의를 불러일으켰다.

황제는 사명감을 느끼고 있었다. 그는 제국 전체를 기독교로 개종시키도록 신이 자신을 선택했다고 믿었다. 325년 기독교 청중에게 한 연설에서 그는 이렇게 말했다.

> 이 일에 하느님께 도움을 요청했으니 우리는 그런 가르침을 아직 경험하지 못한 자들에게 좋은 희망을 심어주고자 최선의 노력을 다해야 합니다. 우리의 신민들이 선하든 아니면 사악하고 무정하든 간에 그들의 마음을 경건한 신앙으로 돌리고, 그들을 반대편으로 이끌고, 아무 쓸모도 없는 사람이 아닌 유용한 일꾼으로 만드는 것은 보통 일이 아닙니다.[16]

로마 종교는 언제나 정부의 지원에 의존했다. 콘스탄티누스는 이교도들에 대한 지원금을 전용하여 기독교 교회에 주었다. 그것은 엄청난 혜택이었다.

324년 이전에 콘스탄티누스는 서방에서 종교의 관용을 약속했다. 이제 그는 동방에서도 자유 재량권을 가지게 되었다. 그는 동방에서 이교의 신전들이 계속 존재하는 것을 허락했지만, 황금에서부터 청동에 이르기까지 신전의 재산들은 몰수했다. 또한 희생 제의를 금지시켜 신전들을 사실상 빈껍데기로 만들어버렸다.

이렇게 마련한 자금들의 한 가지 목적은 교회를 짓는 것이고, 콘스탄티누스의 아낌없는 기부 덕분에 많은 교회들이 새롭게 들어섰다. 한 이교도 작가는 이를 공금의 낭비라고 비판했지만,[17] 기독교도들은 물론 다르게 생각했다. 또다른 목적은 빈자들에게 자선을 베푸는 것이었다. 로마 황제들도 전부터 빈민을 구호해왔지만, 기독교도 황제 아래에서 행해진 것과 같은 규모로는 아니었다. 이런 움직임은 로마 제국의 통치에서 영구적인 변화가 일어났음을 보여준다.

황제는 주교들의 지위도 격상했다. 주교들은, 모든 기독교 성직자들과 마찬가지로 다른 부유한 로마인들이 현지 행정에서 수행해야만 하는 돈과 시간이 많이 드는 의무들에서 면제되었다. 그들은 다른 특권들도 보유했는데, 그중에서도 가장 눈에 띄는 것은 동료들에게 재판을 받을 권리였다. 이것은 다른 로마인들은 누리지 못하는 것이었다. 그들은 황실의 자금을 교회와 빈민들에게 분배하는 대리인 역할을 했다. 심지어는 교회가 주인들에게서 노예를 풀어주는 일도 주재할 수 있었다. 전체적으로 보았을 때, 주교는 매우 중요한 인사가 되었다.

기독교도에게 적용되는 로마법상의 여러 변화들이 콘스탄티누스 치하에서 실시되었다. 수세기 전에 아우구스투스 치하에서 법이 되었던 육체적 순결 고수에 대한 처벌은 이제 폐지되었는데, 기독교도들은 이교도들과 달리 육체적 순결을 미덕으로 간주했기 때문이다. 예수(와 다른 많은 이들)에게 부과된 사형인 십자가형은 극형의 한 형태로서 폐지되었다. 이혼은 폐지되지는 않았지만 더욱 어려워졌는데, 신약성서와 신약성서에 나타난 이혼에 대한 반대가 영향을 주었던 것 같다.

유대인처럼 기독교도들은 쉬는 날, 즉 안식일을 지켰다. 유대인은 토요일(실제로는 대략 금요일의 해넘이부터 토요일의 해질녘까지)을 안식일로 기렸다. 초기 기독교도는 두 가지 노선 가운데 하나를 따랐다. 일부는 유대교의 안식일을 기린 반면, 일부는 예수가 죽은 자들 가운데에서 다시 살아난 날인 일요일을 안식일로 기렸다. 한편 이교도들은 비록 휴일로는 아니지만 태양에 신성한 날로서 일요일을 기렸다. 콘스탄티누스는 "거룩한 태양의 날"[18] 일요일을 모든 도시 활동을 쉬는 휴일로 정했다(농부들은 일요일에도 작물을 돌보는 것이 허용되었다). 콘스탄티누스의 규정이 기독교도들 사이에서 보편화되기까지는 한두 세대가 걸렸다.

콘스탄티누스의 후원은 교회의 위상을 높였지만 동시에 변화시켰다. 소외받는 자들을 위한 궁극의 운동이 이제는 사회의 기성 권력으로 자리를 잡았다. 예수는, 카이사르의 것은 카이사르에게 돌리고 신의 것은 신에게 돌리라고 말했다.[19] 콘스탄티누스는 신의 사람이었지만 카이사르이기도 했고 그는 무엇을 또 어떻게 신에게 돌려야 하는지에 관해서 자신이 최종 결정권을 가지고 있다고 주장했다. 그는 최선의 동기에서, 경건한 왕은 진정한 신앙을 포교할 책임이 있다는 믿음에서 행동했을지도 모른다. 그는 실제로 행동했고 기독교도들은 그것에 어떻게 대응해야 할지 결정을 내려야 했다.

콘스탄티누스는 기독교 교회의, 아니 더 정확하게는 기독교 **교회들**의 지배자가 되었다. 콘스탄티누스가 알던 기독교는 커다란 다양성을 띤 종교, 다수의 지역적 변형과 교리상의 선택지를 포괄하는 종교였다. 약 20년 동안 치열한 전쟁과 정치를 통해서 콘스탄티누스는 마침내 모든 로마인을 단 한 사람의 지배하에 통일시켰다. 그는 모든 기독교도도 로마인과 똑같이 통일시키기를 고집했는데 이는 쉬운 과제가 아니었다.

아직 서방 제국만의 지배자였을 때에 콘스탄티누스는, 대박해에서 살아남기 위해서 타협을 했던 기독교도들에게 얼마만큼의 관용을 베풀어야 하는가라는 문제를 둘러싸고 의견이 갈린 북아프리카 교회의 분열에 개입했다. 교회를 위해서 자신의 경력을 걸었던 콘스탄티누스는, 기독교도들이 적대자들에 맞서 통일된 움직임을 보여야 한다고 주장했다. 그는 314년에 북아프리카를 담당한 로마 관리에게 쓴 글에서 자신을 "지고의 하느님을 함께 섬기는 동료"라고 묘사하고[20] 자신의 목표는 기독교의 통일을 달성하는 것이라고 천명했다. 그러나 다년간의 협상과 매수, 유배 심지어 처형도 아프리카 교회의 두 분파를 화해시키지 못했다.

325년 콘스탄티누스는 동방 교회 전역에서 격렬하게 전개되고 있던 더 큰 논쟁의 한가운데로 뛰어들었다. 근본적인 질문은 대체 예수가 **어떻게** 신인가라는 것이었다. 대부분의 기독교도들은 예수가 인간인 동시에 신이라고 믿었는데, 오직 신앙으로만 조화시킬 수 있는 수수께끼였다. 자신들의 지도자인 아리우스라는 이집트인 기독교도의 이름을 따서 아리우스파로 불리는 사람들은 성부(아버지 하느님)가 아들 예수를 창조했고, 예수는 다른 인간들보다 위대하지만 성부와 같지는 않다고 믿었다. 콘스탄티누스는 니케아 시에서 대규모 주교 회의를 개최하여 양측이 합의에 이르게 하려고 했다. 이는 기독교 최초의 범(汎)교회(ecumenical)—그리스어로 "세계"라는 뜻—회의였다. 250명의 주교들이 참석했고, 황제 본인이 회의를 주재했다. 참석한 주교들 중의 한 명이었던 시리아 팔레스티나 소속의 카이사레아의 에우세비오스는 중요한 기독교 작가이자 사상가였다. 우리에게 그는 콘스탄티누스에 대한 가장 중요한 정보의 원천이기도 하다.

니케아 공의회의 결정에 걸린 위험 부담은 매우 높았고, 의견 차이는 궁정의 최상층에까지 도달했다. 콘스탄티아는 공의회에 참석한 친(親)아리우스 분파의 자문에 응했다. 나중에, 심지어 임종의 순간에도 그녀는 여전히 아리우스파를 위해서 오빠에게 압력을 넣었다. 그러나 그녀는 뜻을 이루지 못했다.

공의회는 예수는 인간이자 신이라는 전통적인 믿음을 재확인하는 진술에 합의했다. 이후에 약간의 변화를 거친 이 진술은 오늘날에도 기독교도들에 의해서 니케아 신경(Nicene Creed)으로서 암송된다. 니케아 공의회의 결정은 아리우스파를 국가 후원 교회에 공식적으로 대립하는 입장에 두게 했지만 아리우스주의는 수세기 동안 살아남았다.

콘스탄티누스는 공식적인 또는 정통 기독교를 내세우고 그것과 다른 신앙들은 이단이라는 꼬리표를 붙여 반대하고 싶었다. 그러나 이단(heresy)은 그리스어로 "선택"을 뜻하는 하이레시스(hairesis)에서 온 말로, 기독교는 자유와 탈집중화의 오랜 전통을 가지고 있었다. 따라서 중앙의 통제에 저항하는 모습을 보이게 된다.

그래도 이제 기독교가 제국의 종교가 되면서 기독교 미술에서 예수의 이미지도 바뀌기 시작했다. 이전에 예술가들은 예수를 이를테면 병자를 치료하는 평범한 사람처럼 묘사했다. 그들은 선한 목자[21]라는 예수 자신의 묘사를 연상시키듯이 흔히 그를 보통의 양치기로 그렸다. 이제 예수는 콘스탄티누스 황제처럼 매우 고급스러운 토가를 걸치고 보좌에 앉아 있고, 그 주변으로는 꼭 원로원 의원처럼 보이는 남성 사도들과 로마 귀부인들처럼 보이는 여성들이 늘어서 있는 모습으로 그려지기 시작했다. 그것은 제국적 종교에 걸맞은 제국적 예수였다. 물론 기독교는 아직 공식적인 국교(國敎)가 아니었고, 395년에 가서야 국교가 된다. 많은 사람들 사이에서는 여전히 이교 의식이 실행되었다. 그러나 콘스탄티누스의 아낌없는 자금 지원과 제국 차원의 후원을 통해서 기독교 교회는 탄탄대로를 걷게 되었다.

슬픔과 영광

로마를 정복하기 위해서 인척(처남인 막센티우스를 말한다/옮긴이)을 죽인 콘스탄티누스는 동방 로마를 자신의 자산에 추가하기 위해서 또다른 인척(매부인 리키니우스를 말한다/옮긴이)의 목숨을 빼앗았다. 콘스탄티아에게 리키니우스와 그들의 아들을 살려주겠다고 약속한 뒤, 그는 마음을 바꾸었다. 그는 두 사람이 자신에 반하는 음모를 꾸몄다고 주장하고는 둘 다 처형했다. 리키니우스가 325년에 먼저 죽임을 당했고, 아들은 1년 뒤에 처형되었다.

그러나 그것은 콘스탄티누스의 집안에 닥친 불행의 시작일 뿐이었다. 326년, 황제는 장남 크리스푸스를 재판에 회부했다. 그 젊은이는 유죄 판결을 받았고 형벌은 음독에 의한 처형이었다. 이것은 크리스푸스의 지위와 서방에서는 게르만족에 맞서, 동방에서는 리키니우스에 맞서 지휘관으로서 거둔 승리를 고려할 때에 충격적인 사태 전개였다. 카이사르의 지위로까지 승격된 크리스푸스는 언젠가 황제로 즉위할 날을 위해서 훈련받고 있었던 것 같다. 하지만 갑자기 스물여섯 살에 그는 사라져버렸다. 그의 이름은 모든 공식 기록과 문서에서 지워졌다.

크리스푸스가 처형된 이유에 관해서는 논쟁이 분분하지만, 가장 그럴듯한 설명은 그가 자신과 관계를 맺었다고 파우스타가 고발했다는 것이다.[22] 파우스타는 나이상으로 콘스탄티누스보다 의붓아들과 더욱 가까웠다. 두 사람이 정말로 동침을 했을까 아니면 그리스 신화의 어느 인물처럼 파우스타가 크리스푸스에게 관계를 맺자고 접근했다가 그가 거절하자 거짓으로 누명을 씌운 것일까? 여기에는 다른 요인도 있었다. 파우스타는 남편이 자기 아버지와 오빠를 죽인 데에 원한을 품었을까? 우리로서는 짐작만 해볼 따름이다.

나중에 콘스탄티누스는 크리스푸스가 결백했고 파우스타가 거짓말을 했다고 결론 내렸다. 어머니인 헬레나가 아들에게 이 점을 확신시키고 손자가 억울하게 죽임을 당했다고 설득했다. 복수를 두려워한 파우스타는 과열된 목욕탕에서 자결했다.

한 황제(막시미아누스)의 딸이자 또 한 황제(막센티우스)의 누이이고 끝으로 또다른 황제(콘스탄티누스)의 아내였던 여성, 아우구스타라는 드높은 지위의 여성이었던 파우스타는 인생 대부분을 왕궁들에서 보냈다. 그녀는 그렇게 추잡한 종말을 예상하지 못했을 것이다. 그녀 뒤로는 다섯 명의 어린 자식과 망가진 평판만이 남았다. 크리스푸스처럼 파우스타는 공식 기록에서 삭제되었다. 그러는 사이, 황실은 위신이 실추되었다.

성지

이듬해에 콘스탄티누스는 헬레나를 시리아 팔레스티나로 순례를 보냈다. 그 일은 어느 정도는 경건한 신앙 행위이자 어느 정도는 지난해의 사건들로 실추된 황실의 위신을 회복하기 위한 대중홍보 행위였다.

그곳에서 머무르는 동안 헬레나는 예수가 살았던 중요 장소들을 특히 예루살렘에서 다수 찾아냈다. 그녀는 정부의 자금 지원을 무제한 받을 수 있는 공식 임무를 띠고 파견되었으므로, 그 자금을 이용해서 새로운 교회들을 짓고, 기존의 교회들을 아름답게 꾸미고, 빈민을 구호했다. 그녀는 베들레헴과 예루살렘의 감람산에 아름다운 교회들을 건립했다.

또한 그곳 예루살렘에서, 콘스탄티누스는 그리스도 부활의 현장에 성묘 교회 건설을 후원했다. 그 교회의 일부는 많은 개축을 거쳐 지금까지 남아 있다. 원래는 그 옆에 웅장한 바실리카도 서 있었지만 지금은 사라지고 없다.

유대인 반란에 대한 처벌로서 예루살렘이 파괴된 후, 로마인들은 하드리아누스 치하에서 도시를 재건했지만 유대인의 도시라기보다는 이교의 도시로 재건했다. 이제 그들은 예루살렘을 재건했지만 이번에도 유대인의 도시로서는 아니었다. 예루살렘은 이제 기독교의 도시가 되었다.

콘스탄티누스는 시리아 팔레스티나를 기독교의 성지로 새롭게 탈바꿈시켰다. 후진적인 속주에 불과했던 곳은 기독교 순례의 중심지가 되었다. 이것은 항구적인 역사적 결과들을 낳았다. 시리아 팔레스티나의 기독교 성지화는 한편으로는 수세기 이후 십자군 전쟁으로 알려진 기독교도와 무슬림 간의 충돌로 이어졌고, 다른 한편으로는 유대인들이 자신들의 역사적인 본향에서 살아갈 권리를 약화시키는 경향을 가져왔다. 그 땅이 과연 누구에게 속하는지는 오늘날에도 다툼이 분분하다.

콘스탄티누스는 유대인에게 결코 친구가 아니었다. 그러나 로마의 기준에서 보면, 유대인이 최악의 적도 아니었다. 그는 베스파시아누스와 티투스처럼 성전을 파괴하지 않았고 하드리아누스처럼 유다이아를 피로 물들이지도 않았다. 또한 이스라엘 땅과 유대인 디아스포라에서도 계속해서 번성한 그들의 공동체적 생활방식을 파괴하지도 않았다. 하지만 콘스탄티누스는 유대교를 기독교에 비해서 열등한 것으로 만들었다. 비록 그가 유대인들을 "주님의 살해자들"[23]로 낙인찍은 행위는 특히 유해한 일이었음이 드러나기는 하지만 그가 유대인을 모욕한 최초의 황제는 아니었다. 그는 유대인들이 기독교에서 개종한 사람들을 받아들이는 것과 유대인들이 기독교로 개종하는 일을 막는 것을 불법화했다. 그러나 그는 유대인들에게 뜻하지 않게 한 가지 좋은 일을 해주었는데, 유대인의 노예가 기독교로 개종할 경우 노예 신분에서 풀어줌으로써 그리하여 오늘날 우리가 도덕적 오점으로 간주하는 것들 가운데 최소한의 일부—노예제—를 유대인 공동체에서 없애준 것이었다.

한 저명한 랍비 학자가 기독교로 개종하자, 콘스탄티누스는 그에게 높은 지위와 유대인 도시들이 밀집한 갈릴리 지역에 최초의 기독교 교회들을 세울 자금을 주었다. 수십 년 뒤에 이 지역의 도시들 가운데 한 곳이 로마에 맞선 유대인 반란의 중심지가 된다.

콘스탄티노플

디오클레티아누스처럼 콘스탄티누스는 제국이 이제는 너무 크고 복잡해서 어느 한 도시에서만 다스릴 수는 없으며, 서부 수도와 더불어 동부 수도가 필요하다는 현실을 인식했다. 콘스탄티누스는 로마에서 다스리지 않았다. 치세 대부분 동안 그는 서부에서는 아우구스타 트레베로룸이나 동부에서는 시르미움이나 세르디카(오늘날 불가리아의 소피아)에서 제국을 다스렸다. 그는 리키니우스를 무찌른 뒤에 새로운 수도를 리키니우스의 과거 영토 안에서 정하고 싶어했다. 디오클레티아누스와 갈레리우스는 니코메디아를 근거지로 삼아서 동방을 다스렸는데, 더 이상 이곳은 적당해 보이지 않았다. 니코메디아는 과거에 일어났던 대박해의 중심지였기 때문이다. 콘스탄티누스는 기독교 제국을 위해서 동부에 새로운 기독교 수도를 세우기를 원했다. 게다가 그는 전략적 이점과 정치선전적인 이점을 모두 갖춘 장소를 점찍어두었다.

콘스탄티노플보다 입지가 좋은 도시도 별로 없었지만 그곳의 잠재력을 처음으로 온전히 이용한 사람은 콘스탄티누스였다. 당시에 비잔티움으로 알려져 있던 도시를 콘스탄티노플로 재건립함으로써, 역사상 가장 활기차고 가장 중요한 도시들 가운데 하나를 콘스탄티누스가 창조했다고 말해도 전혀 과장이 아니다.

새 수도의 부지는 동방을 손에 넣기 위한 전투 중에 콘스탄티누스의 눈에 들어왔는데, 리키니우스가 비잔티움을 요새화된 기지로 쓰고 있었던 것이다. 비잔티움은 기원전 600년대에 그리스 도시로 건립되었다. 세월이 흐르며 도시는 부침을 겪었다. 가장 최근에는 셉티미우스 세베루스가 자신의 경쟁자를 지지했던 것에 대한 처벌로 도시를 파괴했으나 아마도 리키니우스가 재건했던 듯하다. 콘스탄티누스는 비잔티움을 다시 재건했다. 그는 그 도시를 자신의 이름을 따서 "콘스탄티누스의 도시"라는 뜻의 콘스탄티노플이라고 불렀다. 그가 그곳을 새로운 로마라고도 불렀을 가능성이 있지만 그 이름은 콘스탄티누스 이후에 50년이 지나서까지 쓰이지 않았을 수도 있다. 우리는 알 수 없다.

콘스탄티노플은 에욱시네 해와 프로폰티스 해 사이를 흐르며, 헬레스폰투스 해협과 에게 해, 지중해로까지 이어지는 좁은 해협인 보스포루스 해협 남단에 자리하고 있다. 보스포루스 해협 한쪽에는 유럽이, 반대쪽에는 아시아가 있다. 보스포루스 해협은 지구상에서 전략적으로 가장 중요한 수역이었고 지금도 그렇다.

콘스탄티노플은 보스포루스 해협의 유럽 쪽에 있다. 반도는 삼면이 바다로 둘러싸여 있고 육상으로는 오직 한 측면으로만 접근이 가능하여 방어하기가 쉽다. 콘스탄티누스는 도시에 새로운 성벽을 건설하여 도시 면적을 서쪽으로 대략 3킬로미터까지 확대했다. 그 결과 두 대륙이 만나는 곳에 위치한, 넓고 잘 보호되는 요새가 탄생했다. 도시는 도나우 강에서 가깝고 로마 제국의 두 변경지대인 서방의 라인 강 변경지대와 동방의 유프라테스 강 변경지대와 같은 거리에 있다.

콘스탄티노플은 승전 기념비이기도 했다. 그 도시는 리키니우스와 콘스탄티누스의 마지막 전투의 현장인 아시아 쪽 해안에서 보스포루스 해협 너머에 있다. 동포 로마인에 대한 승리의 현장 근처에 도시를 건립함으로써 콘스탄티누스는 아우구스투스의 발자취를 따랐다. 아우구스투스도 경쟁자에 대한 승리, 즉 악티움 해전에서 안토니우스에게 거둔 승리의 현장으로부터 바다 건너에 도시를 세웠었다. 아우구스투스는 자신의 신도시를 그리스어로 "승리의 도시"라는 뜻인 니코폴리스라고 불렀다. 하지만 비교는 거기까지이다. 아우구스투스도 다른 어느 황제도 콘스탄티노플만큼 위대한 도시를 건립하지 않았다.

신도시는 330년 5월 11일에 봉헌되었다. 황제는 원대한 규모로 도시를 건설했다. 콘스탄티노플에는 새로운 궁전과 키르쿠스(즉 경기장), 포르티코로 둘러싸인 포룸, 원로원 의사당, 일련의 교회들이 들어섰다. 포룸 중앙에는 높은 반암 기둥이 서 있었는데, 그 일부는 지금도 그 자리에 있다. 기둥 꼭대기에는 빛살이 뻗어나오는 왕관을 쓴 콘스탄티누스의 거대한 나신의 전신상이 있었다. 그것은 기독교의 상징이나 태양신의 상징으로, 아니면 그 둘 모두로 해석될 수도 있다. 비록 기독교도이기는 해도 콘스탄티누스와 같은 정치가는 자신의 호소력을 넓히기 위해서 능히 계획적으로 애매모호하게 처신할 사람이었다.

정부 재조직

콘스탄티누스는 로마의 정부 제도들을 재조직했다. 그는 군대부터 시작해서 그것들을 더 전문화하고 유연하게 만들었을 뿐만 아니라 무엇보다도 자신의 뜻에 더 따르기 쉽게 재편했다. 콘스탄티누스는 병사들에게 보수를 잘 지급하라는 세베루스의 경고를 따로 상기할 필요가 없었다. 갈리에누스 이래 모든 황제들처럼 콘스탄티누스도 군과 민간 경력을 분리시켰다. 원로원 의원들을 군 지휘관으로 승진시켜야 할 제약에서 벗어난 콘스탄티누스는, 비로마계 장교들의 수를 증가시켰는데 그들은 로마인들이 야만족으로 간주한 사람들이었다. 예를 들면, 콘스탄티누스의 아버지가 세상을 떠났을 때, 에보라쿰의 로마 군대는 어느 게르만족 왕이 통솔하고 있었다. 비록 대다수의 병사들은 그 지역 토박이였지만 적지 않은 외국인들이 국경을 넘어와서, 좋은 밥벌이 수단이라고 생각한 로마 군대에 합류했다. 로마군에는 무어인, 아르메니아인, 페르시아인들이 입대했지만 게르만족이 특히 많이 복무했다.

콘스탄티누스는 디오클레티아누스 치하에서 이미 시작된 야전군 병사와 국경 부대원 사이의 분리를 확대했다. 전자의 집단은 후자의 집단보다 전투 능력을 더 잘 갖추고, 보수를 더 잘 받았으며, 더 단기간 복무했다. 전력이 강화된 야전 군대는 황제가 직접 통솔했다. 이로써 황제는 필요한 곳마다 병력을 더 신속하게 이동시킬 수 있었고, 군의 기동성이 커졌다.

콘스탄티누스는 궁 관료제의 몸집을 키웠다. 그는 황제에게 직접 보고하는 힘 있는 관리 집단을 창출했다. 그들은 새로운 부서를 운영하는 새롭고 더 특화된 행정가들이었다. 심지어는 중앙정부와 속주 사이에 기밀 메시지를 전달하기 위해서 군단병들로 이루어진 새로운 부대도 생겼다. 통치를 공고화하고 중앙집권화하는 이 같은 작업들은 정부를 더 효율적으로 만들었지만 더 깨끗하게 만들지는 않았다. 이런 행정가들은 모두들, 순화해서 말하면 "사례금"을 기대했다. 사실 로마 정부가 커질수록 부패 문제가 심각해졌다.

콘스탄티누스는 서비스에 대한 대가로 선물과 은전을 하사하는 것이 통치의 적지 않은 일부라는 사실을 잘 알고 있었다. 그래서 속주의 유력한 자들과 유대를 맺기 위해서 새로운 칭호와 서훈, 심지어는 앞에서 언급한 대로 콘스탄티노플에 새로운 원로원을 만들었다. 그는 개인들과 도시들에도 아낌없이 베풀었다. 이런 정책은 정치에는 좋았지만, 국고에는 좋지 않았다.

국고에 좋았던 것은 사실, 콘스탄티누스가 주조한 새로운 금화였다. 솔리두스 금화는 인플레이션으로 인해서 화폐가치가 엉망이 된 옛 금화를 대체했다. 좋은 품질의 솔리두스 금화는 콘스탄티누스의 후임자들에 의해서 계속 발행되었다. 사실 이 금화는 훗날 혹자들이 "중세의 달러화"[24]라고 부를 만큼 매우 믿음직한 화폐로 인정받게 될 운명이었다. 그러나 은화와 동화는 계속 가치를 상실하게 되었다.

교회와 모스크

헬레나는 성지에서 돌아온 지 얼마 지나지 않은 328년 무렵에 콘스탄티노플에서 죽었다. 아들은 어머니의 임종을 지켰다. 그는 어머니의 시신을 그녀가 312년 이래로 살았던 로마로 보냈다. 그곳에서 헬레나의 시신은 로마 시 바깥에 있는 순교자 교회 옆에, 돔 지붕과 원형 홀을 갖춘 영묘 안의 정교한 반암 석관에 안치되었다. 오늘날에도 매년 바티칸 박물관을 찾는 수백만 명의 관람객들은 헬레나의 석관을 볼 수 있다. 영묘의 잔해는 지금도 로마 외곽의 어느 공원에 서 있지만, 이쪽은 별로 홍보가 되지 않은 탓에 방문객이 거의 없다.

콘스탄티누스의 여생은 비교적 평온했다. 그러나 동부 변경지대에서 다시금 말썽의 기미가 보이자 그는 페르시아를 상대로 새로운 군사 원정을 계획했다. 원정은 자신이 직접 이끌 계획이었다. 그는 콘스탄티노플을 출발한 직후 병이 났고, 니코메디아 근처에서 멈추었다. 끝이 다가오는 가운데 콘스탄티누스는 세례를 받았다. 당시에는 세례를 임종 때까지 늦추는 것이 일반적이었는데 세례를 받은 후에 죄를 지을 위험을 최소화하기 위해서였다. 그는 337년 5월 22일에 영면했다.

콘스탄티누스에게는 파우스타와의 사이에서 태어난 세 명의 아들이 살아 있었다. 후년에 그는 세 아들과 더불어 조카를 각각 부제로 임명하고 제국의 일부를 다스리도록 맡겼다. 그는 네 부제를 단단히 구속했지만, 언젠가 네 사람이 자신의 뒤를 이어 제국을 화목하게 공동 통치하기를 희망했다. 그러나 승계는 그의 바람대로 이루어지지 않았다. 조카와 그의 아버지이자 콘스탄티누스의 이복형제는, 콘스탄티누스가 죽자마자 바로 살해되었다.

세 형제는 제국을 나누어 가졌으나 이는 오래가지 않았다. 더 많은 영토를 원한 한 형제가 다른 형제의 영토를 공격했지만, 전투에서 지고 목숨도 잃었다. 다른 형제는 쿠데타를 겪고 살해당했다. 이로써, 또다른 형제인 콘스탄티우스 2세만이 남았고 그는 아버지가 죽은 뒤인 337년부터 361년까지 24년간 재위했다. 그러나 그는 자기 형제의 권력을 찬탈한 자와 매우 피비린내 나는 내전을 치러야 했다. 게다가 콘스탄티우스 2세는 두 명의 사촌을 부제로 임명했을 때에도 어려움을 겪어야 했다. 그는 사촌 한 명은 불복종한 죄로 처형했고, 다른 사촌은 반란을 일으켰다. 콘스탄티우스는 그에 맞서서 진군하려고 했지만, 일은 뜻대로 되지 않을 운명이었다. 콘스탄티우스 2세는 반란 진압 계획을 실행할 수 있기 전에 자연사했고 반란을 일으킨 사촌이 황제가 되었다.

많은 황제들에게 통상적인 행동이었듯이 콘스탄티누스도 죽기 오래 전에 자신의 장지를 계획해두었다. 디오클레티아누스와 갈레리우스처럼 그는 로마 시에게 등을 돌렸다. 대신에 콘스탄티누스는 콘스탄티노플 서쪽에 있는 언덕, 바다가 보이는 곳을 장지로 골랐다. 그곳에서 그의 유해는 영묘이자 교회인 건물 안에서 안식을 취하게 될 것이었다. 성사도 교회라고 불리는 이 건물 안의 열두 사도를 기리는 추모비들 근처에 콘스탄티누스의 석관이 있었다. 교회는 사도들과 여타 교부들의 유해와 더불어 성지에서 가져온 성유물을 보관했다. 제단도 있어서 콘스탄티누스의 영혼이 사도들을 섬기는 사람들의 은전을 누릴 것이었다.

그것은 멋진 건물이었다. 높고, 돔 지붕을 씌우고, 대리석과 청동, 황금으로 장식되었다. 더 이상 현존하지 않지만 우리가 아는 바로는 왕에게 걸맞은 건물이었다. 콘스탄티누스가 죽은 지 1,000년 이상이 지난 1453년에 오스만튀르크 제국이 콘스탄티노플을 정복했다. 그때에 이르자 성사도 교회는 이미 붕괴되고 있었다. 도시의 새로운 통치자인 술탄 정복자 메흐메트 2세는 남은 부분을 철거하고 모스크로 대체하라는 명령을 내렸다. 그 결과 당대의 대표적인 건축가가 설계한 정복자 모스크(파티흐 카미)가 들어섰다. 잇따른 지진으로 손상된 정복자 모스크는 다른 설계에 의해서 수백 년 후에 재건되어 지금까지 서 있다. 모스크 바깥에는 콘스탄티노플을 무슬림이 다스리는 도시로 만든 메흐메트의 묘가 있다. 자신을 콘스탄티누스의 안식처와 결부시킴으로써 메흐메트는 그가 카이세르 이 룸(Kayser-i-Rum)—즉, 로마의 카이사르라는 주장을 강화시켰다. 로마 제국을 새로운 이미지로 개조한 자의 명성은 그토록 대단했다.

유산

만약 다른 누군가가 변변찮은 지위에서부터 부상하여 강력한 적들을 무찌르고 제국을 정복하고, 군을 개혁하고 행정을 싹 뜯어고치고, 왕조를 창건하고, 또한 그 와중에 놀라운 에너지를 과시하여 북부 브리타니아부터 라인란트까지, 로마부터 도나우 강 유역까지, 헬레스폰투스부터 유프라테스 강까지 무수한 전투들에서 싸웠다면 우리는 그를 대단한 인물이라고 생각할 것이다. 그러나 콘스탄티누스는 워낙 역사적인 거인이어서 그가 이룩한 이런 위업들조차 사소해 보인다. 이런 위업들 대신에 그를 역사에 길이 남긴 것은 기독교와 콘스탄티노플이다. 다른 황제들처럼 콘스탄티누스는 많은 기념비를 남겼지만 그의 이름을 담은 도시보다 더 위대한 기념비도 없다. 또 그만이 종교에 개입한 유일한 황제는 아니었지만 심지어 아우구스투스도 그만큼 운명적인 변화를 초래하지는 않았다.

동방정교 신자들은 콘스탄티누스를 성인으로 인정한다. 헬레나는 동방정교만이 아니라 로마가톨릭과 영국 성공회에서도 성인이다. 만약 콘스탄티누스가 로마의 대표 종교로서 기독교의 아버지였다면 헬레나는 어머니였다.

기독교의 승리는 역사상 가장 대단한 반전 가운데 하나였다. 제국의 한 구석에서 처형된 어느 거룩한 사람의 가르침은 로마 국가의 편애를 받는 종교가 되었고 아닌 것이 아니라 4세기 말에 이르면 공식 국교가 되었다.

디오클레티아누스가 대대적인 국가적 탄압을 감행했을 때에 교회는 이미 로마 사회에서 강력한 세력이었으며, 대박해를 이겨낸 생존 능력은 교회를 더욱 강하게 만들었을 뿐이다. 로마 국가와 어떤 의미에서는 국가 안의 국가인 교회를 서로 화해시킬 어떤 길을 찾아내야 했다. 콘스탄티누스는 그 길이었다.

아우구스투스 이래로, 어느 황제도 권좌에 오르기 전까지는 콘스탄티누스만큼 그토록 두드러지게 내부자이자 동시에 외부자인 사람이 없었다. 아우구스투스와 콘스탄티누스 두 사람 모두 자신들과 이미지가 비슷한 사람들 중에서 핵심적인 자기편을 얻었다. 아우구스투스에게 그들은 이탈리아의 로마인 기사계급과 살아남은 원로원 엘리트 계층이었던 반면에 콘스탄티누스에게는 주교와 관료들, 심지어 야만족 왕들이었다. 두 사람 모두 속주의 엘리트 집단과 물론 군대의 환심을 샀다.

역사를 살펴보면 콘스탄티누스보다 권력을 더욱 잘 이해한 사람도 별로 없다. 그의 어마어마한 야심에 필적할 것은 자신의 이미지를 제시하는 그의 천재적인 능력뿐이다. 우리는 그가 진정한 영성적 성향을 가지고 있었다는 것을 의심할 필요는 없지만 그 점은 그의 폭력 성향과 권력욕으로 상쇄되었다.

그는 역사상 가장 창조적이고 독창적인 정치가 중의 한 명이었다. 그는 기독교를 소수 종교에서 서양 세계의 지배적인 문화 세력으로 탈바꿈시켰다. 또한 역사상 가장 위대한 도시들 가운데 하나를 창건했으며 로마의 전략적 균형을 이동시켰다.

대박해의 희생 대상에서 제국의 종교로의 기독교의 변신은 비록 기적적이지 않다고 해도 정신이 아찔해질 정도이다. 그러나 그것은 익숙한 로마식 패턴을 따르고 있다. 황제들은 어떤 사람들이든 간에 다들 실용주의자였다. 아우구스투스부터 시작해서 그들은 과거에서 유지할 수 있는 것은 유지하는 가운데 변화를 끌어안음으로써 살아남았다. 변화들은 하드리아누스 치하에서 동방 그리스의 격상처럼 비교적 사소한 것일 때도 있었다. 또한 카이사르와 아우구스투스 치하에서 자유로운 공화정 제도들의 파괴와 군주정으로의 대체처럼 급진적인 것일 때도 있었다. 변화는 종종 내전과 재산 몰수, 처형을 동반하며 폭력적이었다.

되돌아보면, 대박해와 콘스탄티누스의 내전들은 아우구스투스 치하에서 정적 숙청과 그의 내전들에 비견될 수 있다. 두 경우 모두, 그 결과는 신정권이기는 하지만, 구정권에 뿌리를 둔 정권의 탄생이었다. 또한 두 경우 모두, 보수세력은 신음하고 저항했고, 때로는 격렬하게 그러했다. 그러나 두 번 모두 제국은 조정을 거쳐 살아남았다. 다만 두 경우 사이에는 한 가지 커다란 차이점이 있는데, 바로 지리적인 것이었다.

많은 전임자들처럼 콘스탄티누스는 동방을 바라보았다. 동방은 아우구스투스에게 가장 풍요로운 정복지인 이집트를 선사했지만 아우구스투스는 서방에 계속 뿌리를 유지했다. 동방은 베스파시아누스를 권좌로, 즉 로마에 있는 제위로 몰고 갔다. 동방은 하드리아누스에게는 이상을, 마르쿠스 아우렐리우스에게는 철학을, 셉티미우스 세베루스에게는 아내를 주었지만 그들 모두는 역시 영원한 도시에 초점을 맞추었다. 그러다가 디오클레티아누스가 동방을 자신의 근거지로 삼았다. 콘스탄티누스는 더 나아갔다. 그는 제국의 새 수도와 여전히 동방에 뿌리를 두고 있던 기독교의 새로운 영적 수도를 통해서 제국의 축을 동쪽으로 옮겼다.

콘스탄티누스가 죽을 당시 누구도 그가 로마의 쇠락의 문을 열었다는 사실을 보지 못했다. 그럴 의도 없이 콘스탄티누스는 로마가 없는, 이탈리아가 없는, 심지어 유럽 대부분이 없어도 되는 로마 제국을 위한 조건들을 만들어냈다. 콘스탄티누스는 위대한 세 동부 제국의 토대를 놓았다. 바로 무슬림 칼리프 국가, 러시아, 그리고 동로마 제국, 즉 오늘날에는 비잔티움 제국으로 더 알려진 제국이다.

그와 동시에 그는 서로마 제국을 떠받쳐온 장치들을 자신도 모르게 약화시켰다. 콘스탄티누스 사후의 3세대 사이에 누구도 단독으로 제국 전체를 15년 이상 다스리지 못했다. 마침내 395년, 콘스탄티누스가 죽은 지 60년 만에 제국은 공식적으로 서부와 동부로 분할되었다. 단독 황제가 브리타니아부터 (북부) 이라크까지 다스리는 일은 두 번 다시 일어나지 않았다.

서방 로마는 언제나 동방 로마보다 더 가난했다. 이제 서방 로마는 힘도 더 약해지기 시작했다. 5세기에 로마는 두 차례 약탈을 당했다. 반면에 콘스탄티노플은 워낙 난공불락이라서 콘스탄티누스가 창건한 이후 900년 동안 어떤 적도 도시를 함락하지 못했다.

어쩌면 더 뛰어난 리더십을 갖추고 자원을 더 현명하게 이용했다면, 서로마 제국은 살아남을 수도 있었을 것이다. 그러나 콘스탄티누스가 죽고 139년 뒤에 서방의 로마 제국은 더 이상 존재하지 않게 되었다. 침략자들은 이미 서방의 속주 대부분을 정복했고 그 다음 서로마 제국의 황제를 강제로 퇴위시켰다. 젊은 로물루스 아우구스툴루스는 3세대 동안 서방 로마의 수도로 기능해온 이탈리아 도시 라벤나에 476년 9월 4일에 권력을 양도했다.

그것은 서방 로마의 기나긴 영웅담에 슬픈 결말이었지만, 로마 제국에 대한 결말은 아니다. 실용주의적 로마인들은 이미 동쪽으로 옮겨갔다. 아우구스투스의 계승자들은 계속해서 제국을 다스렸지만 로마에서 다스린 것은 아니었다. 콘스탄티노플의 장대함은 476년에 막 시작되었을 뿐이다.

에필로그

라벤나의 유령들

라벤나는 아드리아 해 연안에서 몇 킬로미터 떨어진 이탈리아 북부에 있다. 수세기 동안 이곳은 연안 항구였지만 시간이 지나며 포구에 토사가 쌓였고, 바다는 이제 수 킬로미터 떨어진 곳에 있어서 라벤나와 운하로 연결된다. 요즘의 라벤나 시는 종종 유명한 이웃 도시들, 특히 베네치아와 해변의 리미니에 가려지는 한적한 곳이다. 그러나 라벤나는 오래 전에 절묘한 볼거리를, 특히 매혹적인 일단의 모자이크화를 얻게 되었다. 그 그림들은 로마 제국이 서방에서는 멸망하고 동방에서 부상하던 까마득한 옛시절을 불러온다. 다른 어느 곳보다 라벤나는 로마 제국의 황혼을 환기시킨다.

오늘날 그곳을 찾는 방문객은 여러 유령들과 조우한다. 첫 번째 유령은 한때 그 도시를 압도했던 황궁이다. 콘스탄티누스 이후로 서로마 제국의 수도는 로마나 아우구스타 트레베로룸보다는 보통 메디올라눔이었다. 그러나 400년을 거치면서 제국은 외부의 침략으로부터 이탈리아를 방어할 능력을 상실했다. 게르만 부족들이 메디올라눔에서 포위전을 벌인 뒤로 그 도시는 북부 이탈리아 평원에 너무 노출되어 있어서, 제국의 수도로 계속 역할을 하기가 어렵다는 것이 분명해졌다. 라벤나가 좀더 안전했다. 그곳은 근래까지도 말라리아의 온상이었던 늪지대에 둘러싸여 보호되었다. 또한 그 시절에는 훌륭한 포구가 있어서 해상으로 증원군을 불러오거나 아니면 도망칠 수 있었다. 아우구스투스는 라벤나의 전략적 이점들을 인식하여 그곳을 로마 제국 함대의 이탈리아 동해안의 모항으로 삼았다.

그래서 5세기에 라벤나는 서로마 제국의 수도가 되었다. 10여 명의 황제들이 라벤나에서 제국을 다스렸고 그들의 궁전은 웅장했다. 아니, 틀림없이 웅장하기는 했겠지만, 현재는 아무것도 남아 있지 않아서 확실히 알 수는 없다.

라벤나에서 로마 제국을 다스린 황제들 가운데 마지막 황제가 그곳에서 살았다. 그의 이름은 로물루스 아우구스투스였고, 그는 475년부터 집권했다. 그는 유명한 이름 두 개를 가지고 있었다. 바로 로마의 전설적인 창건자이자 최초의 왕 로물루스의 이름과 최초의 황제 아우구스투스의 이름이다. 그러나 그 이름들은 새 황제의 허약성과 어긋났다. 그의 별명인 아우구스툴루스, 즉 "꼬마 아우구스투스"가 진실에 더 가깝다. 그는 즉위 당시 열다섯 살에 불과했다. 장군인 그의 아버지가 진짜 실세였는데, 그는 라벤나를 정복하고 이전 황제를 쫓아냈다. 무슨 이유에서인지 그는 자신이 통치하기보다는 아들을 권좌에 앉히는 쪽을 선호했다. 로물루스 아우구스툴루스는 이탈리아와 갈리아 남부로 줄어든 제국을 다스렸다. 동로마 황제가 그의 통치를 인정하지 않았기 때문에 그는 정통성이 결여되어 있었다.

이탈리아의 진정한 실세는 플라비우스 오도아케르였다. 그는 이탈리아의 게르만 용병들을 이끈 외국의 부족장—확실하지는 않지만 아마도 게르만족—이었다. 이전의 많은 로마 병사들처럼 그 용병들은 자기 땅을 원했다. 로물루스 아우구스툴루스의 아버지는 그들의 요구를 거절했고, 그래서 그들은 들고 일어났다. 용병들은 로물루스 아우구스툴루스의 아버지와 삼촌을 죽인 다음 라벤나를 장악했다.

그들은 어린 황제의 목숨은 살려주었지만 궁전을 떠나도록 강요했다. 그들은 로물루스 아우구스툴루스에게 넉넉한 연금을 주어 나폴리 만이 내다보이는 해변의 별장에 유배시켰다. 친척들도 그를 따라갔는데, 어쩌면 그의 어머니도 함께 갔을 수도 있다. 오도아케르는 이탈리아의 왕으로 선언되었다. 한편, 로마의 원로원—그 기관은 아직도 존재했다—은 머리띠 왕관과 망토를 비롯한 제국 권력의 상징물들을 챙겨서 마치 더 이상 서로마 제국의 황제가 존재하지 않는다는 듯이 콘스탄티노플에 있는 황제에게 보냈다.

476년 9월 4일, 로물루스 아우구스툴루스가 퇴위한 그 날짜는 옥타비아누스가 로마에서 아우구스투스로 선언된 이래로 500년이 조금 더 지났고, 콘스탄티누스가 죽은 뒤로 139년이 지난 때였다. 서로마 제국은 더 이상 존재하지 않았다. 물론 오도아케르와 뒤이어 등장한 다른 게르만 통치자들은 자신들을 황제의 자줏빛 어의에 걸맞은 후계자들이라고 생각했다. 이전의 황제들이 그러했던 것처럼, 그들은 이탈리아 내 로마 예술과 문학을 지원했다. 일례로 그들은 라벤나의 찬란한 모자이크 장식과 기념비 제작을 계속 후원했다.

그러나 이제 게르만족이 서방 제국을 다스렸다. 서방의 로마 시민들은 정부 최고위직을 차지하게 되었지만 그 가운데 누구도 두 번 다시 황제가 되지 못했다.

대략 한 세기 뒤에 쓰인 글에서 작가는 로물루스 아우구스툴루스를 "로마 민족의 서방 제국"의 마지막 통치자로 묘사하며[1] "그때부터 줄곧 게르만족의 일파인 고트족의 왕들이 로마와 이탈리아를 지배했다"라고 썼다. 로물루스 아우구스툴루스의 경쟁자였던 다른 서로마 황제 율리우스 네포스는 480년까지 제국을 다스렸다고 주장했지만, 이탈리아에서 다스린 것은 아니었다. 그는 달마티아에서 망명 생활을 하고 있었는데 475년에 로물루스 아우구스툴루스의 아버지를 피해 그곳으로 달아났었다. 네포스는 결국 살해되었다.

무엇이 잘못되었을까? 왜 "로마 민족"의 사람들이 더 이상 서방을 지배하지 않게 되었을까? 그 이유는 서방 제국의 속주들이 여러 비로마인 침입자들의 수중으로 차례차례 떨어졌다고 말하는 것으로 충분할 것이다. 몇몇 연대들을 살펴보자. 410년에 이르자 로마인들은 브리타니아에서 철수했다. 418년, 로마인들은 게르만 부족의 일파인 고트족을 남서부 갈리아에 정착시켰다. 435년에는 북아프리카의 상당 부분을 또다른 게르만 침입자들인 반달족에게 넘겼다.

그 다음으로 제국의 영토를 빼앗지는 않았지만, 로마인들을 벌벌 떨게 만든 침공이 있었다. 440년대와 450년대에 아틸라와 훈족, 즉 사나운 기병들인 몽골계 유목민이 발칸 지역과 갈리아, 이탈리아를 침공했다. 그들은 여러 도시들을 약탈하고 금을 뜯어갔지만 로마 영토를 정복하지는 않았다. 한편, 야만족은 410년과 다시금 455년에 로마 시 자체를 약탈했다.

반달족은 로마에 불가결한 북아프리카의 곡창 지대 속주들을 정복함으로써 로마의 식량 생명선을 차단했다. 콘스탄티노플에 근거지를 둔 동로마 제국만이 그 생명선을 다시 열기 위해서 군사 원정군을 일으킬 수 있는 자원이 있었다. 그러나 동로마 함대가 오늘날의 튀니지에 상륙하려고 하자 반달족은 그날 밤 화선(火船) 공격을 감행하여 함대를 파괴했다. 468년의 봉 곶 전투는 서방 로마 제국의 종말을 알렸다.

오래 전에 기번은 기독교가 로마인들의 투쟁심을 약화시키며 로마의 몰락에 큰 역할을 했다고 주장했다.[2] 이것은 말도 안 되는 주장이다. 로마 제국의 동쪽 절반은 서부보다 더 열정적으로 기독교적이었지만 그쪽은 476년에 망하지 않았다. 사실, 동방은 이슬람 세력에게 영토의 대부분을 정복당할 때까지 다음 150년 동안 제국으로 남아 있었다. 그 뒤로 다시 800

년 동안 지역 강국으로 생존하다가 1453년, 서방이 무너진 뒤 거의 1,000년이 지나서야 마침내 종말을 맞았다. 기독교는 2,000년의 태반을 유럽 국가들이 서로 싸우고 세계의 많은 지역을 정복하는 것을 막지 않았다.

서방의 로마 제국은 나쁜 리더십과 더불어 형편없이 배치된 군사적 자원과 내부 분열, 강력한 적, 불리한 지리적 여건과 자원의 축소 탓에 무너졌다. 제국은 서방이 무너지기 전에 다른 위대한 지도자들을 얻게 되었지만 그 대부분은 동방에 있었다.

돈과 재능, 권력은 동쪽으로 흘러갔다. 서방에는 위대한 수도 콘스탄티노플에 대응할 만한 도시가 없었다. 그와 비견할 만한 요새도 없었다.

콘스탄티누스는 육상과 해상 양쪽에서 신도시를 철저하게 요새화했다. 100년 이내에 도시는 육상의 성벽 훨씬 너머로 확장되었다. 그래서 5세기 초에 로마인들은 서쪽으로 약 1.5킬로미터 떨어진 곳에 더 강력한 성벽을 새롭게 세워서 도시의 면적을 두 배로 넓혔다. 막강한 육상 방벽—해자로 방어되는 외벽과 내벽—은 5.5킬로미터 이상 뻗어 있었다. 육상 방벽은 도시를 해상 공격으로부터 보호하는 해안 방벽과 이어졌다.

로마가 약탈당하며 휘청거리는 동안 콘스탄티노플은 점점 더 부상했다. 그리고 이는 우회적인 방식으로 우리를 라벤나의 두 번째 유령들에게로 데려간다. 그 유령들은 처음에는 유스티니아누스 황제(527-565)와 테오도라 황후(527-548) 치세에 절정에 달한 콘스탄티노플에서 찾을 수 있다. 그들은 오늘날 알려진 이름대로 비잔티움 제국 초기 역사를 지배한다. (아이러니하게도 비잔틴[Byzantine]이라는 표현은 동방 제국이 무너진 후에야 쓰이기 시작했다).

유스티니아누스는 아우구스투스와 콘스탄티누스의 전통을 따라, 위대한 정복자이자 입법자, 행정가, 위대한 문학과 예술의 한 시대를 주재한 건설자였다. 동방에서 그는 강력한 페르시아의 공세에 맞서 비잔티움의 지배를 유지했다. 서방에서는 그의 장군들이 이탈리아와 북아프리카 일부를 정복했다. 그는 발칸에서의 공격은 막을 수 없었고, 비잔티움 영역 내에 슬라브족과 불가르족이 정착하는 것도 막지 못했다.

입법자로서 유스티니아누스는 역사상 최고의 영향력을 미친 사람들 가운데 한 명이다. 그는 로마법을 집대성하는 사업을 후원했고, 이로써 서양의 법적 전통에 중대한 영향을 끼친 권위 있는 참고서인 『유스티니아누스 법전』이 탄생했다. 행정가로서 그는 좋은 통치를 도모하고, 부패를 척결하고, 무역을 장려했다.

건설자로서 유스티니아누스는 다리, 요새, 수도교, 고아원, 심지어 도시 전체를 비롯한 원대한 공공건축 프로그램을 후원했다. 그중 가장 유명한 프로젝트는 콘스탄티노플의 성스러운 지혜의 교회, 바로 하기아 소피아로, 지금은 박물관이 되어 오늘날에도 서 있다. 네로와 하드리아누스처럼 유스티니아누스는 자신의 건축학적 걸작으로 돔형 구조물을 지었다. 내부가 모자이크로 아낌없이 장식된 이 교회는 1,000년 동안 세계 최대의 성당이었다. 이 건물의 장려함에 너무도 놀란 유스티니아누스는 완공된 모습을 처음 보고 예루살렘의 제1성전을 세웠던 유대의 왕을 떠올리며 "솔로몬이여, 제가 당신을 능가했습니다!"[3]라고 외쳤다.

동방정교의 수장으로서 유스티니아누스는 이단자와 이교도, 유대인, 사마리아인(대다수의 유대인들이 준수하는 랍비 전통이 아닌 다른 형태의 유대교를 따르는 사람)에 대한 압박을 강화했다. 그는 아테네의 플라톤 학당에서 이교도 교사들을 쫓아냈고 비정통 신학을 따르는 이집트와 시리아의 많은 기독교도들을 제국으로부터 멀어지게 했다. 그는 유대교의 본질적인 부분, 즉 『히브리 성서』에 대한 랍비들의 해석을 금지했다. 유스티니아누스의 금지사항들 다수는 준수되기보다는 위반되는 경우가 훨씬 더 많았지만 어쨌든 그는 이런 조치들로 반란과 소요를 부추겼다.

테오도라는 미천한 배경 출신으로, 평판이 좋지 않은 직업인 배우로 일했다. 그러나 그녀는 아름다울 뿐만 아니라 영민하고 재능이 뛰어났다. 그녀는 유스티니아누스의 사랑을 얻어냈다. 그는 그녀와 결혼하고 아우구스타라는 칭호를 내렸다. 그녀는 그의 정권에 커다란 영향력을 행사했다. 테오도라는 유스티니아누스를 제위에서 몰아낼 뻔한 콘스탄티노플의 폭동 앞에서, 남편의 용기를 북돋운 일로 기억된다. 그녀는 남편에게 "황족의 자줏빛은 가장 고귀한 수의"⁴라고 말하여 흔들리는 황제의 마음을 다잡아주고 소요와 맞서 싸우게 했다. 이내 휘하 장군들 중의 한 명이 소요자들을 진압했다. 테오도라는 강제 매춘을 중단시키고, 이혼과 재산 소유 문제에서 여성에게 더 큰 권리를 부여하여 여성을 돕는 입법을 후원한 것으로도 기억된다.

유스티니아누스와 테오도라 이후로도 비잔티움 제국에는 위대한 황제와 황후들이 많았지만 어떤 의미에서 그들은 로마 최후의 전성기를 대변했으니, 그들이 라틴어로 말한 동방 제국의 마지막 위대한 통치자였기 때문이다. 이후로는 동지중해 지역의 언어 상황과 마찬가지로 그리스어가 통치자들과 정부의 언어가 되었다. 그러나 그들은 여전히 자신들을 계속해서 로마인이라고 불렀다.

그리고 라벤나의 사람들도 마찬가지였다. 그들도 유스티니아누스 제국의 일부였다. 황제의 가장 위대한 장군은 라벤나를 점령한 게르만 부족으로부터 그곳을 탈환했다. 비록 이탈리아는 395년 이래로 콘스탄티노플에서 다스려진 적이 없었지만, 유스티니아누스는 로마 제국에 이탈리아를 "수복했다." 그러나 이제 비잔틴 사람들이 이탈리아에 있었고 그들은 라벤나를 근거지로 삼아 그곳에 200년간 머무르게 된다. 도시는 긴 문화적 르네상스를 경험했지만, 그곳을 대표하는 순간은 그 시초에 찾아왔다. 비잔틴 사람들이 도시를 정복한 직후, 대단히 화려한 모자이크화가 라벤나의 산 비탈레 성당을 장식했다. 후진 양 옆에 있는 한 쌍의 모자이크 패널이 유스티니아누스와 테오도라를 묘사한다. 황제와 황후는 각자 머리에 후광이 비치는 아른아른한 황금빛을 배경으로 하여, 남녀 귀족과 성직자, 무장한 병사들의 화려한 무리에 둘러싸인 채 서 있다. 마치 황제와 황후, 그들의 수행원들이 성당 바로 그 자리에 서 있는 듯하다. 이 찬란한 이미지는 두 통치자의 상징과도 같은 초상화이다. 그들은 중세 미술사에서 영예로운 한자리를 차지하고 있다.

그러나 동방 로마의 군주들이 라벤나에서 무엇을 하고 있었을까? 유스티니아누스도 테오도라도 그들의 이름과 영원히 결부되어 있는 그 도시에 단 한 번도 발을 들여놓지 않았다. 그들은 콘스탄티노플에서 다스렸다. 라벤나의 사라진 황궁처럼 그들 역시 유령들이다.

그러나 라벤나에서 로마 황제들의 존재로부터 다른 한 가지가 남아 있다. 그것은 라벤나 시가 위치한 지역의 이름이다. 로마냐, 즉 "로마인들의 땅"이라는 뜻의 이 지명은 오늘날에도 여전히 쓰이고 있다. 그 표현은 400년대에 처음 쓰인 다음 그 지역이 비잔티움 제국의 지배를 받게 되자, 다시 사용되었다. 사람들이 그 제국과의 연계를 자랑스러워하리라는 것은 당연하다. 유스티니아누스 치하의 로마 제국은 세계 최강 국가들 중의 하나였고 콘스탄티노플은 가장 위대한 도시들 중의 하나였다.

그러나 아우구스투스가 로마 제국을 창건했을 때, 그는 서쪽에 있는 로마 제국의 마지막 잔광(殘光)이 자그마한 라벤나에, 로마로부터 멀리 떨어진 어느 항구 도시에 남게 되리라고는 전혀 짐작하지 못했을 것이다.

감사의 말

키케로는 타인들이 보여준 친절과 우정에 대한 기억 그리고 거기에 보답하고자 하는 바람이 감사에 담겨 있다고 말한다(키케로, 『발상에 관하여[De Inventione]』, 2권 161행). 그렇다면 나의 기억은 달콤하고, 나의 바람은 열렬하며, 나의 보답 능력은 빈약하다. 이하의 내용은, 이 책을 쓰는 과정에서 내게 우정과 넉넉한 아량을 베풀어준 사람들에게 감사를 표시하는 부족한 방편일 뿐이다.

이 책의 초고 일부나 전부를 읽어준 동료와 친구, 학생들에게 깊은 고마움을 느낀다. 그들은 원고를 훨씬 더 좋게 만들어주었다. 부족한 점은 물론 모두 나의 몫이다. 마야 애런, 캐슬린 브라이트만, 세르한 귄괴르, 애덤 모글론스키, 제이콥 네이블, 팀 소그에게 감사드린다.

취리히 대학교의 프란체스코 M. 갈라시 박사는 고대의 의술에 관한 전문 지식을 공유해주었다. 메리 맥휴는 두 아그리피나에 관한 자신의 연구와 생각들을 나눠주었다. 월러 뉴얼은 고대의 폭정에 관해서 자극이 되는 여러 대화를 함께 했다. 월터 샤이덜은 로마 황제들에 관한 자신의 근간 프로젝트로부터 여러 생각들을 공유해주었다. 배리 와인개스트는 고대와 현대 양쪽에서 각종 제도와 패러다임들에 대한 식견을 제공했다. 케빈 블룸필드와 조너선 워너는 전문 연구를 지원했다. 영국 포병대의 티머시 월슨 중령(퇴역)은 하드리아누스 방벽 지방에 대한 인심 좋은 가이드가 되어

주었다.

네 군데의 기관이 이 프로젝트를 지원해주었다. 객원 연구원으로 나를 초빙해준 로마의 아메리칸 아카데미와 내가 선임 연구원으로 있었던 볼리아스코 재단, 역시 객원 연구원으로 있었던 후버 연구소, 그리고 조사를 하고 이 책을 집필할 수 있게 친절히 휴가를 허락해준 코넬 대학교이다. 로마의 아메리칸 아카데미에는 감사해야 분들이 너무 많지만 현 관장인 존 옥슨도퍼와 전 관장인 킴 바우스를 특별히 언급하고 싶다. 볼리아스코 재단에서는 여러 사람들과 더불어 로라 해리슨에게 고맙다는 말을 하고 싶다. 후버 연구소에서는 빅터 데이비스 핸슨의 우정과 환대, 그리고 그가 역사가로 보여준 모범에 고마움을 표하고 싶다. 또한 데이비드 버키와 에릭 워킨에게도 감사한다. 코넬에서는 역사학부와 고전학부의 동료들과 직원들에게 감사드린다. 또한 코넬의 멋진 존 M. 올린 도서관에도 감사를 표하고 싶다.

아주 긴 목록의 사람들이 전문 지식을 공유하고 환대를 베풀고, 고대 유적지들을 안내해주고, 나의 생각들에 공명판 역할을 하고, 격려를 아끼지 않았다. 그리고 그들은 무엇보다도 가장 중요한 서비스를 제공해주었으니 바로 필요할 때에 있어준 것이다. 벤저민 앤더슨, 다리우스 아리야, 제드 앳킨스, 에른스트 발트루슈, 엘리자베스 바트먼, 콜린 베렌스, 레오 벨리, 샌드라 번스타인, 리사 블레이디스, 니키 보나니, 필립 보스트룀, 도리언 보보너스, 엘리자베스 브래들리, 메리 브라운, 주디스 바이필드, 홀리 케이스, 크리스토퍼 셀렌자, 조르다노 콘티, 빌 크롤리, 크레이그 데이비스, 안젤로 데 젠나로, 메건 드링크워터, 에르튀르크 두르쿠스, 래드클리프 에드먼즈, 게리 에번스, 마이클 폰페인, 버너드 프리셔, 애덤 프리드먼, 로렌초 가스페로니, 릭 게디스, 제너비브 게서트, 스티븐 그린블랫, 조반니 조르지니, 메이어 그로스, 스티븐 베이버, 존 하일런드, 이저벨 헐,

브라이언 제이 존스, 엘리노어 리치, 수잔 루스니어, 크레이그 라이언스, 스튜어트 매닝, 하비 맨스필드, 브룩 맨빌, 에이드리언 메이어, 켈리 맥클린턴, J. 킴벌 맥나이트, 앨리슨 맥퀸, 이언 모리스, 토머스 J. 모턴, 조사이어 오버, 그랜트 파커, 피에르조르조 펠리치오니, 베러티 플랫, 다니엘레 플레트카, 세르지오 포에타, 다비드 폴리오, 에릭 리빌러드, 클로디아 로짓, 루커스 루지즈키, 애런 삭스, 대니얼 스피로, 래미 타로프, 로버트 트래버스, 크리스티안 벤트, 그렉 울프, M. 테오도라 체메크가 그들이다.

사이먼 앤드 슈스터 출판사의 편집자 밥 벤더는 이 원고에 쏟은 정성과 관심 그리고 그가 언제나 기꺼이 공유하고자 하는 지혜와 뛰어난 판단력에서 스스로를 능가했다. 그의 조수인 조애너 리도 도움과 인내를 아끼지 않았다. 두 사람과 마케팅 디렉터 스티븐 베드퍼드에게 감사드린다. 나의 에이전트인 캐시 헤밍은 책을 내는 저자에게 최상의 친구이다.

이 책을 과거와 현재의 나의 학생들에게 바친다. 나로서는 그들이 보여준 에너지와 통찰, 우정에 고마움을 표시하는 데에 『탈무드』의 한 문장을 인용하는 것보다 더 나은 방법을 생각하지 못하겠다. "나는 스승들로부터 많은 것을 배웠고, 동료들로부터 더 많은 것을 배웠으며, 내 제자들로부터 가장 많은 것을 배웠다."

등장인물

아우구스투스

옥타비아누스, 나중에 아우구스투스	로마 초대 황제, BC 27-AD 14
아티아	아우구스투스의 어머니
옥타비아	아우구스투스의 누이
율리우스 카이사르	독재관, 아우구스투스의 종조부이자 양부
마르쿠스 아그리파	아우구스투스의 부사령관이자 나중에는 사위가 됨
키케로	로마 최대의 웅변가
마르쿠스 안토니우스	옥타비아누스 최대의 라이벌
클레오파트라	이집트 여왕
리비아	아우구스투스의 아내
율리아	아우구스투스의 딸
티베리우스	리비아의 아들이자 나중에는 아우구스투스의 양자 겸 후계자

티베리우스

티베리우스	아우구스투스의 후계자, 황제 14-37
리비아	티베리우스의 어머니, 율리아 아우구스타라는 칭호를 받은 아우구스투스의 미망인
빕사니아	티베리우스의 아내, 나중에 이혼
율리아	티베리우스의 아내, 나중에 이혼
게르마니쿠스	티베리우스의 조카, 아우구스투스에 의해서 티베리우스의 후계자로 지명됨

대(大)아그리피나   아우구스투스의 손녀, 게르마니쿠스와 결혼

세야누스   근위대장, 티베리우스의 부사령관이자
그의 권력을 위협하는 사람

안토니아   아우구스투스의 조카딸

가이우스, 일명 칼리굴라   게르마니쿠스와 대(大)아그리피나의 아들,
나중에 티베리우스의 후계자

네로

베스파시아누스

트라야누스

도미티아누스	황제, 81-96
네르바	황제, 96-98
트라야누스	황제, 98-117
플로티나	트라야누스의 아내, 나중에 아우구스타
마르키아나	트라야누스의 누이, 나중에 아우구스타
수라	트라야누스의 부사령관
소(小)플리니우스	지식인, 황실의 선전가, 속주 총독

하드리아누스

하드리아누스	황제, 117-138
사비나	하드리아누스의 아내, 나중에 아우구스타
플로티나	아우구스타, 하드리아누스의 후견인이자 후원자
수에토니우스	하드리아누스의 수석 비서, 황실의 전기 작가
안티노우스	하드리아누스의 남자친구, 사후에 신격화됨

마르쿠스 아우렐리우스

안토니우스 피우스	황제, 138-161
마르쿠스 아우렐리우스	황제, 161-180
도미티아 루킬라	마르쿠스 아우렐리우스의 어머니
프론토	마르쿠스 아우렐리우스의 개인교사
루키우스 베루스	마르쿠스 아우렐리우스와 공동 황제 161-169
소(小)파우스티나	안토니우스 피우스의 딸, 마르쿠스 아우렐리우스의 아내, 아우구스타이자 진지의 어머니
갈레노스	마르쿠스 아우렐리우스의 주치의
콤모두스	마르쿠스 아우렐리우스의 아들, 황제, 180-192

셉티미우스 세베루스

디오클레티아누스

콘스탄티누스

콘스탄티우스　콘스탄티누스의 아버지, 부제와 정제

헬레나　콘스탄티누스의 어머니, 나중에 성인(聖人)

콘스탄티누스　황제, 306-377

파우스타　콘스탄티누스의 두 번째 부인

크리스푸스　콘스탄티누스의 장남

막시미누스 다이아　황제, 305-314

막센티우스　황제, 306-312

리키니우스　황제, 308-324

에우세비오스　카이사레아의 주교

라벤나

로물루스 아우구스툴루스　황제, 475-476

유스티니아누스　황제, 527-565

테오도라　황후, 527-548

아우구스투스, 율리우스-클라우디우스 왕조 가계도

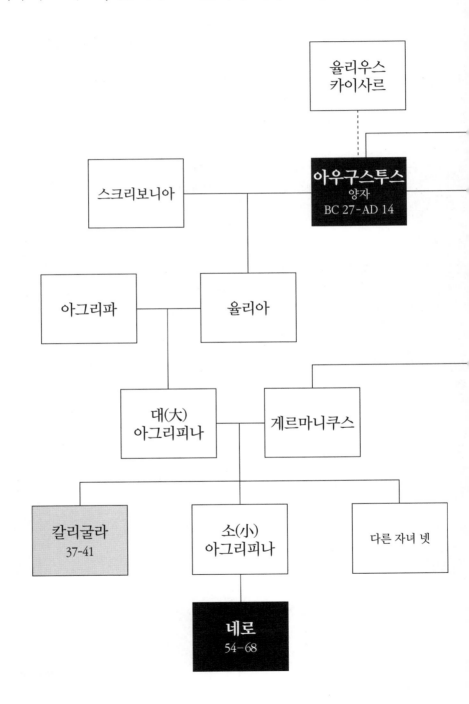

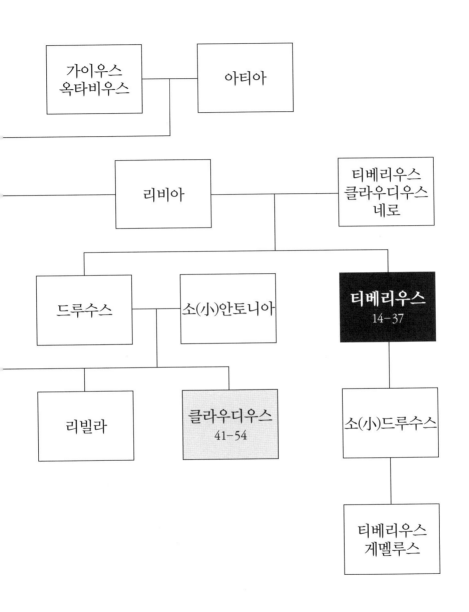

플라비우스 가계도

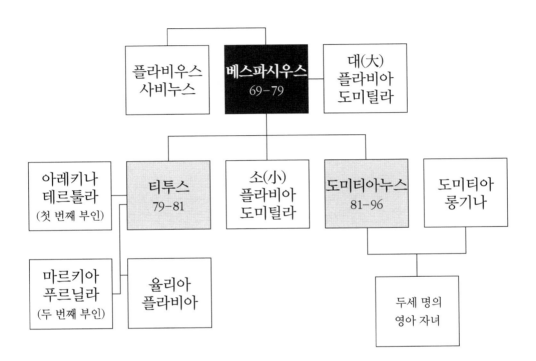

트라야누스와 하드리아누스, 오현제 가계도

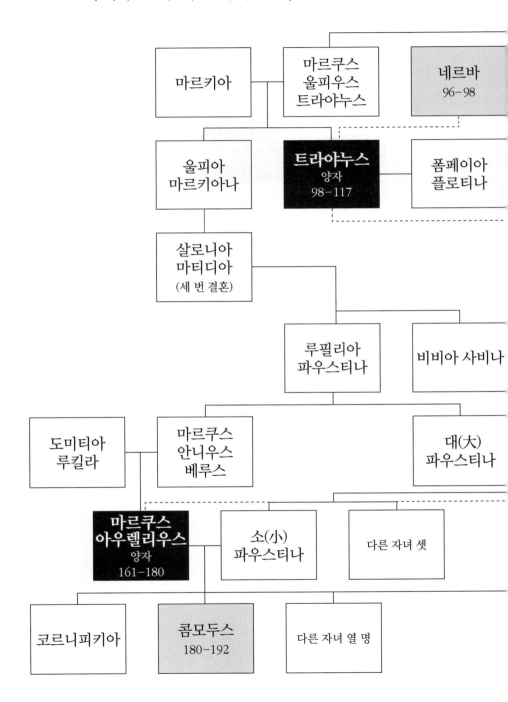

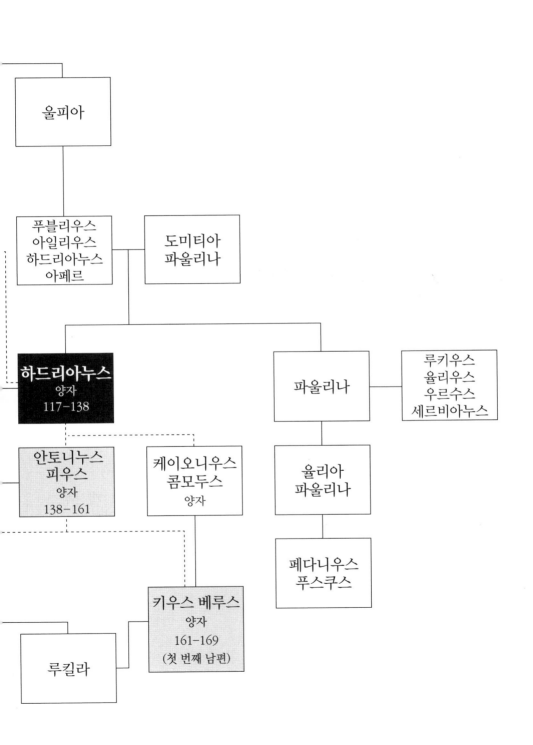

세베루스 가계도

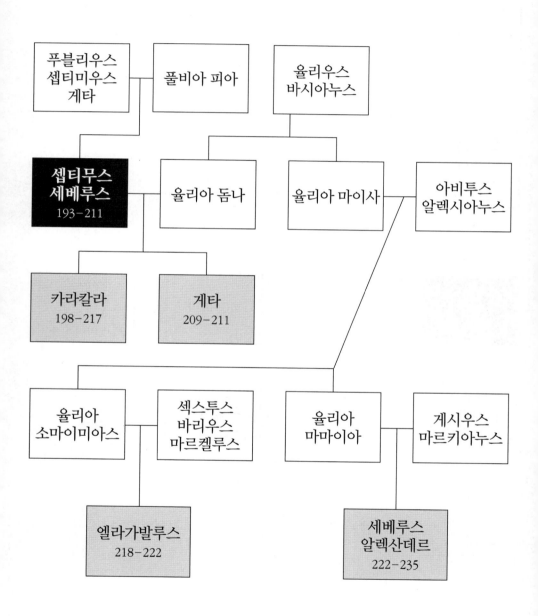

제1차 4인 통치체제

디오클레티아누스 284-305	막시미아누스 286-305
콘스탄티우스 카이사르 293-305	갈레리우스 카이사르 293-305

콘스탄티누스 가계도

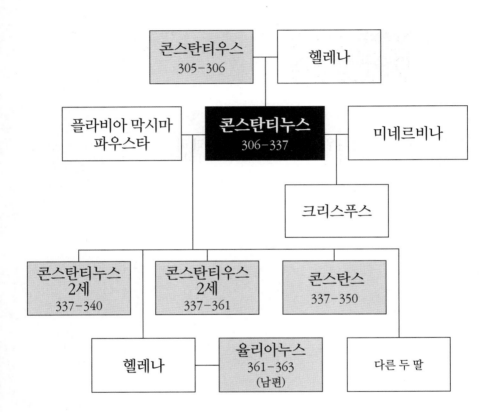

주

프롤로그

1. 로마 키르쿠스는 경마와 전차 경주, 여타 행사에 이용되는 타원형의 장소였다. 최대 경기장이라는 뜻의 키르쿠스 막시무스는 로마 시 안의 여러 키르쿠스 가운데 가장 큰 것이었다.
2. Statius, *Silvae*, 4.2.18.
3. Cassius Dio, *Roman History*, 67.9.3.
4. Suetonius, *Caligula*, 41.1.
5. Suetonius, *Vitellius*, 15.2.
6. Cassius Dio, *Roman History*, 68.5.5.
7. Suetonius, *Claudius*, 18.2.
8. Suetonius, *Vespasian*, 23.3; Cassius Dio, *Roman History*, 66.14.5.

I. 아우구스투스

1. *Res Gestae Divi Augusti*, 34, trans. Loeb Classical Library
2. Ronald Syme, "The *Nobilitas*" in The *Augustan Aristocracy* (Oxford: Clarendon Press, 1986), 1-14 참조.
3. 아티아에 대해서는 Ilse Becher, "Atia, die Mutter des Augustus—Legende und Politik," Ernst Günther Schmidt, ed., *Griechenland und Rom, Vergleichende Untersuchungen zu Entwicklungstendenzen und-hohepunkten der antiken Geschichte, Kunst und Literatur* (Tbilissi: Universitätsverlag Tbilissi in Verbindung mit der Palm & Enke, Erlangen und Jena, 1996), 95-116 참조.
4. 타키투스의 『웅변가들에 관한 대화(*Dialogue on Orators*)』(102년경)의 등장인물 중 한 명이 그 책의 28권, 특히 28권의 제6행에서 어쩌면 아우구스투스의 자서전을 떠올리 듯 그녀를 그렇게 묘사한다.
5. Virgil, *Aeneid*, 이 토론에 대해서는 Susan Dixon, *The Roman Mother* (Norman: University of Oklahoma Press, 1968), 74 참조.
6. 그는 기원전 56년의 집정관 리키우스 마르키우스 필리푸스였다.
7. Nicolaus of Damascus, *Life of Caesar Augustus*, 157.14.
8. Jürgen Malitz는 "'O puer quiomnia nomini debes,' Zur Biographie Octavius bis zum Antritt seines Erbes," *Gymnasium* 111 (2004): 381-409에서 젊은 시절의 옥타비우스의 경력에 관해 탁월하게 논의한다. .
9. 이 설화는 아우구스투스의 신성이 흔하게 거론되던 더 후대에 유래한 것일 수도 있지만 일찍이 바로 그때에 유래했을지도 모른다. Suetonius, *Augustus*, 94.4 and D.

Wardle, *Suetonius: Life of Augustus = Vita Divi Augusti* (Oxford: Oxford University Press, 2014), 512–15; Cassius Dio, *Roman History*, 45.1.2; Domitius Marsus Hollis, *Fragments of Roman Poetry*, ca. 60 BC–AD 20 (Oxford: Oxford University Press, 2007), 313n181.

10. Nicolaus of Damascus, *Life of Caesar Augustus*, 158.20.
11. Suetonius, *Augustus*, 68.
12. Suetonius, *Julius Caesar*, 2.1, 22.2, 49.1–4.
13. Nicolaus of Damascus, *Life of Caesar Augustus*, 159.36.
14. Ibid., 91.38.
15. Cicero, *Letters to Atticus*, 16.15.3.
16. Ibid., trans. Shackleton Bailey.
17. Nicolaus of Damascus는 *Life of Caesar Augustus*, 93.54. Appian, Civil Wars, 3.11에서 브룬디시움의 군대가 그 이름을 가장 먼저 받아들였다고 말한다. Toher는 나중에 가서야 아티아가 아들을 카이사르는 이름으로 불렀다고 생각한다. Nicolaus, *The Life of Augustus and the Autobiography*, ed. Mark Toher (Cambridge: Cambridge University Press, 2016), 258 참조.
18. Appian, Civil Wars, 3.14.
19. Cassius Dio, *Roman History*, 51.3.
20. Julian, *The Caesars*, 309.
21. Pliny, *Natural History*, 37.4.10.
22. Augustus, *Res Gestae*, 1.1–3.
23. Suetonius, *Augustus*, 10.4.
24. Suetonius, *Augustus*, 77; Wardle, *Suetonius: Life of Augustus*, 468의 해설 참조.
25. Cicero, *Letters to Friends*, 11.20.1.
26. Hic Atiae cinis est, genetrix hic Caesaris, hospes,/condita; Romani sic voluere patres. *Epigrammata Bobiensia* 40; A. S. Hollis, *Fragments of Roman Poetry c. 60 BC–AD 20* (Oxford: Oxford University Press, 2007), 313n182.
27. 숫자에 대해서는 Josiah Osgood, *Caesar's Legacy: Civil War and the Emergence of the Roman Empire* (Cambridge: Cambridge University Press, 2006), 63n6 참조.
28. IMPERATOR CAESAR DIVIFILIUS, Frederik Juliaan Vervaet, "The Secret History: The Official Position of Imperator Caesar Divi Filius from 31 to 27 BCE," *Ancient Society* 40 (2010): 79–152, esp. 130–31.
29. Suetonius, *Augustus*, 91.1; Appian, *Civil Wars*, 4.110; Cassius Dio, Roman History, 41.3과 비교해보라.
30. Suetonius, *Augustus*, 15.
31. Cassius Dio, *Roman History*, 48.44.5, trans. Loeb Classical Library.
32. Suetonius, *Augustus*, 62.2.
33. Plutarch, *Antony*, 60.1; Appian, Civil Wars, 5.1, 8, 9; Cassius Dio, Roman History, 50.4.3–4의 예를 참조.
34. 알렉산드로스 대왕을 기려서, 도시의 거대한 규모와 아름다움 때문에, 그리고 자신

의 스승에 대한 은사. Plutarch, *Antony*, 80.1-3; *Moralia*, 207A-B; compare Cassius Dio, *Roman History*, 51.16.3-4.

35. Plutarch, *Antony*, 81.2.

36. Cassius Dio, *Roman History*, 51.16.

37. 유명한 암살자 카시우스와 혼동해서는 안 된다 (Velleius Paterculus, *History of Rome*, 2.87.3; Valerius Maximus, *Memorable Deeds and Sayings* 1.7.7).

38. Cassius Dio, *Roman History*, 53.16; Suetonius, *Augustus*, 7.2.

39. 예를 들면, 로마 제국 주화(Roman Imperial Coinage : RIC, 로마 제국 시대에 발행된 주화들을 정리한 총 13권짜리 목록집. 고전기 화폐연구의 표준서이다/옮긴이) 제1권 (second edition) *Augustus*, 277, 488-91, 493-94, http://numismatics.org/ocre/results? q=Augustus%20AND%20year_num%3A%5B-27%20TO%20-27%5D&start=0.

40. 공화정 후기의 고약한 옛 시절의 에로틱한 분위기─아우구스투스가 젊은 시절에 누렸고 나중에 황제로서 그에 반하는 입법을 했던─에 대해서는 Daisy Dunn, *Catullus' Bedspread: the Life of Rome's Most Erotic Poet*, 1st US ed. (New York: Harper), 2016에서 느낄 수 있다.

41. Horace, *Satires*, 2.3.186.

42. P. Köln, 4701, lines 12-14, in Köln et al., *Kölner Papyri* (Wiesbaden: VS Verlag für Sozialwissenschaften, 1987), 113-14.

43. Machiavelli, *The Prince*, bk. 8.

44. Seneca, *On Clemency*, 1.9.1 and 1.11.1 참조.

45. 예를 들면, Suetonius, *Augustus*, 15와 Appian, Civil Wars, 4.5를 참조.

46. Tacitus, *Annals*, 1.2 참조.

47. Virgil, *Aeneid*, 1.278-79.

48. Suetonius, *Augustus*, 25.4; Aulus Gellius, *Attic Nights*, 10.11.5; Macrobius, *Saturnalia*, 6.8.8; Polyaenus, Stratagems, 8.24.4.

49. Suetonius, *Augustus*, 23.

50. *Res Gestae Divi Augusti*, 34.3.

51. Tacitus, *Annals*, 13.8.

52. Suetonius, *Augustus*, 47; D. Wardle, *Suetonius*, 351.

53. Suetonius, *Augustus*, 53.3.

54. (Dominus) Ibid., 53.1.

55. Augustus, *Res Gestae*, 34.14-15.

56. *res publicam restituit*. E.g. the Praenestine Fasti ad January 13, 27 BC: Victor Ehrenberg and A. H. M. Jones, *Documents Illustrating the Reigns of Augustus and Tiberius* (Oxford: Oxford University Press, 1949), 45. Compare E. T. Salmon, "The Evolution of Augustus' Principate," *Historia* 5.4 (1956): 456-78, esp. 457; Karl Galinsky, *Augustan Culture: An Interpretive Introduction* (Princeton, NJ: Princeton University Press, 1996) 42-79.

57. Augustus, *Res Gestae*, 21.

58. Cassius Dio, *Roman History*, 56.30.3.

59. Stephanie Malia Hom, "Consuming the View: Tourism, Rome, and the Topos of the Eternal City," *Annali d'Italianistica*, "Capital City: Rome 1870–2010," 28 (2010): 91–116.

60. Suetonius, *Augustus*, 43–46.

61. Ibid., 73.

62. Cassius Dio, *Roman History*, 51.19.7.

63. "The Personal Letters: Letter 1. Heloise to Abelard," in Abelard, Peter, Héloïse, Betty Radice, and M. T. Clanchy, *The Letters of Abelard and Heloise*, rev. ed. (London: Penguin Books, 2003), 51.

64. *Ulixes stolatus*, Suetonius, *Caligula*, 23.

65. 바티칸 박물관의 프리마 포르타 아우구스투스 상(Cat. 2290)과 비교해보라.

66. Suetonius, *Augustus*, 84.2, and *Tiberius*, 54.1.

67. Tacitus, *Annals*. Compare Robert Graves's novel *I Claudius*.

68. Elizabeth Bartman, *Portraits of Livia: Imaging the Imperial Woman in Augustan Rome* (Cambridge: Cambridge University Press, 1999), xxi.

69. Ad Gallinas in Latin (Suetonius, *Galba*, 1; Pliny the Elder, *Natural History*, 15.136–37; Cassius Dio, *Roman History*, 48.52.3–4).

70 "Livia was destined to hold in her lap even Caesar's power": Cassius Dio, *Roman History*, 48.52.3–4.

71. Macrobius, *Saturnalia*, 2.5.

72. Ibid., 2.5.6.

73. Ibid., 2.5.9–10.

74. *Res Gestae*, 35.1.

75. 고대의 판다테리아 섬이자 오늘날의 벤토테네 섬.

76. *Res Gestae*, 1.1.

77. Suetonius, *Tiberius*, 21.1.

78. Suetonius, *Augustus*, 99.1.

79. Ibid.

80. Ibid.; trans. Wardle, *Suetonius: Life of Augustus*, 77.

81. Suetonius, *Augustus*, 100.1.

82 Cassius Dio, *Roman History*, 56.42.

II. 티베리우스

1. Velleius Paterculus, *The Roman History*, 2.104.3.

2. 이 원로원 모임에 대해서는 Tacitus, *Annals* 1.5–13; Suetonius, *Tiberius*, 23–25, and Augustus, 100–101; Cassius Dio, *Roman History*, 57.2–7 참조.

3. Tacitus, *Annals*, 4.71; compare Cassius Dio, *Roman History*, 57.1.1–6.

4. 문제의 인물은 가이우스 아시니우스 갈루스로, 티베리우스가 빕사니아와 이혼한 뒤 그녀와 결혼했다.(Tacitus, *Annals*, 1.2, 6.23; Cassius Dio, *Roman History*, 58.23).

5. Suetonius, *Tiberius*, 24.2, 수에토니우스는 이것이 티베리우스 본인으로 표현으로서,

그의 발언의 요지를 자신이 다른 말로 표현하거나 지어낸 것이 아니라고 주장한다.

6. Ibid., 25.1.

7. Cassius Dio, *Roman History*, 48.44.3.

8. Tacitus, *Annals*, 1.14. Suetonius, *Tiberius*, 50.3도 참조하라.

9. Suetonius, *Tiberius*, 68.

10. Ibid., 21.2.

11. Tacitus, *Annals*, 5.1.

12 Suetonius, *Tiberius*, 7.2-3.

13. 로도스 섬으로 간 티베리우스의 동기에 대해서는 Velleius Paterculus, *The Roman History*, 2.99; Tacitus, *Annals*, 1.4.4, 1.53.1-2, 2.42-43, 4.57; Suetonius, *Tiberius*, 10.1-2; Cassius Dio, *Roman History*, 55.9을 참조.

14. Velleius Paterculus, *The Roman History*, 2.111.3.

15. 예를 들면, RIC I (2nd ed.) Augustus 225, http://numismatics.org/ocre/id/ric.1(2).aug.225.

16. Plutarch, *Antony*, 81.2.

17. Tacitus, *Annals*, 1.53.

18. Cassius Dio, *Roman History*, 57.7.4.

19. Ibid., 57.8.2.

20. Suetonius, *Tiberius*, 29.

21. Tacitus, *Annals*, 1.12.

22. Ibid., 3.65.

23. Suetonius, Julius Caesar, 72.1

24. Suetonius, *Tiberius*, 71.1

25. Tacitus, *Annals*, 4.38.

26. Cassius Dio, *Roman History*, 58.28.5.

27. Ibid., 57.6.3, 57.1-2와 비교하라; Suetonius, *Tiberius* eius diritatem 21.2, *saeva ac lenta natura* 57.1.

28. Tacitus, *Annals*, 3.76.

29. Josephus, *Jewish Antiquities*, 18.207-208; Tacitus, *Annals*, 1.33.

30. 예를 들면, RIC I (2nd ed.) Gaius/Caligula 55, http://numismatics.org/ocre/id/ric.1(2).gai.55.

31. 대(大)세네카, Suasoriae, 1.15의 알비노바누스 페도; Tacitus, *Annals*, 2.23-24 참조.

32 M. G. L. Cooley, ed., *Tiberius to Nero* (Cambridge: London Association of Classical Teachers, 2011), 163.

33. Tacitus, *Annals*, 2.71; Cassius Dio, *Roman History*, 57.18.9.

34. Josephus, *Jewish Antiquities*, 18.209.

35. Bassus 5, On the Death of Germanicus = Palatine Anthology 7.39, translation in Cooley, *Tiberius to Nero*, 164.

36. Tacitus, *Annals*, 4.32.

37. E. Cascio, "The Early Roman Empire: The State and the Economy," in The

Cambridge Economic History of the Greco-Roman World, ed. W. Scheidel, I. Morris, and R. Saller (Cambridge: Cambridge University Press, 2007), 624n26.

38. www.cbo.gov/topics/defense-and-national-security.

39. Strabo, *Geography*, 17.839; William V. Harris, *Roman Power: A Thousand Years of Empire* (Cambridge: Cambridge University Press, 2016), 129와 비교하라.

40. Tacitus, *Annals*, 4.1-2.

41. Herodian, *History of the Roman Empire Since the Death of Marcus Aurelius*, 1.6.5.

42. 콤모두스는 180년부터 193년까지 통치했다.

43. Cassius Dio, *Roman History*, 57.12. Tacitus, *Annals*, 4.57; Suetonius, *Tiberius*, 51도 참조하라.

44. Suetonius, *Tiberius*, 51.1.

45. Cassius Dio, *Roman History*, 58.2.3-6.

46. Suetonius, *Tiberius*, 32.2.

47. Ibid., 45.

48 Ibid., 44.1.

49. Ibid., 61.3.

50. Tacitus, *Annals*, 4.34-35.

51. Ibid., 6.25.

52. Ibid., 6.25.

53. Suetonius, *Tiberius*, 53.

54. Tacitus, *Annals*, 6.25.

55. Suetonius, *Tiberius*, 5.

56. Josephus, *Jewish Antiquities*, 18.6.6.

57. Nikos Kokkinos, *Antonia Augusta, Portrait of a Great Roman Lady* (London and New York: Routledge, 1992), 15-119.

58. Pliny the Elder, *Natural History*, 7.80.

59. Suetonius, *Caligula*, 11.

60. Cassius Dio, *Roman History*, 58.23.2.

61. Tacitus, *Annals*, 6.50; Suetonius, *Tiberius*, 73.2; Cassius Dio, *Roman History*, 58.28.3.

62. Suetonius, *Tiberius*, 75.1.

63. Edward Gibbon, *The History of the Decline and Fall of the Roman Empire*, vol. 1, ed. David Womersley (Harmondsworth, UK: Penguin Press, 1994), 128.

III. 네로

1. Tacitus, *Annals*, 15.39와 유사한 서술이 고대 문헌들에서 다수 발견되지만, 그 서술들은 네로의 행동을 단순히 풍문이 아니라 사실로 취급한다는 점에서 타키투스와 다르다. Suetonius, Nero, 38; Cassius Dio, *Roman History*, 62.18.1; Pliny the Elder, *Natural History*, 17.1.5 참조.

2. 엄밀하게는 전문 음악인이 연주하는 2현 악기인 키타라.

3. Suetonius, *Caligula*, 24.1.

4. Ibid., 55.3.

5. Ibid., 29.

6. Ibid., 37.

7. Ibid., 30.2.

8. 루브르 박물관, MR 280.

9. Juvenal, *Satires*, 6.118.

10. Ibid., 6.123.

11. Pliny the Elder, *Natural History*, 10.83.

12. 로마, 몬테마르티니 박물관, inv. MC 1882; 코펜하겐, 신 카를스베르크 글립토테크 미술관 inv. 753.

13. Pliny the Elder, *Natural History*, 7.71.

14. Cassius Dio, *Roman History*, 61.2.

15. Suetonius, *Caligula*, 53.2.

16. Seneca, *On Benefits*, 2.12.

17. Ibid., 4.31.

18. Cassius Dio, *Roman History*, 60.80.5.

19. Suetonius, *Nero*, 51.1.

20. Ibid., 53.

21. Tacitus, *Annals*, 13.2; Suetonius, *Nero*, 9.

22. 예를 들면 RIC I (2nd ed.) Nero, 1, http://numismatics.org/ocre/id/ric.1(2).ner.1.

23. Tacitus, *Annals*, 12.64.

24. 신격화는 아포테오시스(apotheosis), 호박화는 아포콜로킨토시스(apocolocyntosis)라고 하는 그리스어에서는 이 농담이 더 그럴 듯하게 들리지만 그리스어로도 그 의미는 불분명하다.

25. Cassius Dio, *Roman History*, 60.35.

26. Tacitus, *Annals*, 14.2; Suetonius, *Nero*, 28.2; Cassius Dio, *Roman History*, 61.11.3-4.

27. Pliny the Elder, *Natural History*, 37.12.

28. Ibid., 28.182-183, 11; Cassius Dio, *Roman History*, 62.28.1.

29. Juvenal, *Satires*, 6.462.

30. Tacitus, *Annals*, 14.3-7; Cassius Dio, *Roman History*, 62.12-13, Suetonius, *Nero*, 34.2-3; compare Anthony Barrett, *Agrippina: Sex, Power, and Politics in the Early Empire* (New Haven, CT: Yale University Press, 1996), 187-88.

31. Tacitus, *Annals*, 14.8; Cassius Dio, *Roman History*, 62.13.5.

32. Tacitus, *Annals*, 14.7.

33. Ibid., 14.62.

34. Edward Champlin, *Nero* (Cambridge, MA: Belknap Press of Harvard University Press, 2003), 96-103 참조.

35. Suetonius, *Nero*, 52.

36. Champlin, *Nero*, 283n11 참조.

37. 키빌리스 프린켑스의 개념에 대해서는 Andrew Wallace-Hadrill, "Civilis Princeps: Between Citizen and King," *Journal of Roman Studies* 72 (1982): 32–48 참조.

38. Seneca, *On Clemency*, 1.1.

39. Tacitus, *Annals*, 14.57, 59; Cassius Dio, *Roman History*, 62.14.1.

40. Tacitus, *Annals*, 14.63.3.

41. Tacitus, *Annals*, 16.6; Suetonius, *Nero*, 35.3; Cassius Dio, *Roman History*, 62.28.1.

42. Cassius Dio, *Roman History*, 62.28.1.

43. Pliny the Elder, *Natural History*, 12.83.

44. Tacitus, *Annals*, 16.6.

45. Ibid., 15.67는 글자 그대로 옮긴 것이라고 주장한다. Translation modified from Tacitus, *Complete Works of Tacitus*. Alfred John Church, William Jackson Brodribb, Sara Bryant, edited for Perseus (New York: Random House, rprnt., 1942), www.perseus.tufts.edu/hopper/text?doc=Perseus%3Atext%3A1999.02.0078%3Abook%3D15%3Achapter%3D67.

46. Musonius Rufus, frag. 49, Cora Elizabeth Lutz, *Rufonius Musus: "The Roman Socrates"* (New Haven, CT: Yale University Press, 1947), 143.

47. Cassius Dio, *Roman History*, 63.17.5–6.

48. 기독교도(Christian) : 근래에 네로의 기독교도 박해의 역사적 사실성을 둘러싸고 학술 논쟁이 있었다. Brent Shaw는 사실성을 반박하는 강력한 주장을 펼치지만 내가 판단하건대 박해의 역사적 사실성을 주장하는 Christopher Jones가 설득력이 있다. Brent Shaw, "The Myth of the Neronian Persecution," *Journal of Roman Studies* 105 (2015): 73–100; Christopher P. Jones, "The Historicity of the Neronian Persecution: A Response to Brent Shaw," *New Testament Studies* 63 (2017): 146–52 참조.

49. Suetonius, *Nero*, 16.2.

50. Tacitus, *Annals*, 15.44.

51. Ibid.

52. Ibid.

53. Joseph Brodsky, "Ode to Concrete," *So Forth: Poems* (New York: Farrar, Straus and Giroux, 1996), 116.

54. Suetonius, *Nero*, 31.

55. Tacitus, *Annals*, 15.37.1.

56. Suetonius, *Nero*, 49; Cassius Dio, *Roman History*, 63.29.2; Champlin, *Nero*, 49–51와 비교하라.

IV. 베스파시아누스

1. Josephus, *Jewish War*, 3.236.

2. Tacitus, *Histories*, 2.5.

3. Josephus, *Jewish War*, 4.33.

4. Tacitus, *Histories*, 1.4.

5. Suetonius, *Vespasian*, 8.3.

6. Varro in Pliny the Elder, *Natural History*, 3.10.
7. Suetonius, *Vespasian*, 2.2.
8. Cassius Dio, *Roman History*, 59.12.3.
9. Naples Archaeological Museum Inv. No. 6029.
10. Cassius Dio, *Roman History*, 65.14.1-4.
11. Tacitus, *Agricola*, 13.3.
12. Tacitus, *Histories*, 3.75.
13. 유대교 전례, 주간 아미다 기도문(weekly *Amidah* prayer), 열두 번째 축도.
14. Tacitus, Histories, 1.49.
15. Ibid., 4.11; Suetonius, *Vespasian*, 7.2.
16. Josephus, *Jewish War*, 4.603.
17. 엄밀하게 따지면 '게이'와 '동성애자'는 비역사적 표현인데, 고대인들은 성에 대해 요즘과 같은 범주로 생각하지 않았기 때문이다. 하지만 두 표현은 오늘날의 독자에게 무키아누스가 동성간 관계를 선호했다는 점을 환기시켜준다.
18. Tacitus, Histories, 1.10.
19. Suetonius, *Vespasian*, 13.1.
20. Tacitus, Histories, 2.76-77.
21. Ibid., 3.13.
22. Cassius Dio, *Roman History*, 65.8.
23. Tacitus, Histories, 1.10.
24. Suetonius, *Titus*, 1.
25. Tacitus, *Histories*, 2.5.
26. Ibid., 2.77.
27. "게이"처럼 "로마 귀화(Romanized)"라는 표현도 고대사에서 다른 문제적 용어이지만 우리는 이 정도 용어에 만족해야 할 것이다. 이 표현은 정복자들의 방식으로 동화되었다는 관념을 환기시킨다.
28. Babylonian Talmud, *Gittin* 56B.
29. Tacitus, *Histories*, 2.2, 81.
30. Ibid., 4.81; Suetonius, *Vespasian*, 7.2; Cassius Dio, *Roman History*, 66.8.2는 두 번째 사람은 손이 오그라든 사람이었다고 말한다.
31. Trans. Tacitus, *Complete Works of Tacitus*. Alfred John Church, William Jackson Brodribb, Sara Bryant, edited for Perseus (New York: Random House, Inc. 1873. reprinted 1942), 80%3Abook%3D2%3Achapter%3D86.
32. Tacitus, *Histories*, 2.77.
33. Tacitus, *Histories*, 4.39; Angela Pabst, *Divisio regni: der Zerfall des Imperium Romanum in der Sicht der Zeitgenossen* (Bonn, Ger.: Dr. Rudolf Habelt GMBH, 1986), 46-48, 68 참조.
34. 무키아누스는 74년에는 살아 있었고(Tacitus, *Dialogus*, 37.2) 77년에는 죽은 상태였다. (Pliny the Elder, *Natural History*, 32.62).
35. 나는 이런 통찰을 이 주제를 가지고 책을 준비하고 있는 Wlater Scheidel한테 빚졌다.

36. Cassius Dio, *Roman History*, 66.17.1; Suetonius, *Vespasian*, 20; compare Martial, *Epigrams*, 3.89, 11.52–56.

37. Suetonius, *Vespasian*, 22.1; Suetonius, *Vespasian*, ed. Brian W. Jones, with intro., commentary, and biblio. (London: Bristol Classical Press/Duckworth, 2000), ad loc., 8.

38. Ran Shapira, "Hoard of Bronze Coins from Jewish Revolt Found Near Jerusalem," *Haaretz*, August 17, 2014, www.haaretz.com/jewish/archaeology/1.610916.

39. 예를 들면, RIC II, Part 1 (2nd ed.) Vespasian 3, http://numismatics.org/ocre/id/ric. 2_1(2).ves.3.

40. Josephus, *Jewish War, in The Works of Flavius Josephus*, trans. William Whiston(Auburn and Buffalo: John E. Beardsley, 1895), 126–29, www.perseus.tufts.edu/hopper/text?doc= Perseus%3Atext%3A1999.01.0148%3Abook%3D7%3Awhiston%20chapter%3D5%3A whiston%20section%3D4.

41. Suetonius, *Vespasian*, 8.5; Cassius Dio, *Roman History*, 66.10.2.

42. Elisabetta Polvoledo, "Technology Identifies Lost Color at Roman Forum," *New York Times*, June 24, 2012, www.nytimes.com/2012/06/25/arts/design/menorah-on-arch-of-titus-in-roman-forum-was-rich-yellow.html, and www.yu.edu/cis/activities/arch-of-titus.

43. Ariel David, "Second Monumental Arch of Titus Celebrating Victory over Jews Found in Rome," *Haaretz* March 21, 2017, www.haaretz.com/archaeology/1.778103.

44. G. Alföldy, ed., *Corpus Inscriptionum Latinarum* VI. *Inscriptiones Urbis Romae Latinae* VIII. Fasc. 2. (Berlin: 1976), no. 40454a. G. Alföldy, "Ein Bauinschrift aus dem Colosseum," *Zeitschrift für Papyrologie und Epigrafik* 109 (1995): 195–226 참조.

45. Herbert W. Benario, *A Commentary on the Vita Hadriani in the Historia Augusta* (Chico, CA: Scholars Press, 1980), 118.

46. Beda Venerabilis and Jacques-Paul Migne, *Patrologia Latina* 94: 453.

47. Cassius Dio, *Roman History*, 65.15.2; Barbara Levick, *Vespasian*, 2nd ed. (London: Routledge, 2017), 202.

48. Quintilian, *The Institutions of Oratory*, trans. Butler, 12.1.3, 10.7.15.

49. Ibid., 10.1.31–34; historia . . . scribitur ad narrandum, non ad probandum, 10.1.31.

50. Cassius Dio, *Roman History*, 66.12.1.

51. Aurelius Victor, *De Caesaribus*, 9.9.

52. Cassius Dio, *Roman History*, 66.2.5.

53. Suetonius, *Vespasian*, 23.3; Cassius Dio, *Roman History*, 66.14.5.

54. Tacitus, *Histories* 4.74.3.

55. Suetonius, *Vespasian*, 8.3.

56. Cassius Dio, *Roman History*, 65.14.3–4.

57. 별장은 노멘타나 가도에 위치해 있었다.

58. Florence, Museo Storico della Caccia e del Territorio, Palazzo Bardini, inv. A231. Mauro Cristofani, "L'ara funeraria di Antonia Caenis concubina di Vespasiano," *Prospettiva* 13 (April 1978): 2–7 참조.

59. *Corpus Inscriptionum Latinarum* VI 12037.

60. Suetonius, *Titus*, 7.1.
61. Quintilian, *Institutes of Oratory*, 4.1.19, with Michael R. Young-Widmaieir, "Quintilian's Legal Representation of Julia Berenice," *Historia* 51.1 (2002): 124-29.
62. Suetonius, *Titus*, 7.1; Cassius Dio, *Roman History*, 65.15.3-4.
63. Suetonius, *Vespasian*, 21-22 참조.
64. Ibid., 23.4; Cassius Dio, *Roman History*, 66.17.2.
65. Suetonius, *Vespasian*, 24-25; Cassius Dio, *Roman History*, 66.17.2; Pseudo-Aurelius Victor, *Epitome de Caesaribus*, 9.18.
66. Suetonius, *Vespasian*, 19.2.
67. Tacitus, *Histories*, 1.50.
68. Josephus, *Jewish War*, 6.240.
69. *invitus invitam*, Suetonius, *Titus*, 7.2; Compare Cassius Dio, *Roman History*, 66.18.1; Pseudo-Aurelius Victor, *Epitome de Caesaribus*, 10.7.
70. "Pompeii: Vesuvius Eruption May Have Been Later Than Thought," https://www.bbc.com/news/world-europe-45874858.

V. 트라야누스

1. Cassius Dio, *Roman History*, 68.24-25.
2. Mustapha Meghraoui et al., "Evidence for 830 Years of Seismic Quiescence from Palaeoseismology, Archaeoseismology and Historical Seismicity Along the Dead Sea Fault in Syria," *Earth and Planetary Science Letters* 210 (2003): 35-52.
3. Pliny the Younger, *Panegyricus*, 88.4.
4. Eutropius, *Abridgment of Roman History*, 8.2, 8.5; Julian Bennett, *Trajan, Optimus Princeps: A Life and Times* (Bloomington: Indiana University Press, 1997), 107.
5. Suetonius, *Domitian*, 13.2.
6. Ibid., 3.
7. Ibid., 18.
8. 예를 들면, 카피톨리니 박물관, inv. MC 1156; 루브르 박물관, inv. Ma 1264.
9. 루브르 박물관, inv. Ma 1193.
10. Cassius Dio, *Roman History*, 68.74; Pseudo-Aurelius Victor, *Epitome de Caesaribus*, 13.8.
11. Pliny the Younger, *Panegyricus*, 15.1-3.
12. Suetonius, *Domitian*, 21.
13. Cassius Dio, *Roman History*, 67.15.2-4.
14. Tacitus, *Agricola*, 3.
15. Cassius Dio, *Roman History*, 68.3.4; Pliny the Younger, *Panegyricus* 8.6, 7.6-7, 8.1.
16. Cassius Dio, *Roman History*, 68.5.5.
17. 예를 들면, 뮌헨 글립토테크 미술관 inv. 336.
18. Ronald Syme, *Tacitus* (Oxford: Clarendon Press, 1958), 39.
19: Pliny the Younger, Letters, 3.20.12.

20: Pliny the Younger, *Panegyricus*, 20.

21: Cassius Dio, *Roman History*, 68.7.3.

22. Eutropius, Abridgement of *Roman History*, 8.5.1.

23. Pliny the Younger, *Letters*, 5.6.36.

24. Fronto, *Principles of History*, 20 (A 259).

25. Juvenal, *Satire*, 10.81.

26. Dio Chrysostom, *Oration*, 31.31.

27. Pliny the Younger, *Letters*, 9.2 LCL translation, 83, www.loebclassics.com/view/pliny_younger-letters/1969/pb_LCL059.83.xml?readMode=recto.

28. Pliny the Younger, *Panegyricus*, 44.

29. *Digest*, 29.1.

30. Cassius Dio, *Roman History*, 68.23.1.

31. Ibid., 68.8.2.

32. Ibid., 68.5.6, Loeb translation.

33. Pliny the Younger, *Panegyricus*, 83.8.

34. Ibid., 83–84.

35. Pliny, *Letters*, 9.28.1.

36. Nicomachus of Gerasa, Encheiridion Harmonicum, in Karl von Jan, *Musici Scriptores Graeci. Aristoteles, Euclides, Nicomachus, Bacchius, Gaudentius, Alypius et Melodiarum Veterum Quidquid Exstat* (Stuttgart, Ger.: Teubner, 1995 [1895]), 242, line 14.

37. E. M. Smallwood, *Documents Illustrating the Principates of Nerva, Trajan and Hadrian* (Cambridge: Cambridge University Press, 1966), no. 442, 152.

38. Pseudo-Aurelius Victor, *Epitome de Caesaribus*, 42.21.

39. Philostratus, *Lives of the Sophists*, 488.

40. Dio Chrysostom, *On Kingship*, 3.119.

41. Pseudo-Aurelius Victor, *Epitome de Caesaribus*, 42.20–21; Cassius Dio, *Roman History*, 68.5.5.

42. E. Bormann, ed. *Corpus Inscriptionum Latinarum* vol. XI, Inscriptiones Aemiliae, Etruriae, Umbriae Latinae, Pars II, fasc. 1, Inscriptiones Umbriae, viarum publicarum, instrumenti domestici (Berlin: Brandenburg Academy of Sciences and Humanities, 1901, impr. iter. 1968): 6520, p. 981; compare Pliny the Younger, *Letters*, 9.28.1.

43. 가디타누스(Gaditanus) — 헤라클레스가 노역을 했다고 하는 섬을 마주 보고 있는 도시인 가데스(오늘날의 카디스)의 헤라클레스 숭배.

44. For example, RIC II Trajan 49, http://numismatics.org/ocre/id/ric.2.tr.49_denarius.

45. Pliny the Younger, *Panegyricus*, 14.5, 82.7; 디오 크리소스토무스는 트라야누스를 헤라클레스에게도 비교한다. *Oration*, 1.56–84.

46. Pliny the Younger, *Panegyricus*, 80.3–5.

47. 고대에는 베네벤툼이라고 불렸던 오늘날의 베네벤토에 있다.

48. 예를 들면, RIC II Trajan 128, http://numismatics.org/ocre/id/ric.2.tr.128.

49. Pliny the Younger, *Letters*, 10.96.8.

50. Ibid.

51. Ibid., 10.97.2.

52. Ibid.

53. Cassius Dio, *Roman History*, 67.6.1.

54. Ibid., 68.14.1.

55. 전장에서 말 위에 올라탄 황제를 묘사한 조각은 콘스탄티누스 개선문 중앙 아치를 장식하기 위해서 앞선 기념물에서 떼어온 트라야누스 프리즈 부조 장식 중의 하나이다.

56. Priscian, *Institutiones Grammaticae* 6.13.

57. Constantine, Pseudo-Aurelius Victor, *Epitome de Caesaribus*, 41.13.

58. Aulus Gellius, *Attic Nights*, 13.25.

59. 도미티아누스가 퀴리날리스 언덕을 철거하기 시작했지만 트라야누스가 그 공사의 나머지 부분을 기획하고 실행했다.

60. Cassius Dio, *Roman History*, 68.17.1.

61. Ibid., 68.29.1.

62. Ibid., 68.31.2.

63. Gibbon, *Decline and Fall of the Roman Empire*, vol. 1, 103.

64. 이 추정치들과 로마 시장 경제의 더 일반적인 내용에 관해서는 Peter Temin, The Roman Market Economy (Princeton, NJ: Princeton University Press, 2013) 참조.

65. Kyle Harper, *The Fate of Rome: Climate, Disease and the End of an Empire* (Princeton, NJ: Princeton University Press, 2017), 14-15, 39-55.

66. 이 토론에 대해서는 Frank McLynn, *Marcus Aurelius: A Life* (Cambridge, MA: Da Capo Press, 2009), 2-13 참조.

67. Museum of Anatolian Civilizations, Ankara, Turkey, Inventory Number 10345; 그러나 이것을 트라야누스 흉상으로 보는 데에 대한 회의적인 시각은 Stephen Mitchell, "The Trajanic Tondo from Roman Ankara: In Search of the Identity of a Roman Masterpiece," *Journal of Ankara Studies* 2.1 (2014): 1-10 참조.

68. Cassius Dio, *Roman History*, 75.32-33 참조.

69. H. L. Jones, trans., *The Geography of Strabo*, vol. 6, Loeb Classical Library 223 (Cambridge, MA: Harvard University Press, 1929), 327.

VI. 하드리아누스

1. Cassius Dio, *Roman History*, 69.1.2-4.

2. "Hadrian," in *Historia Augusta*, 4.10.

3. ILS 1792.

4. 폴레몬에 대해서는 다음을 참조. Simon Swain, "Polemon's Physiognomy," in *Seeing the Face, Seeing the Soul: Polemon's Physiognomy from Classical Antiquity to Medieval Islam*, ed. Simon Swain and G. R. Boys-Stones (Oxford; New York: Oxford University Press, 2007), 167-68.

5. Alan K. Bowman, Peter Garnsey, and Dominic Rathbone, eds., *The Cambridge Ancient History*, 2nd ed. v. 11. *The high empire*, A.D. 70-192 (Cambridge: Cambridge

University Press, 2000), 975.

6. Cassius Dio, *Roman History*, 69.5.3.

7. Ibid., 69.9.4; compare *Historia Augusta*, 17.9, 23.1.

8. Cassius Dio, *Roman History* 69.10.32.

9. "Hadrian," in *Historia Augusta*, 14.11, Loeb Classical Library 번역문을 수정.

10. 오늘날의 아드리아로, 포 강 삼각주에 위치하고 있으며, 라벤나와 베네치아 사이에 있다.

11. "Hadrian," in *Historia Augusta*, 1.5.

12. "little Greeks are fond of their gymnasia": Pliny the Younger, *Letters*, 10.40.2.

13. Plutarch, "Is 'Live Unknown' a Wise Precept?," *Moralia* 1128B–1130D.

14. Horace, *Epistles*, 2.1.156–57.

15. 예를 들면, 프라도 미술관에 있는 흉상. inv. E00210.

16. "Hadrian," in *Historia Augusta*, 11.3; Pseudo-Aurelius-Victor, *Epitome de Caesaribus*, 14.8.

17. "Hadrian," in *Historia Augusta*, 3.2.

18. Ibid., 3.7.

19. Ibid., 3.10.

20. Ibid., 4.1.

21. Ibid., 4.5.

22. Ibid., 4.3–5, 8–10.

23. Gibbon, *Decline and Fall of the Roman Empire*, vol. 1, 100.

24. 파우사니아스는 하드리아누스의 전쟁 거부 선언에 대한 한 가지 예외, 즉 유대인 반란의 진압을 언급한다. Pausanias, *Description of Greece*, 1.5.5, trans. Loeb Classical Library—modified, Pausanias, *Description of Greece* with an English Translation by W. H. S. Jones, LittD, and H. A. Ormerod, MA, in 4 Volumes. (Cambridge, MA: Harvard University Press, 1918).

25. Cassius Dio, *Roman History*, 69.4.1–5, compare Birley, loc. 6316.

26. 다른 무수한 장소들에도 "하드리아누스"라는 지명이 추가되었고, 황제가 사냥을 나갔던 장소의 이름을 따서 "하드리아누스 수렵지"라는 곳도 있었다.

27. John Keegan, *A History of Warfare* (London: Hutchinson, 1993), 70.

28. 트라야누스의 건축가 아폴로도루스의 조롱조 표현 (Cassius Dio, *Roman History*, 69.4.2).

29. Ibid., 69.6.3.

30. "Hadrian," in *Historia Augusta*, 10.1, Loeb translation.

31. Michael Speidel, *Emperor Hadrian's Speeches to the African Army: A New Text* (Mainz, Ger.: Verlag des Römisch-Germanischen Zentralmuseums, 2006), 15, translation modified.

32. Cassius Dio, *Roman History*, 69.9.6.

33. Vindolanda Tablet, 291, Vindolanda Inventory 85.057, translated, http://vindolanda. csad.ox.ac.uk/4DLink2/4DACTION/WebRequestTablet?thisLeafNum=1&searchTerm=

Families,%20pleasures%20and%20ceremonies&searchType=browse&searchField=high
lights&thisListPosition=3&displayImage=1&displayLatin=1&displayEnglish=1.

34. "Hadrian," in *Historia Augusta*, 11.3.

35. Ibid., 16.3.

36. 예를 들면, RIC II Hadrian 29, http://numismatics.org/ocre/id/ric.2.hdn.29.

37. 플로티나는 금화에 그렇게 기려졌다. 빈, 미술사 박물관, MK 8622, 134–38.

38. Cassius Dio, *Roman History*, 69.10.2; compare "Hadrian," in *Historia Augusta*, 20.12.

39. Epiphanius, *On Weights and Measures*, 14.

40. "Hadrian," in *Historia Augusta*, 15.13.

41. 세부에 대해서는 Anthony Birley, *Hadrian: The Restless Emperor* (New York: Routledge, 1997), 240–43 참조.

42. 세부에 대해서는, ibid 참조.

43. Cassius Dio, *Roman History*, 69.11.2.

44. Ibid.

45. Ibid., 69.11.2–3; "Hadrian," in Historia Augusta, 14.6; Aurelius Victor, de Caesaribus, 14.7–9.

46. Patricia Rosenmeyer, "Greek Verse Inscriptions in Roman Egypt: Julia Balbilla's Sapphic Voice," *Classical Antiquity* 27.2 (2008): 337.

47. C. Vout, "Antinous, Archaeology and History," *Journal of Roman Studies* 95 (2005): 82.

48. Cassius Dio, *Roman History*, 69.11.4; "Hadrian," in *Historia Augusta*, 14.7.

49. "Hadrian," in *Historia Augusta*, 13.5.

50. Cassius Dio, *Roman History*, 69.14.1.

51. *Bavli Berachot*, 20a; *Midrash Tehillim*.

52. 예를 들면, *Deuteronomy Rabbah*, 3:13; *Pesikta Rabbati*, 21.

53. Dio, *Roman History*, 69.20.1.

54. "Hadrian," in *Historia Augusta*, 23.10.

55. "Hadrian," in *Historia Augusta*, 23.9; Pseudo-Aurelius Victor, *Epitome de Caesaribus*, 14.8.

56. 동전의 증거에 대해서는 예를 들면 다음을 참조하라. RIC II Hadrian 1051A, http://numismatics.org/ocre/id/ric.2.hdn.1051A; H. A. Mattingly and E. A. Sydenham, eds., *Roman Imperial Coinage*, vol. 2 (London: Spink & Son, 1926), 386 and 399. 조각에 대해서는 W. Helbig, *Die vatikanische Skulpturensammlung. Diekapitolinischen und das lateranische Museum*, vol. 1, *Führer durch die öffentlichen Sammlungen klassischer Altertümer in Rom* (Leipzig, Ger.: Teubner, 1891), 357; G. M. Koeppel, "Die historischen Reliefs der römischen Kaiserzeit IV," *Bonner Jahrbücher des Rheinischen Landesmuseums in Bonn und des Vereins von Altertumsfreunden im Rheinlande* 186 (1986), 1–90 참조.

57. Ibid., 25.9, trans. A. O'Brien-Moore.

58. Ibid., 24.13는 그 대신 의사가 스스로 목숨을 끊었다고 말하지만 이것은 풍설처럼

들리며, 어쩌면 하드리아누스의 적들이 불을 지핀 풍설일 수도 있다.
59. Aurelius Victor, *de Caesaribus*, 14.12, 베르길리우스의 아이네이스 제6권, 304행을 연상시킨다.
60. Cassius Dio, *Roman History*, 69.17.1-3.
61. "Hadrian," in *Historia Augusta*, 25.9, trans. A. O'Brien-Moore.
62. Ibid., 27.1; Cassius Dio, *Roman History*, 69. 23.2.
63. Cassius Dio, *Roman History*, 69.5.1-3. 디오의 아버지 아프로니아누스는 하드리아 누스를 칭송한 사람이 전혀 아니었다. Ibid., 69.1.12.

VII. 마르쿠스 아우렐리우스

1. 마르쿠스 아우렐리우스의 황금 흉상은 아벤티쿰(오늘날 스위스의 아방슈)에서 찾았 다. Römermuseum Avenches inv.no. 39/134, P. Schazmann, "Buste en or représentant l'empereur Marc-Aurele trouvé a Avenches en 1939," *Zeitschrift fur schweizerische Archaologie und Kunstgeschichte* 2 (1940): 69-93.
2. Marcus Aurelius, *Meditations* 4.40, in Marcus Aurelius, and Charles Reginald Haines. *The Communings with Himself of Marcus Aurelius Antoninus, Emperor of Rome: Together with His Speeches and Sayings: a Revised Text and a Translation into English* (Cambridge, MA: Harvard University Press, 1953), 91.
3. 율리아누스 황제는 361부터 363년까지 재위했다.
4. Marcus Aurelius, *Meditations*, 1.3, trans. Haines, *Communings with Himself*, 3.
5. Marcus Aurelius, *Meditations*, 1.3.
6. Marcus Cornelius Fronto, *The Correspondence of Marcus Cornelius Fronto: with Marcus Aurelius Antoninus, Lucius Verus, Antoninus Pius, and Various Friends.* Edited by Marcus Aurelius, Antoninus Pius, Lucius Aurelius Verus, and Charles Reginald Haines (Cambridge, MA: Harvard University Press, 1919), letter 2.12.
7. *Marcus Aurelius in Love.* Edited by Marcus Aurelius, Marcus Cornelius Fronto, and Amy Richlin (Chicago: University of Chicago Press, 2006), 5-9.
8. Marcus Aurelius, *Meditations*, 1.16.2.
9. Tacitus, *Histories*, 1.1. 타키투스는 네르바와 트라야누스를 가리키고 있지만, 이 같은 평가는 하드리아누스와 안토니누스 피우스, 마르쿠스 아우렐리우스에게도 잘 들어맞 는다.
10. Marcus Aurelius, *Meditations*, 1.11.
11. "Marcus Aurelius," in *Historia Augusta*, 6.8-9.
12. "Antoninus Pius," in *Historia Augusta*, 4.8, trans LCL.
13. http://coursesa.matrix.msu.edu/~fisher/hst205/readings/RomanOration.html.
14. http://coursesa.matrix.msu.edu/~fisher/hst205/readings/RomanOration.html.
15. Marcus Aurelius, *Meditations*, 1.16, 17.3, 4.33, 6.30, 8.25, 9.21, 10.27.
16. "Antoninus Pius," in *Historia Augusta*, 12.6.
17. "Marcus Aurelius," in *Historia Augusta*, 7.3.
18. Galen, *On Prognosis*, 11.8, 129.

19. Marcus Aurelius, *Meditations*, 5.5.

20. Cassius Dio, *History of Rome*, 71.29.4.

21. Fronto, *Ad Pium* 2 (Haines, Correspondence of Fronto 1.128; AD 143). 어떤 이들은 여기서 언급되는 "파우스티나"가 안토니누스의 아내 대파우스티나라고 생각한다.

22. 예를 들면, RIC III Marcus Aurelius 1635, http://numismatics.org/ocre/id/ric.3.m_aur.1635.

23. 최근의 연구는 로마 시대 영아 사망률이 대체로 20퍼센트에서 35퍼센트 사이였음을 보여준다. Nathan Pilkington, "Growing Up Roman: Infant Mortality and Reproductive Development," *Journal of Interdisciplinary History* 44, no. 1 (Summer 2013):1-35 참조.

24. 예를 들면, 카피톨리니 박물관, inv. 449; 루브르 박물관, Ma 1176.

25. 예를 들면, RIC III Marcus Aurelius 1681, http://numismatics.org/ocre/id/ric.3.m_aur.1681.

26. "Marcus Aurelius," in *Historia Augusta*, 19.8-9.

27. Marcus Aurelius, *Meditations*, 1.17.7.

28. trans. Richlin, *Marcus Aurelius in Love*, letter 44, 143.

29. Marcus Aurelius, *Meditations*, 8.49, 9.40, 10.34, 11.34. Compare McLynn, Marcus Aurelius, 93.

30. Galen, *On His Own Books*, 19.15.

31: Lucian, *Alexander*, 36.

32. Aelius Aristides, *Oration*, 43.38-44.

33. Galen, *On Prognosis to Posthumus*, 9.

34 . "Marcus Aurelius," in *Historia Augusta*, 20.7.

35 . Ibid., 24.2; Cassius Dio, *Roman History*, 74.8-10; RIC III Marcus Aurelius, 264-66, http://numismatics.org/ocre/id/ric.3.m_aur.264,http://numismatics.org/ocre/id/ric.3.m_aur.265,http://numismatics.org/ocre/id/ric.3.m_aur.266.

36. Xiphilinus in Cassius Dio, *Roman History*, 72.9.

37. Adrienne Mayor, *The Amazons: Lives and Legends of Warrior Women Across the Ancient World* (Princeton, NJ: Princeton University Press, 2014), 81-82 참조.

38. Marcus Aurelius, *Meditations*, 2.5, trans. George Long, Internet Classics Archive, http://classics.mit.edu//Antoninus/meditations.html, modified.

39. Ibid., 10.10, trans. Long, modified.

40. "Marcus Aurelius," in *Historia Augusta*, 26.8; Cassius Dio, *Roman History*, 71.10.5.

41. Philostratus, *Lives of the Sophists*, 2.1.13.

42. Cassius Dio, *Roman History*, 72.29.

43. Marcus Aurelius, *Meditations*, 1.14.

44. 예를 들면, RIC III Marcus Aurelius 1717, http://numismatics.org/ocre/id/ric.3.m_aur.1717.

45. Cassius Dio, *Roman History*, 72.30.

46. Ibid., 72.31.1-2.

47. Ibid.,72.31.1.

48. Ammianus Marcellinus, *History of Rome*, 22.5.

49. 출처에 대해서는 Maria Laura Atarista, *Avidio Cassio* (Rome: Edizioni di Storia e Letteratura: 1983), 119-23 참조.

50. Aurelius Victor, De Caesaribus 16.9-10, in Sextus Aurelius Victor, *Liber de Caesaribus of Sextus Aurelius Victor*, trans. H. W. Bird, Translated Texts for Historians, v. 17 (Liverpool: Liverpool University Press, 1994), 19.

51. Cassius Dio, *Roman History*, 78.16.6.

52. *Meditations* 4.49, Marcus Aurelius, *The Meditations*, trans. Long.

53. Marcus Aurelius, *Meditations*, 3.12, Marcus Aurelius, *The Meditations*, trans. Long, modified.

54. Marcus Aurelius, *Meditations*, 6.44, Marcus Aurelius, *The Meditations*, trans. Long.

55. Cassius Dio, *History of Rome*, 72.33.

56. Ammianus Marcellinus, *History of Rome*, 31.5.14.

57. Pseudo-Aurelius Victor, *Epitome de Caesaribus*, 16.2, trans. Thomas M. Banchich, www.roman-emperors.org/epitome.htm.

58. Cassius Dio, *History of Rome*, 71.36.4.

VIII. 셉티미우스 세베루스

1. 또한 렙티스 마그나로 알려져 있다.

2. John Malalas, *Chronicle*, 12.18.

3. Severan Tondo, Staatliche Museen, Berlin, Antikenmuseum, Inv. No. 31329.

4. Cassius Dio, *Roman History*, 77.16-17; compare 75.2 and 72.36.4.

5. Cassius Dio, *Roman History*, 77.12.

6. "Septimius Severus," in *Historia Augusta*, 1.4.

7. Herodian, *History of the Roman Empire Since the Death of Marcus Aurelius*, 2.9.2.

8. Cassius Dio, *Roman History*, 76.13.

9. Ibid., 75.8.1, 76.8.1.

10. Herodian, *History of the Roman Empire Since the Death of Marcus Aurelius*, 2.9.2.

11. "Septimius Severus," in *Historia Augusta*, 2.6.

12. Cassius Dio, *Roman History*, 75.2.1-2; Herodian, *History of the Roman Empire Since the Death of Marcus Aurelius*, 2.14.4.

13. Cassius Dio, *Roman History*, 77.15.3.

14. Barbara Levick, *Julia Domna, Syrian Empress* (London: Routledge, 2007), 3 참조.

15. 예를 들면, 뮌헨 글립토테크 미술관에 있는 흉상. Inv. 354, 예를 들면 동전은 다음과 같다. RIC IV Septimius Severus 540, http://numismatics.org/ocre/id/ric.4.ss.540_aureus; RIC IV Septimius Severus 857, http://numismatics.org/ocre/id/ric.4.ss.857.

16. 아테네의 필로스트라투스.

17. Philostratus, *Lives of the Sophists*, 622.

18. 예를 들면, RIC IV Pertinax 1, http://numismatics.org/ocre/id/ric.4.pert.1.

19. LCL translation 1927 modified, http://penelope.uchicago.edu/Thayer/E/Roman/Texts/

Cassius_Dio/75*.html.

20. Herodian, *History of the Roman Empire Since the Death of Marcus Aurelius*, trans. Edward C. Echols (Herodian of Antioch's History of the Roman Empire, 1961 Berkeley and Los Angeles), www.livius.org/sources/content/herodian-s-roman-history/herodian-2.11.

21. Cassius Dio, *Roman History*, 58.14.1.

22. Ibid., 76.8.1.

23. Ibid.

24. Ibid., 76.9.4.

25. Ibid., 75.3.3.

26. Hermann Dessau, *Inscriptiones Latinae Selectae*. Berlin, vol. 2, pt. 1 (1902), nos. 6472, 6988. 하드리아누스와 안토니우스 피우스는 "가장 성스러운" 군주였다.

27. Cassius Dio, *Roman History*, 77.4.4.

28. 아르겐타리이의 문(Arch of the Argentarii).

29. Cassius Dio, *Roman History*, 77.17.4.

30. CIL XII 4345; XIV 120.

31. Cassius Dio, *Roman History*, 77.15.2.

32. Ibid., 77.15.3.

33. 예를 들면, 나폴리 국립 고고학 박물관에 있는 흉상, inv. 6603.

34. Cassius Dio, *Roman History*, 77.9.5.

35. 예를 들면, RIC IV Elagabalus 256, http://numismatics.org/ocre/id/ric.4.el.256.

36. 엘라가발루스의 주화 초상, 예를 들면, ibid., 25, http://numismatics.org/ocre/id/ric.4.el.25.

37. Rome, Capitoline Museums, Inv. MC 470.

38. RIC IV Severus Alexander 7d, http://numismatics.org/ocre/id/ric.4.sa.7d.

39. 예를 들면, ibid., 648a http://numismatics.org/ocre/id/ric.4.sa.648a.

40. Rome, Capitoline Museums Inv. MC 471.

41. 예를 들면, RIC IV Severus Alexander 670, http://numismatics.org/ocre/id/ric.4.sa.670.

42. Gibbon, *Decline and Fall of the Roman Empire*, vol. 1, 148.

43. *princeps legibus solutus est*, Justinian, Institutes, 2.17.8.

IX. 디오클레티아누스

1. Pseudo-Aurelius Victor, *Epitome de Caesaribus*, 39.6, trans. Thomas M. Banchich modified, www.roman-emperors.org/epitome.htm.

2. J. 폴 게티 미술관, Villa Collection, Malibu, CA 78.AA.8.

3. 우스터 미술관, "Head of a Man (possibly Diocletian)," 1974.297.

4. "Carus, Carinus and Numerianus," in *Historia Augusta*, 13.3-5.

5. Ibid., 14.1-15.6.

6. Pseudo-Aurelius Victor, *Epitome de Caesaribus*, 38.8.

7. Ibid., 29.5; Jordanes, *Getica*, 18.

8. Harper, *Fate of Rome*, 136-45.

9. Ibid., 129-36, 167-75.

10. 밀라노 고고학 박물관, www.comune.milano.it/wps/portal/luogo/museoarcheologico/lecollezioni/milanoromana/ritratto_massimiano/lut/p/a0/04_Sj9CPykssy0xPLMnMz0vMAfGjzOItLL3NjDz9Dbz9Az3NDBx9DIMt_UxMjc28DfQLsh0VAba4yro!. 동전 이미지는 RIC V Diocletian342, http://numismatics.org/ocre/id/ric.5.dio.342을 참조.

11. Eutropius, *Abridgment of Roman History*, 2.9.27.

12. Timothy D. Barnes, *The New Empire of Diocletian and Constantine* (Boston: Harvard University Press, 1982), 51-52.

13. "Genathliacus of Maximian Augustus," Panegyrici Latini 11.6.3, trans. C. E. V. Nixon and Barbara Saylor Rodgers, *InPraise of Later Roman Emperors: The Panegyrici Latini: Introduction, Translation, and Historical Commentary, with the Latin Text of R.A.B. Mynors* (Berkeley: University of California Press, 1994), 91.

14. 예를 들면, RIC VI Serdica 34, http://numismatics.org/ocre/id/ric.6.serd.34.

15. Lactantius, *On the Death of Persecutors*, 9.

16. Jasna Jeličić-Radonić, "Aurelia Prisca," *Prilozi povijesti umjetnosti u Dalmaciji* (Contributions to Art History in Dalmatia), 41, no. 1 (August 2008): 5-25, http://hrcak.srce.hr/109683.

17. Pseudo-Aurelius Victor, *Epitome de Caesaribus* 40.17; Lactantius, *On the Death of Persecutors*, 11.21.

18. www.basilicasanmarco.it/basilica/scultura/la-decorazione-delle-facciate/la-facciata-orientale/?lang=en and https://en.wikipedia.org/wiki/Portrait_of_the_Four_Tetrarchs. 이탈리아 베네치아의 산 마르코 대성당의 남쪽 파사드에서 찾았다.

19. Ammianus Marcellinus, *History*, 14.11.10; 22.7.1; Eutropius, *Abridgment of Roman History*, 9.24; Festus, Breviarum, 25.

20. 아라스 메달리온(The Arras Medallion). 영국 박물관 B.11477.

21. Diocletian, *Edict of Maximal Prices, as cited in Roger Rees, Diocletian and the Tetrarchy* (Edinburgh: Edinburgh University Press, 2004), 139.

22. P. Beatty Panop. 1.213-16 (September 17, 298); Rees, *Diocletian and the Tetrarchy*, II.21, 149.

23. Panegyrici Latini 11(3) (July 21, 291, Trier) (I Chapter 4.2), 11.1.1, Roger Rees, *Diocletian and the Tetrarchy*, 132.

24. Panegyrici Latini 11(3) (July 21, 291, Trier) (I Chapter 4.2), 11.11.4, Roger Rees, *Diocletian and the Tetrarchy*, 132.

25. Winston Churchill, *The Second World War*, vol. 1 (London: Houghton Mifflin, 1948), 105.

26. 예를 들면, Cicero, *For Marcus Fonteius*, 30; Livy, *History of Rome*, 1.31.7.

27. Manichaean rescript. Collation of the Laws of Moses and Rome 15.3 (March 31, 302(?), Alexandria) Rees, *Diocletian and the Tetrarchy*, 174에서 인용.

28. Lactantius, *On the Deaths of the Persecutors*, 11.1-3.

29. Lactantius, *On the Deaths of the Persecutors*, 12-14.

30. Ibid., 15.1.
31. Herbert Musurillo, *The Acts of the Christian Martyrs, Oxford Early Christian Texts* (Oxford: Clarendon Press, 1972), 260–65, 266–71, 302–9.
32. Dragoslav Srejovic and Cedomir Vasic, I*mperial Mausolea and Consecration Memorials in Felix Romuliana* (Gamzigrad, East Serbia) (Belgrade: Centre for Archaeological Research, Faculty of Philosophy, The University of Belgrad, 1994), 149–51 참조. Bill Leadbetter, "Galerius, Gamzigrad and the Politics of Abdication," *ASCS* [Australasian Society for Classical Studies] 31 (2010): 8–9에서 인용. 이상이 적어도 고고학적인 증거로부터 이끌어낸 개연성 있는 결론이다.
33. Suetonius, *Julius Caesar*, 77.

X. 콘스탄티누스

1. 고대에 이 조각상은 이곳이 아니라 포로 로마노 건너편 막센티우스 바실리카에 서 있었다.
2. Rome, Capitoline Museums, Inv. MC0757.
3. Actually, two versions of the hand survive.
4. Constantine, Letter to Shapur II, in Eusebius, *Life of Constantine* 4.9, trans. by Averil Cameron, and Stuart George Hall, Eusebius, *Life of Constantine* (Oxford: Clarendon Press, 1999), 153.
5. T. D. Barnes, *The New Empire of Diocletian and Constantine* (Cambridge, MA: Harvard University Press, 1982), 36, 39–42.
6. Barnes, *New Empire of Diocletian and Constantine*, 36–37, 39–42에서 재구성한 내용이다. 두 사람이 결혼하지 않아서 콘스탄티누스가 사생아였을 수도 있지만 그럴 가능성은 낮다.
7. Eusebius, *Life of Constantine*, 3.47.2. 337년 황제가 사망한 직후 완성된 텍스트이다. T. D. Barnes, *Constantine: Dynasty, Religion and Power in the Later Roman Empire* (Chichester, UK: Wiley-Blackwell, 2011), 44–45는 에우세비오스의 진술을 황제에 대한 단순한 아첨이라고 거부한다.
8. 예를 들면, Theodoret, *Ecclesiastical History*, 1.18. Cameron and Hall, *Eusebius, Life of Constantine*, 395 참조.
9. John 8:12.
10. Matthew 17:2.
11. 콘스탄티누스가 아블라비우스(또는 아일라피우스)에게 보내는 서한. 밀레비스의 옵타투스의 Against the Donatists의 세 번째 부록에서 발견되었다. *Optatus: Against the Donatists*, trans. Mark Edwards, Translated Texts for Historians 27 (Liverpool: Liverpool University Press, 1997), 183–84 참조.
12. 예를 들면, RIC VII Treveri 135, http://numismatics.org/ocre/id/ric.7.tri.135.
13. *instinctu divinitatis*, CIL VI.1139.
14. 다음의 예를 참조하라. RIC VII Treveri 481, http://numismatics.org/ocre/id/ric.7.tri.481.

15. 다음의 예를 참조하라. RIC VII Treveri 484. 1944.100.13272, http://numismatics.org/ocre/id/ric.7.tri.484.

16. Constantine, *Speech to the Assembly of the Saints* 11.1, trans. T. D. Barnes, *Constantine*, 119.

17. Zosimus, *New History*, 2.32.

18. *Theodosian Code*, 2.8.1.

19. Matthew 22:21.

20. *Letter of Constantine to Ablavius (or Aelafius)* 밀레비스의 옵타투스의 Against the Donatists의 세 번째 부록에서 발견되었다. *Against the Donatists. Optatus: Against the Donatists*, trans. Edwards, 183-84 참조.

21. John 10:11.

22. Zosimus, *New History*, 2.29.2; *Epitome de Caesaribus* 42.11-12; Barnes, *Constantine*, 144-50.

23. Eusebius, *Life of Constantine*, 4.27.1, compare 3.18.2; Theodoret, *Ecclesiastical History*, 1.9.

24. Robert Sabatino Lopez, "The Dollar of the Middle Ages," *Journal of Economic History* 11, no. 3 (1951): 209-34.

에필로그

1. Jordanes, *Getica*, 46.243.

2. Gibbon, *Decline and Fall of the Roman Empire*, vol. 3 (1994): cp. LXXI.II, 1068-70.

3. *Narratio de Aedificatione Templi S. Sophiae* 27, in *Scriptores Originum Constantinopolitanarum*, ed. Theodor Preger (Leipzig, Ger.: B. G. Teubner, 1901), 105.

4. Procopius, *History of the Wars*, 1.24.37.

출전에 대한 설명

로마 황제들에 관한 참고문헌은 방대하다. 여기서는 기본적인 더 읽을거리가 될 만한 책들에 방점을 두었다.

일반적인 자료와 참조 도서

Cancik, Hubert, Helmuth Schneider, Christine F. Salazar, and David E. Orton, eds. *Brill's New Pauly: Encyclopaedia of the Ancient World*. English ed. Leiden, Ned.: Brill, 2002.

Hornblower, Simon, Anthony Spawforth, and Esther Eidinow. *The Oxford Classical Dictionary*. 4th ed. Oxford: Oxford University Press, 2012.

OCRE, "Online Coins of the Roman Empire," http://numismatics.org/ocre/. "Orbis, The Stanford Geospatial Network of the Ancient World," http://orbis.stanford.edu.

Talbert, Richard J. A., ed. *The Barrington Atlas of the Ancient Greco-Roman World*. Princeton, NJ: Princeton University Press, 2000.

고대 사료

많은 고대 사료들은 원어와 번역어로 온라인에서 입수 가능하다. 훌륭한 웹사이트로는 Lacus Curtius: Into the Roman World, http://penelope.uchicago.edu/Thayer/E/Roman/home.html; Perseus Digital Library, www.perseus.tufts.edu; and Livius.org, Articles on Ancient History, www.livius.org는 텍스트와 백과사전 설명문을 제공한다.

이 책에서 언급된 대다수의 고대 사료는 원문과 영역문을 제공하는 대역본인 Loeb Classical Library (Harvard University Press) 판본으로 구할 수 있다. 게다가 몇몇 중요 사료들은 아래와 같이 영역본을 쉽게 구할 수 있다.

Birley, Anthony. *Lives of the Later Caesars: The First Part of the Augustan History, with Newly Compiled Lives of Nerva and Trajan*. Harmondsworth, UK: Penguin Books, 1976.

Cocceianus, Cassius Dio. *The Roman History: the Reign of Augustus*. Translated by Ian Scott-Kilvert. Harmondsworth, UK: Penguin Books, 1987.

Josephus. *The Jewish War*. Edited by Martin Goodman. Translated by Martin Hammond. Oxford: Oxford University Press, 2017.

Marcus Aurelius. *Meditations*. Translated by and with a foreword by Gregory Hays. Modern Library ed. New York: Modern Library, 2002.

Pliny the Younger. *Complete Letters*. Translated by P. G. Walsh. Oxford: Oxford

University Press, 2009.

Suetonius. *Lives of the Caesars*. Translated by Catherine Edwards. Oxford: Oxford University Press, 2000.

Tacitus. *The Annals*. Translated by A. J. Woodman. Indianapolis: Hackett, 2004.

————. *The Histories*. Rev. ed. Edited by Rhiannon Ash. Translated by Kenneth Wellesley. London: Penguin Classics, 2009.

로마 제국

Beard, Mary. *SPQR: A History of Ancient Rome*. New York: Liveright, 2015.

Bowman, Alan K. et al. *The Cambridge Ancient History*, 2nd ed., vol. 10: The Augustan Empire, 43 B.C.-A. D. 69; vol. 11: The High Empire, A.D. 70-192; vol. 12: The Crisis of Empire, A. D. 193-337. Cambridge: Cambridge University Press, 1996-2005.

Gibbon, Edward. *The History of the Decline and Fall of the Roman Empire*. 3 vols. Edited by David Womersley. Harmondsworth, UK: Penguin, 1994.

————. *The History of the Decline and Fall of the Roman Empire*. Abbr. ed. Edited by David Womersley. Harmondsworth, UK: Penguin, 2001.

Harris, William V. *Roman Power: A Thousand Years of Empire*. Cambridge: Cambridge University Press, 2016.

Potter, D. S. *Ancient Rome: A New History, with 200 Illustrations, 149 in Color*. 2nd ed. New York: Thames & Hudson, 2014.

Scheidel, Walter, ed. *State Power in Ancient China and Rome*. Oxford: Oxford University Press, 2015.

Woolf, Greg. *Rome: An Empire's Story*. Oxford: Oxford University Press, 2012.

로마 황제들

개설서와 참조 도서

Barrett, Anthony, ed. *Lives of the Caesars*. Malden, MA: Blackwell, 2008.

"De Imperatoribus Romanis: An Online Encyclopedia of Roman Rulers and their Families," www.roman-emperors.org/impindex.htm.

Grant, Michael. *The Roman Emperors: A Biographical Guide to the Rulers of Imperial Rome, 31 BC-AD 476*. New York: Scribner, 1985.

Meijer, Fik. *Emperors Don't Die in Bed*. Translated by S. J. Leinbach. London: Routledge, 2004.

Potter, David. *The Emperors of Rome: The Story of Imperial Rome from Julius Caesar to the Last Emperor*. London: Quercus Publishing, 2016.

Scarre, Chris. *Chronicle of the Roman Emperors: The Reign-by-Reign Record of the Rulers of Imperial Rome*. New York: Thames & Hudson, 1995.

Sommer, Michael. T*he Complete Roman Emperor: Imperial Life at Court and on Campaign*. New York: Thames & Hudson, 2010.

왕조와 시대

Ando, Clifford. *Imperial Rome AD 193 to 284: The Critical Century*. Edinburgh: Edinburgh University Press, 2012.

Brown, Peter. *The World of Late Antiquity: From Marcus Aurelius to Muhammad*. London: Thames & Hudson, 1971.

Holland, Tom. *Dynasty: The Rise and Fall of the House of Caesar*. 1st US ed. New York: Doubleday, 2015.

Mitchell, Stephen. *A History of the Later Roman Empire, AD 284-641*. 2nd ed.Chichester, UK: Wiley Blackwell, 2015.

Potter, David. *The Roman Empire at Bay, AD 180-395*. 2nd ed. Abingdon, UK: Routledge, 2014.

황제들이 한 일

Ando, Clifford. *Imperial Ideology and Provincial Loyalty in the Roman Empire*. Berkeley: University of California Press, 2000.

Campbell, Brian. *The Emperor and the Roman Army, 31 BC-AD 235*. Oxford: Clarendon Press, 1984.

Hekster, Oliver. *Emperors and Ancestors: Roman Rulers and the Constraints of Tradition*. Oxford Studies in Ancient Culture & Representation. Oxford: Oxford University Press, 2015.

Lendon, J. E. *Empire of Honour: The Art of Government in the Roman World*. Oxford: Clarendon Press, 1997.

Millar, Fergus. *The Emperor in the Roman World, 31 BC-AD 337*. Ithaca, NY:Cornell University Press, 1977.

Norena, Carlos. *Imperial Ideals in the Roman West: Representation, Circulation, Power*. Cambridge: Cambridge University Press, 2011.

Saller, Richard. *Personal Patronage Under the Early Empire*. Cambridge: Cambridge University Press, 1982.

로마 제국의 여인들

D'Ambra, Eve. *Roman Women*. Cambridge: Cambridge University Press, 2007.

De la Bédoyère, Guy. *Domina: The Women Who Made Imperial Rome*. New Haven,CT: Yale University Press, 2018.

Freisenbruch, Annelise. *Caesars' Wives: Sex, Power, and Politics in the Roman Empire*. New York: Free Press, 2010.

Hemelrijk, Emily Ann, and Greg Woolf. *Women and the Roman City in the Latin West*. Leiden, Ned.: Brill, 2013.

Kleiner, Diana E., and Susan B. Matheson, eds. *I Claudia: Women in Ancient Rome*. New Haven, CT: Yale University Art Gallery, 1996.

———. *I, Claudia II: Women in Roman Art and Society*. Austin: University of Texas

Press, 2000.

로마 제국의 사회, 경제, 문화, 군사

Beard, Mary, John North, and S. R. F Price. *Religions of Rome*. Cambridge: Cambridge University Press, 1998.

Campbell, J. B. *The Roman Army, 31 BC–AD 337: A Sourcebook*. London: Routledge, 1994.

Claridge, Amanda, Judith Toms, and Tony Cubberley. *Rome: An Oxford Archaeological Guide*. 2nd ed., rev. and expanded. Oxford: Oxford University Press, 2010.

Dench, Emma. *Romulus's Asylum: Roman Identities from the Age of Alexander to the Age of Hadrian*. Oxford: Oxford University Press, 2005.

Flower, Harriet. *The Art of Forgetting: Disgrace & Oblivion in Roman Political Culture*. Chapel Hill: University of North Carolina Press, 2006.

Goldsworthy, Adrian. *The Complete Roman Army*. New York: Thames & Hudson, 2003.

Harl, Kenneth W. *Coinage in the Roman Economy, 300 B.C. to A.D. 700*. Baltimore: Johns Hopkins University Press, 1996.

Luttwak, Edward. *The Grand Strategy of the Roman Empire: From the First Century CE to the Third*. Rev. and updated ed. Baltimore: Johns Hopkins University Press, 2016.

MacDonald, William L. *The Architecture of the Roman Empire*. Rev. ed. New Haven, CT: Yale University Press, 1982.

Mattern, Susan. *Rome and the Enemy: Imperial Strategy in the Principate*. Berkeley: University of California Press, 1999.

Peachin, Michael, ed. *The Oxford Handbook of Social Relations in the Roman World*. Oxford: Oxford University Press, 2011.

Ramage, Nancy H. and Andrew Ramage. *Roman Art*. 6th ed. Upper Saddle River, NJ: Pearson, 2014.

Rebillard, Éric. *Christians and Their Many Identities in Late Antiquity*, North Africa, 200 –450 CE. Ithaca NY: Cornell University Press, 2012.

Rüpke, Jörg. *Pantheon: A New History of Roman Religion*. Translated by David Richardson. Princeton, NJ: Princeton University Press, 2018.

Scheidel, Walter, Ian Morris, and Richard P. Saller, eds. *The Cambridge Economic History of the Greco-Roman World*. Cambridge: Cambridge University Press, 2007.

Sherwin-White. A. N. *The Roman Citizenship*. 2nd ed. Oxford: Clarendon Press, 1973.

Temin, Peter. *The Roman Market Economy*. Princeton, NJ: Princeton University Press, 2013.

아우구스투스

고대 사료

Cooley, Alison. *Res Gestae Divi Augusti: Text, Translation, and Commentary*.

Cambridge: Cambridge University Press, 2009.

Nicolaus. *The Life of Augustus and the Autobiography*. Edited by Mark Toher. Cambridge: Cambridge University Press, 2016.

Wardle, D. *Suetonius: Life of Augustus = Vita Divi Augusti*. 1st ed. Oxford: Oxford University Press, 2014.

전기

Everitt, Anthony. *Augustus: The Life of Rome's First Emperor*. New York: Random House, 2006.

Galinsky, Karl. *Augustus: Introduction to the Life of an Emperor*. New York: Cambridge University Press, 2012.

Goldsworthy, Adrian. *Augustus, First Emperor of Rome*. New Haven, CT: Yale University Press, 2014.

Southern, Patricia. *Augustus*. 2nd ed. London: Routledge, 2014.

전문 연구

Angelova, Diliana. *Sacred Founders: Women, Men, and Gods in the Discourse of Imperial Founding, Rome Through Early Byzantium*. Oakland: University of California Press, 2015.

Barrett, Anthony. *Livia: First Lady of Imperial Rome*. New Haven, CT: Yale University Press, 2002.

Bartman, Elizabeth. *Portraits of Livia: Imaging the Imperial Woman in Augustan Rome*. Cambridge: Cambridge University Press, 1999.

Everitt, Anthony. *Cicero: the Life and Times of Rome's Greatest Politician*. 1st US ed. New York: Random House, 2002.

Fantham, Elaine. *Julia Augusti: The Emperor's Daughter*. London: Routledge, 2006.

Galinsky, Karl. *Augustan Culture: An Interpretive Introduction*. Princeton, NJ: Princeton University Press, 1996.

Goldsworthy, Adrian. *Antony and Cleopatra*. New Haven, CT: Yale University Press, 2010.

Milnor, Kristina. *Gender, Domesticity, and the Age of Augustus: Inventing Private Life*. Oxford: Oxford University Press, 2005.

Osgood, Josiah. *Caesar's Legacy: Civil War and the Emergence of the Roman Empire*. Cambridge: Cambridge University Press, 2006.

Powell, Lindsay. *Marcus Agrippa: Right-Hand Man of Caesar Augustus*. Barnsley, UK: Pen & Sword Books, 2015.

Severy, Beth. *Augustus and the Family at the Birth of the Roman Empire*. New York: Routledge, 2003.

Strauss, Barry. *The Death of Caesar: The Story of History's Most Famous Assassination*. New York: Simon & Schuster, 2015.

Syme, Sir Ronald. *The Roman Revolution*. Oxford: Oxford University Press, 1939.

Welch, Kathryn. *Magnus Pompeius: Sextus Pompeius and the Transformation of the Roman Republic*. Swansea, UK: Classical Press of Wales, 2012.

Zanker, Paul. *The Power of Images in the Age of Augustus*. Ann Arbor: University of Michigan Press, 1988.

티베리우스

고대 사료

London Association of Classical Teachers. *Tiberius to Nero*. Edited by M. G. L. Cooley and Alison Cooley. London: LACTORs, 2011.

전기

Levick, Barbara. *Tiberius the Politician*. Rev. ed. London: Routledge, 1999.

Seager, Robin. *Tiberius*. 2nd ed. Malden, MA: Blackwell, 2005.

Winterling, Aloys. *Caligula*. Berkeley: University of California Press, 2011.

전문 연구

De la Bédoyere, Guy. *Praetorian: The Rise and Fall of Rome's Imperial Bodyguard*. New Haven, CT: Yale University Press, 2017.

Kokkinos, Nikos. *Antonia Augusta: Portrait of a Great Roman Lady*. London: Libri, 2002.

MacMullen, Ramsay. *Enemies of the Roman Order: Treason, Unrest and Alienation in the Empire*. London: Routledge, 1992.

Wilkinson, Sam. *Republicanism During the Early Roman Empire*. London: Continuum, 2012.

네로

고대 사료

Barrett, Anthony A., Elaine Fantham, and John C. Yardley, eds. *The Emperor Nero: A Guide to the Ancient Sources*. Princeton, NJ: Princeton University Press, 2016.

Smallwood, E. Mary. *Documents Illustrating the Principates of Gaius, Claudius and Nero*. London: Cambridge University Press, 1967.

전기

Champlin, Edward. *Nero*. Cambridge, MA: Belknap Press of Harvard University Press, 2003.

Griffin, Miriam T. *Nero: The End of a Dynasty*. New Haven, CT: Yale University Press, 1985.

Malitz, Jürgen. *Nero*. Translated by Allison Brown. Malden, MA: Blackwell, 2005.

전문 연구

Ball, Larry F. *The Domus Aurea and the Roman Architectural Revolution.* Cambridge: Cambridge University Press, 2003.

Barrett, Anthony. *Agrippina: Sex, Power, and Politics in the Early Empire.* New Haven, CT: Yale University Press, 1996.

Bartsch, Shadi, Kirk Freudenburg, and C. A. J. Littlewood, eds. *The Cambridge Companion to the Age of Nero.* Cambridge: Cambridge University Press, 2017.

Donovan Ginsberg, Lauren. *Staging Memory, Staging Strife: Empire and Civil War in the Octavia.* New York: Oxford University Press, 2017.

Ginsburg, Judith. *Representing Agrippina: Constructions of Female Power in the Early Roman Empire.* Oxford: Oxford University Press, 2006.

Lancaster, Lynne C. *Concrete Vaulted Construction in Imperial Rome.* Cambridge: Cambridge University Press, 1985.

Romm, James. *Dying Every Day: Seneca at the Court of Nero.* New York: Alfred A. Knopf, 2014.

Rudich, Vasily. *Political Dissidence Under Nero: The Price of Dissimulation.* London: Routledge, 1993.

Wallace-Hadrill, Andrew. "Civilis Princeps: Between Citizen and King," *Journal of Roman Studies* 72 (1982): 32–48.

Wilson, Emily. *The Greatest Empire: A Life of Seneca.* New York: Oxford University Press, 2014.

베스파시아누스

고대 사료

Suetonius. *Vespasian.* Edited by Brian W. Jones. London: Bristol Classical Press, 2000.

전기

Levick, Barbara. *Vespasian.* 2nd ed. London: Routledge, 2017.

전문 연구

Goodman, Martin. *Rome and Jerusalem: The Clash of Ancient Civilizations.* London: Allen Lane, 2007.

Hopkins, Keith, and Mary Beard. *The Colosseum.* Cambridge, MA: Harvard University Press, 2005.

Morgan, Gwyn. *69 A.D.: The Year of the Four Emperors.* Oxford: Oxford University Press, 2007.

트라야누스

고대 사료

Smallwood, Mary E. *Documents Illustrating the Principates of Nerva, Trajan and*

Hadrian. Cambridge: Cambridge University Press, 1966.

전기

Bennett, Julian. *Trajan, Optimus Princeps: A Life and Times*. Bloomington: Indiana University Press, 1997.

Everitt, Anthony. *Hadrian and the Triumph of Rome*. New York: Random House, 2009.

Grainger, John D. *Nerva and the Succession Crisis of AD 96-99*. London: Routledge, 2003.

Southern, Pat. Domitian, *Tragic Tyrant*. Bloomington: Indiana University Press, 1997.

전문 연구

Keltanen, M. "The Public Image of the Four Empresses: Ideal Wives, Mothers and Regents?," in *Päivi Setälä. Women, Wealth and Power in the Roman Empire* (Rome: Institutum romanum Finlandiae, 2002), 105-46.

Lepper, Frank A. *Trajan's Parthian War*. London: Oxford University Press, 1948.

Packer, James E. *The Forum of Trajan in Rome: A Study of the Monuments in Brief*. Berkeley: University of California Press, 2001.

Setälä, Päivi. "Women and Brick Production—Some New Aspects," in *Women, Wealth and Power*, 181-202.

하드리아누스

고대 사료

Benario, Herbert W. A *Commentary on the Vita Hadriani in the Historia Augusta*. Chico, CA: Scholars Press, 1980.

Smallwood, Mary E. *Documents Illustrating Principates of Nerva, Trajan and Hadrian*.

Speidel, Michael. *Emperor Hadrian's Speeches to the African Army: A New Text*. Mainz, Ger.: Verlag des Römisch-Germanischen Zentralmuseums, 2006.

전기

Birley, Anthony. *Hadrian: The Restless Emperor*. London: Routledge, 1997.

Everitt, Anthony. *Hadrian and the Triumph of Rome*.

전문 연구

Boatwright, Mary Taliaferro. *Hadrian and the Cities of the Roman Empire*. Princeton, NJ: Princeton University Press, 2002.

Goldsworthy, Adrian. *Hadrian's Wall*. New York: Basic Books, 2018.

Horbury, William. *Jewish War Under Trajan and Hadrian*. New York: Cambridge University Press, 2014.

Keltanen. "Public Image of the Four Empresses," 117-25.

Lambert, Royston. *Beloved and God: The Story of Hadrian and Antinous*. 1st US ed.

New York: Viking, 1984.

MacDonald, William L. *The Architecture of the Roman Empire*. Rev. ed. New Haven, CT: Yale University Press, 1982.

─────. *Hadrian's Villa and Its Legacy*. New Haven, CT: Yale University Press, 1995.

Speller, Elizabeth. *Following Hadrian: A Second Century Journey Through the Roman Empire*. Oxford: Oxford University Press, 2003.

마르쿠스 아우렐리우스

사료

Marcus Aurelius in Love. Edited by Marcus Aurelius, Marcus Cornelius Fronto, and Amy Richlin. Chicago: University of Chicago Press, 2006.

전기

Birley, Anthony. *Marcus Aurelius: A Biography*. London: B. T. Batsford, 1993.

Hekster, Oliver. *Commodus: An Emperor at the Crossroads*. Amsterdam: J. C. Gieben, 2002.

McLynn, Frank. *Marcus Aurelius: A Life*. 1st Da Capo Press Ed. Cambridge, MA: Da Capo Press, 2009.

전문 연구

Harper, Kyle. *The Fate of Rome: Climate, Disease and the End of an Empire*. Princeton, NJ: Princeton University Press, 2017, 64-118.

Keltanen, "Public Image of the Four Empresses," 125-141.

Levick, Barbara. *Faustina I and II: Imperial Women of the Golden Age*. New York: Oxford University Press, 2014.

셉티미우스 세베루스

고대 사료

Sidebottom, Harry. "Severan Historiography: Evidence, Patterns, and Arguments," in Swain, Simon, S. J. Harrison, and Jaś. Elsner, eds. *Severan Culture*. Cambridge: Cambridge University Press, 2007, 52-82.

전기

Arrizabalaga y Prado, Leonardo de. *The Emperor Elagabalus: Fact or Fiction?* Cambridge: Cambridge University Press, 2010.

Birley, Anthony. *Septimius Severus, the African Emperor*. Rev. ed. New Haven, CT: Yale University Press, 1989.

전문 연구

Levick, Barbara. Julia Domna, *Syrian Empress*. London: Routledge, 2007.

Swain, Harrison, and Elsner, eds. *Severan Culture.*

디오클레티아누스

전기

Aurelius Victor: De Caesaribus. Translated by H. W. Bird. Liverpool: Liverpool University Press, 1994.

Bowen, Anthony, ed., trans. *Lactantius: Divine Institutes.* Translated Texts for Historians. Liverpool: Liverpool University Press, 2003.

Corcoran, Simon. *The Empire of the Tetrarchs: Imperial Pronouncements and Government, AD 284-324.* Rev. ed. Oxford: Clarendon Press, 2000.

Eutropius: Breviarium. Translated by H. W. Bird. Liverpool: Liverpool University Press, 1993.

Nixon, C. E. V, and Barbara Saylor Rodgers. *In Praise of Later Roman Emperors: The Panegyrici Latini: Introduction, Translation, and Historical Commentary, with the Latin Text of R. A. B. Mynors.* Berkeley: University of California Press, 1994.

Rees, Roger. *Diocletian and the Tetrarchy.* Edinburgh: Edinburgh University Press, 2004.

전기

Leadbetter, Bill. *Galerius and the Will of Diocletian.* London: Routledge, 2009.

Rees. *Diocletian and the Tetrarchy.*

Williams, Stephen. *Diocletian and the Roman Recovery.* New York: Routledge, 1997.

전문 연구

Barnes, Timothy David. *The New Empire of Diocletian and Constantine.* Cambridge, MA: Harvard University Press, 1982.

Jeličić-Radonić, Jasna. "Aurelia Prisca," *Contributions to Art History in Dalmatia*, vol. 41. No. 1 (August, 2008): 5-25 (English summary, 23-25).

Wilkes, J. J. *Diocletian's Palace of Split: Residence of a Retired Roman Emperor.* Oxford: Oxbow Books, 1993.

콘스탄티누스

사료

Bleckmann, Bruno. "Sources for the History of Constantine." In Lenski, Noel Emmanuel, ed. *The Cambridge Companion to the Age of Constantine.* Cambridge: Cambridge University Press, 2006, 14-32.

Eusebius, Averil Cameron, and Stuart George Hall. *Life of Constantine.* Oxford: Clarendon Press, 1999.

Nixon and Rodgers. *In Praise of Later Roman Emperors: The Panegyrici Latini.*

전기

Barnes, Timothy David. *Constantine: Dynasty, Religion and Power in the Later Roman Empire*. Chichester, UK: Wiley-Blackwell, 2011.

Potter, D. S. *Constantine the Emperor*. New York: Oxford University Press, 2013.

Van Dam, Raymond. *The Roman Revolution of Constantine*. New York: Cambridge University Press, 2007.

전문 연구

SBarnes. *New Empire of Diocletian and Constantine*.

Hughes, Bettany. *Istanbul: A Tale of Three Cities*. Boston: Da Capo Press, 2017.

Lenski, ed. Cambridge *Companion to the Age of Constantine*.

Nixey, Catherine. *The Darkening Age: The Christian Destruction of the Classical World*. New York: Houghton Mifflin Harcourt, 2018.

라벤나의 유령

사료

Mathisen, Ralph W. "Romulus Augustulus (475–476 A.D.)—Two Views." "De Imperatoribus Romanis," www.roman-emperors-org/auggiero.htm.

전기

Kos, Marjeta ŠaŠel. "The Family of Romulus Augustulus." *In Ingomar Weiler and Peter Mauritsch. Antike Lebenswelten: Konstanz, Wandel, Wirkungsmacht:Festschrift Fur Ingomar Weiler Zum 70. Geburtstag*. Wiesbaden, Ger.: Harrassowitz Verlag, 2008, 446–49.

Moorhead, John. *Justinian*. London: Longman, 1994.

Potter, David. *Theodora: Actress, Empress, Saint*. New York: Oxford University Press, 2015.

전문 연구

Bowersock, Glen W. "The Vanishing Paradigm of the Fall of Rome." *Bulletin of the American Academy of Arts and Sciences* 49. No. 8 (May, 1996): 29–43.

Goldsworthy, Adrian. *How Rome Fell: Death of a Superpower*. New Haven, CT: Yale University Press, 2009.

Heather, Peter. *The Fall of the Roman Empire: A New History of Rome and the Barbarians*. New York: Oxford University Press, 2007.

Traina, Giusto. *428 AD: an Ordinary Year at the End of the Roman Empire*. Princeton: Princeton University Press, 2009.

Ward-Perkins, Bryan. *The Fall of Rome and the End of Civilization*. Oxford: Oxford University Press, 2005.

인명 색인